Die Medialität des Traumas

Ralph Köhnen/Sebastian Scholz (Hrsg.)

Die Medialität des Traumas

Eine Archäologie der Gegenwartskultur

PETER LANG
Frankfurt am Main · Berlin · Bern · Bruxelles · New York · Oxford · Wien

Bibliografische Information Der Deutschen Bibliothek
Die Deutsche Bibliothek verzeichnet diese Publikation in der Deutschen Nationalbibliografie; detaillierte bibliografische Daten sind im Internet über <http://dnb.ddb.de> abrufbar.

Abbildung für Cover:
Köhnen / Scholz

Romain Finke
Dachau-Studie 1987
Teer und Acryl auf Papier
Provenienz: Michael Wölfle, München.

ISBN 3-631-54278-X

www.peterlang.de

Inhaltsverzeichnis

Diskursbestimmungen des Traumas 7
RALPH KÖHNEN/SEBASTIAN SCHOLZ

Der Traum als Trauma – Goyas Blick auf die Schattenseiten der Vernunft im Zeitalter des Lichts
RUTH JASPER 17

Der Schriftsteller als universeller Produzent. Daniel Paul Schrebers *Denkwürdigkeiten eines Nervenkranken*
MARKUS TILLMANN 31

Der Traum des Doktor Hacker. Zu Jakob van Hoddis' literarischer Auseinandersetzung mit der ‚weißen Wirklichkeit'
THOMAS WYRWICH 47

Trauma, Kinematografie und Gottfried Benns *Gehirne*-Novellen. Der ‚Mensch' in den Medien
JIN JEON 65

Trauma und Kunst: Guernica
LENNART KOCH 79

Poetik des Mals. Das Trauma in Paul Celans Theorie des Gedichts
FABIAN LETTOW 97

Auschwitz im Drama.
Zum Umgang mit einem nationalen Trauma in Peter Weiss' *Die Ermittlung*
BENEDIKT JEßING 125

Bilder vom amerikanischen Traum(a). Andy Warhols Krisenmalerei
KATHRIN HORSTER 143

„Die Ruhe auf dem Lande ist oft stille Wut" –
Dystopie und Trauma des wendländischen Autors Nicolas Born
JÖRG EGGERTS 161

Entropie der Archive. Todesarten in Max Frischs
Der Mensch erscheint im Holozän
BARBARA SCHMENK 175

Terror und Spiel in einer Diktatur. Herta Müllers autofiktionaler Impuls
RALPH KÖHNEN 193

Generationsübergreifende Erinnerung und der Holocaust II.
Die Tochter von Maxim Biller
SUSANNE KNOCHE 209

Trauma und Architektur: Zur Überbauung von Ground Zero
SEBASTIAN KIRSCH 229

„Wonders of an Unseen World": Blickregime, pornografische Repräsentationsräume und die Undarstellbarkeit weiblicher Lust
SEBASTIAN SCHOLZ 249

Diskursbestimmungen des Traumas

> Und gewiß ist's nützlich, bei Grabungen nach Plänen vorzugehen. Doch ebenso ist unerläßlich der behutsame, tastende Spatenstich in's dunkle Erdreich. [...] So müssen wahrhafte Erinnerungen viel weniger berichtend verfahren als genau den Ort bezeichnen, an dem der Forscher ihrer habhaft wurde. Im strengsten Sinne episch und rhapsodisch muß daher wirkliche Erinnerung ein Bild zugleich von dem der sich erinnert geben, wie ein guter archäologischer Bericht nicht nur die Schichten angeben muß, aus denen seine Fundobjekte stammen, sondern jene andern vor allem, welche vorher zu durchstoßen waren.
>
> (Walter Benjamin: *Ausgraben und Erinnern.* GS IV, S.400f)

Der griechische Begriff des Traumas (τραύμα) hat in der somatischen Bedeutung von ‚Wunde', ‚Durchbohrung' oder ‚Verletzung' seinen festen Ort in den medizinischen Debatten seit der Antike. Zum Gegenstand hermeneutischer Bemühungen und schließlich kulturwissenschaftlicher Debatten ist er durch einen Autor geworden, der ohnehin an einer Schnittstelle zwischen Naturwissenschaften und Philologien, von Positivismus und hermeneutischer Zeichenentzifferung arbeitet – Sigmund Freud, der sich bereits mit seiner *Traumdeutung* (1900) von den quantifizierendem Analysetätigkeiten vermittels Elektrikervokabular zu einer Interpretation des Traums bzw. seiner Sprache und Bilder umorientiert hatte. Mit *Jenseits des Lustprinzips* (1920) erweitert Freud die somatische und die psychoenergetische Perspektive auch in Richtung einer soziologisch neuen Perspektive, die sich vom Innenleben Wiener Oberschichtpatientinnen auf allgemein anthropologisches und gesellschaftliches Gebiet ausdehnt und kaum mehr auf die individuelle Anamnese zielt, sondern Grundprinzipien menschlicher Lust- und Realitätsbedürfnisse ins Allgemeine hebt. Der Anlass dafür ist wiederum ein zeitgeschichtlicher, nämlich die Erfahrung des Ersten Weltkriegs. Dessen tiefe Spuren beschreibt Freud zu Beginn seiner Studie:

> Nach schweren mechanischen Erschütterungen, Eisenbahnzusammenstößen und anderen, mit Lebensgefahr verbundenen Unfällen ist seit langem ein Zustand beschrieben worden, dem dann der Name „traumatische Neurose" verblieben ist. Der schreckliche, eben jetzt abgelaufene Krieg hat eine große Anzahl solcher Erkrankungen entstehen lassen und wenigstens der Versuchung ein Ende gesetzt, sie auf organische Schädigung des Nervensystems durch Einwirkung mechanischer Gewalt zurückzuführen.[1]

---

[1] Sigmund Freud: *Jenseits des Lustprinzips* (1920). In: Studienausgabe Bd. III, hrsg. von Alexander Mitscherlich/Angela Richards/James Strachey, Frankfurt a.M. 2000, S.211-272, hier S.222

Massive Fremdeinwirkung und soziohistorische Faktoren treten nun zum individualmedizinischen Konzept des Traumas hinzu, wobei nicht nur der Krieg, sondern auch der Inbegriff des modernen, akzelerierten Lebenstempos genannt wird, nämlich die Eisenbahn mit möglichen Unfallfolgen des ‚Railway spine'. Bemerkenswert ist dies insofern, als Freud vorher das Trauma noch schulmedizinisch gefasst hatte als „Erlebnis, welches dem Seelenleben innerhalb kurzer Zeit einen so starken Reizzuwachs bietet, daß die Erledigung oder Aufarbeitung desselben in normalgewohnter Weise mißglückt, woraus dauernde Störungen im Energiebetrieb resultieren müssen."[2] Aus dieser Bestimmung entwickelt er auch einige strukturelle Merkmale des Traumatischen in *Jenseits des Lusprinzips*. Zugrunde liegt dem Trauma eine gefährliche, bedrohliche oder Unfallsituation als Auslöser, deren Energiepotenzial zu hoch ist, als dass sie dem Bewusstsein oder nur schon der Verarbeitung in der Neurose zugängig wäre. Freud hat solch eine somatische Zeichnung von Eindrucksspuren mit einem interessanten Modell illustriert: „Stellen wir uns den lebenden Organismus in seiner größtmöglichen Vereinfachung als undifferenziertes Bläschen reizbarer Substanz vor; dann ist seine der Außenwelt zugekehrte Oberfläche durch ihre Lage selbst differenziert und dient als reizaufnehmendes Organ."[3] Durch „Anprall der äußeren Reize an der Oberfläche des Bläschens" wird dessen Substanz von der äußeren Rindenschicht her nachhaltig verändert, die aber zugleich einen Schutz gegen Reize bildet, deren Wirkungen sonst das Bläschen erschlagen würden. Dieses monadenhafte Wesen nun ist überhaupt nur lebensfähig aufgrund der Schutzhülle, die durch eintreffende Wahrnehmungsreize entstanden ist und für ein bestimmtes Energiequantum Schutz bietet:

> Für den lebenden Organismus ist der Reizschutz eine beinahe wichtigere Aufgabe als die Reizaufnahme; er ist mit einem eigenen Energievorrat ausgestattet und muß vor allem bestrebt sein, die besonderen Formen der Energieumsetzung, die in ihm spielen, vor dem gleichmachenden, also zerstörenden Einfluß der übergroßen, draußen arbeitenden Energien zu bewahren. Die Reizaufnahme dient also vor allem der Absicht, Richtung und Art der äußeren Reize zu erfahren, und dazu muss es genügen, der Außenwelt kleine Proben zu entnehmen, sie in geringen Quantitäten zu verkosten.[4]

Entsprechend ist das Trauma dadurch gekennzeichnet, dass eine Wahrnehmung von großer Intensität die Schutzhülle durchbricht und nicht verarbeitet werden kann. Freud fasst diese „Erregungen von außen, die stark genug sind, den Reizschutz zu durchbrechen", etwa physikalisch als „großartige Störung im Energiebetrieb des Organismus" sowie in hydraulischer Metaphorik (in der auch noch einmal das antike Konzept des Säftemenschen aufblitzt) und spricht er von „Überschwemmung des seelischen Apparates".[5]

---

[2] Sigmund Freud: *Vorlesungen zur Einführung in die Psychoanalyse Und Neue Folge.* Studienausgabe Bd. I, a.a.O., S.274f

[3] Freud: *Jenseits des Lustprinzips*, a.a.O., S.236

[4] Ebd., S.237

[5] Ebd., S.239

Traumatische Erfahrung ist also gekennzeichnet durch die verfehlte Aufgabe, die Reizmengen psychisch zu binden bzw. zu verarbeiten, und sie zeigt sich auch resistent gegen weitere Versuche der Bearbeitung. Freud sieht hierin einen Grund dafür, dass der Patient an den Moment fixiert bleibt, ihn im Traum wiederholen muss und dass überhaupt die zwanghafte Repetition heilungsresistent bleibt. Die weiten kulturtheoretischen Implikationen können hier nur knapp erwähnt werden – zu ihnen zählt, dass der Mensch bei Freud fortan nicht mehr vorrangig als lust- und triebbetontes Wesen gefasst wird, sondern im kulturellen Kontext als eines, in welchem Eros und Thanatos widerstreiten und wechselweise das Regiment führen, und noch das Lustprinzip ist in sich gespalten, insofern es nicht nur zur Ausbildung entwickelter Lebensformen führe, sondern selbst schon am Niedergang orientiert sei. Insofern wird der traumatische Wiederholungszwang auch nicht im Widerspruch zum vormals stärker betonten Lustprinzip, sondern im Dienste einer energetischen Nivellierung gesehen.

Freud kommt allerdings auch auf Lösungsversuche zu sprechen, die er zum Beispiel im Traum sieht, welcher dann bestrebt sei, „die Reizbewältigung unter Angstentwicklung nachzuholen",[6] aber auch im Kinderspiel (z.B. dem ‚Fort-Da', mit dem An- und Abwesenheit markiert und auf Spielsituationen projiziert werden), jener Tätigkeit, die vermittels geringerer Energiequanten in der aktiven Wiederholung der schmerzhaften Szene auch deren zunehmende Beherrschung sucht.[7] Interessant und ästhetiknah ist ferner Freuds Erklärung, warum das Wiederholen des Schreckensszenarios als lustvoll empfunden werden kann. Dafür wird wiederum das Beispiel eines frisch operierten Kindes gegeben, welches dieses Ereignis „zum Inhalt des nächsten Spieles" gemacht hat – ein Prinzip, das für Erwachsene auf der Ebene des Theaterspielens geltend gemacht wird, denn dem Zuschauer werden „die schmerzlichen Eindrücke zum Beispiel in der Tragödie nicht erspart", andererseits können sie auch von ihm „als hoher Genuß empfunden" werden.[8] Bereits bei Freud wird also die medizinische Traumadefinition nicht nur auf Persönlichkeitsinstanzen hin psychologisch, sondern in Andeutung auch kulturtheoretisch umgeprägt – eine durchaus negative Bestandsaufnahme, die aber nicht in Pessimismus versinkt, sondern als anthropologische Erzählung mit Hoffnungshorizont aufgearbeitet wird.

Der Freud-Leser Walter Benjamin hat rasch den kulturell aufgeladenen Traumabegriff rezipiert und sozialpsychologisch pointiert; insbesondere in seinen Baudelaire-Studien konzipiert er das Trauma als modernetypisches Chock-Erlebnis mit besonderem Anlass im Großstadtleben. Dieses kennzeichnet sich durch eine bedrohliche Entindividuierung in der „amorphe[n] Menge der Passanten",[9] die sich richtungslos

---

[6] Ebd., S.241

[7] Ebd. S.245

[8] Ebd., S.227

[9] Walter Benjamin: *Über einige Motive bei Baudelaire.* In: *Gesammelte Schriften* Bd. I, hrsg. von Rolf Tiedemann und Hermann Schweppenhäuser. Frankfurt a.M. 1974, S.605-653, S.618

unherstoßen und insofern einer Reizüberflutung ausgesetzt sind. In diesem Kontext ist auch die Verlustdiagnose der Aura zu sehen, die Benjamin im Falle Baudelaires als Preis dafür angibt, „um welchen die Sensation der Moderne zu haben ist: die Zertrümmerung der Aura im Chockerlebnis."[10] Und damit stellt sich auch die Frage nach den Grundlagen von Lyrik allgemein, nämlich wie sie „in einer Erfahrung fundiert sein könnte, der das Chockerlebnis zur Norm geworden ist."[11] Denn in der Herabgewöhnung des einzelnen Reizes und seiner Eingliederung in eine Normalität, die indessen der Erfahrung beraubt ist, sieht Benjamin eine Möglichkeit der „Emanzipation von Erlebnissen", deren Chocks dadurch pariert werden.[12]
Mehr noch aber entspricht dem Chockerlebnis des Passanten das „Erlebnis des Arbeiters an der Maschinerie"[13] in der ferngelenkten Mechanik und der temporeichen Automation der für ihn unzusammenhängenden Arbeitsgänge, deren fertiges Produkt er obendrein nicht zu sehen bekommt. Damit wendet Benjamin den Traumabegriff über die Problematisierung der Lebenswelt in offenkundige Kritik an der Taylorisierung bzw. am Bestreben nach größtmöglicher Optimierung und Ökonomisierung der Arbeitsabläufe. Das Trauma der Moderne führt Benjamin schließlich in seinem späten *Kunstwerk*-Aufsatz darauf zurück, dass die schief liegende Verteilung der Produktionsmittel bzw. die fehlgelaufene „natürliche Verwertung der Produktivkräfte" zu einer inhumanen Anwendung der technischen Hilfsmittel geführt habe, die im Krieg kulminierten – insofern „die Gesellschaft nicht reif genug war, sich die Technik zu ihrem Organ zu machen", und umgekehrt die „Technik nicht ausgebildet genug war, die gesellschaftlichen Elementarkräfte zu bewältigen."[14]
Damit ist eine umfassende Krisendiagnose geliefert, die im Zusammenhang mit dem Traumakonzept gesehen werden kann. Den für die Gewöhnung zu entrichtenden Tribut der Reizabsenkung wird Benjamin auch unter dem Begriff des Verlustes von Erfahrung und Aura diskutieren. In diesem Kontext bleibt die Frage nach der Möglichkeit, was überhaupt noch Erfahrung genannt werden kann – denn niemals seien, so Benjamin des öfteren, die „Erfahrungen gründlicher Lügen gestraft worden als die strategischen durch den Stellungskrieg, die wirtschaftlichen durch die Inflation, die körperlichen durch den Hunger, die sittlichen durch die Machthaber."[15] Erzählen lässt sich dies auf konventionelle Art nicht mehr, mit avantgardistischen Mitteln, die wiederum wegweisend für Gesellschaftsbildung sein könnten, womöglich schon, wie Benjamin im *Erzähler*-Aufsatz dargestellt hat.[16] Dass solche Erfahrungsarmut auch in

---

[10]Benjamin: *Über einige Motive*, a.a.O., S.653
[11] Ebd., S.614
[12] Ebd., S.615
[13] Ebd., S.632
[14] Walter Benjamin: *Das Kunstwerk im Zeitalter seiner technischen Reproduzierbarkeit.* In: *Gesammelte Schriften* Bd. I, S.431-469, hier S.468
[15] Walter Benjamin: *Erfahrung und Armut.* In: *Gesammelte Schriften* Bd. II, hrsg. von Rolf Tiedemann und Hermann Schweppenhäuser. Frankfurt a.M. 1977, S.214
[16] Walter Benjamin: *Der Erzähler.* In: GS Bd. II, a.a.O., S.438-465

dialektischer Wendung für Benjamin die Möglichkeit zum gesellschaftspolitischen Neubeginn bereitstellt, sei nur am Rande erwähnt. Eine leitende Fragestellung bleibt jedoch: Wie weit lässt sich überhaupt die traumatische Erfahrung artikulieren? Steht sie dann vielleicht schon unterm Verdacht der Ästhetisierung? Welche Mittel bleiben der Darstellung, insofern die traumatischen Inhalte in den Regeln ästhetischer Aussagesysteme artikuliert werden?

Mit diesen Ansätzen der 1920er Jahre werden Trauma-Befunde von der individuell-biografischen Ebene auf ein allgemein sozialpolitisches Niveau gehoben. Die neueren Einlassungen zum kulturwissenschaftlichen Thema beziehen sich entsprechend über die individuellen Traumanotierungen auf umfassende, kollektive Bereiche, wobei das von Freud und Benjamin bereitgestellte Instrumentarium offenbar zugrunde liegt, aber nuanciert wird.

Ähnlich psychoenergetisch wie Freud zunächst haben Laplanche und Pontalis den psychoanalytischen Traumabegriff gefasst: „Im Vergleich mit der Toleranz des psychischen Apparates ist die Reizanflutung exzessiv, ob es sich nun um ein einziges, sehr heftiges Ereignis handelt (starke Erregung) oder um eine Anhäufung von Reizen, von denen jeder isoliert erträglich wäre.“[17] Die Bedingungen dafür sind nach Laplanche und Pontalis neben den binnenpsychologischen auch solche, in denen sich das Subjekt im Augenblick des Ereignisses befindet: reale Situationen oder soziale Umstände, die ein adäquates Abreagieren verbieten oder hemmen.

Des weiteren werden in der neueren Forschung nicht nur individuelle, sondern auf der zeitlichen Ebene auch langfristige Traumafolgen in den Blick gerückt, die an die nachfolgende(n) Generation(en) weitergegeben werden – eine diachrone Analyse, die den psychoanalytischen Ansatz und seine kulturtheoretischen Perspektiven bei Freud noch einmal ausdrücklich zum kulturgeschichtlichen Problem erweitert.[18] Solche generationenübergreifenden, konfliktgeladenen und unbewältigten Erinnerungen hat Sigrid Weigel vor dem Hintergrund des somatischen Traumas bei Eisenbahnunfällen (und mit Hinweis auf Haydée Faimberg) als „Télescopage“ bezeichnet, wobei der Anblick der teleskopartig ineinander geschobenen Waggons zur Metapher für einen Epochenzusammenstoß wird:

> Während mit der Diagnose von ‚Spätschäden' [...] Störungen erfaßt werden, die mit deutlicher Nachträglichkeit [...] auftraten, [...] so wird in der Geschichte traumatischer Symptome (nach 1945) dieses Phänomen [...] zunehmend durch die

---

[17] nach Jean Laplanche/Jean-Bertrand Pontalis: *Das Vokabular der Psychoanalyse*. Frankfurt a.M. 1999[15]; S.514

[18] Sigrid Weigel: *Télescopage im Unbewußten: Zum Verhältnis von Trauma, Geschichtsbegriff und Literatur*. In: *Trauma: Zwischen Psychoanalyse und kulturellem Deutungsmuster*. Hrsg. von Elisabeth Bronfen/Birgit R. Erdle/Sigrid Weigel. Köln 1999, S.51-76, hier S.51.

> transgenerationellen Formen der Traumatisierung, d.h. ‚Auffälligkeiten' bei Personen, die nicht mehr selbst bei den betreffenden Ereignissen beteiligt waren, abgelöst.[19]

Die ‚transgenerationelle Traumatisierung', die in den achtziger Jahren durch die therapeutische Arbeit mit überlebenden Opfern des Nationalsozialismus erkennbar wurde und „auf ein verbreitetes ‚Fortwirken des Nationalsozialismus im Unbewußten' hindeutet“,[20] macht das ganze Ausmaß historischer Katastrofen deutlich, die eben nicht durch ihr unmittelbares Ende eingegrenzt sind.[21]

Dass der vorliegende Band anlässlich von Traumata ästhetische Produkte diskutiert, scheint angesichts des Leidensdrucks der Ereignisse auf den ersten Blick prekär. Das Diktum Adornos, wonach Auschwitz das Ende von Lyrik bedeute, zielt in diese Richtung – und doch gibt es eben Kunst, die trotz oder im Angesicht von Katastrophen arbeitet. Das ‚Zuviel' der Ereignisse wird darin freilich auch, wie oben mit Freud angedeutet, der Verarbeitung zugänglich gemacht. Dass nebenher formal interessante Kunsterzeugnisse entstehen, ist dann nur folgerichtig. So wie Heiner Müller mit einem Satz T.S. Eliots angemerkt hat, dass der Druck der Erfahrung die Sprache in die Dichtung treibe, gilt auch für Bilder, Architekturen oder Filmprodukte, dass sich in ihrer Form unbewältigte Erfahrungen niederschlagen und ihren Ausdruck suchen. Nur in Zeichen ist die traumatische Erfahrung erkennbar, wie Slavoj Žižek herausgestellt hat: „Das Trauma ist ‘ewig', es läßt sich nie vollständig temporalisieren-historisieren, es ist der Punkt der ‘Ewigkeit', um den herum die Zeit zirkuliert, das heißt, es ist ein Ereignis, das innerhalb der Zeit nur durch ihre vielfältigen Spuren zugänglich ist.“[22] Solche Zeichenzusammenhänge, die immer über die (auto-)biografische Ebene hinaus allgemeine Perspektiven ermöglichen, sollen hier an verschiedenen Beispielen analysiert werden, die sich historisch von 1800 bis zur Gegenwart erstrecken und als mediale Ausdrucksformen Malerei, Grafik, Literatur, psychologische Dokumente, Film und Architektur einschließen.

So demonstriert RUTH JASPER in ihrem Beitrag über Francisco de Goya den inneren Zusammenhang von Traum und Trauma vor dem Hintergrund eines Zeitalters, welches uneingeschränkt die Herrschaft kühler Vernunft postuliert und gewaltsam ins Werk zu setzen bemüht ist. So werden alle Elemente des Irrationalen in einer Weise

---

[19] Weigel 1999, S.65f

[20] Weigel 1999, S.64 (zit. aus Werner Bohleber: *Das Fortwirken des Nationalsozialismus in der zweiten und dritten Generation nach Auschwitz*. In: Babylon 7 (1990), S.70-83).

[21] Vgl. dazu auch die Beiträge in dem Band *Gewalt: Strukturen, Formen, Repräsentationen.* (Schriftenreihe *Genozid und Gedächtnis* des Instituts für Diaspora- und Genozidforschung, Ruhr-Universität Bochum.) Hg. von Mihran Dabag/Antje Kapust/Bernhard Waldenfels. München 2000

[22] Slavoj Žižek: *Das fragile Absolute. Warum es sich lohnt, das christliche Erbe zu verteidigen.* Berlin 2000, S.115

verdrängt und verfemt, die es den ‚Dämonen des Traumatischen' ermöglicht, umso wirkungsmächtiger den aufgeklärten Geist im Traum zu bedrängen.

Die Produktivität des Pathologischen führt MARKUS TILLMANN am Beispiel Daniel Paul Schrebers vor, dessen Denkwürdigkeiten eines Nervenkranken nicht allein künstlerische Manifestationen eines Traumas, sondern vor allem Medieneffekt sind: Schrebers Aufschreibsystem ist der Versuch der Erschaffung eines ‚organlosen Körpers' und imitiert zugleich das Delirium von Wissenschaft und Medien zur Zeit der Jahrhundertwende.

Die unheilvolle Berührung von Wahn und Wirklichkeit ist auch die Triebfeder hinter den Arbeiten des Expressionisten Jakob von Hoddis. THOMAS WYRWICH zeigt in seinem Beitrag, wie stark dessen Werk beeinflusst ist von fortschreitender persönlicher Krankheit und Kunstwollen, deren Zusammentreffen schließlich in die Wahrnehmung der sozialen Welt als traumatisches Phänomen mündet.

Die Affirmation der Symptome seiner Patienten, die forcierte Anverwandlung des medizinischen Diskurses zeigt sich an Gottfried Benns Rönne-Figur als schockhafte Überlastung des psychischen Apparats, die ihn in die völlige Handlungsunfähigkeit treibt und Reize lediglich aufzeichnen, aber nicht länger verarbeiten lässt. JIN JEON führt in seinem Beitrag diesen Regress des Subjekts auf einen Status psychophysischer Apparathaftigkeit eng mit Benns Ästhetik des Kinematografischen und lässt so eine Re-Situierung des Menschen *als* Medium erkennbar werden.

Anhand der zahlreichen künstlerischen Manifestationen, die das kollektive Trauma des Spanischen Bürgerkriegs und speziell der Bombardierung Guernicas nach sich zogen, folgt LENNART KOCH der Linie einer Dialektik der Moderne, an welcher sich nicht nur die Funktionsweise des Traumas zeigt, sondern immer auch dessen bloß scheinbare Überwindung durch politische Instrumentalisierung und Rekontextualisierung. Auf diese Weise scheint sich die Linie dieser Dialektik zu verlängern in die Gegenwart, wo sie in das Trauma der terroristischen Gewalt mündet.

FABIAN LETTOW weist am Moment des Verstummens und des Schweigens im Werk Paul Celans die Arbeit des Traumas im Korpus der Sprache nach, an dem allein als Mal die Spuren des Traumas sichtbar, les- und schreibbar zu werden scheinen. Die Topografie des Mals wird konstituiert durch eine Verschränkung von Ort und Zeit des Traumas, die sich am Mal als differente wiederholen. Diese Wiederholung ist weniger Repetition als gespenstische Wiederkehr, welche die eigene Existenz befremdet und doch heimliche Voraussetzung ist für die Möglichkeit einer Begegnung mit dem Anderen.

In ganz anderer Weise betrachtet BENEDIKT JEßING am Beispiel von Peter Weiss den Holocaust als traumatischen Grund europäischer Geschichte und sein Fortwirken in dieser. Auch hier sind es auf den ersten Blick die Schwierigkeiten, über Auschwitz zu sprechen, die in der Bearbeitung des Materials durch den Autor zum Movens der *Ermittlung* werden. So rückt die Frage in den Mittelpunkt, welche künstlerischen Darstellungsmittel angesichts des Gegenstands versagen, welche anderen neu- und weiter-

entwickelt werden müssen, um diesem angemessen zu erscheinen und produktiv in die fortdauernde gesellschaftliche Trauerarbeit integriert werden zu können.
Wie die künstlerische Bearbeitung des amerikanischen Traums diesen qua Resignifikation im Bild zum Trauma werden lässt, zeigt KATHRIN HORSTER in ihren Überlegungen zu den Grafiken Andy Warhols, die die kritische Dimension seiner Arbeiten ins Zentrum der Auseinandersetzung stellen. Die serielle Reproduktion von Gegenständen sowohl popkulturellen, massenindustriellen als auch traumatischen Ursprungs verwandelt diese einander an und lässt sie ununterscheidbar werden.
In Anbindung an einen ganz anderen Ort, das vermeintlich idyllische Wendland, erlebt der Autor Nicolas Born sein Trauma einer falschen, verwalteten Welt, der das bloß ökonomisch prosperierende Über-Leben zum genuinen Modus geworden ist, wirkliches Leben somit zur Unmöglichkeit verblasst. JÖRG EGGERTS korreliert das ideologische Trauma Borns mit dem damit einhergehenden Vertrauensverlust, die subjektive Wahrnehmungsfähigkeit betreffend – die Unfähigkeit, zwischen Realität und Wahrnehmungsreflex eine vermittelte Einheit herstellen zu können, reißt eine Wunde, die nicht mehr heilen wird.
Den traumatischen Aspekt der Überflutung nimmt BARBARA SCHMENK in mehrfacher Hinsicht zum Ausgang ihrer Überlegungen zu Max Frischs Erzählung *Der Mensch erscheint im Holozän.* Dabei erscheint vor allem die Rolle des technisch erweiterten Gedächtnisses als neuralgisch. Das Begehren nach Ordnung und Ganzheit, das sich in jedwede Form der Archivierungswut einschreibt, wird zwangsläufig immer wieder frustriert von der Unterminierung des archivarischen Kohärenzprinzips durch die Archive selbst – von einer Dynamik mithin, die man als „Entropie der Archive" bezeichnen könnte.
Ob als privatpsychologisches Phänomen oder als energetisches Prinzip gefasst, das Trauma unterliegt immer auch politischen Voraussetzungen als Bedingung seiner Möglichkeit. Dies zeigt RALPH KÖHNEN in seinem Beitrag über das autobiografische bzw. richtiger: das autofiktionale Schreiben Herta Müllers. Die von traumatischen Erfahrungen durchzogenen ‚Selbstschriften' der Autorin produzieren als ästhetische Materialisierungen des Traumas einen Mehrwert, der möglicherweise dazu angetan ist, Fluchtlinien aus der politisch-gesellschaftlichen Maschinerie zu werfen, ein ästhetisches Partisanentum zu inaugurieren und damit das Trauma ins Spiel der Zeichen zu zwingen.
Ausgehend vom Verhältnis von Autor und Erzählerfigur zeichnet SUSANNE KNOCHE die Debatten nach, die Maxim Billers Roman *Die Tochter* im Jahr 2000 hervorgerufen hat. Sie weist in ihrem Beitrag in Auseinandersetzung mit generationsübergreifenden Formen der Traumatisierung angesichts des Holocaust nach, wie wenig Billers Roman zu einer Erfahrung von Geschichte, ja nicht einmal zu deren Simulation beiträgt. Sensations- und Effekthascherei, die im Verbund von Literatur und medialer Selbstinszenierung des Autors die Drastik der erzählerischen Darstellung überbieten, verstellen vielmehr jede Möglichkeit wahrhafter Erinnerung.

Die Versteinerung des Traumas, das Steinwerden des traumatischen Ereignisses in der architektonischen Bearbeitung und damit die grundsätzliche Frage der Mahnmalkultur als Modus der Erinnerung in Zeiten der Rede vom „Ende der Geschichte" nimmt SEBASTIAN KIRSCH am aktuellen Beispiel der Neubebauung von *Ground Zero* in den Blick. Im Rückgriff auf Jacques Derridas Gespenstertheorie zeigt der Beitrag, dass der Umgang mit der klaffenden Wunde inmitten Manhattans kaum geeignet ist, die Gespenster zum Kommen und Verweilen einzuladen – Erinnerung also lebendig und damit zwangsläufig bedrohlich zu halten –, sondern diese unter dem Primat des Ökonomischen zu vereinnahmen und zu bannen, als Versuch eines politischen Exorzismus in architektonischer Gestalt.
Den Zusammenhang von Traumatisierung und Repräsentation versucht SEBASTIAN SCHOLZ am Beispiel der Undarstellbarkeit der weiblichen Lust im pornografischen Film zu demonstrieren. Der Produktion von dem Blickregime unterworfenen Darstellungsräumen unter dem Primat maximaler Sichtbarkeit eignet immer ein Moment der Gefährdung, in dem das Unsichtbare, Undarstellbare die symbolische Ordnung zu durchlöchern vermag. Die medientechnisch möglich gewordene Verlängerung der sichtbaren Pornotopie vom zentralperspektivisch konstruierten, stereoskopischen oder filmischen Raum ins Innere der Frau verschärft diese Bedrohung nur weiter und prozessiert die überkommene Bewegung des Ausschlusses der Frau aus der Repräsentation.

Die Rolle, die in diesem Zusammenhang ‚Medien' spielen, ist komplex und geht weit über die bloße technische oder materielle Gegebenheit des Mediums als Instanz der Vermittlung hinaus. Vielmehr lässt sich an Prozessen medialer Überformungen des Traumatischen auch die reziproke Wirkung einer Transformation des Mediums durch das traumatische Element in exemplarischer Weise studieren. Es erschließt sich so eine Dimension, die man als Bereich der ‚Medialität' bezeichnen kann. Geht man davon aus, dass „die Rede von Medialität immer Rede von einem Medium ist und die Rede von welchen Medien auch immer nichts anderes als die Rede über bestimmte Organisationsformen der Medialität",[23] so wird deutlich, dass Medialität nicht bloß die Summe partikularer Eigenschaften aller Medien bezeichnet, sondern ihr eine spezifische Qualität eignet. Betrachtet man mediale Erzeugnisse wie die in diesem Band versammelten unter derartigen Vorzeichen, so muss vorausgeschickt werden, dass es im Blick auf Medialität „nicht um irgendwelche Medien geht und gehen kann, sondern darum, von der Blicknahme medialer Strukturen aus Einschränkungen zu erarbeiten für das, was uns als Gegenstand einer Wissenschaft oder Theorie der Medien interessieren kann und soll".[24]

---

[23] Josef Rauscher: *Medien und Medialität*, in: Christoph Ernst/Petra Gropp/Karl Anton Sprengard (Hg.): *Perspektiven interdisziplinärer Medienphilosophie*, Bielefeld 2003, S.25-44, hier S.25
[24] Ebd., S.30

Ein Medium ist dabei nicht länger allein materielles Ensemble, Code oder Apparat, welcher gesellschaftliche oder individuelle Kommunikation ermöglicht, sondern zugleich und vor allen Dingen „eine komplexe soziale Institution, die in ihrem Inneren Individuen enthält und durch eine Geschichte von Praktiken, Ritualen, Gewohnheiten, Fähigkeiten und Techniken ebenso konstituiert wird wie durch eine Reihe materieller Objekte und Räume".[25]
Die Etablierung einer genuin medienphilosophischen Argumentation hätte zunächst eine Verschiebung der Fragestellungen in der Betrachtung des Verhältnisses von Medien und Medialität zur Voraussetzung und orientierte sich in Auseinandersetzung mit der tradierten Perspektive am Anspruch, „die wechselseitige Verknüpfung beider Perspektiven, ihrer Gemeinsamkeiten und Differenzen auf- und auszuarbeiten".[26] Man könnte den dabei häufig beobachtbaren Rückgriff auf phänomenologische Konzeptionen und die diesen implizite Privilegierung des Ästhetischen kulminieren lassen in der These, dass Medienphilosophie im Sinne einer Theorie der Medialität nicht „ohne ästhetische Theorie, ohne einen Blick auf die Künste auszukommen" scheint.[27] Auch diesem Aspekt versucht der vorliegende Band Rechnung zu tragen.
Der Topos der Medialität ist mithin nicht als *apriorische Instanz* jedweder Rationalität bzw. der „Welterschließungsleistung" qua Vernunft aufzufassen,[28] um diese dennoch als allgemeine Bedingung der Möglichkeit zur „Mit-Teilung" beschreibbar zu machen. Auf diese Weise umschließt Medialität (und wird zugleich konstituiert durch) auch dezidiert nicht-technische Mitteilungsaspekte, die in ihren Zeichen lesbar werden – wie Liebe, Wahrheit oder eben das Trauma.

Entstanden ist das Projekt im Rahmen eines Oberseminars an der Ruhr-Universität Bochum; die Beiträge stammen von NachwuchswissenschaftlerInnen aus unterschiedlichen Fachdisziplinen. Bei der redaktionellen Mitarbeit war Hanna Surma behilflich, ihr danken die Herausgeber eben so herzlich wie dem Künstler Romain Finke, aus dessen *Dachau-Zyklus* von 1987 die Titelabbildung stammt – als Eingedenken der Katastrophe und Mal-Spur, als Arbeit an der Differenz, die auch das Projekt dieses Bandes ist.

---

[25] William J.T. Mitchell: *Der Mehrwert von Bildern.* In: Stefan Andriopoulos/Gabriele Schabacher/ Eckhard Schumacher (Hg.): *Die Adresse des Mediums.* Köln 2001, S.158-184, hier S.159

[26] Christoph Ernst/Petra Gropp/Karl Anton Sprengard: *Einleitung.* In: Dies. (Hg.): *Perspektiven interdisziplinärer Medienphilosophie*, Bielefeld 2003, S.9-18, hier S.12; vgl. auch: Georg Christoph Tholen: *Die Zäsur der Medien. Kulturphilosophische Konturen.* Frankfurt a.M. 2002.

[27] Ebd., S.14

[28] Vgl. etwa Matthias Vogel: *Medien der Vernunft. Eine Theorie des Geistes und der Rationalität auf Grundlage einer Theorie der Medien.* Frankfurt a.M. 2001

Ruth Jasper

Der Traum als Trauma – Goyas Blick auf die Schattenseiten der Vernunft im Zeitalter des Lichts

> „Doch hat dieses wache Denken uns in das Labyrinth wirren Albdrucks geführt, wo die Spiegel der Vernunft die Folterkammern vervielfachen. Beim Verlassen entdecken wir, daß wir mit offenen Augen geträumt haben und die Träume des Verstandes schrecklich sind. Vielleicht beginnen wir dann wieder mit geschlossenen Augen zu träumen." (Octavio Paz: *Das Labyrinth der Einsamkeit*)[1]

I.

Die Radierung *El sueño de la razón produce monstruos* (Abb. 1) ist eine der bekanntesten der so genannten *Caprichos* Francisco de Goyas (1746-1828). Sie lebt von der Spannung zwischen der wirklichkeitsgetreuen Abbildung eines schlafenden Mannes im Vordergrund und der Gestaltung seines (Alb-) Traums im Hintergrund. Der Mann lehnt in sitzender Haltung, die Beine gekreuzt, den Oberkörper auf seinen Schreibtisch und birgt den Kopf in seinen Armen. Die auf dem Tisch verteilten Werkzeuge – eine Radiernadel, Stift und Papiere – weisen darauf hin, dass er bei der Arbeit eingeschlafen ist. Seine Bewegungslosigkeit steht im Gegensatz zu der Dynamik der Gestalten, die sich flügelschlagend aus seinem Schatten erheben und uns aus dem Hintergrund anstarren. Ihre phantastischen Formen und Ausmaße (zwischen Eulen von enormer Flügelspannweite und gigantischen Fledermäusen) sowie ihre zunehmend schattenartige Darstellung machen sie als Albtraumwesen kenntlich.

Bemerkenswert ist dabei die Doppeldeutigkeit des Titels *El sueño de la razón produce monstruos*. Denn *Sueño* bedeutet im Spanischen sowohl ‚Traum' als auch ‚Schlaf'. Daher sind zwei Übertragungen ins Deutsche denkbar. Einerseits kann es heißen: „Der Schlaf der Vernunft erzeugt Ungeheuer". Mit anderen Worten entstehen die Ungeheuer, weil die Vernunft schläft und ihre Gesetze vorübergehend außer Kraft gesetzt sind. Die Übersetzung kann aber andererseits auch heißen: „Der Traum von der Vernunft erzeugt Ungeheuer". In diesem Fall sind die Ungeheuer die ungewollten Nebenprodukte, die Schattenseiten eines aufklärerischen Vernunftglaubens.

Die Entscheidung für einen der sich ausschließenden Deutungsversuche ist dabei nicht die einzige Frage, die sich aus der Radierung ergibt. In einem Zusatz zu einer Vorzeichnung macht Goya deutlich, dass er sich mit der schlafenden und träu-

[1] Octavio Paz: *Das Labyrinth der Einsamkeit.* Frankfurt a.M. 1990, S.205

menden Gestalt selbst meint.[2] Der Begriff legt nahe, dass es sich um Werke handelt, die aus einer Laune des Künstlers heraus entstanden, und ist der Titel der als Zyklus konzipierten graphischen Serie. Goya hatte zum Zeitpunkt der Entstehung der *Caprichos* (ca.1797- Ende 1798) erreicht, was es in Spanien als Maler zu erreichen gab. Er war königlicher Hofmaler (*Pintor de cámera*), ehemaliger Leiter (*Director de pintura*) und nun Ehrenmitglied (*Director honorario*) der *Academia de San Fernando*, also der maßgeblichen Norm setzenden Institution im Bereich der bildenden Kunst in Spanien. Das hohe Maß an gesellschaftlicher Reputation und die damit verbundene finanzielle Unabhängigkeit hatte er nicht etwa durch malerische „Launen" erreicht, sondern durch Arbeiten für geistliche oder weltliche Auftraggeber, also im wesentlichen durch Portraits, aber auch Darstellungen religiöser Themen.

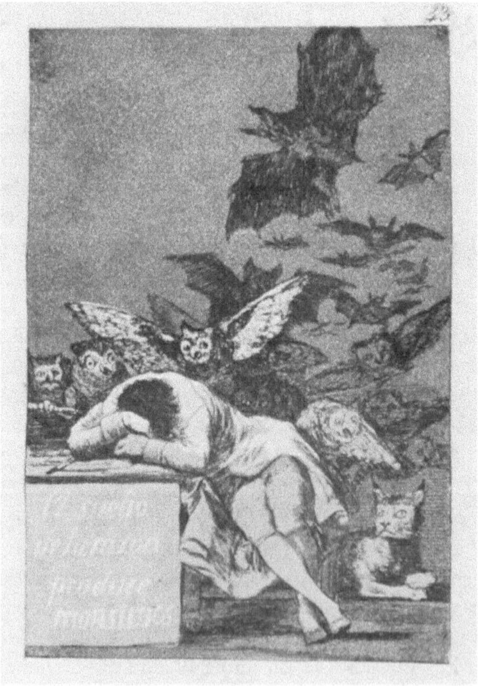

Abb. 1 Francisco de Goya: Capricho 43. 1797-98. Radierung und Aquatinta 216 x 152 mm

Warum wendet sich dieser Maler nun einem neuen Medium, der Radierung zu, warum stellt er sich darin als ein von der Vernunft verlassenes und den Monstren der Einbildungskraft ausgeliefertes Opfer dar? Warum beschäftigt er sich mit Träumen

[2] Vgl. Werner Hofmann: *Goya – vom Himmel durch die Welt zur Hölle*. München 2003, S.129f

und Albträumen, warum gibt er sogar, wie hier gezeigt werden soll, gesellschaftlichen Traumata Ausdruck?

Diese Fragen lassen sich auf einer persönlichen, intellektuellen und künstlerischen, aber auch auf einer gesellschaftlichen und politischen Ebene beantworten. Die These ist dabei, dass Goya, einem neuartigen Selbstverständnis als Künstler folgend, versucht hat, sowohl seine persönlichen traumatischen Erfahrungen als auch kollektive nationale Traumata der spanischen Gesellschaft zu verarbeiten. Um das zu belegen, sollen einige der Caprichos und ein historisches Gemälde, *Die Erschießung der Aufständischen am 3. Mai auf der Moncloa*, näher untersucht werden. Denn in diesem Gemälde zeigt Goya besonders anschaulich, wie Spanien 1808 den Traum von der Vernunft als nationales Trauma erlebt hat.

II.

In der Forschungsliteratur wird häufig zwischen einem öffentlichen Goya, Hofmaler mit festem Gehalt, der hauptsächlich Auftragsarbeiten ausführte, und einem privaten, nur sich selbst verpflichteten Goya unterschieden. Sein Rückzug in die Subjektivität lässt sich an einem Brief an seinen Freund Iriarte belegen, in dem er von seinem Entschluss berichtet, Bilder zu malen, „wie sie gewöhnlich in Auftragsarbeiten keinen Platz finden, da bei diesen Laune *(capricho)* und Erfindung *(invención)* nicht frei schalten und walten können.“[3] Es ist jedoch anzunehmen, dass Goya darüber hinaus auch ein finanzielles Interesse hatte, diese Werke auf eigene Rechnung zu verkaufen. Das gilt vor allem deshalb, weil eine schwere Krankheit 1793, deren Ursache und Natur bis heute nicht abschließend geklärt ist und die seine völlige Taubheit bewirkte, ihm erhebliche Unkosten verursachte, was ebenfalls in besagtem Brief zur Sprache kommt. Er beschäftige sich mit den Radierungen, „um meine Phantasie, die an der Versenkung in meine Leiden krankt, zu beschäftigen, und um wenigstens teilweise die großen Ausgaben, die meine Krankheit mich kosten, zu ersetzen.“[4]

Es gibt eine kontroverse Diskussion darüber, ob der Grund für Goyas Distanzierung von seinen Ämtern am Hof in seiner Krankheit zu suchen sei oder ob die Krankheit nicht eher als Symptom für den Wunsch nach Abstand zu seinen ursprünglich so ehrgeizig angestrebten Posten und sozialen Positionen zu werten ist. Die Flucht in die Krankheit wird in diesem Zusammenhang als Möglichkeit gesehen, sich aus den Zwängen zu befreien, die die Auftragsarbeiten bei der Entwicklung seiner Kunst mittlerweile für ihn darstellten.[5] Fest steht, dass Goya in den neunziger Jahren des 18. Jahrhunderts eine Krise durchlebte, die sich auf alle Bereiche seines Lebens erstreckte. Zunächst brachte die Französische Revolution für Spanien eine Zeit politischer

---

[3] Brief an Iriarte vom 4. Januar 1794. In: Pierre Gassier und Juliet Wilson: *Francisco Goya: Leben und Werk*. Frankfurt a.M. 1971, S.108

[4] Ebd.

[5] Vgl. Jutta Held: *Goya*. Reinbeck 1980, S.43f; auch Hofmann: *Goya – Vom Himmel durch die Welt zur Hölle*, S.16, S.73ff

Unsicherheit, Verleumdungen und schneller Wechsel auf den Posten am Hof mit sich, darunter den Sturz verschiedener hochgestellter Persönlichkeiten, so zum Beispiel des von Goya sehr geschätzten Jovellanos, eines der bedeutendsten Vertreter der spanischen Aufklärung. Goya verlor dadurch nach und nach seine regierungsamtliche Protektion. Er distanzierte sich darüber hinaus bereits seit 1792 von den gängigen Lehrmethoden der *Academia.*[6] Goya, der 1795 noch zum Leiter der Akademie gewählt worden war, bat 1797 mit Verweis auf seinen schlechten Gesundheitszustand und seine Taubheit darum, von seinem Posten und den damit verbundenen Lehrveranstaltungen entbunden zu werden. Außerdem veranlasste eine Reise nach Andalusien im Sommer 1796, bei der er auch den Landsitz der Alba in Sanlúcar besuchte, zu Spekulationen über ein unglückliches Liebesverhältnis Goyas mit der Herzogin von Alba, deren Mann kurz zuvor gestorben war. Die Skizzenbücher, die auf dieser Reise und nach seiner Rückkehr entstanden, bilden den Ausgangspunkt für seine erste große grafische Serie, die Caprichos.[7] Sie können somit auch als Ausdruck einer künstlerischen Bewältigung seiner persönlichen Krise gewertet werden.

Die Erwartungen in Bezug auf den Verkaufserfolg der Caprichos erfüllten sich jedoch nicht. Goya warb für seine Drucke zweimal in spanischen Tageszeitungen: einmal am 6. Februar 1799 im *Diario de Madrid* und noch einmal am 19. Februar in der *Gazeta de Madrid*, zog die Caprichos jedoch bereits am 22. Februar vom Markt zurück. Bis dahin waren nur 27 Exemplare verkauft.[8] In einem Brief aus dem Jahre 1825 deutet Goya an, dass die Inquisition den Verkauf behindert habe.[9] Das mag auch der Grund dafür sein, warum Goya seine Caprichos nicht wie allgemein üblich über einen Buchhändler oder direkt über die Königliche Druckerei vertreiben ließ, sondern sie in einem Parfüm- und Likörladen in seinem eigenen Wohnhaus zum Verkauf anbot. Dass die Straße *Calle del Desengaño*, Straße der Enttäuschung, heißt, ist ein verblüffender Zufall.

Dennoch lässt sich die Entstehung der Caprichos nicht nur auf die Bewältigung einer persönlichen Krise reduzieren. Im Titelblatt der Caprichos: *Francisco de Goya y Lucientes, Pintor*, dessen 43. Blatt *El sueño de la razón* ist, demonstriert Goya ein für die spanische Kunst um 1800 neues künstlerisches Selbstverständnis. Er stellt sich selbst anders als damals gemeinhin üblich nicht mehr als aufmerksamen Diener des Hofes und handwerklich arbeitenden Maler dar. Im Gegenteil: Frack und Zylinder, der spöttisch distanzierte Blick und die selbstbewusst dem Namenszug angefügte Berufsbezeichnung *pintor* (Maler) kennzeichnen ihn als Denker und Kritiker, als aufgeklärten Intellektuellen und kritischen Beobachter seiner Zeit: „Wirklichkeitsgetreues Porträt seiner selbst, schlechtgelaunt und mit satirischem Gestus", heißt es in einem Kom-

---

[6] Vgl. Jutta Held: Goyas Akademiekritik. In: *Münchner Jahrbuch der bildenden Kunst*, Bd. XVII, 1966, S.214-224

[7] Vgl. Held: *Goya*, S. 44; vgl. auch Hofmann: *Goya – Vom Himmel durch die Welt zur Hölle*, S.76ff

[8] Susanne Dittberner: *Traum und Trauma vom Schlaf der Vernunft*. Stuttgart 1995, S.319

[9] Held: *Goya*, S.47

mentar, der in der Biblioteca Nacional in Madrid aufbewahrt wird.[10] Die Wahl der formalen Darstellungsmittel für das Titelblatt der Caprichos definiert also Goyas ideologisches sowie künstlerisches Programm für den gesamten Zyklus: die kritische Sicht auf die dort dargestellten Verhaltensweisen, Einstellungen und Anschauungen.[11]

Analog zu der im Titelblatt gezeigten Haltung wissender Überlegenheit präsentiert Goya seine Caprichos. Das von ihm gewählte Medium zeichnet sich durch seine technische Reproduzierbarkeit aus, kann daher als Massenmedium gelten. Der Künstler arbeitet ohne Auftrag und wendet sich an ein anonymes Publikum. Kunstvermittlung nimmt hier also den Weg über die Kunstvermarktung. Das zeigt beispielhaft die Verkaufsannonce, mit der er die Caprichos als unterhaltsame Kunst vorstellt, wie sie von dem großstädtischen Publikum seiner Zeit geschätzt wurde:

> Eine Sammlung von Drucken launiger Themen (*asuntos caprichosos*), erfunden und radiert von Don Francisco Goya. Weil der Autor überzeugt ist, daß die Kritik menschlicher Irrtümer und Laster (obgleich der Redekunst und der Dichtung vorbehalten) auch Gegenstand der Malerei sein kann, hat er als angemessene Themen für seine Arbeit aus der Vielzahl der Extravaganzen und Torheiten, die jeder menschlichen Gesellschaft gemeinsam sind, und unter den vulgären Vorurteilen und Betrügereien, wie sie durch Gewohnheiten, Unwissenheit oder Eigennutz sanktioniert sind, jene ausgewählt, die er für besonders geeignet hielt, ihm Stoff für das Lächerliche zu liefern und gleichzeitig die künstlerische Phantasie anzuregen.[12]

Goya stellt sich damit auf eine Stufe mit den Literaten seiner Zeit. Er beansprucht daher für seine Kunst dieselbe didaktische Wirkungsmöglichkeit wie die Dichter für ihre Sprache.[13] Er empfiehlt sich seinen potentiellen Kunden als Kritiker menschlicher Fehler und Torheiten, empfindet die gesellschaftlichen Missstände aber gleichzeitig als Ventil für seine Einbildungskraft. Goya versteht sich dabei als eigenmächtiger Erfinder und weiß sich frei von Vorbildern:

---

[10] In der Forschungsliteratur wird zumeist aus den drei wichtigsten zeitgenössischen Kommentaren zitiert: dem *Ayala-Kommentar*, so genannt nach seinen ehemaligen Besitzern, der Familie Ayala, dem Manuskript des Kommentars, der in der *Biblioteca Nacional* in Madrid aufbewahrt wird, beide zu Lebzeiten Goyas von unbekannten Verfassern angefertigt, und dem so genannten *Prado-Kommentar*, nach seinem Aufbewahrungsort benannt, der wahrscheinlich im Wortlaut von Goya selbst stammt oder zumindest von ihm autorisiert wurde. Vgl. Hofmann: *Traum, Wahnsinn, Vernunft.* München 1981, S.9f

[11] Peter K. Klein: *Programm und Intention der Caprichos.* In: *Katalog zur Ausstellung „Der Schlaf der Vernunft – Originalradierungen von Francisco de Goya“*, Marburger Universitätsmuseum für Kunst- und Kulturgeschichte 2000, S.15-22, hier S.17

[12] Übertragung von Werner Hofmann. Der spanische Originaltext ist als Faksimile abgedruckt in Gassier/Wilson: *Francisco Goya: Leben und Werk*, S.129

[13] Vgl. Held: *Goya*, S.70. Eine ausführliche Interpretation der Anzeige in ihrem zeitgenössischen begriffsgeschichtlichen Kontext findet sich bei Hofmann: *Traum, Wahnsinn, Vernunft*, S.12ff

> Da der größte Teil der Dinge, die in diesem Werk dargestellt werden, ideeller Natur ist, dürfte es nicht verwegen sein, zu hoffen, daß ihre Mängel von den Einsichtigen entschuldigt werden, wenn man berücksichtigt, daß der Autor weder fremden Beispielen gefolgt ist noch die Natur kopieren konnte. Und wenn die Nachahmung der Natur schon schwierig genug ist und bewundernswert, wenn sie gelingt, wird doch auch derjenige einige Achtung verdienen, der, völlig von ihr abgekehrt, Formen und Gebärden vorzuführen genötigt war, die bisher nur im menschlichen Geist existierten, welcher verdunkelt und verwirrt ist aus Mangel an Aufklärung (*ilustración*) oder überhitzt durch die Zügellosigkeit der Leidenschaften.[14]

Diesem Bekenntnis zur Originalität steht ein Anspruch auf Vollkommenheit zur Seite:

> Man würde eine zu große Unwissenheit des Publikums in Dingen der schönen Künste voraussetzen, würde man erklären, daß der Autor in keiner der Kompositionen dieser Sammlung die Absicht hätte, die besonderen Fehler dieser oder jener Person lächerlich zu machen. Damit würde man die Grenzen des Talents zu eng ziehen und die Mittel verkennen, deren sich die nachahmenden Künste bedienen, um vollkommene Werke zu vollbringen.[15]

Goya stellt sich damit unter den Schutz der Maximalforderung der klassizistischen Ästhetik, wonach ein Kunstwerk seine Vollkommenheit nicht vom Gegenstand, sondern von dessen künstlerischer Wiedergabe bezieht. Seine Vorstellung von Vollkommenheit geht allerdings einen Schritt weiter, denn er verbindet das Hässliche mit dem Lächerlichen und bekennt überdies, dass die Vielzahl der menschlichen Torheiten die künstlerische Einbildungskraft beflügelt.[16]

Goya präsentiert sich also als ein Künstler, der dezidiert Vollkommenheit für Werke beansprucht, die sich ausdrücklich mit der Unvollkommenheit des Menschen befassen. Wenn er sich dabei zusätzlich auf Satire und Phantasie bezieht, schafft er sich einen Freiraum der Bedeutungsvielfalt, der dazu führt, dass er in seinen Caprichos bewusst verschiedene und Deutungsebenen anbieten kann.[17]

Indem Goya die traditionellen Gegenpositionen von Ideal und Wirklichkeit durch Mehrsinnigkeit ersetzt, gelingt ihm die Neubestimmung der Gattung, ein „Epochensprung", so Dittberner.[18] Goya hat seine Radierungen mit Titeln versehen, also Bild-

---

[14] Gassier/Wilson: *Francisco Goya: Leben und Werk,* S.129

[15] Gassier/Wilson: *Francisco Goya: Leben und Werk,* S.129

[16] Vgl. Werner Hofmann: *Goyas negative Morphologie.* In: ders./Edith Helman/Martin Warnke (Hg.): *Goya, „Alle werden fallen".* Frankfurt a.M. 1981, S.13-69, hier S.19. Im Folg. zit. Hofmann 1981a.

[17] Vgl. ebd., S.22f. Das spricht gegen die Argumentation Kleins, der Goyas Capricho 43 als aufklärerische Warnung versteht und dabei die bewusst gestaltete Mehrsinnigkeit dieses Blattes nicht ausreichend berücksichtigt. Vgl. Klein: *Programm und Intention der Caprichos*, S.21.

[18] Dittberner weist in diesem Zusammenhang darauf hin, das Kant, in seiner *Kritik der Urteilskraft,* im gleichen Jahr erschienen wie Goyas Caprichos, die „ launige Manier" traditionellerweise noch als „Nebenprodukt" verstand, das sich nicht zur „schönen Kunst" zählen durfte. Goya seinerseits hat

Text-Produkte hergestellt, deren Aussageebenen aufeinander verweisen. Die Texte machen die Bildaussage jedoch nicht etwa eindeutiger, sondern verstärken ihre Mehrdeutigkeit.

Ein zentrales Beispiel dafür, wie der Text das Bedeutungsspektrum der Darstellung eher öffnet als einschränkt, ist das Capricho *43* mit seinem doppeldeutigen Titel. Die Übersetzung von *sueño* mit ‚Schlaf' widerspricht jedoch den Dichotomien der Aufklärung und verortet Goya vorschnell auf der Seite einer unbefleckten Vernunft.[19] Es spricht einiges für die Übersetzung von *sueño* mit ‚Traum'. Bevor die Serie im Februar 1799 als eine Folge von Launen (*caprichos*) ediert wurde, hatte Goya geplant, eine Sequenz von Träumen zu radieren. Das spätere Capricho *43* sollte das Titelblatt dieser Serie werden, der erste Traum. Auf dem Schriftblock der Sepiazeichnung für dieses Blatt liest man: *Idioma universal. Dibujado y grabado por Francisco de Goya año 1797* (Universale Sprache. Gezeichnet und radiert von Francisco de Goya im Jahre 1797). Unter dem Blatt stellt er programmatisch die Intention der Traum-Serie insgesamt vor: *El autor soñando. Su yntento sólo es desterrar bulgaridades perjudiciales y perpetuar con esta obra de caprichos el testimonio sólido de la verdad* (Der träumende Autor. Seine einzige Absicht ist es schädliche Allgemeinplätze zu verscheuchen und mit diesem Werk der Launen dem zuverlässigen Zeugnis der Wahrheit Dauer zu verleihen). Der ursprüngliche Titel der Serie bezieht sich also auf den träumenden Autor.[20] Indem der Maler sich als Autor bezeichnet, stellt er sich in eine bis zu Quevedo zurückreichende Tradition der spanischen Literatur, die den Traum als Mittel zur Erweiterung der Wahrnehmungsfähigkeit und des *desengaño,* der Desillusion begreift. So verstanden verdichtet der Traum „die Daten der Erscheinungswelt zur Parabel und enthüllt den falschen Schein: Er zeigt die verkehrte Welt als die wahre auf".[21] Mit den Worten Goyas hieße das, so Dittberner, „weil sich der Künstler der produktiven Träume (*sueños*) bedient, kann ein den bloßen Launen (*caprichos*) entsprungenes Werk dem ‚zuverlässigen Zeugnis der Wahrheit Dauer' verleihen."[22] Ein Traum ist somit auch der *sueño de la razón*, der auch die monströsen Folgen des Traumes der Vernunft aufzeigt. Damit schlägt Goya eine Brücke von der Traum-Erfahrung zu ihrer Gestaltung.[23]

Das Blatt bildet einen Kontrast zum letztendlich gewählten Titelblatt der Caprichos. Stellt sich Goya dort als Künstler dar, desillusioniert und überlegen, so zeigt Capricho 43 seine innere Verfassung, ausgesetzt und bedroht. Der Wechsel der Titelblätter dokumentiert damit einen Wandel der Selbstdarstellung, Goya wird gewissermaßen vom Opfer zum Täter.

---

mit der Wahl der Gattung das Neben- zum Hauptprodukt gemacht und die Grafik damit zu seinem „genuinen Ausdrucksmedium" (Dittberner: *Traum und Trauma vom Schlaf der Vernunft*, S.321).

[19] Ebd., S.262

[20] Vgl. Hofmann: Goyas negative Morphologie, S.23ff

[21] Ebd., S.25

[22] Dittberner: *Traum und Trauma vom Schlaf der Vernunft*, S.263

[23] Hofmann: *Traum, Wahnsinn, Vernunft*, S.24

III.

Seiner aufklärerischen Haltung entsprechend versucht Goya einen didaktischen Bezug zu seinem Publikum zu schaffen. Seine Caprichos sind als *Ydioma Universal*, als universelle Sprache, im Massenmedium der Radierung einem breiten Publikum zugänglich. Das Besondere an Goyas Gesellschaftskritik im ausgehenden 18. Jahrhundert ist, dass hier ein Übergang zu einer als modern zu bezeichnenden Denk- und Sehweise stattfindet. Goya scheint an der Macht des Verstandes zu zweifeln und sieht sich einer verkehrten Welt gegenüber, in der es keine greifbaren und erreichbaren Ideale mehr gibt. Das macht die Modernität der Caprichos aus. Goya zeigt in ihnen Probleme auf, für die es keine Lösungen mehr zu geben scheint.[24]

Die Serie Caprichos umfasst 80 Blätter, die sich in zwei Abschnitte gliedern lassen. Die beiden Abschnitte werden getrennt durch sechs Blätter mit Eselsdarstellungen. Der erste Teil wird durch das oben beschriebene Selbstbildnis Goyas (Capricho 1) eingeleitet und ist durch eben diesen „kritischen Beobachter“ legitimiert. Der zweite Teil der Caprichos beginnt mit Capricho 43 und ist durch den Träumer legitimiert.

Ein großer Teil der Caprichos handelt von den Leidenschaften, vor allem von der Beziehung zwischen Mann und Frau. Goyas Kritik zielt dabei auf den Egoismus des Einzelnen. Die Partner sind in diesen Darstellungen nur auf ihren eigenen Vorteil bedacht. Der Eheschließung liegen zum Beispiel in der Regel rein materielle Erwägungen zugrunde. Sie wird ausgehandelt, man muss berechnen, ob man auch ein gutes Geschäft gemacht hat. Capricho 14, *¡Que sacrificio!* (Welch ein Opfer!), zeigt die Braut, ihre Eltern, und in ergebener Haltung vor dem Mädchen den Brautwerber. Der von Goya angefügte Kommentar lautet:

> So mußte es kommen! Der Bräutigam ist nicht gerade der Begehrenswerteste, aber er ist reich und so kauft man auf Kosten der Freiheit eines unglücklichen Mädchens einer hungrigen Familie Unterstützung. Das ist der Lauf der Welt (Kommentar Biblioteca Nacional).

Der Werber sieht mit seinen krummen Beinen, dem gekrümmten Rücken und seinem riesigen Kopf mit den wulstigen Lippen aus wie ein Frosch – eine Tierfigur, die in der Lavaterschen Lehre für den Stumpfsinn steht. Eine gewisse Familienähnlichkeit verbindet ihn mit dem Vater der Braut, der ihm freundschaftlich den Buckel klopft, während Mutter und Tochter die Augen von dem zukünftigen Bräutigam abwenden. Die Mutter schlägt verzweifelt die Hand vors Gesicht.[25] Die sozialen Verhältnisse degenerieren die Ehe zu einem reinen Geldverhältnis und machen eine glückliche, freie Entfaltung der Leidenschaften unmöglich. Goya greift damit die Diskussion des 18. Jahrhunderts um die Neubestimmung von Ehe und Familie auf. Er reklamiert gleiche Rechte für die einzelnen Familienmitglieder und kritisiert die Kindererzie-

[24] Vgl. Fred Licht: *Goya. Beginn der modernen Malerei.* München 1979, S.96, S.105

[25] Vgl. die ausführliche Beschreibung dieses Blattes bei Dittberner: *Traum und Trauma vom Schlaf der Vernunft*, S.325

hung, wenn sie sich lediglich auf Machtausübung beschränkt. In Capricho 3: *Que viene el Coco* (Da kommt der schwarze Mann) erscheint eine vermummte Figur, die von den Müttern dazu benutzt wird, ihre Kinder zu disziplinieren. Der Kommentar belehrt uns:

> Unberatene Mütter machen ihre Kinder zu Angsthasen, indem sie ihnen den Schwarzen Mann vorgaukeln, schlimmer sind die, die zu solchen Mitteln greifen, wenn sie anders ihre Kinder nicht loswerden können, um mit ihrem Liebhaber ungestört zu sein (Kommentar Biblioteca Nacional).

In seinen Eselsdarstellungen kritisiert Goya die ererbten Privilegien des Adels. Untaugliche Männer besetzen einflussreiche Positionen und richten dort als Kurpfuscher, Lehrer oder Befehlshaber Schaden an. Durch das angemaßte Amt wird der wahre Charakter der Person verdeckt.

Mit den Hexendarstellungen im zweiten Teil der Caprichos setzt Goya die Kritik am pervertierten Wesen der Menschen und ihren Umgangsformen fort: Streit, Gier, ungezügelte Sinnlichkeit und irrationale hierarchische Ordnung. Wie bei den Menschen zeigt Goya an den Hexen, dass sie zur Selbstbestimmung durch Triebbeherrschung nicht fähig sind. Goyas Hexen wirken schockierend real. Das liegt zum einen daran, dass der Hexenglaube in Spanien im 18. Jahrhundert noch nicht gebrochen ist. Selbst Feijoo, der große Aufklärer unter den Geistlichen in Spanien leugnet nicht, dass es Hexen gäbe.[26] Zum anderen liegt es in Goyas karikierender Absicht, die eindeutige Unterscheidung zwischen Hexen und Menschen zu erschweren. Deswegen ist nur schwer zu unterscheiden, ob er mit der Darstellung der liturgischen Praktiken in Capricho 70: *Devota profesión* (Frommes Bekenntnis) ketzerische religiöse Bräuche angreifen will oder aber die Verzerrungen der offiziellen katholischen Liturgie. Auf diesem Blatt werden die kirchlichen Rituale unmittelbar als Hexenrituale präsentiert. Es kann als Parodie auf die klösterlichen Gelübde gewertet werden. Eine Novizin hockt auf den Schultern eines bocksfüßigen Untiers. Der Kommentar lautet:

> Schwörst du, deinen Herren und Meistern zu gehorchen und sie zu respektieren? Die Speicher zu fegen, Werg zu spinnen, Schellen zu rasseln, zu heulen, kreischen, zu fliegen, kochen salben, blasen, braten, wann immer man es von dir verlangt? Dann meine Tochter, bist du eine Hexe, herzlichen Glückwunsch. (Kommentar Biblioteca Nacional)

Goya schreckt nicht davor zurück, die beiden Prüfer, die anstelle der Mitra eine Art *coroza*, den Schandhut der Inquisitionsopfer tragen, als „Spotttrinität" (Hofmann) zu arrangieren, wobei der Raubvogel, auf dem sie sich in die Lüfte erheben, die Taube als Verkörperung des Heiligen Geistes karikiert.[27]

Goya benutzt also seine surreal anmutenden Darstellungen, um der spanischen Gesellschaft den Spiegel vorzuhalten. Seine Radierungen erklären sich insofern aus

---

[26] Vgl. Held: *Goya*, S.54

[27] Werner Hofmann: *Goya: Das Zeitalter der Revolutionen*, Ausstellungskatalog. Hamburg 1980, S.94

realen gesellschaftlichen Missständen. Sie stellen dem „Traum der Vernunft" seine reale albtraumhafte Kehrseite gegenüber. Goyas zieht in den Caprichos einen Spannungsbogen, der zunächst eine „Scheinwelt" zeigt, in der die Beteiligten die gesellschaftlich vorgegebenen Gefühlsrituale als soziale Entmündigung und Unterdrückung empfinden. Die Konfrontation mit einer „verkehrten Welt" führt dem Betrachter den alltäglichen Missbrauch eindrücklich vor Augen. Abschließend führt Goya eine „monströse Welt" vor, in der Hexen Tiere und Mischwesen das Sagen haben. Gleichwohl bleiben die grundsätzlichen Konflikte bestehen und markieren so ein Kontinuum innerhalb des Zyklus.[28]

Indem die Caprichos sich auf die historischen Wunden, die Verblendungen, Masken und Zerrbilder der spanischen Gesellschaft beziehen, werden sie zur *Ydioma Universal*, der universellen Sprache. Goya vergegenwärtigt die menschliche Seite der Geschichte nicht in der Beschwörung einer allgemeinen Menschlichkeit, sondern durch die Darstellung ihrer Inhumanität. Mit seinem Werk wird die „Negation zum künstlerischen Prinzip" (Hofmann) und markiert damit den Beginn der Moderne.[29]

IV.

Goyas Werk geht über eine bloße Gesellschaftskritik hinaus. Er war Teil einer Gruppe von aufgeklärten Intellektuellen, darunter Schriftsteller und Philosophen wie Moratín, aber auch Politiker wie sein Freund Jovellanos. Sein Werk gewinnt seine Konturen als Kommentar und Korrektiv, Parteinahme und Antithese zu den sozialen Identitätskonflikten in Spanien in den drei Epochen, denen auch die europäische Moderne ihre Konturen verdankt: dem Zeitalter der Aufklärung, dem der Revolutionen und dem des Nationalismus.[30]

Die spanische Aufklärung ist bis heute als Ergebnis einer langen polemischen Auseinandersetzung aus dem öffentlichen Bewusstsein verdrängt worden. Das ging sogar soweit, dass 1930 Ortega y Gasset, der Vordenker mehrerer Generationen spanischer Studenten, in einem kurzen Artikel über Spaniens geistigen Rückstand gegenüber dem als Norm angesehenen Westeuropa feststellt, sein Land habe nicht an der europäischen Aufklärung teilgenommen.[31]

Die Polemik um die spanische Aufklärung hängt eng zusammen mit einer von den Spaniern immer wieder und mit leidenschaftlicher Parteilichkeit diskutierten Frage: die nach der Identität der Nation, nach dem Sinn und der Wertung der nationalen Geschichte. Seit Mitte des vorigen Jahrhunderts wurde diese Frage in der Regel mit der These von der Existenz zweier Spanien (*las dos Españas*) begründet, die beide mit Ausschließlichkeit den Anspruch erhoben, jeweils allein das wahre Spanien zu

[28] Vgl. ebd., S.114
[29] Martin Warnke: *Vorwort*. In: Werner Hofmann/Edith Helman/Martin Warnke (Hg.): *Goya, „Alle werden fallen"*. Frankfurt a.M. 1981, S.9-13, hier S.13
[30] Dittberner: *Traum und Trauma vom Schlaf der Vernunft*, S.4
[31] *El siglo XVIII, educador*. In: *Obras completas*, Madrid [6]1963, S.600

repräsentieren. Auf der einen Seite stand ein traditionalistisches, an einem eigenen im *Siglo de Oro* ausgebildeten Wertesystem festhaltendes Spanien auf der anderen ein modernes, am durch Reformation und Revolution geprägten Europa orientiertes Spanien, das eben diese Wertevorstellungen negierte.[32]

Forschungskonsens ist inzwischen, dass es in Spanien sehr wohl eine deutliche Aufklärungsbewegung gegeben hat, zu der sich auch Goya zählte, diese sich aber letztlich nicht durchsetzen konnte. Gründe für ihr Scheitern werden zum einen in der *leyenda negra*,[33] der so genannten „schwarzen Legende", gesehen, der zufolge Spanien eine besondere Kultur- und Zivilisationsfeindlichkeit unterstellt wurde. Zum anderen spielte die Inquisition eine hemmende Rolle, indem sie ein Klima der Zensur bzw. Selbstzensur schuf und eine breite Rezeption des aufgeklärten Denkens erschwerte. Der entscheidende Faktor war aber wohl, dass in Spanien eine breite bürgerliche Schicht fehlte, die die Ideen der Aufklärung getragen hätte. Spanische Aufklärer waren in vielen Fällen Kleriker, wie zum Beispiel Feijoo oder hohe adlige Beamte wie Jovellanos. Der Prozess der bürgerlichen Selbstaufklärung durch Teilnahme an der literarischen und politischen Öffentlichkeit kam hier anders als in Frankreich nicht anhaltend genug zum Tragen.[34]

Eine wissbegierige, fortschrittsgläubige, an naturwissenschaftlichen Problemen interessierte, die Privilegien des Adels bekämpfende Schicht hat sich in Spanien vor allem aus ökonomischen Gründe nicht ausbilden können. Die über 700jährige so genannte „Rückeroberung" Spaniens von den Mauren und die Entdeckung Amerikas entfernte die Spanier von den in der Moderne entscheidenden Fragen, nämlich Handel und Technik. Die radikale Opposition gegen die Reformation, Philipps II. Identifizierung spanisch-nationaler mit religiösen Interessen führte im öffentlichen Diskurs zu einer Überbewertung theologischer Fragestellungen und religiösen Verhaltens. Das gescheiterte Zusammenleben der drei großen Religionsgemeinschaften Juden, Mauren und Christen auf der Iberischen Halbinsel bedingte eine Ideologie der Blutsreinheit (*limpieza de sangre*), die zur Verachtung der Eigenschaften führte, die die Neuchristen, also die zum Christentum konvertierten, häufig auch zwangskonvertierten ehemalige Juden und Mauren, auszeichnete: die Intellektualität der Juden und das handwerklich-technische Interesse der Mauren. „Spanien war damit das einzige Land Europas", so Tietz, „wo man im 18. Jahrhundert den Wert seiner Person durch man-

---

[32] Manfred Tietz: *Zur Polemik um die spanische Aufklärung.* In: *Archiv für neuere Sprachen 217* (1980), S.75-92, hier S.77

[33] Der Begriff der *leyenda negra* wurde zum ersten Mal 1914 von Julián Juderías in seinem gleichnamigen Buch verwendet, und zwar zur Verteidigung der spanischen Kultur. Die Plünderungen von Prato (1512) und Rom (1527) durch die Habsburger Söldnerheere hatten unter den Intellektuellen das Vorurteil einer spanischen Kultur- und Zivilisationsfeindlichkeit entstehen lassen.

[34] Tietz: *Zur Polemik um die spanische Aufklärung,* S.89

gelnde Aktivität und fehlende intellektuelle Neugier nachweisen konnte, Eigenschaften, die sonst als Triebfeder der Moderne angesehen werden."[35]

Besonders schädigend für den Ruf der Aufklärung in Spanien war jedoch Napoleons Entscheidung, seinen Bruder Joseph zum Spanischen König zu machen. Karl IV. und seine Frau Maria Luisa hatten am 19. März 1808 im Eingeständnis ihrer Unbeliebtheit zugunsten ihres Sohnes Ferdinand VII. abgedankt. Napoleon brachte ihn aber dazu, die spanische Krone an seinen Vater zurückzugeben, und dieser tauschte sie seinerseits gegen ein jährliches Einkommen ein.

Gerade die aufgeklärte Elite Spaniens stellte sich zu Beginn auf die Seite des neuen Herrschers Joseph, hoffte sie doch, mit seiner Hilfe die in Spanien dringend notwendigen, aus dem Geist der Aufklärung abgeleiteten Reformen durchführen zu können. Dieser vielleicht zu indirekte Patriotismus wurde in dem zunächst nur auf nationale Unabhängigkeit zielenden Unabhängigkeitskrieg (1808-1814) als Verrat an Spanien missverstanden.

Goya gehörte zu dem Kreis aufgeklärter Intellektueller, deren Begeisterung für die Französische Revolution sich mit dem Aufstieg Napoleons noch steigerte. Doch nach der heftigen Reaktion des spanischen Volkes auf die französischen Truppen zeigte sich die Grausamkeit des napoleonischen Vorgehens besonders eindrücklich – die Folgen von Napoleons Spanien-Feldzug hielten viel länger an, als die eigentliche Kriegs- und Besatzungszeit. Nachdem die Napoleonischen Truppen abgezogen waren, malte Goya ein historisches Gemälde, das sich mit den Ereignissen des Jahres 1808 auseinandersetzt. Es handelt sich um eine Auftragsarbeit für die Siegesfeier anlässlich der Rückkehr Ferdinands VII. aus dem Exil mit dem Titel *Die Erschießung der Aufständischen am 3. Mai auf der Moncloa* (Abb. 2).

Zwei Menschengruppen stehen sich gegenüber. Eine Stalllaterne beleuchtet die Gruppe der Aufständischen. In ihrer Mitte steht die zentrale, am hellsten beleuchtete Figur eines inmitten von bereits erschossenen Leichen knienden Mannes, der mit einer verzweifelten Geste seine Arme hochwirft. Aus dem dunklen Bereich der rechten Seite treten zusammengedrängte Rebellen vor das Erschießungskommando. Die Soldaten sind nur von hinten zu sehen und bleiben im dunklen Teil des Bildes. Ihre Hüte und die gleichförmige Wiederholung der Schulterriemen, Degen und Gürtel schließen sie zu einer Front zusammen, die ihren Abschluss in den Gewehrläufen mit ihren aufgepflanzten Bajonetten findet.

[35] Ebd., S.91

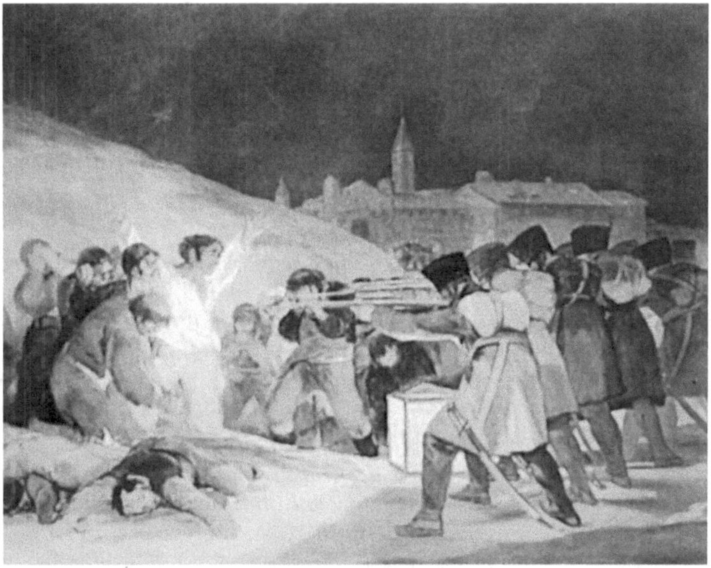

Abb. 2 Francisco de Goya: Erschießung der Aufständischen am 3. Mai. 1808 (1814) Madrid: Prado, Öl auf Leinw., 266 x 345 cm

Goya stellt in diesem Bild, anders als der Anlass erwarten lässt, keine ruhmreichen Führer der spanischen Erhebung dar. Es sind namenlose Guerillakämpfer, die sich in spontaner, aber auch folgenloser Aktion den französischen Imperialisten widersetzen. Goya glorifiziert sie nicht, sondern zeigt ihre Todesfurcht. Im Vergleich zu Davids *Marat* sind die spanischen Rebellen ein verlorener Haufen mit dumpfen Gesichtszügen, von Leiden, hartnäckiger Entschlossenheit und Hoffnungslosigkeit gekennzeichnet. Goya hat ihre Hinrichtung in Analogie zum Martyrium Christi gestaltet. Die Geste der zentralen Figur ist die des gekreuzigten Christus. Seine Hände zeigen die Wundmale. Der Betrachter des Bildes steht hinter dem Erschießungskommando auf der Seite der Vollstrecker. Aus dieser Einbeziehung des Betrachters in die Erschießung einer Gestalt, die mit dem Glauben assoziiert werden kann, resultiert zum Teil die schockierende Wirkung des Bildes. Zum anderen ergibt sie sich aus der Gestaltung des Todes, die als äußerst modern bezeichnet werden muss. Das Schicksal der zentralen Figur ist kein Einzelschicksal und der Tod kein Ereignis von Bedeutung und Würde. Denn im Vordergrund liegt ein weiterer Toter, der kurz zuvor noch in derselben Haltung gekniet und dieselbe Geste der Verzweiflung gezeigt hat. Auch ein Blick auf den Kopf des Toten zeigt die Modernität der Darstellung. Er ist lediglich ein Klumpen totes Fleisch, der die Endgültigkeit des Todes eindringlich vor Augen führt.

Obwohl das Gemälde auf ein historisches Ereignis hinweist, übersteigt seine Bedeutung den konkreten Anlass: Die monströsen Folgen des Traums von der Vernunft sind Realität geworden und hier als nationales Trauma gestaltet. Denn Goya zeigt in diesem Bild die Entartung des „aufklärenden Lichts", wie Spanien sie 1808 erlebt hat. Das revolutionäre Frankreich, von dem dieses Licht ausging und auf dessen friedliche Ausbreitung Goya mit anderen aufgeklärten Intellektuellen gehofft hatte, fällt feindlich in Gestalt einer brutalen Armee in das Land ein und die Dunkelheit steht nun anstelle des Lichts.[36]

Das Licht der Vernunft wird dem alten Spanien mit aller Gewalt gebracht und die der Aufklärung zustrebenden kritischen Intellektuellen Spaniens werden zu Landesverrätern erklärt. Die folgende Desillusionierung Goyas wird in der „Erschießung der Aufständischen von 1808" ansichtig. Die Möglichkeit, den *sueño* (Traum) als sinnliche Erweiterung zu interpretieren, die im 43. Capricho zweifelsfrei noch gegeben ist und auch die von soziohistorischen Gegebenheiten absehenden Deutungen bestimmt, geht unter dem Druck der politischen Ereignisse verloren. Der Traum scheint angesichts der *Erschießung der Aufständischen von 1808* nur noch Ausdruck einer gebrochenen Dialektik der Aufklärung zu sein, denn Aufklärung war als Begriff durch die Verknüpfung mit Fremdherrschaft zunehmend negativ besetzt.

Goyas Bild-Sprache ist als *Ydioma Universal* noch heute verständlich. Sie benennt bereits Ende des 17. Jahrhunderts, was Octavio Paz 1950 in seinem Essay-Band *Das Labyrinth der Einsamkeit* über den Traum von der Vernunft und seine albtraumhafte Kehrseite schreibt. Die Frage, ob durch den bedingungslosen Glauben an die Vernunft der Traum zum Trauma wird, ist für beide Künstler eng verknüpft mit der Idee der nationalen Identität und der Befreiung von Fremdherrschaft. Der Konflikt zwischen dem Wunsch nach der Befreiung von Fremdherrschaft und nationaler Einheit und Reinheit einerseits und der Angst vor Isolation sowie Unterdrückung der Vernunft andererseits bestimmt die Entwicklung Spaniens bis weit ins 20. Jahrhundert. Insofern wird das bereits von Goya benannte problematische Verhältnis Spaniens zur Aufklärung durch die politische Entwicklung bis hin zu Bürgerkrieg und Franco-Regime[37] zum kollektiven Trauma der Nation.

---

[36] Jean Starobinski: *1789, die Embleme der Vernunft.* Hrsg. und mit einem Vorwort versehen von Friedrich Kittler. Paderborn u.a. 1981, S.149.

[37] Vgl. den Beitrag von Lennart Koch in diesem Band.

Markus Tillmann

Der Schriftsteller als universeller Produzent. Daniel Paul Schrebers *Denkwürdigkeiten eines Nervenkranken*

> In den Augen ich weiß nicht welcher – vielleicht schon sehr nahen Kultur – werden wir die sein, die am nächsten jene beiden nie wirklich ausgesprochenen Sätze einander angenähert haben, jene beiden Sätze, die so widersprüchlich und unmöglich sind wie das berühmte 'ich lüge' und die beide dieselbe leere Selbstbezogenheit bezeichnen wie: ‚ich schreibe' und ‚ich rede Irrsinn'.[1]

Die delirierende Sprache

Es gibt Werke, die sich jeder einfachen Einordnung entziehen. Werke, die immer wieder neue Deutungen, Auslegungen und, wenn man so will, Interpretationen provozieren. Werke, die, egal von welcher Seite man sie betritt, welchen Einstieg man wählt (den psychoanalytischen, den hermeneutischen, den strukturalistischen, den dekonstruktivistischen, den diskursiven etc.), immer neue „Denkwürdigkeiten" bieten.

Daniel Paul Schrebers 1903 zum ersten mal veröffentlichte autobiografische Schrift *Denkwürdigkeiten eines Nervenkranken*,[2] die Schreber während seiner mehrmaligen Aufenthalte in psychiatrischen Kliniken verfasst hat und um die es hier im Rahmen des Themas ‚Trauma und künstlerische Manifestation' gehen soll, besitzt diese unerschöpfliche Mannigfaltigkeit und hat bis heute Psychologen, Literaturwissenschaftler und Philosophen zu immer neuen, teilweise diametralen Deutungen veranlasst. Wer war Daniel Paul Schreber und warum reizen seine Aufzeichnungen immer wieder zu neuen Auslegungen? Woher rührt die Irritation, die den Leser überfällt, wenn er Schrebers Beschreibungen seiner Wahnvorstellungen liest, die im Wortsinne aus der Reihe oder aus der Rille springen (wie die lateinische Etymologie *de lira* besagt)?[3]

Dr. jur. Daniel Paul Schreber (1842-1911) war der Sohn von Daniel Gottlob Moritz Schreber (1808-1861), dem Arzt, Erzieher und Gesundheitspädagogen, der als Wegbereiter des so genannten „rationalen Turnens" gilt und auf den die Bezeichnung ‚Schrebergärten' zurückgeht. Der Erfinder dieser Einrichtung erprobte früh an seinen Kindern eine Methode der Körperzüchtigung, welche er zudem, ähnlich dem Prinzip von Turnvater Jahn, zum nationalen Ertüchtigungsprogramm machen wollte.

---

[1] Michel Foucault: *Schriften zur Literatur*, Frankfurt a.M./Berlin/Wien 1979, S.127-128

[2] Daniel Paul Schreber: *Denkwürdigkeiten eines Nervenkranken*, hrsg. und eingeleitet von Samuel M. Weber, Frankfurt a.M. 1973 (Schreber 1973)

[3] Zum Begriff der delirierenden Sprache vgl. hier und im Folgenden Gilles Deleuze: *Kritik und Klinik*, Frankfurt a.M. 2000, S.11 (Deleuze 2000)

Dr. Schreber senior war also kein einfacher Orthopäde, sondern ein mit Sendungsbewusstsein erfüllter Reformator, der zahlreiche pädagogische Schriften mit besonderer Hinsicht auf Körperertüchtigung und -formung schrieb, da er davon überzeugt war, dass seine Bestrebung, die Turnbewegung auf ein wissenschaftliches Niveau zu erheben, von epochaler Bedeutung für das deutsche Volk sein würde.[4] Dergestalt heißt es z. B. in einer seinem Werk *Das Pangymnastikon*, erschienen in Leipzig im Jahr 1860: „Wir begrüßen das deutsche Turnen als ein Zeichen des Wiederauflebens des kernhaften urdeutschen Volksgeistes in einer der übrigen Kulturentwicklung entsprechenden vervollkommneten und veredelten Form."[5] Die sportliche Ertüchtigung, konstatiert er wenige Zeilen später, „ist also keine vorübergehende Modesache, sondern ein junger und veredelter Trieb aus der alten aber immer noch gesunden Grundwurzel des urdeutschen Volkslebens."[6]

Schon „bevor er jene Gärten erfand, welche seinen Namen verewigen, war sich Dr. Schreber senior darüber klar, dass seine geschichtliche Aufgabe nur darin bestehen konnte, Gärtner des deutschen Geistes und Körpers zu spielen. Als Erzieher bemühte er sich, die ‚edlen' von den ‚unedlen Keimen' schon bei den Kindern zu trennen; und als Arzt war er überzeugt, dass die moralische Verbesserung vom Zustand des Körpers nicht zu trennen sei."[7]

Sein Sohn Daniel Paul Schreber, der mit großer Wahrscheinlichkeit dieses unmenschliche Körperzüchtigungsprogramm über sich ergehen lassen musste, kandidierte 1884 erfolglos in den Reichstagswahlen. Im gleichen Jahr erfolgte die erste, kurze Einlieferung in die Nervenklinik Leipzig, weil Schreber in einer sehr labilen Stimmung war und von hypochondrischen Vorstellungen, vor allem der der Abmagerung, heimgesucht wurde. Unter anderem erwähnt die Krankengeschichte Sprachstörungen und Überempfindlichkeit gegen Geräusche. 1886 wird Schreber Landgerichtsdirektor in Leipzig und 1893 Senatspräsident am Oberlandesgericht Dresden. Aufgrund von Schlaflosigkeit und Angstzuständen begibt sich Schreber ein Jahr später wieder in die Behandlung seines Arztes Dr. Flechsig und wird acht Jahre lang interniert. 1900 erfolgt seine Entmündigung. 1903 erscheint die erste Auflage seiner Autobiografie, die aber kurz darauf von seiner Familie zurückgezogen und vernichtet wird. Bis zu seiner letzten Einlieferung 1907, aus der er nicht mehr zurückkehrt, bleibt er in Pflege im Familienkreis.

Schrebers Aufzeichnungen sind ein seltsames Textkonvolut, in welchem er eindrucksvoll die Geschichte seiner eigenen Wahnbildung und angeblichen Heilung beschreibt. Dergestalt behauptet Schreber z.B. in seiner ‚Rechtfertigungsschrift', dass er nicht geisteskrank, sondern nervenkrank ist, d.h. seine Erfahrungen somit objektiv sind. Am Anfang der Ausführungen erhebt Schreber gegenüber seinem Arzt Dr.

---

[4] Vgl.: Samuel M. Weber: *Die Parabel*, in: Schreber 1973, S.6

[5] Zitiert nach: Ebd., S.6

[6] Zitiert nach: Ebd., S.7

[7] Ebd., S.7-8

Flechsig den Vorwurf des so genannten „Seelenmords" bzw. „Seelenraubs", ein Verbrechen, dass ihm aus der Literatur vertraut ist. Dergestalt ist die „Vorstellung, dass es möglich sei, sich in irgendwelcher Weise der Seele eines anderen zu bemächtigen, um sich auf Kosten der betreffenden Seele entweder ein längeres Leben oder irgendwelche andere, über den Tod hinausreichende Vorteile zu verschaffen, in Sage und Dichtung bei allen Völkern verbreitet. Ich erinnere beispielsweise nur an Goethe's Faust, Lord Byron's Manfred, Weber's Freischütz usw" (Schreber 1973, 83).

Schreber behauptet, dass Dr. Flechsig mittels „Nervenanhang" hypnotisierenden Einfluss auf ihn nimmt. Fremde Stimmen, konstatiert Schreber, organisieren und programmieren sein Verhalten, und durch den sogenannten „Denkerzwang" und das sogenannte anonyme, jenseitige „Aufschreibsystem"[8] wird zudem versucht, seinen Verstand zu zerstören. Zudem berichtet Schreber z.B. von Zuständen, in denen seine Organe, vornehmlich die des Konsums, der Filiation und der Kommunikation, durch „Gottesstrahlen" verändert, zerstört und wiederhergestellt werden. Schreber ist der festen Überzeugung, dass diese gegen die Integrität seines Körpers gerichteten Angriffe von seinem Arzt Dr. Flechsig ausgehen: sein Körper soll, so die Wahnvostellung Schrebers, als „weibliche Dirne" dem Arzt ausgeliefert werden, zu Zwecken des sexuellen Genusses. Es geht, schreibt Schreber, bei diesen Vorgängen also um seine „Entmannung" bzw. seine „Verwandlung in ein Weib", und zwar zu „weltordnungswidrigen Zwecken". Daher werden allerlei „Wunder", wie Schreber sie nennt, gegen seinen Körper gerichtet, mit der Absicht, ihn einerseits in ein Weib umzuwandeln, andererseits die „Integrität" seines Körpers zu zerstören. Seine Glieder werden verwundet und neue hineingesetzt. Aber nicht nur sein Körper, auch sein Verstand wird angegriffen:

> In erster Linie handelte es sich dabei um den Kopf; in zweiter Linie kam [...] auch das Rückenmark in Frage, das damals neben dem Kopfe als Sitz des Verstandes angesehen wurde. Man versuchte mir daher das Rückenmark auszupumpen, was durch sogenannte ‚kleine Männer', die man mir in die Füße setzte, geschah. [...] Das Auspumpen hatte den Erfolg, dass mir das Rückenmark namentlich bei den Spaziergängen im Garten zuweilen in ziemlicher Menge in Form kleiner Wölkchen aus dem Munde entströmte. Man kann sich denken, mit welcher Sorge mich solche Vorgänge erfüllten, da ich damals nicht wusste, ob nicht damit in der Tat ein Teil meines Verstandes in die Luft verflöge. Das Wundern gegen den *Kopf* und die *Kopfnerven* geschah in sehr mannigfaltiger Art. Man versuchte mir die Nerven aus dem Kopfe herauszuziehen, eine Zeitlang sogar (während der Nächte) in den Kopf des im Nebenzimmer schlafenden M. zu verpflanzen. Diese Versuche hatten (abgesehen von der Sorge um den wirklichen Verlust meiner Nerven) eine unangenehm spannende Empfindung in meinem Kopfe zur Folge. Jedoch gelang das Herausziehen stets nur in sehr mäßigem Grade, das Behar-

[8] „Man unterhält *Bücher oder sonstige Aufzeichnungen*, in denen nun schon seit Jahren alle meine Gebrauchsgegenstände, alle sonst in meinem Besitz oder meine Nähe befindlichen Sachen, alle Personen, mit denen ich verkehre usw. *aufgeschrieben* werden. Wer das aufschreiben besorgt, vermag ich [...] nicht mit Sicherheit zu sagen." (Schreber 1973, S.168)

> rungsvermögen meiner Nerven erwies sich als stärkere Kraft und die halb herausgezogenen Nerven kehrten immer nach kurzer Zeit wieder in meinen Kopf zurück. Recht bedenkliche Verheerungen wurden an meinem Schädel durch die sogenannten ‚Strahlenzüge' angerichtet, eine schwer zu beschreibende Erscheinung, von der ich nur die Wirkung dahin bezeichnen kann, daß mein Schädel dadurch zu oft wiederholten Malen in verschiedenen Richtungen gleichsam zersägt war. (Schreber 1973, S. 191)

Durch diese „Wunder" und seltsamen Vorgänge reift in Schreber immer mehr der Gedanke, dass er dazu bestimmt ist, die Menschheit durch „göttliche Befruchtung" zu erlösen. Er geht sogar so weit, sein Martyrium mit dem Kreuztod Christi zu vergleichen.

Was die Lektüre von *Denkwürdigkeiten eines Nervenkranken* irritierend macht, sind nicht nur die wahnhaften Vorstellungen, an denen Schreber den Leser teilhaben lässt, indem er sie „wahrheitsgetreu" niederschreibt. Vielmehr verstört die Tatsache, dass auch bei Schreber, wie Michel Foucault es beschrieben hat, unter dem ungeordneten und manifesten Delirium die Ordnung eines geheimen Deliriums aufscheint. In diesem

> zweiten Delirium, das in einem bestimmten Sinn reine Vernunft, von allem äußeren Flitter der Demenz befreite Vernunft ist, sammelt sich die paradoxale Wahrheit des Wahnsinns; und dies in einem doppelten Sinne, denn man findet darin das, was bewirkt, dass der Wahnsinn wahr ist (unabweisbare Logik, vollkommen organisierte Sprache, fehlerlose Verkettung in der Transparenz einer virtuellen Sprache), und was dieses zweite Delirium wirklich zum Wahnsinn macht (seine eigene Natur, der strenge Stil mit seinen Besonderheiten in allen seinen Manifestationen und die innere Struktur des Deliriums).[9]

Schrebers Körper- und Erlöserphantasien, seine Nervensprachschöpfungen stellen ein in sich geschlossenes, scheinbar logisches und durchsichtiges System dar, das paradoxerweise immer neue Wege der Deutung offenbart. In diesem System gleicht die delirierende Sprache einer Sprache der Vernunft, deren unabweisbare Logik den Leser verstört.

Schrebers Delirium ist zudem, wie auch der Germanist und Medienwissenschaftler Manfred Schneider ausführt, gekennzeichnet durch „alle vier Hauptsymptome des romantischen Wahnsinns [...]: Automatismus, Wortmissbrauch, ruinierte Differenz von innen/außen, Verlust des Kontingenzsinns".[10] Die Kennzeichnung von Schrebers Vorstellungen als ein Wahnsinn, der, wie auch bei Nietzsche, auf „die romantische Poetik und Hermeneutik hört", macht deutlich, warum sich die Literaturwissenschaft immer wieder des ‚Falles' Schreber angenommen hat und ihn z.B. im Zusammenhang mit der Analyse von literarischen Werken wie etwa E.T.A. Hoff-

---

[9] Michel Foucault: *Wahnsinn und Gesellschaft*, Frankfurt a.M. 1973, S.236-237

[10] Manfred Schneider: *Das Grauen der Beobachter: Schriften und Bilder des Wahnsinns*, in: *Bild und Schrift in der Romantik*, hrsg. von Gerhard Neumann, Würzburg 1999, S.244

manns *Die Serapionsbrüder* oder Bonaventuras *Nachtwachen* nennt.[11] Andererseits wird auch erkennbar, warum Schreber durch die Deutung von Sigmund Freud schon sehr früh von einem psychiatrischen zu einem psychoanalytischen Fall werden konnte.

Doch kann die psychoanalytische Interpretation Licht in das Verhältnis von Krankheit und Kunst bzw. Trauma und literarische Produktivität bringen? Kann die psychoanalytische Deutung wirklich alle literarischen Verweise und Feinheiten, alle in Schrebers Schrift aufscheinenden Diskurse beleuchten? Kann sie Schrebers autobiografisches Werk auch als ein Zeichen für einen notwendigen Diskurs über Wahrheit und Wahnsinn, Krankheit und Gesundheit lesen?

Der Fall Schreber

Schon acht Jahre nach dem Erscheinen der *Denkwürdigkeiten* veröffentlichte Sigmund Freud seine *Psychoanalytischen Bemerkungen über einen autobiografisch beschriebenen Fall von Paranoia (Dementia paranoides)*,[12] ohne Daniel Paul Schreber persönlich kennen gelernt zu haben. Sein Vorgehen rechtfertigt Freud damit, dass Paranoiker

> die Eigentümlichkeit [besitzen], allerdings in entstellter Form, gerade das zu verraten, was die anderen Neurotiker als Geheimnis verbergen. Da die Paranoiker nicht zu der Überwindung ihrer inneren Widerstände gezwungen werden können und ohnedies nur sagen, was sie sagen wollen, darf gerade bei dieser Affektion der schriftliche Bericht oder die gedruckte Krankengeschichte als Ersatz für die persönliche Bekanntschaft mit dem Kranken eintreten[13].

Für Freud sind Schrebers Krankengeschichte und seine Aufzeichnungen nicht wegen ihrer Einzigartigkeit einer genaueren Betrachtung wert. Vielmehr gehört „Schrebers Seelenzerstörung" einer „wohlbekannten und wohl charakterisierten psychischen Krankheitsform, der Paranoia, an und trägt alle wesentlichen Merkmale derselben an sich", wie auch Dr. Weber in einem Gutachten vom 5. April 1902 konstatiert.[14] Ein „Fall" bzw. „Fallbeispiel" bedeutet somit: dass sich die „Wahnvorstellungen Schrebers" unter das Wohlbekannte, die Paranoia, subsumieren lassen.

In Schrebers Krankheitsgeschichte glaubt auch Freud alle Merkmale der Paranoia wieder zu finden. Die eigentliche psychoanalytische Arbeit besteht für Freud nun darin, mit Hilfe der Psychoanalyse die „gesuchte Übersetzung aus der paranoischen Ausdrucksweise ins Normale"[15] zu finden, indem er den paranoiden Wahn wie einen Traum behandelt. Freuds psychoanalytische „Übersetzungsarbeit" stellt also keine reine Technik der Subsumtion dar, sondern eine Theorie der Lektüre und der Inter-

---

[11] Vgl.. ebd.

[12] Siegmund Freud: *Zwei Fallberichte. Psychoanalytische Bemerkungen über einen autobiografisch beschriebenen Fall von Paranoia (Dementia paranoides). Eine Teufelsneurose im siebzehnten Jahrhundert*, mit einer Einleitung von Mario Erdheim, Frankfurt a.M. 1997 (Freud 1997)

[13] Ebd., S.97

[14] Zitiert nach: Schreber 1973, S.433-434

[15] Ebd., S.124

pretation, um „den Kern der Wahnbildung mit einiger Sicherheit auf seine Herkunft aus bekannten menschlichen Motiven zurückzuführen".[16]

Dazu schildert Freud im ersten Teil der Abhandlung ausführlich Schrebers Krankengeschichte, um anschließend im Teil zwei den narzisstischen Kern der Paranoia herauszuarbeiten. Dabei entwickelt er seine Hauptthese über den Zusammenhang zwischen Homosexualität und Paranoia, in dem er das Verhältnis zwischen Schreber und seinem derzeitigen Arzt Dr. Flechsig als ein „Übertragungsverhältnis" deutet, und zwar als homosexuelle Übertragung von Schrebers Gefühlen zu seinem Vater (bzw. zu seinem Bruder) auf Dr. Flechsig. Im dritten Abschnitt entwickelt Freud dann abschließend seine Thesen über den „paranoiden Mechanismus".

Dabei setzt Freud in die Mitte seiner Deutung die Abwehr bzw. Verdrängung von homosexuellen Wunschphantasien. Durch einen äußeren Anlass drängen diese Wünsche mit erneuter Kraft ins Bewusstsein. Da das Subjekt vielfach diese Wünsche bewusst nicht akzeptieren kann oder will, muss es zwangsläufig zu verschiedenen Abwehrformen greifen, um seine eigenen Wünsche als solche unkenntlich zu machen. Freud beschreibt diese Abwehrformen als die Verwandlungen des Satzes, „Ich (ein Mann) liebe ihn": die möglichen Veränderungen von Subjekt, Verbum und Objekt ergeben die verschiedenen Formen der Paranoia: Verfolgungswahn, Erotomanie, Eifersuchtswahn und Größenwahn.

Im Fall Schreber bedeutet dies eine Fixierung auf Vater und älteren Bruder, die sich dann auf Flechsig und Gott überträgt. Freud konstatiert zudem, dass von den zwei Hauptphantasien Schrebers (Entmannung und Erlöserrolle) die Verwandlung in ein Weib primär sei und die Vorstellung, die Menschheit durch göttliche Befruchtung zu retten, sekundär. Bei der Erlöserphantasie Schrebers würde es sich, laut Freud, nur um eine Rationalisierung oder einen Kompromiss handeln, um zu rechtfertigen, dass er seine Männlichkeit opfert: „Wir befinden uns also auch im Falle Schreber auf dem wohlvertrauten Boden des Vaterkomplexes", erklärt Freud. „Wenn sich dem Kranken der Kampf mit Flechsig als ein Konflikt mit Gott enthüllt, so müssen wir diesen in einen infantilen Konflikt mit dem geliebten Vater übersetzen."[17]

Freuds Deutung hat im Laufe der Zeit eine Menge Kritik erfahren, da die Reduktion von Schrebers Wahnvorstellungen auf einen Vaterkomplex kaum vermag, alle Feinheiten der *Denkwürdigkeiten* zu erfassen. Freuds psychoanalytische Deutung lässt keinen Raum, Schrebers Text von der formalen, ästhetischen und künstlerischen Qualität her, die der Text unzweifelhaft besitzt, zu betrachten.

Obwohl Freud immer darauf hingewiesen hat, dass die Kunst auch eine gewisse Eigengesetzlichkeit hat und man nicht alles auf infantile Konfliktsituationen zurückführen darf, blieb doch die ureigenste Aufgabe der psychologischen Literaturanalyse, in jedem Werk nach einer latent vorhandenen Aussage zu suchen, in der das ver-

---

[16] Ebd., S.126

[17] Ebd., S.144

drängte Triebleben seines Schöpfers zum Durchbruch kommt. In seinem kurzen Aufsatz *Der Dichter und das Phantasieren* (1907 als Vortrag gehalten, 1908 gedruckt)[18] postuliert Freud eine Verwandtschaft zwischen literarischer Fiktion und Traum. Freud stellt sich die Frage, „woher diese merkwürdige Persönlichkeit, der Dichter, seine Stoffe nimmt".[19] Dabei sieht Freud eine Ähnlichkeit zwischen literarischer Produktion und kindlichem Spiel: „Der Dichter tut dasselbe wie das spielende Kind; er erschafft eine Phantasiewelt [...] anstatt zu spielen phantasiert er jetzt. Er baut sich Luftschlösser, schafft das, was man Tagträume nennt."[20] Dabei sind diese Tagträume den Nachtträumen nicht unähnlich, wobei Freud jedoch für die literarische Produktivität eine zusätzliche bewusste Kontrolle unterstellt, während im Traum das Unterbewusste eine Zensur ausübt. Der Freudschen Form der Psychoanalyse scheinen dennoch auf eine seltsame Art und Weise alle literarischen Raffinessen in Schrebers Text zu entgehen. Die Instrumente der Psychoanalyse scheinen stumpf zu sein, wenn es darum geht, den Körper- und Machtdiskurs, den theologischen und auch literarischen Diskurs, um nur einige zu nennen, in Schrebers Aufzeichnungen aufzudecken und auszuloten.

Jacques Lacan ist es zu verdanken, dass sowohl der Körper- als auch der Sprachdiskurs Eingang in die Interpretation von Schrebers Aufzeichnungen gefunden hat. Indem er Psychoanalyse und Linguistik verbindet, wobei er an die Zeichentheorie Saussures anknüpft, geht er über die reine Analogiebildung von Text und Unterbewusstem hinaus. Lacan versteht das Unterbewusste als eine Sprache des Begehrens, die dem Text als Drängen der Buchstaben, Bewegung der Signifikanten und als Suche des Subjekts nach Identität eingeschrieben ist. Nicht mehr das Unbewusste des Autors, der Autorinstanz steht im Blickpunkt des Betrachters, vielmehr wird die textuelle Struktur und ihre Bildung selbst zum Gegenstand der Analyse. Der Text stellt somit nicht mehr ein Zeugnis einer individuellen Verdrängung dar, der durch die psychoanalytische Übersetzungsleistung transparent wird, sondern ist Ausdruck des Begehrens. Dergestalt begibt sich Lacan nicht auf die Suche nach einem verdrängten Signifikaten, wie es Freud getan hat, sondern postuliert ein Primat des Signifikanten. Die unendliche Bewegung des Sprechens entsteht gerade aus der stetigen Suche des Subjekts nach seiner Identität. Dabei differenziert Lacan zwischen moi, dem imaginären Ich und je, dem begehrenden Ich. Der Eintritt in die symbolische (zumeist sprachliche) Ordnung der Welt geschieht in dem Spiegeltheorem Lacans, das mit dem Einbruch der Vaterinstanz in die Mutter-Kind-Dyade verbunden ist. Durch das Hinzutreten des Vaters (dem Eintritt in die Sprachfähigkeit im Sinne einer Sprachstruktur) bildet sich die so genannte Ich-Imago, da die Verdrängung des Begehrens und der Verlust der präödipalen Einheit das Unbewusste erst generiert.

[18] Sigmund Freud: *Der Dichter und das Phantasieren*, in: *Gesammelte Werke*. Bd. 7: *Werke aus den Jahren 1906-1909*, London 1947, S.213-233 (Freud 1947)

[19] Ebd., S.213

[20] Ebd., S.215

Subjektwerdung ist, folgt man den Ausführungen von Lacan, somit mit Verlust verbunden bzw. durch Verlust erst möglich.[21]

Dennoch landet sowohl durch die Analogiebildung zwischen Traum und literarischer Phantasie bzw. Ersatzwunscherfüllung und schriftstellerischer Schaffensmotivation als auch bei der Lacanschen Theorie des Mangels und der Sprache des Begehrens fatalerweise immer wieder bei denselben Erklärungsgründen: z.B. der Kastrationsangst oder dem Ödipus- und Elektra-Komplex.

Ebenso liest auch Elias Canetti in seinem Werk *Masse und Macht*,[22] Schrebers Erlöser- und Machtphantasien als ein Produkt der Paranoia, da die Paranoia „im buchstäblichen Sinne des Wortes [...] eine *Krankheit zur Macht*"[23] darstellt. Canettis Analyse, die den Paranoiker als das genaue Abbild des Machthabers beschreibt, lässt zudem alle literarischen Elemente von Schrebers eigentümlichen Gedankengebilde außen vor: „Er [Schreber] plädiert und ist zum Glück kein Dichter: so kann man ihm überallhin folgen und ist doch vor ihm geschützt."[24] Durch diesen Kompromiss, der Schrebers Vorstellungen die Spitzen nehmen und davor bewahren soll, dem Wahn nicht selber zu verfallen, deklassiert auch Canetti die *Denkwürdigkeiten* als eine Abnormität, die nur als Beispiel für die ebenfalls abnorme Geisteshaltung von Machthabern einsteht. Der Unterschied zwischen dem Paranoiker und dem Machthaber liegt, laut Canetti, nur in ihrer „Stellung in der äußeren Welt", ihre „inneren Strukturen" sind „ein und dasselbe". Man mag, erklärt Canetti am Schluss seiner Betrachtung, „den Paranoiker eindrucksvoller finden, weil er sich selber genügt und durch seinen äußeren Misserfolg nicht zu erschüttern ist. Die Meinung der Welt gilt ihm nichts, sein Wahn steht allein gegen die ganze Welt". Hinter jeder Macht, hinter jeder Paranoia steckt demzufolge „dieselbe tiefere Tendenz [...]: Der Wunsch, die anderen aus dem Weg zu räumen, damit man der einzige sei, oder, in der milderen und häufig zugegebenen Form, der Wunsch, sich der anderen zu bedienen, dass man mit ihrer Hilfe der einzige werde".[25]

---

[21] Vgl.: Hans H. Hiebel: *Strukturale Psychoanalyse und Literatur (Jacques Lacan)*, in: *Neue Literaturtheorien. Eine Einführung*, hrsg. von K.-M.- Bogdal, Opladen 1997, S.57-83. Eine stringente Zusammenfassung der Theorien Lacans bietet auch: Gerda Pagel: *Lacan. Einführender Überblick über einen schwierigen Denker und Erörterungen einiger Kritiken und Kontroversen*, in: *Psychoanalyse und Philosophie. Lacan in der Diskussion*, hrsg. von Bernard H.F. Taureck, Frankfurt a.M., S.32-59.

[22] Elias Canetti: *Masse und Macht*, Frankfurt a.M. 1996

[23] Ebd., S.532

[24] Ebd., S.516

[25] Ebd., S.549

Wie schaffe ich mir einen „organlosen Körper"?

Gilles Deleuze und der psychologisch geschulte Felix Guattari haben dieses Problem der Reduktion oder der Nichteinlassung in ihrem Werk *Anti-Ödipus. Kapitalismus und Schizophrenie I*[26] am Beispiel Freuds prägnant beschrieben: In seinem Text

> wird Freud auf das wohl fundamentalste Problem gestoßen: wie es wagen dürfen, ein solchermaßen reiches, differenziertes, ein solchermaßen ‚göttliches' Delirium wie das des Präsidenten auf das Elternthema zu reduzieren [...] Es gilt festzuhalten, dass Präsident Schreber das Schicksal ereilte, nicht nur zu Lebzeiten von den Himmelsstrahlen sodomisiert, sondern posthum noch von Freud ödipalisiert worden zu sein. Vom enormen politischen, gesellschaftlichen und historischen Gehalt des Schreberschen Wahns bleibt kein Wort mehr übrig, so als habe die Libido niemals sich mit solchen Dingen beschäftigt[27].

In ihrem Werk über die Zusammenhänge von Kapitalismus und Schizophrenie versuchen sich Deleuze und Guattari an einer Kritik des modernen Kapitalismus, die nicht mehr von Marxens Kritik der Politischen Ökonomie ihren Ausgang nimmt, sondern eine Ökonomie der Libido postuliert, die in der Gesellschaft überall aufscheint, so dass alle Gegenstände und soziale Positionen als Gegenstände des Verlangens libidinal besetzt werden können. Sich von Lacans Theorie des Mangels absetzend, sprechen Deleuze und Guattari von einem ursprünglichen, unbegrenzten libidinösen Begehren: „Die Natur der familiären Besetzung hängt [...] von Einschnitten und Strömen des gesellschaftlichen Feldes ab, so wie sie unter einem jeweiligen Pol besetzt werden."[28] Von dieser Grundannahme ausgehend, die im Gegensatz zur Psychoanalyse steht, da diese das sexuelle Verlangen nur auf den ödipalen Kontext der Kleinfamilie eingegrenzt hat, entwickeln Deleuze und Guattari ihre ureigene Form der „Schizo-Analyse",[29] die das Verlangen auf alle Sphären der Gesellschaft ausweitet:

> Die These der Schizo-Analyse lautet schlicht: der Wunsch ist Maschine, Maschinensynthese, maschinelle Anordnung – Wunschmaschinen. Er gehört der Ordnung der Produktion an, jede Ordnung ist zugleich gesellschaftliche und Wunschproduktion. Folglich werfen wir der Psychoanalyse vor, diese Ordnung der Produktion vernichtet und sie der *Repräsentation* erneut anheimgegeben zu haben. Weit entfernt, von der Kühnheit der Psychoanalyse zu zeugen, ist die Idee der unbewussten Repräsentation von Beginn an von ihrem Scheitern oder ihrer Entsagung gezeichnet: ein Unbewusstes, das nicht produziert, sondern sich damit begnügt, zu glauben... Das Unbewusste glaubt an Ödipus, an die Kastration, an das Gesetz [...] Immer wieder der Fall Schreber: sein Vater erfand und fabrizierte wundersame sado-paranoische kleine Maschinen

---

[26] Gilles Deleuze, Felix Guattari: *Anti-Ödipus. Kapitalismus und Schizophrenie I*, Frankfurt a.M. 1977

[27] Ebd., S.71-72

[28] Ebd., S.359

[29] Einen guten Überblick über die Schizo-Analyse bietet z.B. Arnim Thakkar-Scholz: *Die Schizoanalyse von Felix Guattari und Gilles Deleuze*, Essen 2004.

zum Zwangsgebrauch für Kinder, so für das Geradehalten etwa Kopfbänder mit Metallstiften und Ledergurten. Diese Maschinen spielen in der Analyse Freuds keine Rolle. Vielleicht wäre es zu schwierig gewesen, den gesamten politisch-gesellschaftlichen Gehalt des Schreberschen Wahns plattzuwalzen, wenn er diese Wunschmaschinen des Vaters und ihre offensichtliche Zugehörigkeit zu einer allgemeinen gesellschaftlich-pädagogischen Maschine berücksichtigt hätte. [...] Die Wunschmaschinen des Präsidenten kommunizieren mit denen des Vaters; dadurch gerade sind sie von Kindheit an libidinöse Besetzungen eines gesellschaftlichen Feldes. In diesem spielt der Vater eine Rolle nur als Produktions- und Anti-Produktionsagent.[30]

Wie dieses längere Zitat deutlich macht, ist Deleuzes und Guattaris Analyse einer im kapitalistischen System produzierten Schizophrenie, die aus den widersprüchlichen libidinalen Orientierungen und Objektbesetzungen in der Marktgesellschaft hervorgeht, nicht einfach als Diagnose einer allgemeinen Krankheit zu lesen, sondern vielmehr als Versuch, das kritische Potenzial dieser Krankheit zu mobilisieren und produktiv werden zu lassen: „Der Schizophrene ist der universelle Produzent."[31] Das in einem kapitalistischen System aufscheinende Begehren und Verlangen soll die Subjekte befreien und gegebenenfalls sogar das System sprengen. Befreit werden sollen die Subjekte von eben diesen Zwangsmechanismen der ödipalen Sozialisierung innerhalb der bürgerlichen Familie, da innerhalb dieser Machtverhältnisse Subjekte produziert werden, die sich z.B. der Autorität, der Askese und auch dem Todestrieb unterwerfen. Paranoia und Schizophrenie werden als die einzigen Möglichkeiten angeführt, sich der funktional organisierten und stratifizierten Gemeinschaft zu überlassen oder sich ihr zu widersetzen: „Zerstören, zerstören: die Aufgabe der Schizo-Analyse führt über die Destruktion, die umfassende Säuberung, Ausschabung des Unbewussten. Ödipus zerstören, die Illusion des Ich, den Hampelmann Überich, das Schuldgefühl, das Gesetz, die Kastration."[32]

Während Deleuze und Guattari im *Anti-Ödipus* vehement die Schizo-Subjekte gegen die libidinösen Besetzungen der Macht in Stellung bringen, sind es in *Tausend Plateaus* die nomadischen Gruppen (Ausgestoßene, Einwanderer, Homosexuelle, Wahnsinnige etc.), von denen sie sich die Befreiung erhoffen und die an die Stelle des marxistischen Gesamtsubjekts treten sollen: „Ein Stamm in der Wüste und kein universelles Subjekt im Umkreis des umfassenden Seins."[33]

Für Deleuze und Guattari beschreibt Schrebers Schrift die „Erschaffung eines organlosen Körpers", einen Begriff, den sie von Antonin Artaud entlehnt haben:[34] Dabei

---

[30] Deleuze/Guattari 1977, S.381

[31] Ebd., S.13

[32] Ebd., S.401

[33] Gilles Deleuze/Felix Guattari: *Tausend Plateaus. Kapitalismus und Schizophrenie II*, Berlin 1992, S.521 (Deleuze/Guattari 1992)

[34] „Wenn Sie ihm [den Menschen] einen Körper ohne Organe hergestellt haben, dann werden Sie ihn von allen seinen Automatismen befreit und ihn seine wirkliche und unvergängliche Freiheit

ist der „organlose Körper" nicht das Gegenteil der Organe, da die Organe nicht seine Feinde sind, sondern der Organismus. Er widersetzt sich nicht den Organen, sondern vielmehr der Organisation der Organe, die man Organismus nennt.[35] Der Organismus stellt dabei eine Schicht auf dem „organlosen Körper" dar, d.h. ein Phänomen der Akkumulation, der Gerinnung und der Sedimentierung, die ihm Formen, Funktionen, Verbindungen dominante und hierarchisierte Organisationen und organisierte Transzendenzen aufzwingt, um daraus nützliche Arbeit zu extrahieren.[36] In ihrer Schizo-Analyse versuchen Deleuze und Guattari demgegenüber das Unbewusste als wunschmaschinelle Produktionsstätte zu begreifen, wobei zwischen den so genannten „Wunschmaschinen" und dem organlosen Körper ein unauflöslicher Konflikt herrscht, da diesem jede Maschinenverbindung, jede Maschinenproduktion, jeglicher Maschinenlärm unerträglich geworden ist.[37] Die „paranoische Maschine" bildet dabei eine Umwandlung der Wunschmaschine: sie resultiert eben aus dem für den organlosen Körper unerträglich gewordenen Verhältnis zu den Wunschmaschinen:[38]

> Der oK [organlose Körper] heult: man hat mir einen Organismus gemacht! Man hat mich zu unrecht gefaltet! Man hat mir meinen Körper gestohlen. Das Gottesgericht reißt ihn aus seiner Immanenz heraus und macht ihm einen Organismus, eine Signifikation, ein Subjekt.[39]

Die „Schaffung eines organlosen Körpers" gleicht insofern einem Aufschrei gegen die von der Gesellschaft dem Körper eingeschriebene Funktionalismen, gegen die historische und gesellschaftliche Formationen, die den Körper mit Schichten versehen bzw. ihn durch Stratifizierung organisiert haben. Ebenso wie Foucault, der unter anderem in seinem Werk *Überwachen und Strafen*[40] diese Subjektivierungsprozesse bzw. Subjektformationen nachzeichnet, geht es auch Deleuze und Guattari darum, aufzuzeigen, dass die Körper z.B. durch die orthopädische Pädagogik, die Kirche und die Medizin organisiert und somit zu signifikanten Körper werden, die in dem jeweiligen Gesellschaftskontext identifizierbar sind. Schrebers Autobiografie wird in diesem Kontext lesbar als ein Kampf gegen dieses Bezeichnet-Werden.

In der Auffassung von Deleuze und Guattari konstruiert auch die Psychoanalyse das Selbst auf dem Hintergrund einer Funktionalität, indem sie von der ödipalen Situation innerhalb der bürgerlichen Kleinfamilie ausgeht:

---

zurückerstattet haben." [Antonin Artaud: *Schluß mit dem Gottesgericht*, in: *Schluß mit dem Gottesgericht. Das Theater der Grausamkeit. Letzte Schriften zum Theater*, München 1980, S.28].

[35] Vgl.: Deleuze/Guattari 1992, S.218

[36] Ebd.

[37] Deleuze/Guattari 1977, S.15

[38] Vgl.: Ebd., S.16

[39] Deleuze/Guattari 1992, S.218

[40] Michel Foucault: *Überwachen und Strafen*, Frankfurt a.M. 1977 (Foucault 1977)

> Wo die Psychoanalyse sagt: Halt, findet euer Selbst wieder!, müsste man sagen: Gehen wir noch viel weiter, wir haben unseren oK noch nicht gefunden, unser Selbst noch nicht genügend abgebaut. [...] Der oK ist das, was übrig bleibt, wenn man alles entfernt hat. Und was man entfernt, ist eben das Phantasma, die Gesamtheit von Signifikanzen und Subjektivierungen. Die Psychoanalyse macht das Gegenteil: sie übersetzt alles in Phantasmen, sie münzt alles in Phantasmen um, sie behält das Phantasma bei und verfehlt dabei das Reale ganz und gar, weil sie den oK verfehlt."[41]

Deleuze und Guattari nennen exemplarisch fünf Typen von Körpern, die sich in einen organlosen Körper umwandeln und sich somit den Subjektivierungsprozessen widersetzen: den hypochondrischen und den paranoischen Körper, den Schizo-Körper, der auch zum drogensüchtigen Körper werden kann, und den masochistischen Körper[42]. Den organlosen Körper verstehen Deleuze und Guattari als eine Art Basis, auf der weitere ‚Experimente' stattfinden können:

> Man sagt: was ist der oK – aber man ist bereits auf ihm, man kriecht wie Ungeziefer, tastet wie ein Blinder herum oder rennt durch die Gegend wie ein Verrückter, wie ein Reisender in der Wüste oder ein Nomade in der Steppe [...] Auf ihm suchen wir unseren Platz, haben ungeahnte Glücksgefühle und erleben ein sagenhaftes Scheitern. Wir dringen in ihn ein und werden von ihm durchdrungen.[43]

Für den Typus des paranoischen Körpers benutzen Deleuze und Guattari als prägnantes Beispiel die Aufzeichnungen von Daniel Paul Schreber. Der paranoische Körper wird permanent von äußeren Einflüssen angegriffen und auch wiederhergestellt. Schrebers Körperphantasien und seine Beschreibung von „göttlichen Strahlen", die ihn durchdringen und seine Organe zerstören, sind Ausdruck dafür, dass sich der paranoische Körper als ein „Spielball" von äußeren Einflüssen begreift.

Losgelöst von den Freudschen Kategorien familiärer Mikrokonstellationen gelingt es Deleuze und Guattari zudem, das Schreiben als „Prozeß des Werdens" zu definieren und den Mannigfaltigkeiten in Schrebers Autobiografie Beachtung zu schenken: Wenn der Schriftsteller wirklich ein sogenannter „Zauberer" ist, so ist sein Schreiben von einem „seltsamen Werden" durchdrungen, das kein „Schriftsteller-Werden", sondern z.B. „ein Tier-Werden", ein „Frau-Werden", ein „Musik-Werden" oder „Molekular-Werden" darstellt.[44] Wobei das Verb ‚werden' bei Deleuze und Guattari seine ganz eigene Konsistenz besitzt: Es drückt keine Entsprechung von Beziehungen, keine Ähnlichkeit, Imitation oder gar Identifikation aus.[45] Vielmehr geht es darum, entgegengesetzte Entitäten, wie z.B. Körper und Subjekt, in Intensitäten und Flüsse aufzulösen. Der Körper ist demnach ein Ort von Auseinandersetzungen,

---

[41] Deleuze/Guattari 1992, S.207-209
[42] Ebd.
[43] Ebd., S.206
[44] Ebd., S.375
[45] Vgl. ebd., S.324

widersprüchlich positioniert in der Reproduktion sozialen Verhaltens, d.h. Identitäten und Stabilitäten können nie als fixierte gesetzt werden. Demgemäß schreiben Deleuze und Guattari auch, dass jedes Werden schon molekular ist, da es nicht um Imitation eines Subjekts oder Angleichung an eine Proportionalität der Form geht:

> Werden heißt, ausgehend von Formen, die man hat, vom Subjekt, das man ist, von Organen, die man besitzt, oder von Funktionen, die man erfüllt, Partikel herauszulösen, zwischen denen man Beziehungen von Bewegung und Ruhe, Schnelligkeit und Langsamkeit herstellt, die dem, was man wird und wodurch man wird, am nächsten sind. In diesem Sinne ist das Werden der Prozeß des Begehrens.[46]

Für Deleuze ist das Schreiben untrennbar mit diesem aufgezeigten Prozess verbunden, da Schreiben ein work in progress darstellt und stets unfertig bzw. stets im Entstehen begriffen ist. Unter diesen Bedingungen lässt das Schreiben jeden lebbaren oder erlebten Stoff hinter sich. Vielmehr stellt es einen Weg dar, der „sich dem Leben öffnet und das Lebbare und Erlebte durchquert".[47] Der Schriftsteller, so Deleuze in Anlehnung an Proust, erfindet innerhalb der Sprache eine „Fremdsprache". Er fördert neue grammatikalische oder syntaktische Mächte zutage, reißt die Sprache aus ihren gewohnten Bahnen und lässt sie delirieren.[48] Durch dieses Delirium werden die Wörter „von einem Ende des Universums zum anderen" getrieben. Wenn „aber das Delirium dem klinischen Zustand verfällt, so öffnen sich die Wörter nirgendwohin, man hört oder sieht nichts mehr durch sie hindurch [...] Literatur ist ein Zustand der Gesundheit".[49] Das Delirium erreicht einen klinischen Zustand und wird zu einer Krankheit, „sobald es eine Rasse erstarken lässt, die rein und beherrschend sein soll. Aber es ist das Maß der Gesundheit, wenn es jene bastardhafte und unterdrückte Rasse geltend macht, die sich stets unter den Beherrschungen regt, allem widersteht, was erdrückt und einsperrt, und sich reliefartig in der Literatur als Prozeß abzeichnet".[50]

Deleuze erklärt, dass der Schriftsteller unmöglich mit seinen Neurosen schreiben kann, denn die Neurose unterbricht, blockiert und behindert diesen Prozeß des Werdens, da sie dem Leben keinen Weg öffnet. Aus diesem Grund ist „der Schriftsteller auch kein Kranker, sondern Arzt, Arzt seiner selbst und der Welt".[51]

Epilog: Literatur als Simulakrum von Wahnsinn

Es ist nicht verwunderlich, dass Deleuzes und Guattaris Philosophie des organlosen Körpers, des Werdens, des Nomadentums und der Intensitäten viel (sowohl negative als auch positive) Beachtung in der Medien- und Kulturwissenschaft gefunden hat.

---

[46] Ebd., S.371
[47] Deleuze 2000, S.11
[48] Ebd., S.9
[49] Ebd.
[50] Ebd., S.15
[51] Ebd., S.14

Ebenso hat auch Schrebers Beschreibung eines anonymen, jenseitigen Aufschreibsystems vielen Wissenschaftlern Anregungen geliefert, um die rasante Entwicklung der Repräsentationsmedien zu beschreiben.

Dergestalt widmet sich z.B. auch Kittler den Medien, um sie im Sinne einer Archäologie[52] zu beschreiben. Dabei liegt Kittlers literaturwissenschaftliche Einsicht darin, dass Texte vor allem durch ihre Machart, d.h. durch die Art und Weise, wie sie technisch hergestellt werden, bestimmt sind. Es geht Kittler somit darum, zu beschreiben, wie Diskurse durch sich wandelnde technische Medien gestaltet werden. Die nachweisbaren Formationen der Diskurse nennt er ‚Aufschreibesysteme', einen Begriff, den er der Schrift Schrebers entlehnt hat und den er nun als Beschreibung der modernen Mediendiskurse anführt: „Das Wort Aufschreibsystem, wie Gott es der paranoischen Erkenntnis seines Senatspräsidenten Schreber offenbarte, kann auch das Netzwerk von Techniken und Institutionen bezeichnen, die einer gegebenen Kultur die Entnahme, Speicherung und Verarbeitung relevanter Daten erlauben."[53]

Die Medienarchäologie ist strikt anti-hermeneutisch angelegt, da nach den Effekten medialer Technik gefragt wird. Im Vordergrund steht dabei nicht die Interpretation, sondern die Analyse der technischen Bedingungen der Aufschreibesysteme. Dergestalt müssen Archäologien der Gegenwart, konstatiert Kittler, natürlich der Datenspeicherung, -übertragung und -berechnung in technischen Medien ihre ganze Beachtung schenken.[54]

Kittlers „informationstheoretischer Materialismus", der ausschließt, dass es eine von technischen Bedingungen abgetrennte soziale Sinnkommunikation gibt,[55] stellt einen Bruch mit der herkömmlichen Literaturwissenschaft dar: Kittler verordnet der Literaturwissenschaft einen neuen Gegenstand und verabschiedet sich von dem hermeneutischen Verstehenskonzept. In seiner schon erwähnten Studie *Aufschreibesysteme 1800/1900* untersucht er zwei exemplarische Epochenschwellen, die sich durch die Durchsetzung eines neuen Aufschreibesystems auszeichnen. Über diese anonymen Aufschreibesysteme, so Kittler, entsteht die kulturelle Moderne insbesondere an der Wende ins neunzehnte sowie ins zwanzigste Jahrhundert. Solche Zäsuren bilden z.B. die Alphabetisierung um 1800 und das Aufkommen neuer Formen der Datenspeicherung bzw. der „technischen Aufzeichenbarkeit von Sinnesdaten" um 1900, was Kittler z.B. anhand von Grammofon, Film und Schreibmaschine[56] an-

---

[52] Vgl.: Michel Foucault: *Archäologie des Wissens*, Frankfurt a.M. 1973

[53] Friedrich A. Kittler: *Aufschreibesysteme 1800/1900*, Berlin 1987, S.429. (Kittler 1987)

[54] Vgl.. ebd.

[55] „Materialitäten der Kommunikation sind ein modernes Rätsel, womöglich sogar das moderne. Nach ihnen zu fragen macht Sinn erst, seitdem zweierlei klar ist: Es gibt erstens keinen Sinn, wie Philosophen und Hermeneutiker ihn immer nur zwischen den Zeilen gesucht haben, ohne physikalischen Träger. Es gibt zum anderen aber auch keine Materialitäten, die selbst Information wären und Kommunikation herstellen könnten." (Friedrich Kittler: *Draculas Vermächtnis. Technische Schriften*, Leipzig 1993, S.161)

[56] Vgl. auch: Friedrich Kittler: *Grammophon, Film, Typewriter.* Berlin 1986

schaulich illustriert. Schrebers Beschreibung eines Aufschreibesystems wird somit zum Synonym für diese neue anonyme Medientechnologie, für diese neuen Möglichkeiten des Speicherns und Übertragens, für diese mediale Transposition, die zudem ein Delirium der Sinne erzeugt.

Aufgeschriebene Delirien, erklärt Kittler, koinzidieren mit dem, was Wissenschaften und Medien selber treiben. Im Aufschreibesystem von 1900 ist die Literatur ein „Simulakrum des Wahnsinns", und nur solange und sofern jemand schreibt „bleibt sein Delirium davor bewahrt, das Wort zu verwirken. Vom Wahnsinn geschieden durch ein Nichts namens Simulakrum, durch eine Folie namens Papier, durchläuft das Schreiben den Freiraum ewiger Wiederkehr. Gerade in seiner leeren Selbstbezogenheit ist literarisches Schreiben seine eigene Rechtfertigung".[57] Delirante Texte treten, so Kittler, seitdem Literatur selber den Wahnsinn simuliert, in das Gebiet der Literatur über. Auch „nachdem Flechsig alle Gehirnnerven extrahiert und Freud alle Libidobesetzungen [...] decodiert hat, überdauert ein Rest: das Faktum deliranter Denkwürdigkeiten selber".[58] Schreber selber liefert für diese Feststellung den Ansatz, wenn er „sämtliche Delirien, statt mit Autornamen zu unterschreiben, nur als nervensprachliche Tatsachen aufschreibt und zur Abwehr von eingeredetem Blödsinn bisweilen gar selber den Blödsinnigen simuliert".[59] Von Schrebers Nervensprachschöpfungen ist es, folgt man Kittler, nicht weit zu einer Literatur, die um einen neuen Ausdruck, um eine neue Stimmung ringt, indem sie über alle poetischen Freiheiten der Rollenrede hinaus auch Lexikon, Syntax und Orthografie umstürzt.[60] Während der „klassische Wahnsinn" noch zum Gebiet des Schweigens gehörte und in den Texten des siebzehnten und achtzehnten Jahrhunderts nur als Beispiel, als „medizinische Art" zitiert wurde, findet der Wahnsinn, wie auch Foucault anmerkt, „seine Sprache wieder, [...] eine Sprache, die völlig andere Bedeutungen trägt. [...] Die Sprache des Wahnsinns entsteht von neuem, aber als lyrischer Ausbruch."[61] Dergestalt kann Foucault auch konstatieren, dass der Senatspräsident Schreber heute den Platz des Ritters Lanzelot einnimmt.[62]

Was Foucault noch als eine Hypothese ausgesprochen hat (siehe Eingangszitat), scheint zu einer unumstößlichen Tatsache geworden zu sein: Die zwei Sätze „ich schreibe" und „ich rede Irrsinn", die beide dieselbe leere Autoreferenz bezeichnen, haben sich unter den Bedingungen der neuen Medien einander angenähert. Der Schriftsteller ist zum universellen Produzenten geworden, der den Wahnsinn simuliert und die Sprache für immer und ewig delirieren lässt:

---

[57] Kittler, 1987, S.31
[58] Ebd.
[59] Ebd.
[60] Vgl.. ebd., S.312
[61] Michel Foucault: *Wahnsinn und Gesellschaft*, Frankfurt a.M. 1973, S.544f
[62] Vgl.: Michel Foucault 1977, S.249

Man glaubte mit dem Aufschreiben den bei mir möglichen Gedankenvorrat erschöpfen zu können, so dass schließlich einmal ein Zeitpunkt kommen müsse, wo neue Gedanken bei mir nicht mehr zum Vorschein könnten; die Vorstellung ist natürlich völlig absurd, da das menschliche Denken unerschöpflich ist.“[63]

[63] Schreber 1973, S.172f

Thomas Wyrwich

Das Trauma des Doktor Hacker. Zu Jakob van Hoddis' literarischer Auseinandersetzung mit der ‚weißen Wirklichkeit'

I. Einführung

Mit seinem Gedicht *Weltende* (1911)[1] schuf der Dichter Hans Davidsohn (1887-1942), der sich seit seinem 25. Lebensjahr nur noch Jakob van Hoddis nannte, eine Art lyrisches Gründungsmanifest für eine Generation junger Schriftsteller, die wenig später als Expressionisten in die Literaturgeschichte eingingen. In diesem Gedicht brachte van Hoddis nicht zuletzt den „latenten Wahnsinn der wilhelminischen Gegenwart"[2] zum Ausdruck, in der bürgerliche Erstarrtheit und Kriegsbegeisterung koinzidierten. Zusammen mit Schriftstellern wie Friedrich Hölderlin und Jakob Michael Reinhold Lenz gehört van Hoddis jedoch zu derjenigen Reihe von Autoren, deren Einfühlungen und ahnungsvolle Einsichten in die Wirklichkeit mit einer persönlichen, geistigen Erkrankung einhergingen. Van Hoddis repräsentiert darüber hinaus den besonderen Fall eines sich biografisch auf den Wahnsinn zu bewegenden Autors, der parallel dazu in einigen seiner literarischen Texte psychologische bzw. psychiatrische Untersuchungsmerkmale (wie Träume, Visionen, sexuelle Phantasien) und Wirklichkeitvorstellungen im allgemeinen teils spielerisch-ironisch, teils manisch-pathetisch selbst aufgreift.

Im folgenden soll nun untersucht werden, mit welchen Resultaten van Hoddis einige derjenigen Symbole und Begrifflichkeiten verarbeitet, die insbesondere das Themenfeld Wirklichkeit, Wahn und Traum berühren. Dabei soll der These nachgegangen werden, dass ein spezifischer *Realitätsbegriff*, der in verschiedenen Texten ausgestaltet wird, dort den Charakter eines *traumatischen Phänomens* annimmt. Den interpretatorischen Schwerpunkt meiner Analyse möchte ich zunächst auf den kurzen Prosatext *Doktor Hackers Ende* legen, den van Hoddis im November 1911 im Rahmen des ‚Neopathetischen Cabaretts' vorgetragen hat und der 1913 in der Zeitschrift *Die neue Kunst* publiziert wurde, um im Rahmen derselben weitere intertextuelle und biografische Belege heranzuziehen.

---

[1] Abdruck bei Regina Nörtemann (Hg.): *Jakob van Hoddis. Dichtungen und Briefe* (im folgenden zitiert als: GA [= Gesamtausgabe]). Zürich 1987, S.15:
Dem Bürger fliegt vom spitzen Kopf der Hut, / In allen Lüften hallt es wie Geschrei. /
Dachdecker stürzen ab und gehn entzwei / Und an den Küsten – liest man – steigt die Flut. //
Der Sturm ist da, die wilden Meere hupfen / An Land, um dicke Dämme zu zerdrücken. /
Die meisten Menschen haben einen Schnupfen. / Die Eisenbahnen fallen von den Brücken.

[2] So die Formulierung von Helmut Hornbogen in: *Horch, es klingt der gläserne Tod. Vom Leben und Sterben des Dichters Jakob van Hoddis.* In: Jürgen Seim (Hg.): *Tristitia ante. Geahnte Finsternis. 1887-1987. Zu Leben und Werk des Dichters Jakob van Hoddis.* Gütersloh 1987, S.25

II. *Doktor Hackers Ende*

Der Doktor träumte ungeheure Hallen aus schwarzem Stein, Standbilder der Könige und geflügelte Tiere. Er träumte eine Treppe für Giganten und stolperte sie hinunter. Er dachte: „Ich gehe zu einem großen Geheimnis." Dann blieb er stehen und schämte sich dieser Romanphrase.

Ein junger Mann saß im blassen Lichte einer Fackel. Ist es ein Engel? „Sie denken also", fragte der ihn, „Sie kommen zu Gott?" Der Doktor markierte Entschlossenheit. „Woher wissen Sie, daß alles hier wirklich ist?" – „Gott ist überall!" – sagte der Doktor, „und ich habe die Kraft ihn hier zu sehen." Der junge Mann wackelte höhnisch mit den Augen, ihn zu verwirren; ein quengliger Kobold, der wußte, daß er im Unrecht war.

„Die Welt ist nur meine Ausdeutung des Unerforschlichen", meinte Hacker zweifelnd. Er fiel hin.

Halb angezogen, auf seinem Bette liegend, fand er sich wieder. Das häßliche Licht des Tages schlug schon in das Zimmer. Auf einem Stuhl stand eine halb gefüllte Tasse Tee. Die Lampe brannte noch. Der viehische Dunst der Nacht umgab ihn.

„Wie die Dinge an und für sich sind, kann man nicht wissen." – Er dachte mit gequälter Wut. – „Irgend etwas, das sich Erscheinung nennt, wird mir gegeben. Das ordne ich. Jede Ordnung ist richtig, die ich durchführen kann."

Er suchte zurück nach seiner Vision. „Vielleicht bin ich verrückt", dachte er, „aber –" Er sah ein Schneefeld in klarer Luft. „Aber", vollendete er seinen Gedanken, „es lohnt sich." Er nahm einen Hammer und rannte über das Feld. Aus der Erde ragte der blonde Kopf eines Riesen. Der starrte ihn mit stahlblauen Augen an. Hacker wollte von dem Kopf ein Stückchen abklopfen. Ein junger Jude hatte einen Cylinder auf und rief: „He! Sie!" Hacker rannte weiter. Der Jude packte ihn am Rockzipfel: „Sie, Herr Doktor! Hören Sie! Sind Sie verrückt?" Doktor Hacker hatte die Antwort: es lohne sich, vergessen.

Plötzlich merkte er, daß er seine langen Glieder im Zimmer umherwarf und den kahlen Kopf an die Wand stieß. „Eine andere, neue Welt! Die Welt meiner Träume!" flehte er.

Und er packte eine alte Decke und wollte, daß sie ein assyrischer Götze sei. Er war betrunken vor Angst. Er zog seinen Mantel an und stürzte aus dem Haus. Die Straßen waren leer.

Ein Milchwagen rasselte. Die Stühle streckten ihre Beine aus den Caféfenstern. Ein kleiner weißer Hund lief über den Damm und fraß ihn auf. [3]

---

[3] GA, S.75-76. Obwohl der Text auch im Rahmen anderer Arbeiten über van Hoddis vollständig wiedergegeben wird, findet sich – soweit ich sehen kann – neben kurzen, zum Teil referierenden Bezugnahmen keine Gesamtinterpretation. Dennoch schreibt etwa Sibylle Penkert zum Stellenwert des Textes: „Angesichts der Brisanz und des Gewichts jener expressionistischen Vor- und Nachkriegszeit nimmt es wunder, dass man ein so spielerisches Gedicht wie ‚Weltende' als Paradigma par excellence allein für sich wertet, ohne ihm beispielsweise den ebenso wichtigen Prosatext ‚Doktor Hackers Ende' an die Seite zu stellen"; in: *‚Gedächtnismordung' oder: ‚Das Ende, das Eis, die Reinheit und das Nichts'. Jakob van Hoddis zum Gedächtnis.* In: Seim: *Tristitia ante*, S.97.

III. Die Oszillation von Traum und Wirklichkeit

Ähnlich wie im *Weltende* gerät auch in der vorliegenden Geschichte eine Welt, nämlich die des Doktor Hacker, aus den Fugen. Der Text lebt nicht zuletzt von der implementierten Unentscheidbarkeit der Frage, ob es sich in einzelnen Szenen nun um Hackers Träume, Psychosen, Rauschzustände oder reale Wahrnehmungen handelt. Die Grundunterscheidung von Traum und Wirklichkeit, die etwa für jede realistische, medizinisch-psychologische Zuordnung seiner Ängste und Visionen unabdingbar wäre, wird hier zu einem *fungiblen Baustein* des Textes neben anderen Komponenten wie Zeit, Raum, Charakteren usw. Die Wirklichkeitsfrage erfährt damit keine textkohärente und sichere Lösung mehr. Auch der Erzähler, der rein formal betrachtet ein an die Figur des Doktor Hacker gebundener personaler Erzähler ist, vermag keine rationale Orientierung und Eindeutigkeit in die Geschichte zu bringen, sondern scheint wie der Protagonist rast- und hilflos im Spiel der Realitäten gefangen zu sein. Wie aus dem Textverlauf ersichtlich wird, spiegelt sich die Oszillation von Traum und Realität, die gleichsam die Form des Textes strukturiert, auch im Inhalt wider: Hacker kämpft ja gerade um die „Welt seiner Träume", wird aber immer wieder schmerzhaft auf sein Ich und auf seine eigene Wirklichkeit zurückgeworfen.

Bei seinem ersten Aufenthalt in einer Berliner Privatheilanstalt im Jahr 1912 bemerkte van Hoddis einmal selber im Gespräch mit dem Arzt: „Ich sage ja, ich habe so lebhaft geträumt, daß ich nicht weiß, obs nur Traum oder wirkliche Vision war; da habe ich dann auch öfter meinen Namen brüllen hören" (GA, S.341). Jedoch scheint die mögliche autobiografische (oder ‚autoprophetische') Aufschlüsselung des Namen Hacker als ‚Hoddis' nicht hinreichend zu sein, um einen Zugang zu der immanenten Bewegung des Textes und ihren inhaltlichen Nuancen zu gewinnen.[4] Demgegenüber soll hier versucht werden, die Figur des mit dem akademischen Doktortitel deko-

[4] Richard Scheppard macht hingegen eine autobiografische Lesart stark: „Angesichts von van Hoddis' eigener Biografie ist es sicher nicht verkehrt, diese Groteske als eine Parodie auf seine eigene Geschichte, als eine Vorahnung seines eigenen Schicksals und als eine allgemein Persiflage auf den Hang zum Utopismus zu lesen"; in: *Die Schriften des Neuen Clubs 1908-1914*. Hrsg. von R. Scheppard. Bd. 2. Hildesheim 1983, S.449. Anne-Christin Nau vertritt in diesem Punkt eine entgegengesetzte Position: „Auch die Ängste und Visionen der Figur Doktor Hacker können nicht einfach mit denen von van Hoddis gleichgesetzt werden. Bei Hoddis' Gedichten wie auch bei ‚Doktor Hackers Ende' handelt es sich nicht [...] um Texte, die autobiographischen Charakter haben" (dies.: *Schizophrenie als literarische Wahrnehmungsstruktur am Beispiel der Lyrik von Jakob Michael Reinhold und Jakob van Hoddis*. Frankfurt a.M. [u.a.] 2003, S.379). Allerdings scheint mir Nau mit dieser Einschätzung das autobiografische Element, das sicher hier wie auch in anderen van Hoddis'schen Texten zumindest mitschwingt, ein wenig unterzubewerten; vgl. dazu etwa das Gedicht *Sonja* (GA, S.101) oder auch das szenische Fragment *Vom Bette durch die Welt zum Tode* in: *All meine Pfade rangen mit der Nacht: Jakob van Hoddis, Hans Davidsohn (1887-1942)*. Hrsg. von Irene Stratenwerth und der Stiftung „Neue Synagoge Berlin - Centrum Judaicum". Frankfurt a.M. 2001, S.171.

rierten Hacker umfassend als Personifikation einer institutionell gewachsenen und geformten *Vernunft* zu analysieren, die im folgenden verschiedentlich Gegenstand der literarischen Auseinandersetzung wird.[5] Getreu einer an Kant orientierten Auffassung von Wissenschaft, diese gehe zuerst analytisch (zergliedernd bzw. ‚zer-*hackend*') und dann wieder synthetisch, zusammensetzend vor, könnte der Protagonist nomen est omen zunächst dazu bestimmt oder sogar, in einem existentialistischen Sinne, *verurteilt* sein, die Wirklichkeit sezierend, zerhackend zu begreifen. Doch seine immer wieder auftauchenden Gegenversuche, sich dieser Form von mechanischer Vernünftigkeit über den Wahn und eine Traumwelt zu entziehen, scheitern. Die in Hacker manifestierte Vernunft könnte zum Schluss offenbar derart wirkungsmächtig und omnipotent sein, dass sie, wie noch genauer untersucht werden soll, sein eigenes Ende herbeiführt.

Semantisch deutungsbedürftig mutet überdies der bestimmte Artikel ‚der' am Anfang der Geschichte an. Dieser suggeriert, dass Hacker eine dem Leser bereits bekannte, definierte Person sein müsste, was sie aber offensichtlich nicht ist. Als gewöhnlichen, offenen Auftakt einer Kurzgeschichte (etwa im realistischen Stil des 19. Jahrhunderts) würde man eher die Formulierung ‚Doktor Hacker träumte ungeheure Hallen…' erwarten. Somit führt der ursprünglich zur Bestimmung gedachte Artikel ‚der' bei genauem Lesen hier vielmehr zu einer unmittelbaren Befremdung bzw. Unbestimmtheit, die sich im folgenden gerade in dem komplementären Umstand auszudrücken scheint, dass hinter der Maske ‚des' Doktor Hacker eine Pluralität ideengeschichtlicher Positionen zum Vorschein kommt, die in den Sog seiner Suchbewegung geraten (vgl. dazu das folgende Kapitel IV). Für den Gesamttext nicht minder folgenreich scheint auch die unkonventionelle Formulierung: „Hacker *träumte* ungeheure Hallen…" zu sein. Grammatisch ist ‚träumen' ein intransitives Verb. Der kompositorische Unterschied von ‚erträumen' und ‚träumen' korrespondiert mit dem semantischen Unterschied von ‚bewusst' und ‚unbewusst'. Den Besitz etwa eines schönen Hauses kann man wünschend *er*träumen, und *von* rosa Elefanten kann man träumen. Ganz gezielt sagt man, man träume ‚von' etwas, um die Distanz zu dem Geträumten als einem Produkt unbewusster Erzeugung zu unterstreichen. Dadurch aber, dass van Hoddis hier das Verb ‚träumen' transiviert, weicht er die sprachlogische Dichotomie auf. Er erschafft damit so etwas wie ein Mittelglied, das ‚bewusste, intentionale Träumen'. Dieser Transivierungsprozess jedoch, dieses, wenn man so will, theoretisch instabile, paradoxale Mittelglied gibt gleichsam auch die Spannung des gesamten Textes wider: Dem Wunschtraum steht gleichermaßen das Scheitern desselben gegenüber, der ‚Welt der Träume' die vernünftige Durchdringung der gesamten Wirklichkeit.

[5] Im Kapitel V soll dann der Versuch gemacht werden, noch einige weitere, mögliche Konnotationen des Namens ‚Hacker' zu diskutieren.

Zu den geträumten Gütern gehören „ungeheure Hallen aus schwarzem Stein, Standbilder der Könige und geflügelte Tiere" sowie eine „Treppe für Giganten". Der alliterativ gebildete „schwarze Stein" erinnert an die romantische Verwendung der Farben etwa bei Novalis. In diesem Zusammenhang scheinen die „ungeheuren [schwarzen] Hallen" als Symbol für eine ersehnte, noch unerforschte Nacht zu fungieren, die Raum für Träume und Geheimnisse lässt. Nach Hansjörg Schneider lässt sich Jakob van Hoddis' „geistige Grundhaltung bis zum Abbrechen seiner künstlerischen Produktion [als] romantisch" beschreiben.[6] Schneider schlägt vor, van Hoddis' gesamte Dichtung als „fortwährenden *Kampf* um die zauberhafte, träumerische, innere Welt der Phantasie" zu interpretieren, die „im Bild der Nacht oder im Gegenbild des Tages mehr als dreißigmal in seinem Werk erscheint."[7] In seinem Gedicht *Hymne* (GA, S.54) wird der Traum überdies als „Verdauung" der Seele und als „Schießgewehr" angesprochen, das alle im Wachzustand bewussten, „feindlichen" Dinge wie „Nachttöpfe, Kochlöffel und Litfaßsäulen" zu zerstören in der Lage sei. Für den Verlauf der vorliegenden Geschichte scheint es nun von besonderer Bedeutung, welche Lebenskraft und Autonomie dem Traum im Kontext von Doktor Hackers Suche und Wirklichkeitserfahrung zugeschrieben wird.

IV. Von der metaphysischen zur erkenntnistheoretischen Desillusionierung: Die traumatisierende Omnipotenz der ‚weißen Wirklichkeit'

In seinem Traum begegnet Hacker einem jungen Mann, der „im blassen Lichte einer Fackel sitzt." Das Licht ist zwar nur blass, erhellt aber bereits den als Gegenspieler auftretenden jungen Mann und die gesamte, schwarze Szenerie, die – wie eben dargelegt – zumindest noch den Anschein einer positiv konnotierten, geheimniserfüllten Nacht innehat. Folgt man jedoch dem durch den Textbeginn evozierten Gedanken, der nun folgende Dialog spiele sich in einem Traum ab, so ist die Szene nicht ohne tragische Ironie. Im Geiste eines pathetischen Theismus antwortet Doktor Hacker auf die Frage „Woher wissen Sie, daß alles hier *wirklich* ist?" (Hervorhebung T.W.), Gott sei „überall" und er habe, ganz faustisch, die geistige *Kraft*, Gott hier zu sehen, also auch hier im Traum. Gemeinhin würde man aber annehmen, dass *alles*, was man im Traum erlebt, nicht ‚real' sondern per definitionem ‚nur geträumt' ist. Und gesetzt, Gott würde Hacker ‚tatsächlich' (was immer dies nun genau hieße) im Traum erscheinen, welchen realistischen Wert hätte dann diese Erfahrung, welchen Status hätte dann dieser ‚real-geträumte' Gott? Offenbar ließe sich aus dieser Begegnung im Traum kein valider Erkenntnisgewinn erzielen. Die mögliche vernünftige Erkenntnis- bzw. Gottessuche wird in einem Traumdialog zum paradoxen *Dilemma*. Syntaktisch lässt es van Hoddis zwar bezeichnenderweise gerade offen, wer im Dialog „im Recht ist", Hacker oder der höhnische, quengelige Kobold. Beide Varianten führen jedoch

---

[6] Hansjörg Schneider: *Jakob van Hoddis. Ein Beitrag zur Erforschung des Expressionismus.* Bern 1967, S.63

[7] Ebd., Hervorhebung T.W.. Zu van Hoddis' Auseinandersetzung mit der „überlieferten Mythologie" und „neuromantischen Dichtung" vgl. S.9-26.

nicht aus dem Dilemma heraus: Ist Hacker im Unrecht, so hat er sowieso nicht die „Kraft", Gott im Traum zu begegnen. Ist er jedoch im Recht, so scheint, wie eben gezeigt, die Kraft, Gott im Traum zu sehen, relativ wertlos; die verstandesmäßig erfasste, empirische Wirklichkeit erweist sich offenbar erkenntnislogisch unweigerlich als notwendige und geradezu schicksalhafte Bedingung jeder Erkenntnis. *Und in dieser Wirklichkeit findet sich Hacker in der anschließenden Szene auch wieder.* Das Resultat dieses Traumdialogs könnte man als eine Art *metaphysische Desillusionierung* beschreiben. Von der Begegnung mit Gott in der Welt hat sich der aufgeklärte Geist sowieso schon verabschiedet, doch auch der Traum bietet ihm im Hinblick auf diese Intention – zumindest nach logischem Ermessen – keine Zuflucht.

Die existentiellen Konsequenzen dieser Traumszene treten möglicherweise noch deutlicher hervor, wenn man auch sie als eine Auseinandersetzung van Hoddis' mit philosophischen Grundgedanken von René Descartes, der als Begründer der neuzeitlichen Subjektphilosophie gilt, deutet.[8] Auch dieser konstruiert in seinen *Meditationens de prima philosophia* ein – möglicherweise – nur träumendes Subjekt auf der Suche nach Gotteserkenntnis und Erkenntnissicherheit. Um, als Ziel seiner Philosophie, zu einer unbedingten Gewissheit im Hinblick auf Gott und die sichere Erkenntnis der Welt zu gelangen, fragt Descartes zunächst danach, woran ich zweifeln kann, welche Gegenstände mich überhaupt täuschen können. Er kommt zu dem Ergebnis, dass nicht nur die gesamte Außenwelt einschließlich meines Körpers eine Illusion sein könnte, sondern mir auch alle möglichen Gedanken inklusive aller mathematischen Sätze von außen, d.h. von einem fremden Wesen, eingegeben werden könnten. Descartes verfolgt methodisch den Extremfall, dass ich permanent nur *träumen* könnte und ein böser Geist („genius malignus") mich bei jedem Gedanken und bei jeder Handlung täuschen könnte. Doch dann zieht Descartes aus dieser Konstellation die entscheidende Schlussfolgerung: „Nun, wenn er [der genius malignus] mich täuscht, so ist es also unzweifelhaft, daß ich bin. Er täusche mich, soviel er kann, niemals wird er doch fertigbringen, daß ich nichts bin, solange ich denke, daß etwas sei. Und so komme ich [...] schließlich zu der Feststellung, daß dieser Satz: „Ich bin, ich existiere", sooft ich ihn ausspreche oder in Gedanken fasse, notwendig wahr ist."[9] Auf der sicheren Basis des „ego cogito, ego sum" schreitet Descartes nun zu der Sicherheit Gottes und der Außenwelt vor. Der ideentheoretische Gottesbeweis basiert dann auf folgendem Grundgedanken: Ist mein Denken und mein Sein nun sicher, und habe ich die Idee eines vollkommenen Wesens (und nach Descartes haben wir diese Idee), so kann

---

[8] Als weiterer Beleg für van Hoddis' Reflexion von Cartesianischen Konzepten ließe sich sein wirkungsmächtiger Prosatext *Von Mir und vom Ich* („Cogito ergo sum: Das Denken ist kein Beweis für das Ich, sondern das Ich ein Postulat des Denkens...") anführen (GA, S.65-68). Vgl. in diesem Kontext den Beitrag von Klaus Dörner, der van Hoddis' Ausführungen in diesem Text gedanklich auch auf Elemente der Phänomenologie Edmund Husserls ausdehnt (Klaus Dörner: *Erlösung: Lösung ausgelacht.* In: Seim: *Tristitia ante*, S.74ff).

[9] René Descartes: *Meditationes de prima philosophia.* Lateinisch-Deutsch. Auf Grund der Ausgaben von Artur Buchenau neu hrsg. von Lüder Gäbe. Hamburg 1992, S.43f.

diese Idee nur, da ich nicht vollkommen bin, kausal von einer höheren, vollkommeneren Ursache stammen, nämlich Gott selbst.[10]

Auch Doktor Hacker sucht nach dem „großen Geheimnis", nach der Begegnung mit Gott im Traum. Doch während es dem Rationalisten Descartes in erster Linie darum ging, den Traum als mögliches Feld der Täuschung und als ‚Reich' des genius malignus zu überwinden und im Endeffekt zu eliminieren[11], um so mit dem sicheren Wissen von Gott wieder in eine rationale Gesamtordnung einzutauchen, eröffnet bei van Hoddis der Traum in einer gewissermaßen rational unberührten Form zumindest noch die Vision einer utopischen Gegenwelt zur Wirklichkeit. Doch hält der rationale Diskurs um die Frage, wer „Recht hat" bzw. der Dialog mit dem „höhnischen", hier möglicherweise zum quengeligen Kobold mutierten ‚genius malignus' Einzug in den Traum, so verstrickt sich Doktor Hackers Gottessuche unweigerlich in ein Dilemma, ohne einer metaphysischen Erfüllung teilhaftig zu werden. Zum Schluss wird Hacker einzig auf seine Subjektivität zurückgeworfen: „Die Welt ist nur *meine* Ausdeutung des Unerforschlichen" (Hervorhebung T.W.) schließt er den Dialog ab, wobei Hacker dies „zweifelnd" meint. Und dieser Zweifel erinnert in diesem Kontext einerseits an den Cartesianischen ‚methodischen Zweifel', der aber andererseits bei Doktor Hacker *nur noch* zum Rekurs auf das eigene Subjekt gereicht.[12]

Anscheinend wieder aufgewacht („fand er sich wieder"), erhellen nunmehr das als „häßlich" denunzierte *Licht* und die brennende *Lampe* die erdrückende Wirklichkeit. Nur noch der „viehische Dunst der Nacht" erinnert zumindest an die Möglichkeit einer geheimnisvollen Gegenwelt. Aus dieser Sicht konnotiert das Adjektiv „viehisch" eher das Vitale und Fruchtbare der Nachterfahrung als das Tierische oder Vulgäre. In seinen Gedichten greift van Hoddis zwar mehrmals das Bild der „kranken Nacht" auf, um auch die Desillusionierung einer möglichen Welt der Phantasie zu unterstrei-

---

[10] Vgl. ebd., S.87ff

[11] Vgl. dazu auch das Kapitel *Die Verdrängung der alten Lehren. Träume unter Verdacht (Descartes, Locke, Wolff, Hume)*, in: Peter-André Alt: *Der Schlaf der Vernunft. Literatur und Traum in der Kulturgeschichte der Neuzeit.* Darmstadt 2002, S.127ff.

[12] Auch in der Forschung wird verschiedentlich darauf hingewiesen, dass es der Figur Hacker nicht gelingt, die „göttliche oder absolute Wahrheit zu finden" (so Scheppard: *Die Schriften des Neuen Clubs*, S.449 oder vgl. auch Helmut Hornbogen: *Jakob van Hoddis. Die Odyssee eines Verschollenen.* München 2001, S.150), ohne jedoch, wie oben versucht, weiter zu verfolgen, *warum* dies im Rahmen der Geschichte der Fall sein könnte. Im Hinblick auf die „göttliche Wahrheit" expliziert Hansjörg Schneider überzeugend die signifikante Differenz zwischen Novalis und van Hoddis, dessen Dichtung ja durchaus, wie kurz angerissen, romantische Elemente inkorporiert: „Indem Novalis die irdische Ordnung als vorläufig erkennt, kann er sich ihr getrost unterziehen. Im *festen Bezugspunkt Gott* weiß er die Vorläufigkeit aufgehoben. Auch van Hoddis erkennt die Vorläufigkeit der irdischen Ordnung. *Ihm fehlt aber der feste Bezugspunkt hinter den Dingen.* [...] So wird die Vorläufigkeit nicht aufgehoben, sondern verabsolutiert. Sie deformiert die irdische Realität zur Hölle" (Hervorhebungen T.W.), in: Schneider: *Jakob van Hoddis*, S.64.

chen. Dennoch habe er, so Hansjörg Schneider, etwa in dem Gedicht *Stadt* selbst die „kranke Nacht... [dem] schamlosen, blöden Tag" vorgezogen.[13]

Als theoretischen Inbegriff einer solchermaßen ‚tageshellen', logisch-restringierten Wirklichkeit könnte man die Transzendentalphilosophie Immanuel Kants charakterisieren, die Hacker offenbar in der anschließenden Szene direkt reflektiert und exekutiert.[14] Die möglicherweise bereits durch den Namen ‚Doktor Hacker' konnotierte und parodierte Vernunft avanciert hier zum Zentrum eines philosophischen Systems. Eine von Kants zentralen erkenntnistheoretischen Einsichten lässt sich darauf zuspitzen, dass der Mensch alle wirklichen Gegenstände mit ihren Eigenschaften nicht ‚an sich' wahrnehme, sondern immer schon als durch seinen Verstand und seine Vernunft geordnete Erscheinungen. Wahre Erkenntnis ist nach Kant nur im Bereich der Erfahrung möglich. Raum, Zeit, Kausalität, Gesetzmäßigkeiten usw. seien nicht in den Dingen, sondern würden immer schon in sie hineingelegt. Der Verstand schreibt der Natur die Gesetze vor, und eben nicht die Natur dem Verstand. Als Fundament seines Systems postulierte Kant das transzendentale ‚Ding an sich', das als eine Art Projektionsfläche kategorialer Verstandesbestimmungen fungiert. Das Cartesianische cogito findet daher in gewisser Weise in Kants Erkenntnisapparat eine ideengeschichtliche Weiterentwicklung: Die Wirklichkeit wird durch den menschlichen Verstand und seine Vernunft vollständig strukturiert. Das totale, logizistische System kennt kein Außen mehr. Diese Zusammenhänge schlagen sich bei Doktor Hacker offenbar intellektuell und auch emotional nieder: „‚Wie die Dinge an und für sich sind, kann man nicht wissen.' – *Er dachte mit gequälter Wut*" (Hervorhebung T.W.). Die kategoriale Einordnungsfähigkeit des Menschen gerät in seinen Gedankengängen zur absoluten Beliebigkeit und Gleichgültigkeit: „Irgend etwas, das sich Erscheinung nennt, wird mir gegeben. Das ordne ich. *Jede Ordnung ist richtig, die ich durchführen kann*" (Hervorhebung T.W.). Hinter der Fassade des menschlichen Erkenntnisapparates gibt es nichts Geheimnisvolles und Fruchtbares mehr zu entdecken. *Es ist offenbar die drückende Last einer a priori figurierten und strukturell homogenen Wirklichkeit, die Hacker im folgenden nicht zu ertragen scheint.*[15] Der metaphysischen Des-

[13] GA, S.122; vgl. Schneider: *Jakob van Hoddis*, S.63.

[14] Eine Anspielung auf die Kantische Philosophie an dieser Stelle des Textes sieht auch Manfred Braunroth in dem von ihm herausgegebenen Band: *Prosa des Expressionismus.* Für die Sekundarstufe II. Stuttgart 1996, S.70 und S.149. Zu van Hoddis' Beschäftigung mit der Kantischen Philosophie vgl. außerdem Hornbogen: *Jakob van Hoddis,* S.23 und S.32 sowie GA, S.303-309 (Gespräche mit dem Freund Erwin Loewenson über philosophische Probleme, die Kant aufgeworfen hat).

[15] Helmut Hornbogen spricht in seiner Biografie von dem „*Grauen vor der Wirklichkeit*", das van Hoddis' Werk von Anfang an charakterisiere (In: *Jakob van Hoddis*, S.9, Hervorhebung T.W.). Vgl. weiterführend zu diesem Themenkomplex auch Edgar Piel: *Der Schrecken der ‚wahren Wirklichkeit'. Das Problem der Subjektivität in der modernen Literatur.* München 1978 sowie Olaf Schwarz: *Das Wirkliche und das Wahre. Probleme der Wahrnehmung in Literatur und Psychologie um 1900.* Kiel 2001. Ähnliche Akzentsetzungen hierzu auch bei Bernd Läufer in: *Entdecke dir die Häßlichkeit der Welt. Bedrohung, Deformation, Desillusionierung und Zerstörung bei Jakob van Hoddis.* Frankfurt a.M. [u.a.] 1996, S.415.

illusionierung folgt eine erkenntnistheoretische. Die vernünftige Durchdringung der Wirklichkeit schlägt in der Konsequenz um in eine nihilistische, *totale Ver-blendung*. Nach dieser Lesart lassen sich einige bemerkenswerte Übereinstimmungen zwischen van Hoddis' „erkenntnistheoretischer Reflexionsprosa"[16] und späteren Ausführungen von Max Horkheimer und Theodor W. Adorno in der *Dialektik der Aufklärung* aufzeigen. Diese schreiben etwa:

> Kein Sein ist in der Welt, das Wissenschaft nicht durchdringen könnte, aber was von Wissenschaft durchdrungen werden kann, ist nicht das Sein. *Auf das Neue zielt nach Kant das philosophische Urteil ab, und doch erkennt es nichts Neues, da es stets bloß wiederholt, was Vernunft schon immer in den Gegenstand gelegt.* Diesem in den Sparten der Wissenschaft *vor den Träumen eines Geistersehers gesicherten Denken* [!] aber wird die Rechnung präsentiert: die Weltherrschaft über das Subjekt wendet sich gegen das denkende Subjekt selbst, nichts wird von ihm übriggelassen, als eben jenes ewig gleiche Ich denke, das alle meine Vorstellungen muß begleiten können. Subjekt und Objekt werden beide nichtig. Das abstrakte Selbst, der Rechtstitel aufs Protokollieren und Systematisieren hat nichts sich gegenüber als das abstrakte Material, das keine andere Eigenschaft besitzt als solchem Besitz Substrat zu sein. Die Gleichung von Geist und Welt geht am Ende auf, aber nur so, daß ihre beiden Seiten gegeneinander gekürzt werden. In der Reduktion des Denkens auf mathematische Apparatur ist die Sanktion der Welt als ihres eigenen Maßes beschlossen. Was als Triumph subjektiver Rationalität erscheint, die Unterwerfung des Seienden unter den logischen Formalismus, wird mit der gehorsamen Unterordnung der Vernunft unters unmittelbar Vorfindliche erkauft. [...] *Die Welt als gigantisches analytisches Urteil.*[17]

Auch Doktor Hacker steht nunmehr offenbar einer ‚analytisch' geordneten Wirklichkeit, die über die Sphäre der ‚Dinge an sich' verspannt ist, paralysiert und *traumatisiert* gegenüber. In einer Vorlesung aus dem Jahr 1915 definierte Sigmund Freud ein Trauma als „Erlebnis, welches dem Seelenleben innerhalb kurzer Zeit einen so starken Reizzuwachs bietet, daß die Erledigung oder Aufarbeitung desselben in normalgewohnter Weise mißglückt, woraus dauernde Störungen im Energiebetrieb resultieren müssen."[18] Der philosophisch reformulierte Reizzuwachs, dem sich Hacker nun auf einmal ausgeliefert sieht, wird am Ende der Geschichte total und führt zu einer *endgültigen* Störung im Energiebetrieb. Neben dem traumatischen Zwang, die eigene Lebenswelt unaufhörlich in Traum und Wirklichkeit *‚zer-hacken'* zu müssen (und der Unausweichlichkeit, von der einen Form immer wieder auf die andere dialektisch zurückgeworfen zu werden), steht nunmehr auch die Vernunft-

---

[16] So die Zuordnung von Braunroth: *Prosa des Expressionismus*, S.149 und auch Silvio Vietta/Hans-Georg Kemper: *Expressionismus*. München 1975, S.143, 154, 171-174.

[17] Max Horkheimer/Theodor W. Adorno: *Dialektik der Aufklärung. Philosophische Fragmente*. Frankfurt a.M. 2002, S.32f., Hervorhebungen T.W.

[18] Sigmund Freud: *Vorlesungen zur Einführung in die Psychoanalyse Und Neue Folge*. Bd. I der Freud-Studienausgabe. Hrsg. von Alexander Mitscherlich/Angela Richards/James Strachey. Frankfurt a.M. 1969, S.274f.

notwendigkeit, die Wirklichkeit selbst noch einmal in Erscheinung und Ding an sich zu ‚zerhacken', während letzteres – als zumindest möglicher Hort des Utopischen und Metaphysischen – unerreichbar bleibt.[19]

In dem anschließenden Intermezzo versucht Hacker offenbar noch einmal, den skizzierten Realitäts-Zusammenhängen zu entfliehen. Während ihn bereits wieder ein „klares [weißes] Schneefeld" bei seiner gedanklichen Suche unterbricht, stellt er fest, dass er zwar „vielleicht verrückt sei", sich dieser Zustand aber gerade „lohne". Der in der „Vision" zum Ausdruck kommende „lohnenswerte Wahnsinn" fungiert damit als ein noch denkbares Gegengewicht zu der omnipotenten, logisch-restringierten Wirklichkeit, das symbolisch ebenso in dem unvermittelt aus der Erde ragenden „Kopf eines blonden Riesen" zum Ausdruck kommen könnte. Hacker möchte nun von dem Kopf des Riesens „ein Stückchen abklopfen" (bzw. nomen est omen *‚ab-hacken'*), um möglicherweise zumindest in den Besitz eines Stückchens Traumhaftigkeit und Weltferne zu gelangen. Doch ein junger Jude hält ihn mit der doppeldeutigen Frage „Sind sie verrückt?" auf.[20] Die rationale Beantwortung dieser Frage würde ihn wiederum in ein Dilemma stürzen. Bejaht er sie, wird es unmöglich, den Anforderungen der Wirklichkeit entsprechend zu überleben; verneint er sie, ist er als ‚Nicht-Verrückter' gerade dieser bedrohlichen Wirklichkeit ausgeliefert. Doch Hacker hat seine eben hervorgebrachte Einsicht, es lohne sich, verrückt zu sein, bereits wieder vergessen oder auch verdrängt. Die ersehnte Seinsform des Wahnsinns, das „Verlangen nach einer Neu-

---

[19] Manfred Braunroths kurzer Anmerkung zu der Geschichte, aus der Ding-an-sich-Konzeption bei Kant folge, dass es nach ihm für den Menschen „keine objektive Wahrheit" gebe (Braunroth: *Prosa des Expressionismus*, S.70, Anm. 13), ist jedoch entgegenzuhalten, dass es für Kant im Zusammenspiel von Begriff und Anschauung durchaus eine ‚objektive', empirische Wahrheit gibt, eben die einzige, die überhaupt nur sinnvoll denk- und erfahrbar sei. Doch sind es gerade die Homogenität und die Unhintergehbarkeit *dieser* (absoluten) ‚Wahrheit', die Hacker in den destruktiven Wahnsinn treiben.

[20] Ohne diese Spur ausführlicher zu verfolgen, sei zumindest erwähnt, dass sich die Szene auch als eine Anspielung van Hoddis', selbst Jude, auf die möglicherweise *schmerzhaften* Konsequenzen der Assimilationspraxis von Juden im damaligen Westeuropa verstehen lässt. Der „blonde Riese" mit den „stahlblauen Augen" inkorporiert offenbar zentrale Kennzeichen eines „arischen", schon zu van Hoddis' Zeiten ideologisch propagierten Bildes; vgl. dazu auch van Hoddis' Prosatext *Der Feind* (GA, S.71f.), in dem sich der folgende Satz findet: „Wer sind diese Indier, die seit dem vorigen Jahrhundert unsre Sprachwissenschaften verpestet haben, *dieser Auswurf des arischen Europa*, die Menschenmörder und Pferdeopferer?" (Hervorhebung T.W.). Hier attackiert van Hoddis anscheinend die indogermanischen Wurzeln des arischen Mythos (vgl. dazu Léon Poliakov: *Der arische Mythos. Zu den Quellen von Rassismus und Nationalismus.* Wien 1971). Den „blonden Riesen" könnte man als das „riesige", unerreichbare „Ganz-Andere" zu dem Juden Hacker interpretieren, von dem letzterer, im Sinne einer lebensweltlichen Teilhabe, *verzweifelt* zumindest „ein Stückchen abklopfen" möchte. Doch ein junger Jude, mit einem bürgerlichen „Cylinder" bekleidet und damit gewissermaßen künstlich vergrößert, der sich möglicherweise bereits mit seinem Assimilations- und Exklusionsschicksal abgefunden hat, kann diesem Versuch nur noch mit der Frage begegnen: „Sind Sie verrückt?". Zur Rolle des Judentums in van Hoddis' Leben, seiner zwischenzeitlichen Katholizismus-Konversion und der zionistisch ausgerichteten Mutter, die noch zu Lebzeiten des Sohnes nach Palästina ausgewandert ist, vgl. Hornbogen: *Jakob van Hoddis.*

ordnung der Welt im Negativzugriff",[21] ist ihm schon wieder entglitten. Die Endpassagen des Textes gestalten nun die psychischen Auflösungserscheinungen von Hacker und ihre somatischen Auswirkungen aus: „Plötzlich merkte er, daß er seine langen Glieder im Zimmer umherwarf und den kahlen Kopf an die Wand stieß". Hacker erfährt nun auch körperlich den Widerstand der realen Welt. Der Kopf ist nur noch „kahl", die Welt eine einzige geschlossene Anstalt. Das letzte „Flehen" um eine „andere, neue Welt! Die Welt meiner Träume" findet kein Gehör mehr. Wiederholen jedoch für die Psychoanalyse die Kranken „in ihren Träumen regelmäßig die traumatische Situation",[22] ist für Hacker gerade umgekehrt die Wirklichkeit Manifestation des Traumas und die Traumwelt eine bedrohte, in Teilen noch romantisch codierte letzte Fluchtperspektive. Doch diese Perspektive wird durch die Wirklichkeit nunmehr aufgesogen.[23] Zwar „will" Hacker noch, dass eine alte Decke ein „assyrischer Götze" sei, doch das anfängliche ‚transivierte' Träumen funktioniert hier nicht mehr. Er ist jetzt nur noch „betrunken vor Angst", und dies offenbar vor den Verhältnissen der realen Wirklichkeit.

Die konventionell-realistische Erzählweise am Schluss verweist auf den möglichen, konventionellen Hintergrund desselben: die bürgerliche Welt um die Jahrhundertwende. Aus ihr stammt ‚Doktor' Hacker und in ihr findet er auch sein Ende. Der parataktische Stil, ausgedrückt durch mehrere kurze, parallel strukturierte und schnell hintereinander abgefeuerte Sätze, korreliert mit dem „akzelerierten Tempo"[24] der modernen Großstadtwelt („stürzte aus dem Haus", Straßen, Milchwagen, Caféfenster). Am Ende frisst ein kleiner weißer Hund, ein möglicher Inbegriff kleinbürgerlicher Biederkeit einerseits und gleichzeitig, im Rahmen dieser Geschichte, eine zusammengezogene, groteske Allegorie für die ‚weiße Wirklichkeit' insgesamt, Doktor Hacker auf.[25] Während noch in Goethes *Faust* der Mephisto, zuerst auftretend als ein kleiner *schwarzer Pudel*, am Ende des zweiten Teils möglicherweise bezwungen und Faust erlöst werden konnte, siegt bei van Hoddis das alles aufhellende und gleichsam destruktive Prinzip.[26] Hackers Welt wurde bereits vorher verschiedentlich ‚gelichtet' („blasses Licht einer Fackel", „das häßliche Licht des Tages", „die Lampe brannte noch", „Schneefeld in klarer Luft"). Am Ende verdichtet sich nun in Form von „Milchwagen" und „weißem Hund" das Milchige und Weiße. Übrig bleibt ein globales Oppositionsgefüge, das den Spannungsbogen des Textes erzeugt: Dem

---

[21] Nach Deutung von Sibylle Penkert sei dies ein Grundthema von *Doktor Hackers Ende* (vgl.: *Gedächtnismordung*, S.99)

[22] Freud: *Einführung in die Psychoanalyse*, S.274

[23] So subsumiert Anne-Christin Nau die gesamte Geschichte im Rahmen ihrer kurzen Bezugnahme unter dem Topos des „Scheitern der Suche nach dem Wunder" (In: *Schizophrenie*, S.377).

[24] Vgl. Vietta/Kemper: *Expressionismus*, S.119ff

[25] Zur Großstadtproblematik bei van Hoddis vgl. auch Läufer: *Häßlichkeit der Welt*, S.155-207 (besonders S.190ff.).

[26] Zu van Hoddis' ironischer Goethe-Rezeption, die etwa auch in seinem *Italien-Zyklus* (GA, S.33-37) zum Ausdruck kommt, vgl. beispielsweise Hornbogen: *Jakob van Hoddis*, S.58.

anfänglichen „schwarzen", noch traumhaft konnotierten Stein steht am Ende die homogene, weiße Wirklichkeit gegenüber. Zur Symbolik des Weißen und Hellen bei van Hoddis formuliert auch Helmut Hornbogen prägnant an anderer Stelle:

> Immer deutet es auf allerhöchste Not hin, wenn in Hoddis' Gedichten Weißes aufleuchtet, und weiß ist bei ihm die am häufigsten vorkommende Farbe, die aber niemals Heiligkeit und Reinheit anzeigt wie im Judentum. [...] Weiß vor lauter Bewußtheit, schmerzend hell erleuchtet, erschien außerdem das dahinterliegende, nächtliche Gefilde der Fantasie. Es konnte keinen Schutz mehr bieten, keine Fluchtmöglichkeit mehr sein. Wie die durchsichtig gewordene Realität rächt sich nun aber der entzauberte Traum: „Horch, es klingt der gläserne Tod durch die wüste Stunde. / Und es erstarrt im Mittagswunder der Traum und die Kraft eures Lebens."[27]

Eindringliche Beispiele für dieses Grundthema liefern etwa auch die Gedichte *Tristitia ante* (GA S.13), *Klage* (GA, S.45), die beiden *Gebete* (GA, S.130-31) sowie das Gedicht *Und goldne Nacht enthülle mich als Traum* (GA, S.153), in dem es geradezu paradigmatisch heißt: „*Und jäh wie Leid, das mein Gehirn zerreißt,* / Entströmt die Lust der Nächte allen Bronnen. / *Nächte sind weißer von Gedankensonnen* / Als je der tiefe Tag im Süden weiß" (Hervorhebungen T.W.). Somit lässt sich sagen, dass bereits van Hoddis in mehreren Texten lyrisch auszugestalten suchte, wie der „dunkle Horizont des Mythos von der Sonne der kalkulierenden Vernunft aufgehellt wird" (Horkheimer/Adorno).[28]

Während sich der vorliegenden Kurzgeschichte zwar einerseits eine immanente Bewegung vom ‚intentionalen Träumen', über das hilflose Suchen und ‚Rennen' bis zum Ende in der großstädtischen Wirklichkeit entnehmen lässt, so erscheinen komplementär dazu die verschiedenen Szenen und die für die kurze Geschichte relativ häufigen Absätze *im einzelnen*, insbesondere die nicht ganz eindeutigen Momente des Aufwachens, ähnlich wie die Eindrücke im *Weltende*, merkwürdig *abge-hackt* und unverbunden. Zu solchen literarischen Formen des Abbruchs im Kontext von Hölderlins und van Hoddis' Lyrik führt Sibylle Penkert aus: „Aposiopesen sind komplizierte Abbruchformen, Abrisse, die vor allem Wesentliches verschweigen wollen. In dem Verschweigen und in der Vereisung, klinisch meist Verödung genannt oder gar Verblödung, liegt – gerade bei den noch sichtbaren dichterischen Formen – die Krankheitsschlacke zu Tage, damit auch das Stigma, das *Trauma.* [...] Der Riß geht dabei nicht durch die Persönlichkeit [...], sondern zwischen Außenwelt und Innenwelt."[29] Das Trauma des Doktor Hacker, der nach dem Cartesischen auch den Kantischen ‚Giganten-Standpunkt'[30] schmerzhaft durchlaufen hat, lässt sich nun zusammen-

---

[27] Hornbogen: *Horch, es klingt der gläserne Tod*, S.29f; die am Ende von Hornbogen zitierten Gedichtzeilen stammen aus: GA (Gedicht *Kathargo*), S.57. Zu diesem Thema vgl. analog auch Schneider: *Jakob van Hoddis*, S.73, der das Phänomen offenbar als erster herausgearbeitet hat, Hornbogen: *Jakob van Hoddis*, S.85ff. und Nau: *Schizophrenie*, S.337f.

[28] Horkheimer/Adorno: *Dialektik der Aufklärung*, S.38

[29] In: *Gedächtnismordung*, S.94f., Hervorhebung T.W.

[30] Vgl. die „Treppe für Giganten", die Hacker bereits am Anfang der Geschichte „herunterstolpert".

fassend als die unausweichliche Rückverweisung auf eine vorstrukturierte und erhellte Wirklichkeit interpretieren, von der er letztlich „überflutet" bzw. „aufgefressen" wird. Die Suche nach jeder stabilen, lebenswerten religiösen oder philosophischen Identität scheitert. Der *theoretisch* versuchten Einsicht korrespondiert in Form der Figur des Doktor Hacker eine bis ins sarkastisch-lächerlich gesteigerte, misslingende Lebens-*praxis*, die bei van Hoddis an verschiedenen Stellen, poetisch wie biografisch, ihre ironische Reflexion findet.[31]

V. „Es kracht mir der Schädel / Beim Anblick der Wand": Die ‚weiße Wirklichkeit' als Reizüberflutung

Im Angesicht von Freuds Definition des Traumas als eines spontanen Reizzuwachses, der nicht in ‚normalgewohnter Weise' verarbeitet werden kann, soll hier noch anhand einiger Textstellen der Hypothese nachgegangen werden, dass van Hoddis *neben der philosophischen* auch um eine spezifisch *wahrnehmungspsychologische* Reformulierung eines übermächtigen Reizzuwachses (in Form der weißen Wirklichkeit) bemüht war, er also zumindest implizit auch denjenigen psychologischen Diskurskontexten Aufmerksamkeit geschenkt hat, die zu seiner Zeit immer wirkungsmächtiger wurden.[32]

Einige Auswirkungen der paradigmatischen Verschiebungen, die sich etwa aus der partiellen, wissenschaftsgeschichtlichen Ablösung der Kantischen, transzendentalen *Erkenntnistheorie* durch die empirische *Experimentalpsychologie* eines Wilhelm Wundt ergeben haben,[33] lassen sich möglicherweise bereits im Handlungsgeflecht der obigen Kurzgeschichte wiederfinden. Doktor Hacker scheint, nachdem er die (Kantischen)

[31] Vgl. etwa das Gedicht über den *Morgen des Philosophen* (GA, S.39), der durch seine Denkakte offenbar sinnlos „die ganze Nacht umgebracht hat" sowie die überlieferten Gespräche mit seinem Freund Erich Loewenson über Aporien der Philosophien Kants und Schopenhauers (GA, S.303-309), die, wie ernst dies auch gemeint sein mag, in handgreifliche Auseinandersetzungen münden. Die Frage, inwiefern Hackers (oder auch van Hoddis') philosophische Vorbehalte und Ängste jedoch ‚als solche' berechtigt sind, ist nicht mehr Gegenstand der vorliegenden Analyse, die in erster Linie zu beschreiben versucht, *wie* philosophische und psychologische Symbole in den Texten aufgegriffen werden.

[32] Zu diesen Diskurskontexten vgl. z.B. Schwarz: *Das Wirkliche und das Wahre*, S.51-147 und Horst Thomé: *Autonomes Ich und ‚Inneres Ausland'. Studien über Realismus, Tiefenpsychologie und Psychiatrie in deutschen Erzähltexten (1848-1914).* Tübingen 1993, besonders S.393ff.

[33] Vgl. Schwarz: *Das Wirkliche und das Wahre*, S.114-126. Einer kurz gehaltenen Mitteilung van Hoddis' an Erwin Loewenson vom Oktober 1912 lässt sich im übrigen die folgende Zeile entnehmen: „*Krieg* der Aufklärung der Kabbala dem Talmud dem Hoffmanstal [sic] der Mystik dem Protestantismus *Willi Wundt* etc." (GA, S.232, Hervorhebung T.W., van Hoddis' Hervorhebungen getilgt). Dies lässt den Schluss zu, dass van Hoddis zumindest eine gewisse Vorstellung mit dem Namen „Willi Wundt" (bzw. seinem wissenschaftlichen Zugang) verbunden hat, den es zu „bekriegen" gelte. Regina Nörtemann weist zusätzlich darauf hin, dass Wundts Theorien einer „physiologischen Psychologie" und einer „realistischen Ethik" im Neuen Club „heftig ablehnend diskutiert worden waren" (GA, S.541).

Dinge an sich nicht zu erkennen und auch die „*Welt* der Träume“ (Hervorhebung T.W.) nicht mehr zu erreichen vermag, nur noch zur reinen, ‚zerhackenden' *Beobachtung* seiner eigenen Bewusstseinsvorgänge, zu denen neben Wahrnehmungen („Licht des Tages“, „Er sah ein Schneefeld in klarer Luft“) in metaphysisch ‚indifferenter' Weise auch seine Träume gehören,[34] gezwungen zu sein. Hackers Selbstwahrnehmung koinzidiert mit der permanenten, ausschließlich protokollierenden und in keiner Weise mehr etwa im Diltheyschen Sinne *psychologisch verstehen* wollenden Fremdbeobachtung eines personalen Erzählers. Dessen Sichtweise ähnelt vielmehr dem Weltzugang einer Psychologie, die sich bei ihren Untersuchungen nur noch auf erfahrbare Bewusstseinsinhalte konzentriert. Und aus dieser Perspektive wäre es möglicherweise ein ‚zu viel' an gleichgültiger Eigen- und Fremdbeobachtung selbst der intimsten Traum- und Wunschvorstellungen, denen Hacker, ‚betrunken vor Angst' und den ‚kahlen Kopf' an die Wand schlagend, traumatisch erläge. Der wissenschaftliche Zugang einer solchermaßen beobachtenden und zerkackenden Wissenschaft schiene dann sein Schicksal geradezu abzubilden und affirmativ zu verfestigen, ohne Möglichkeiten aufzuzeigen, es in irgendeiner Form zu beheben.[35]

Van Hoddis' Lebenswelt war nicht letzt aufgrund technischer Entwicklungen durch ein umfassendes, „gesteigertes Nervenleben“ bestimmt.[36] Das Phänomen einer durch vielfältige Einflüsse überreizten Psyche lässt sich auch in anderen Texten, die von ihm stammen, lokalisieren. So lauten etwa zwei Strophen des Gedichts „Nacht“ (GA, S.41):

Es strahlt ein verwegenes Licht
Von der Wand
Es kracht mir der Schädel
Beim Anblick der Wand
Es träumt mir ein Mädel
Beim Anblick der Wand.

[34] So habe etwa Wundt den Traum lediglich als Bewusstseinsphänomen verstanden, das sich aufgrund von „gesteigerter Reizbarkeit der centralen Sinnesflächen“ beobachten lasse und damit auf die gleichen *physiologischen Ursachen* wie Halluzinations- und Wahnsinnsphänomene zurückzuführen sei (vgl. Schwarz: *Das Wirkliche und das Wahre*, S.102f). Zum Thema des gewandelten Traumverständnisses der Experimentalpsychologie vgl. auch Alt: *Der Schlaf der Vernunft*, S.306ff.

[35] Klaus Dörner deutet auch eine Schlusszeile des Prosatextes *Der Feind* („ihr Weißbärte, die ihr aus dem Wissen vom Menschen eine Wissenschaft zu machen euch erkühnt“, GA, S.72) als zurückweisende Reaktion auf die Methoden der zeitgenössischen Psychiatrie (vgl. *Erlösung: Lösung ausgelacht*, S.87).

[36] Vgl. dazu Fritz Bremer: „Davidsohn wuchs auch hinein in eine Kultur, deren aktuell diskutierte Begriffe ‚Nerven', ‚Nervosität', ‚Neurasthenie' waren. Kureinrichtungen für Nervöse schossen wie Pilze aus dem Boden. Die Gesellschaft sorgte sich um ihre Nerven, oder: Die Nerven lagen bloß“, in: Hans Davidsohn: Eine Krankengeschichte. In: Stratenwerth (Hg.): *Alle meine Pfade rangen mit der Nacht*, S.226, m. w. N.

O Wand, die in meine leblosen Stunden starrt
Wand, Wand, die meine Seele mit Wundern genarrt
Mit Langeweile und grünlichem Kalk.
Mein Freund. Meiner Wünsche Dreckkatafalk.

Die wiederholt auftauchende Wand, an der im folgenden auch noch „der Mond“ und „so viel Leut“ erscheinen, lässt sich hier als Spiegelfläche des Schädels, als Sinnbild für das Bewusstsein überhaupt interpretieren. Bezeichnenderweise ist es wiederum ein strahlendes, „verwegenes“ *Licht,* dem sich das „Krachen“ des Schädels anschließt. Die Wand, auch in „leblosen“ Stunden präsent, ist angefüllt oder sogar überfüllt mit Langeweile und Kalk. Doch im Hinblick auf die intimen Wünsche der Seele fungiert dieselbe, ironisch als „Freund“ angesprochen, lediglich als „Dreckkatafalk“, d.h. als schwarz verhängtes Sarggestell, das, um van Hoddis' Bildlichkeit beizubehalten, den Charakter einer morbiden, mentalen Müllkippe für Wunder und Wünsche annimmt.[37]

In einem späten, unbetitelten Gedicht (GA, S.126) sind es „hundert starke Arme“, die „aus dem Sumpfe“ nach einem angesprochenen „Du“ hinlangen. Weiter heißt es dort:

Donner brummen. Goldene Schlangen
Packen dich an Brust und Kinn.

Und sieh, ein Greis mit weißen Flammenarmen
Schreit dich pathetisch dabei an:
„Du sollst nun mal zur Hölle fahren!
Da, sieh dir deine Wunder an!

Sind es nicht Farben, die in Fieberjahren
Dein traumbetörtes Auge sich ersehnt?
Bewundre Blitze, die ins Fleisch dir fahren!
Belausch den Tod, der schon im Hirn dir dröhnt!“

---

[37] Eine andere Möglichkeit bestände darin, die Wand als *Leinwand* zu deuten, auf der Kinofilme zu sehen sind, so dass van Hoddis bereits eine überwältigende, *mediale Produktion* von Bewusstseinsinhalten (Bildern, Träumen, „Wundern“…) vor Augen gehabt haben könnte. Vgl. dazu auch sein Gedicht zum *Kinematograph* (GA, S.25). Daran anschließend ließe sich überlegen, ob es unter Umständen produktiv wäre, auch die einzelnen Abschnitte in *Doktor Hackers Ende* als geschnittene *Filmszenen* zu deuten, die Hackers Psyche sichtbar machen, während über all dem der personale Erzähler als neutrales, aufzeichnendes ‚camera-eye' schwebt. So meint etwa Richard Scheppard, dass „die dämonischen Ängste und Hackers Wahnsinn von der ironischen, *trickfilmhaften Erzählweise* erträglich gemacht werden“ (In: *Die Schriften des Neuen Clubs*, S.550, Hervorhebung T.W.).

Und wütend läufst du immer weiter,
Das Ganze ist zwar zaubertoll,
Doch ist es weiter gar nicht heiter,
Wenn man am Wunder sterben soll.

Während in der Forschung die Entstehung und der Hintergrund dieses Gedichtes mit van Hoddis' persönlicher, geistiger Erkrankung in Verbindung gebracht wird,[38] lässt sich auch hier der Versuch unternehmen, die einzelnen Bildelemente zunächst allgemeiner als Ausformungen einer psychophysischen Überreizung zu deuten. So könnten etwa die hinlangenden „hundert starken Arme", die „Donner", die packenden „goldenen Schlangen" und die „Blitze, die ins Fleisch fahren", visuelle, akustische und taktile Reize symbolisieren, die allesamt unabwendbar auf das angesprochene Subjekt einströmen. Der Greis, wiederum durch die *weißen* Flammenhaare besonders bedrohlich wirkend, entstammt offenbar dem gleichen Ort, von dem auch die Reize ausgehen. Die ‚Wunder der Wahrnehmung', die sich das Subjekt in „*Fieberjahren*" erträumt hat, werden ihm nun zum Verhängnis: „Belausch den Tod, *der schon im Hirn dir dröhnt!*" (Hervorhebung T.W.). Zwar liefen die Wahrnehmungsprozeduren sisyphushaft „immer weiter" (so wie auch im letzten Gedicht die Wand in „leblosen Stunden" präsent ist), was sprachlich in der letzten Strophe auch durch das hier mechanisch anmutende, jambische Versmaß zum Ausdruck kommt. Jedoch sei es letztlich „gar nicht heiter, / Wenn man am Wunder sterben soll." Hier schließt sich gewissermaßen der Kreis zu Doktor Hacker, der ebenfalls durch das ‚Wunder' der weißen Wirklichkeit sein Ende findet.

Schließlich lässt sich auch van Hoddis' berühmtester Text, das *Weltende*, als Ausgestaltung einer traumatischen Reizüberflutung lesen, die sich aus naturspezifischen (Küsten, Sturm, hüpfende Meere), kulturellen (Bürger, Hut, Dachdecker, Eisenbahnen, Brücken) und massenmedialen („liest man", Gedicht-Hintergrund der in den Zeitungen kolportierten „Kometenangst") Eindrücken zusammensetzt. Diese Eindrücke widersetzen sich einer „Erledigung oder Aufarbeitung" in „normalgewohnter Weise"[39] und stehen nur noch unverbunden, simultan nebeneinander. Auch Anne-Christin Nau verweist in ähnlicher und treffender Weise auf diese Zusammenhänge, indem sie das Gedicht vor dem Hintergrund des von ihr untersuchten Schizophreniebegriffs deutet:

> Das Zerfallen der Wahrnehmung in unverbundene Einzelereignisse ähnelt dem fehlenden Aufmerksamkeitsfokus aufgrund von Reizüberflutung und Überwachheit bei schizophrenen Störungen. Die Prophezeiung des Weltendes kann man – je nach Umweltbezug – als schizophrenen Untergangswahn deuten. [...] Das ‚verrückte' affek-

[38] Vgl. etwa Schneider: *Jakob van Hoddis*, S.92

[39] Sigmund Freud: *Vorlesungen zur Einführung in die Psychoanalyse Und Neue Folge.* Studienausgabe, hrsg. von von Alexander Mitscherlich/Angela Richards/James Strachey, Frankfurt a.M. 2000 Bd. I, S.274f

tive Gleichgewichtssystem, welches der Text darstellt, steht psychodynamisch im Zeichen der Abwehr und der Deformation jeglicher Emotionalität, genauer von Angst, Freude und Ernsthaftigkeit, wodurch natürlich keine Wirklichkeitsbewältigung erfolgen kann. Im Unterschied zu anderen expressionistischen Visionen gestaltet ‚Weltende' nicht nur den Zusammenbruch der äußeren Welt, sondern auch des gesellschaftliche Strukturen verinnerlichenden Subjekts.[40]

VI. Schluss

Ziel des vorliegenden Aufsatzes war es zu verfolgen, wie das Phänomen einer reizüberflutenden, schmerzhaften ‚weißen Wirklichkeit' in van Hoddis' Texten philosophisch wie physiologisch Züge eines *Traumas* annimmt. Um ein Diktum von T. S. Eliot in einem van Hoddisschen Sinne nunmehr ‚Kantisch' zu modifizieren, könnte man vielleicht sagen, dass es insbesondere im Hinblick auf *Doktor Hackers Ende* auch der „Druck *der Bedingungen der Möglichkeit* der Erfahrung" ist, der „die Sprache in die Dichtung treibt". Als eine letzte Darstellungsform des Traumas, die das Phänomen statt es aufzulösen gerade zum Ausdruck bringt, steht bei van Hoddis an vielen Stellen die Groteske bzw. die Ironie, sei es in *Doktor Hackers Ende* in Form einer anfänglichen Pejoration der Geheimnis- bzw. Gottessuche als „Romanphrase" und des „kleinen weißen Hundes" am Ende, oder in Form einer teilnahmslosen Gleichschaltung von Katastrophenimpressionen und Alltagsbelanglosigkeiten im *Weltende.* Während seines Klinikaufenthaltes im November 1912 schrieb er dazu fast programmatisch den folgenden Satz auf einen Zettel, den er dem behandelnden Arzt als sein „populäres Glaubensbekenntnis" übergab: „Und kann ich die Welt nicht aushalten, darum gab mir Gott das Lachen, und dann lache ich über die ganze Welt inclusive des öden Begriffs des Absoluten. [...] Natürlich ist die Sündhaftigkeit (Unvollkommenheit) der Welt unerträglich, wenn es keine Erlösung gibt. Man lachte also herzhaft und entschlossen" (GA, S.339), wobei auch diese Sätze am Ende nicht ohne selbstbezügliche Ironie sind, da nun konsequenterweise auch der Urheber des Lachens, der absolute Gott, neben der absoluten Wirklichkeit verlacht werden müsste.

Zwar mag es durchaus fruchtbar sein, in van Hoddis' Biografie nach einzelnen „traumatischen Erlebnissen" zu suchen und diese mit seiner Krankheitsgeschichte in Verbindung zu bringen. Als solche Erlebnisse ließen sich etwa die nachwirkende Totgeburt seines Zwillingsbruders oder das schwierige Verhältnis zu den Eltern, dem drogenabhängigen, desinteressierten Vater sowie zu der ihn oftmals überfordernden Mutter interpretieren.[41] Jedoch scheint es ein weit diffizileres, existentiell-krisenhaftes

[40] Nau: *Schizophrenie*, S.472.

[41] Vgl. Bremer: *Hans Davidsohn: Eine Krankengeschichte*, S.223f., der dort – sich einer Hypothese von Klaus Dörner anschließend – van Hoddis' psychologisch außerdem eine „besondere Verletzbarkeit" zuschreibt. Dörner versteht darunter (L. Ciompi referierend), dass „jemand Ereignisse der Umgebung überdurchschnittlich leicht, schnell, tief und schmerzhaft in sich eindringen lässt, was eine besondere Schutzbedürftigkeit zur Folge hat, wobei die sozial vorgesehenen, gewöhnlichen

und grundpoetisches Verhältnis zur Wirklichkeit insgesamt gewesen zu sein, aus dem sich van Hoddis' lyrische Produktionen, die oft das *Ganze* derselben zu berühren versuchen, speisen und das sich offenbar nicht allein in psychiatrische Beschreibungskategorien auflösen lässt. So schreibt auch Helmut Hornbogen in seiner Van-Hoddis-Biografie: „Mit dem ahnungsvollen Leiden an der Wirklichkeit ging der Wunsch einher, die eigenen Wahrnehmungskanäle zu reinigen und neue Möglichkeiten des Erlebens zu erproben."[42] Irgendwann jedoch, so könnte man hinzufügen, wurde der Leidensdruck offenbar so groß, dass van Hoddis' poetische Suche verstummte und nur noch eine „Odyssee" (Hornbogen) durch verschiedene Nervenheilanstalten stattfand. Für das von ihm in *Doktor Hackers Ende* weitsichtig exponierte Spannungsverhältnis von „schwarzem Stein" und „weißer Wirklichkeit" fand Paul Celan dann einige Jahrzehnte später eine wiederum literarische, dunkle Synthese, die gleichsam einen Zielpunkt der weltgeschichtlichen Bewegung in der ersten Hälfte des 20. Jahrhunderts widerspiegelt: Die „*schwarze Milch* der Frühe" in der *Todesfuge*. Letztere erfuhr Jakob van Hoddis noch am eigenen Leibe. Er starb 1942 im Konzentrationslager Sobibor.

Schutzmöglichkeiten oft nicht ausreichen und durch höchst persönliche, ungewöhnliche Schutzversuche ergänzt werden müssen, was wegen der hohen inneren Schmerzhaftigkeit oft durch Verknappung des Realitätskontaktes und der Zahl der Bindungen erkauft werden muß" (in: *Erlösung: Lösung ausgelacht*, S.63f.). In diesem Zusammenhang weist Bremer auf die Möglichkeit hin, van Hoddis' Texte damit auch als „*Selbstheilungsversuche*" mit dem Ziel, wieder „einen Weg zur Sprache, zu sich und zu anderen zu finden", verstehen zu können (Hans Davidsohn: *Eine Krankengeschichte*, S.227, Hervorhebung T.W.).

[42] Hornbogen: *Jakob van Hoddis*, S.39; dazu auch insgesamt der Band *All meine Pfade rangen mit der Nacht: Jakob van Hoddis, Hans Davidsohn (1887-1942)*. Hrsg. von Irene Stratenwerth und der Stiftung „Neue Synagoge Berlin - Centrum Judaicum". Frankfurt a.M. 2001

Jin Jeon

Trauma, Kinematografie und Gottfried Benns *Gehirne*-Novellen. Der ‚Mensch' in den Medien

> Aber die Wälder haben ihr Rauschen verloren und die Berge ihr Echo. Es ist alles stumm geworden und lebt wie mit einer Lippe. Ich wollte mich hinwerfen und mit der Stirn auf Steine schlagen, wenn ein Klang entstände.[1]

Dass Gottfried Benn wie viele seiner zeitgenössischen Schriftstellerkollegen passionierter Kinogänger war, dürfte allgemein bekannt sein: Der Besuch des ‚neuen Mediums' war angesagt, und wenn auch die Meinungen über kulturellen Status und Niveau der Filme differierten, erfreuten sich Lichtspieltheater bereits um 1905 regen Besuchs, Kinosäle wurden reihenweise eröffnet. Deutlich werden soll nun, dass Filmsehen gerade für Benn mehr war als reiner Bilderkonsum: Ziel ist es aufzuzeigen, wie sich das literarische Textverfahren der optischen Bild- und Technikwelt Film annähert – inwiefern also produktiv mit der neuen Erlebniserfahrung ‚motion picture' umgegangen wird, im Gegensatz etwa zur skeptischen Position des Mediziners Gaup, der 1912 folgendes über das Medium Kino schrieb: „Die Vorführung grausamer Mißhandlungen von Sklaven, der Auspeitschungen, Christenverfolgungen vermag ferner bei psychopathischen Naturen sexuelle Perversitäten zu fördern. Immer zahlreicher werden die Mitteilungen, daß eine kinematographische Darstellung eines Verbrechens einen halbwüchsigen Jungen zum Verbrechen verleitet hat."[2]

Über die Stationen ‚psychoanalytisches Trauma' und ‚experimentelle Psychologie' soll die Benn'sche Kinoästhetik aufgeschlüsselt werden – inwiefern diese Begriffe strukturell miteinander verbunden sind, gilt es in den einzelnen Kapiteln darzustellen. Der Kontext des Expressionismus und der des Autors wird dabei im Folgenden nur tangiert, was bedingt ist durch die spezifische Themenstellung und die selektiven Analyseschwerpunkte. Insgesamt werden alle *Gehirne*-Novellen unter der analytischen Perspektive als ein ‚einheitlicher Text' behandelt, was eine weitgehend chronologische Linie durch die Setzung der einzelnen Texte impliziert.

---

[1] Gottfried Benn: *Unter der Großhirnrinde* (1914). In: Gerhard Schuster/Holger Hof: *Gottfried Benn – Sämtliche Werke.* Band VII/1. Stuttgart 2003, S.359

[2] Robert Gaupp: *Der Kinematograph vom medizinischen und psychologischen Standpunkt.* In: Albert Kümmel und Petra Löffler: *Medientheorie 1888 – 1933.* Frankfurt a.M. 2002, S.112

Das Trauma bei Rönne

Folgt man der Traumadefinition von Laplanche und Pontalis, handelt es sich hierbei um ein Ereignis, das durch seine Intensität die adäquate Verarbeitung der Reize verhindert und pathogene Auswirkungen auf die psychische Organisation hat,[3] wobei sich drei Stadien definieren lassen: „ein heftiger Schock, ein Einbruch, Folgen für die ganze Organisation."[4]

Bezogen auf Benns Protagonisten Rönne lässt sich das Ereignis durch den Anfang der Novelle folgendermaßen zuordnen: „Er hatte die letzten Monate tatenlos verbracht; er war zwei Jahre lang an einem pathologischen Institut angestellt gewesen, das bedeutet, es waren ungefähr zweitausend Leichen ohne Besinnen durch seine Hände gegangen, und das hatte ihn in einer merkwürdigen und ungeklärten Weise erschöpft."[5] Das Zitat erklärt Rönnes Hintergrund – nicht nur im Kontext der Novelle, sondern auch innerhalb des Analysefokus: Die Arbeit am pathologischen Institut mit ihrem negativ-morbiden Charakter erscheint als Auslöser eines Traumas, die hohe Zahl der Leichen führt zu dem oben erwähnten ersten Stadium des ‚Schocks'.

Die zweite Phase des ‚Einbruchs' konstituiert sich anhand der zitierten Stelle durch die zweimonatige Arbeitsuntätigkeit – Rönnes Verhalten scheint dem psychopathologischen Krankheitsbild des Stupors geschuldet: „etwas Steifes und Wächsernes war an ihm lang, wie abgenommen von den Leibern, die sein Umgang gewesen waren. [...] Er sei keinem Ding mehr gegenüber; er habe keine Macht mehr über den Raum, äußerte er einmal; lag fast ununterbrochen und rührte sich kaum."[6] Der Protagonist ist ‚steif und wächsern', nicht lebendig oder gesund. Er ist charakterisiert durch die Adaption der Wesensmerkmale seiner Arbeitsobjekte. Rönne verliert damit seinen Subjektstatus ‚Mensch', er zeichnet nur noch die Reize der Umwelt auf, ist aber unfähig, diese registrierten Daten zu verarbeiten: Sein psychischer Apparat ist überlastet. Freud expliziert in diesem Zusammenhang, „daß Menschen durch ein traumatisches, die bisherigen Grundlagen ihres Lebens erschütterndes Ereignis so zum Stillstand gebracht werden, daß sie jedes Interesse für Gegenwart und Zukunft aufgeben."[7]

Das letzte genannte Symptom der Traumadefinition, die pathogene Auswirkung auf die gesamte psychische Organisation, wird diagnostizierbar etwa in folgenden Passagen: „wenn er fühlte, jetzt sei es daran, eine Äußerung seinerseits dem in Frage stehenden Gegenstand zurückkommen lassen, brach er förmlich zusammen. Was solle man denn zu einem Geschehen sagen? Geschähe es nicht so, geschähe es ein wenig

---

[3] Vgl. Jean Laplanche/Jean-Bertrand Pontalis: *Das Vokabular der Psychoanalyse.* Frankfurt a.M. 2002, S.513

[4] Ebd., S.514

[5] Benn: *Gehirne* (1914). In: Gerhard Schuster (Hg.): *Gottfried Benn – Sämtliche Werke.* Bd. III. Prosa 1. Stuttgart 1987, S.29

[6] Ebd., S.33

[7] Sigmund Freud: *Vorlesung zur Einführung in die Psychoanalyse und neue Folge.* Frankfurt a.M. 2000

anders."[8] Oder: „Er schloß sein Zimmer hinter sich ab, damit niemand auf ihn einstürmen könne; er wollte öffnen und gefasst gegenüberstehen."[9] Es lässt sich feststellen, dass Rönne traumatisiert ist, er vermag nicht mehr adäquat auf die Reize der Umwelt zu reagieren: Die Kontingenz der Lebenswelt, aber auch die Kommunikation als solche überfordern ihn.

Die folgende Sequenz eröffnet über den medizinisch-psychoanalytischen Diskurs hinaus Anschlussmöglichkeiten zur zeitgenössischen Philosophie und Literatur: „Es schwächt mich etwas von oben. Ich habe keinen Halt mehr hinter den Augen. Der Raum wogt so endlos; einst floß er doch auf eine Stelle."[10] Der hier thematisierte Bereich kann unter dem von Lukács geprägten Begriff der „transzendentalen Obdachlosigkeit"[11] fokussiert werden und perspektiviert die nihilistische Prägung im Kontext des frühen 20. Jahrhunderts (und des Expressionismus). Dabei ist Nietzsche als „weitreichende[r] Gigant"[12] und Ideengeber zu identifizieren, wie etwa Plumpe betont:

> „Gott ist tot", das ist seine Grunderfahrung; mit ihr ist mehr gemeint als skeptischer Einspruch gegen den Glaubensinhalt der Religion; sie steht vielmehr gegen jeden Versuch, das Sein metaphysisch grundzulegen. „Gott" ist Repräsentant für sämtliche Titel, unter die man das Sein gestellt und von dem her man es sinnhaft ausgelegt hat; Logos, Idee, Vernunft, Geist, Wille usw. [...] Die Metaphysik ist eine Interpretation, ohne daß es einen „Text" gäbe.[13]

Der Mensch als solcher ist somit gott- wie auch sinnlos, nicht mehr das transzendentale hohe Wesen. Pointierend äußert sich dazu sarkastisch Benn: „Die Krone der Schöpfung, das Schwein, der Mensch".[14]

Nihilistische Philosophie erweist ergo die Ereignischarakteristik, die ein Trauma initiieren kann: Nicht zufällig wird in der durch den Nihilismus beeinflussten Literatur des Expressionismus der Begriff der ,Ich-Dissoziation'[15] gefasst als extreme Auflösungserscheinung des Subjekts, die auch für den Fall Rönne gilt.

Über den metaphysischen Aspekt hinaus liefert Nietzsche auch wichtige Impulse für Benns Ästhetikprogramm: Es ist der Begriff der Artistik, den Benn von Nietzsche

---

[8] Benn: *Gehirne*, S.32

[9] Ebd., S.33

[10] Ebd., S.32

[11] Georg Lukács: *Die Theorie der Romans.* Berlin 1963, S.35

[12] Benn: *Nietzsche – Nach 50 Jahren.* In: Dieter Wellershoff (Hg.): *Gottfried Benn – Essays. Reden.* Vorträge. Bd. I. Wiesbaden 1959, S.482

[13] Gerhard Plumpe: *Ästhetische Kommunikation der Moderne.* Opladen 1993, S.29f (Anführung im Orignial)

[14] Benn: *Der Arzt II* (bis März 1917), S.14. In: Gerhard Schuster (Hg.): *Gottfried Benn: Sämtliche Werke.* Bd. I. Gedichte 1. Stuttgart 1986

[15] Vgl.: Silvio Vietta/Hans-Georg Kemper: *Expressionismus.* München 1997

übernimmt[16] und für sich beansprucht. Artistik definiert sich dabei als eine Wortkunst des Absoluten, die im Sinne Nietzscheanischer Produktionsästhetik rauschhaft Leben zelebriert und Kunst als sinnstiftendes Element setzt. Belegen lässt sich dies zahlreich in Benns frühen Gedichten wie etwa *D-Zug* (1912), *Die Karyatide* (1916) und *Ikarus* (1917): Gemein ist diesen Gedichten die Orientierung an der mystischen Antikevorstellung Nietzsches, die, pointiert durch die Figur des Dionysos, durchsetzt ist mit Momenten von Rausch und Lust. Das zu Grunde liegende ästhetische Prinzip Benns lässt sich zusammenfassend pointieren: „Artistik ist der Versuch, innerhalb der Kunst, innerhalb des allgemeinen Verfalls der Inhalte sich selber als Inhalt zu erleben und aus diesem Erlebnis einen neuen Stil zu bilden, es ist der Versuch, gegen den allgemeinen Nihilismus der Werte eine neue Transzendenz zu setzen: die Transzendenz der schöpferischen Lust."[17]
Festhalten lässt sich zunächst, dass die Figur Rönne traumatisiert ist und dafür verschiedene Diskurse als Ursache in Betracht kommen. Dabei schließen sich die einzelnen Bereiche, die Arbeit in der Morgue, aber auch die ‚transzendentale Obdachlosigkeit' nicht aus – in Anlehnung an Freud erwägen Laplanche und Pontalis vielmehr, „dass eine Reihe von Ereignissen, von denen jedes für sich nicht als Trauma wirken würde, ihre Wirkungen addieren können (‚Summation')."[18]

Eine interessante Begleiterscheinung in der Darstellung des psychopathologischen Falles Dr. Werff Rönne ist die Verwendung der Assoziation, womit die Psychoanalyse Freuds adaptiert wird. Assoziationen sind Elemente, die stets auf andere Elemente verweisen und zugleich Abbild der komplexen psychischen Organisation sind. Durch Assoziationsketten kann bei psychischer Störung anhand ihrer Verlinkung das defekte Element zurückverfolgt werden.[19] Wie signifikant diese Position für Rönne ist, macht folgender lapidarer Satz deutlich: „Die Konkurrenz zwischen den Assoziationen, das ist das letzte Ich."[20] Der Protagonist identifiziert sich nicht mehr als ein In-dividuum, sondern als Restbestand im assoziativen Spiel der anflutenden Reize.

Diese Position des dissoziierten Ichs verursachen und bezeugen wissenschaftliche Aufzeichnungsweisen des späten 19. und frühen 20. Jahrhunderts. Es sind Physiker wie Helmholtz oder auch Mach, die aufgrund ihrer optischen Forschungen entdecken, dass das Sehen und Wahrnehmen relativ ist, und dass das Individuum als solches nicht existiert; so lautet auch eine Feststellung Helmholtz':

[16] Vgl. dazu Bruno Hillebrand: *Gottfried Benn und Friedrich Nietzsche*. In: Bruno Hillebrand: *Gottfried Benn*. Darmstadt 1979, S.409-435
[17] Benn: *Probleme der Lyrik*, S.500
[18] Laplanche/Pontalis: *Das Vokabular der Psychoanalyse*, S.515
[19] Vgl. dazu Sigmund Freud: *Die Traumdeutung*. Frankfurt a.M. 2000
[20] Benn: *Die Insel* (1916), S.67

> Die Sinnesempfindungen sind uns nur Symbole für die Gegenstände der Aussenwelt und entsprechen diesen etwa, wie der Schriftzug oder Wortlaut dem dadurch bezeichneten Dinge entspricht. Sie geben uns zwar Nachricht von den Eigenthümlichkeiten der Aussenwelt, aber nicht bessere, als wir einem Blinden durch Wortbeschreibungen von der Farbe geben.[21]

Das ‚Sehen' an sich ist also ein Interpretationsakt von „Eigenthümlichkeiten der Aussenwelt", die Konsequenz dessen ist:

> Wahrnehmungen äusserer Objecte sind aber jedenfalls Acte unseres Vorstellungsvermögens, die von Bewusstsein begleitet sind; es sind psychische Thätigkeiten. Ja die genauere Untersuchung der genannten Vorgänge hat in dem Maasse, als sie tiefer eindrang, ein immer breiter werdendes Gebiet solcher psychischer Vorgänge kennen gelehrt, deren Resultate schon in der scheinbar unmittelbarsten sinnlichen Wahrnehmung verborgen liegen, und die bisher noch wenig zur Sprache gekommen sind. Denn man hatte sich gewöhnt, die fertige Wahrnehmung eines vorliegenden äusseren Dinges als ein durch den Sinn unmittelbar gegebenes und weiter nicht zu analysierendes Ganzes zu betrachten.[22]

Das Resultat ist ein Erkenntnisskeptizismus, der sich nicht nur auf das beobachtete Objekt, sondern auch auf das beobachtende Subjekt ausweiten soll. Mach prägt in Fortführung dessen die Formel vom ‚unrettbaren Ich' als Vorstellung aus reiner Denkökonomie im realen Verbund differenter Elemente. Der Mensch verliert damit seinen Status als ‚höheres Wesen', er wird zu einer Maschine, die mechanisch auf die Reize seiner Umwelt reagiert.

Dieses Konstrukt vom Menschen als Apparatur oder auch als Medium selbst gilt es im weiteren Verlauf zu fokussieren. Indem die wissenschaftlichen Vorgehensweisen um 1900 bzw. ihre Annahmen als Dispositive auch den Alltag durchformen, bergen sie Konfliktpotenzial für das Identitätsempfinden des Individuums, das in dem Bereich einer möglichen traumatischen Summation liegt. Unter diesen Konditionen lässt sich auch Rönnes assoziative Wahrnehmung lesen:

> Noch hingegeben der Befriedigung, so ausgiebig zu assoziieren, stieß er auf ein Glasschild mit der Aufschrift: Cigarette Maita, beleuchtet von einem Sonnenstrahl. Und nun vollzog sich über Maita – Malta – Strände – leuchtend – Fähre – Hafen – Muschelfressen – Verkommenheiten – der helle klingende Ton einer leisen Zersplitterung, und Rönne schwankte in einem Glück.[23]

Interessant ist zu beobachten, wie sich von dem Reklameschild Maita die Perspektive über die Minimalpaarbildung zu Malta weitet und in südliche Gefilde führt, wobei die Setzung der Bindestriche die Unmittelbarkeit der Gedanken transportiert. Die ‚Flucht' in den Süden erweist sich dabei als Generaltopos Benns: Süden symbolisiert Ursprüngliches, aber auch Mythisches in Opposition zur nordwestlich entgötterten

---

[21] Hermann von Helmholtz: *Vorträge und Reden*. Bd. I. Braunschweig 1903, S.41
[22] Ebd., S.267
[23] Benn: *Der Geburtstag* (1916), S.52

Industriekultur, der ‚modernen Zivilisation' – er selbst bezeichnet diesen assoziativen Fluchtpunkt als ‚Ligurischen Komplex', und auch hier ist eine Adaption Nietzsches zu vermuten.[24]

Als ein Fazit ist zu ziehen, dass sich bei Rönne ein traumatisches Krankheitsbild im Sinne der Psychoanalyse diagnostizieren lässt. Als Auslöser kommen verschiedene Faktoren wie schockhafte Arbeitswelt, Erkenntnisskeptizismus und Nihilismus in Frage, die sich in ihrer traumatischen Wirkung verstärken können und sich in Summation bei Rönne manifestierten. In Konsequenz dessen ist Rönne unfähig, auf die Reize und Anforderungen des ‚Alltags' adäquat zu reagieren – dargestellt wird er als „ein Gebilde, ein heller Zusammentritt, zerfallend, von blauen Buchten benagt, über den Lidern kichernd das Licht."[25]

Begleitet wird die Erscheinung von zahlreichen Assoziationsgebilden. Durchaus im Sinne der psychoanalytischen Auslegung verweisen sie auf den psychischen Apparat und dessen Defekt im Falle Rönnes. Die aufgeworfenen Bilder lassen sich nicht ohne weiteres auf die ‚Realität' zurückführen, sie leiten vielmehr in eine ästhetische Bilderwelt über. Letzteres weist dann allerdings über die psychoanalytische Deutung hinaus: Innerhalb einer medienorientierten Programmatik artikuliert sich im Trauma Rönnes auch die Frage nach der (Un-)Möglichkeit, Wahrnehmung wiederzugeben bzw. Gegenstände über Zeichen zu kommunizieren, worin Benn eben durch die Adaption kinotechnischer Elemente den Aus- bzw. Lösungsweg gegeben sieht. Ist Imagination bzw. deren Aufschreiben also Strategie moderner Krisenbewältigung? Für Rönne scheint der Kurs zumindest klar: „Nun war ein Strömen in ihm, nun ein laues Erweichen. Und nun verwirrte sich das Gefüge, es entsank fleischlich sein Ich."[26]

Psychotechnik und experimentelle Psychologie bei Rönne

Den Menschen als physiologisch-psychische Apparatur aufzuschreiben, das ist das große Projekt der Wissenschaft im 19. und frühen 20. Jahrhundert. Physiker wie Helmholtz und Mach und Psychotechniker wie Münsterberg, Pötzl und Hoff deklarieren den Menschen zum Medium, zu einer nervengeleiteten Apparatur.

Zwischen 1856 und 1866 entwickelt Helmholtz aufgrund seiner optischen Versuche seine Zeichentheorie der Wahrnehmung. Demnach nehmen die optischen Sinnesorgane Empfindungsdaten wahr, die bloße Effekte der Außenweltobjekte im Nervensystem sind, aber nichts über die objektiven Beschaffenheiten selbst explizieren: Die Bilder, Farbflecken und Zeichen werden in der Wahrnehmung interpretiert; was die optische Perzeption betrifft, differenziert Helmholtz mit der Erkenntnis von den Empfindungsdaten auch das Wissen und Sehen, und die reale Form vom interpretierten Netzhauteindruck: „Indem wir sehen gelernt haben, haben wir eben

---

[24] Vgl. Nietzsches Rückgriff auf die Antike und ihre mythologischen Figuren (Dionysos und Apollon) vor allem in der *Geburt der Tragödie aus dem Geiste der Musik* (1870/1).

[25] Benn: *Die Reise* (1916), S.49

[26] Benn: *Der Geburtstag*, S.56

nur gelernt, die Vorstellung eines gewissen Gegenstandes mit gewissen Empfindungen zu verknüpfen, welche wir wahrnehmen."[27]

Die empfangenen Signale richtig zu interpretieren, Sinnesdaten und Ideen zu verknüpfen, Assoziationen zu vernetzen und kanalisieren, ist die Aufgabe eines Lernprozesses, der nicht eingeboren ist, sondern als Programm internalisiert werden muss. Zur signifikanten Stellung Helmholtz' kommentiert Jonathan Crary:

> Helmholtz' Theorie der Wahrnehmung (die nicht nur seine eigenen Entdeckungen umfaßte, sondern auch eine Synthese der wichtigsten zeitgenössischen Arbeiten zur Optik, zur Physiologie und zur sensorischen Erfahrung war) trug im neunzehnten Jh. entscheidend dazu bei, das Vertrauen in die Zuverlässigkeit von Sehen und Wahrnehmung zu erschüttern. Niemand vertrat entschiedener als er den Standpunkt, daß es keine direkte Übereinstimmung zwischen Sinneserfahrung und Gegenstand gebe.[28]

Sehen ist damit nicht mehr der Ausgangspunkt wahrhafter Erkenntnis, sondern ein interpretierendes Registrieren von Reizen – woraus Wittgenstein 1915 die erkenntnistheoretische Konsequenz zieht: „Alles, was wir sehen können, könnte auch anders sein. Alles, was wir überhaupt beschreiben können, könnte auch anders sein. Es gibt keine Ordnung der Dinge a priori."[29]

An diese Ergebnisse anknüpfend sind die Forschungen Machs zu sehen. In seinem 1885 publiziertem Werk *Analyse der Empfindungen*, führt er über optische Phänomene aus, dass Empfindungen als Effekte neutraler Wahrnehmung entstehen. „Farben, Töne, Wärmen, Drücke, Räume, Zeiten usw. sind in mannigfaltiger Weise miteinander verknüpft, und an diesselben sind Stimmungen, Gefühle und Willen gebunden",[30] so Mach. Daraus folgert der Physiker, dass das Subjekt selbst ein Elementenkomplex ist – nichts weiter als die Registratur der Empfindungen. So gäbe es keine Grenze zwischen psychischen und physischen Vorgängen, sondern nur multiple Verknüpfungen: Körper und Ich sind eine Imagination, aus Gründen der Denkökonomie entstanden und keineswegs absolut beständig, sondern konventionalisiert:

> Wenn ich sage: ,das Ich ist unrettbar', so meine ich damit, dass es nur in der Einfühlung des Menschen in alle Dinge, in alle Erscheinungen besteht, dass dieses Ich sich auflöst in allem, was fühlbar, hörbar, sichtbar, tastbar ist. [...] Nicht das Ich ist das Primäre, sondern die Elemente (Empfindungen) [...] Die Elemente bilden das Ich [...] Das Ich ist keine unveränderliche, bestimmte, scharf begrenzte Einheit.[31]

Über die Erkenntnisse optischer Forschung und Wahrnehmung konstituiert sich ein verändertes Bild vom Menschen. Der Mensch ist nicht mehr ,das Subjekt' metaphysischer Betrachtung, sondern wird zum Objekt naturwissenschaftlicher Forschung. Es

---

[27] Hermann von Helmholtz: *Vorträge und Reden*, S.114

[28] Jonathan Crary: *Aufmerksamkeit – Wahrnehmung und moderne Kultur*. Frankfurt a.M. 2002, S.255

[29] Ludwig Wittgenstein: *Logisch-philosophische Abhandlung*. Frankfurt a.M. 2003, S.88

[30] Ernst Mach: *Antimetaphysische Vorbemerkungen*. In: Ders.: *Analyse der Empfindungen*. Jena 1900, S.1f

[31] zitiert nach: Christoph Asendorf: *Ströme und Strahlen*. Gießen 1989, S.11

setzt sich die Ansicht durch, dass es lose Reize beziehungsweise Elemente sind, die durch einen psychischen Apparat registriert und verarbeitet werden.

Unter dieser Perspektive forscht auch die experimentelle Psychologie, allen voran Münsterberg mit seinen psychotechnischen Untersuchungen zwischen etwa 1880 und 1920, an der ‚neuen Lesbarkeit' des Menschen: Im Fokus liegt die Dechiffrierung menschlicher Wahrnehmungs-, Empfindungs- und Zeichensysteme. Münsterberg und andere Experimentalpsychologen schließen Probanden an technische Messgeräte an, geben differente Reizmuster vor und messen daraufhin Reaktionszeiten der Probanden oder lassen sie Assoziationsketten erstellen, in der Annahme nämlich,

> dass beispielsweise bei der sinnlichen Wahrnehmung der Reiz physisch ans Sinnesorgan dringt, dort eine physische Erregung im Nerven veranlasst, sich in diesem zum Gehirn fortpflanzt und im Gehirn materielle Veränderungen hervorruft, die ihrerseits wieder materielle Wirkungen, etwa Körperbewegung bedingen; kurz dass die Reihe der körperlichen Vorgänge nirgends abbricht, dass nun aber daneben gewisse dieser körperlichen Vorgänge und zwar diejenigen, welche sich in gewissen Apparaten des Gehirns in gewisser Stärke abspielen, nun noch eine psychische Innenseite haben, so dass diese Erregung der Ganglienzellen, ohne dass sie dadurch an physischer Wirkung etwas einbüsst, die Bedingung für das Auftreten bestimmter Empfindung im Bewusstsein ist[32].

In dieser Hinsicht existiert auch der ‚freie Wille' als solcher nicht, denn, so heißt es weiter: „Da ergibt sich denn, dass alles was wir Wille nennen, nur ein eigenthümlich geordneter Komplex von Empfindungen ist, deren jede einzeln peripher angeregt ist, respektive von Erinnerungsreproduktion derselben."[33]

Der Mensch erscheint in dieser Perspektive als technisches Medium, das auf Reize reagiert und nicht als ein unteilbares Subjekt nach seinem Willen agiert, was Kittler diskursanalytisch kommentiert hat: „Psychotechnik verschaltet Psychologie und Medientechnik unter der Vorgabe, daß jeder psychische Apparat auch ein technischer ist und umgekehrt."[34] Entsprechend hat auch Rieger die Strategien experimenteller Psychologie im Bereich der akustischen Wahrnehmung zusammengefasst:

> Die Experimentalphonetiker rücken der Stimme mit optischen Verfahren sehr viel unvermittelter und zielgerichteter auf den Leib. Stroboskope, Moment- und Stereographie bis hin zum (Röntgen)Kinematographen sollen gesprochene Symbolketten in eine Buchstäblichlichkeit des Technisch-Realen überführen, Film und Momentaufnahmen sollen die Erforschung abnormer Bewegungserscheinungen bei Sprachkranken gewährleisten und somit eine Sprechkur der ganz anderen Art ermöglichen.[35]

---

[32] Hugo Münsterberg: *Beiträge zur Experimentellen Psychologie.* Heft 1. Freiburg 1889, S.19

[33] Ebd., S.23

[34] Friedrich Kittler: *Grammophon, Film, Typewriter.* Berlin 1986, S.238

[35] Stefan Rieger: *Die Individualität der Medien.* Frankfurt a.M. 2000, S.97

Ähnlich wie bei Münsterberg werden Probanden an technische Apparaturen angeschlossen, der Fokus liegt bei den Experimentalphonetikern jedoch auf dem alleinigen Akt des Sprechens.

Eine weitere Entdeckung der Experimentalpsychologie ist die Parallelität der Bildstruktur von der technischen Apparatur Mensch und Kinematograf. Die Psychologen Pötzl und Hoff berichten 1934 von einem Patienten in einer psychiatrischen Anstalt, der eine auffällig filmisch-strukturierte Wahrnehmung aufweist:

> Am ersten und zweiten Tag kam ihm dort alles ganz merkwürdig vor. Die Ärzte und Pflegepersonen schritten so gemessen und verrichteten alle ihre Handlungen so auffallend, wie man es auf einer Filmaufnahme zu sehen gewohnt sei. Außerdem wechselten alle Geschehnisse oft sehr im Zeitmaß; es kam oft alles in einem ganz rasenden Tempo, so dass es wie ein Wettlauf der beteiligten Personen aussah. Besonders bei einer ärztlichen Visite kam ihm das filmähnliche der Situation zum Bewusstsein: Es habe wie bei einer Prüfung ausgesehen, bei der ein Arzt der Schiedsrichter war. Am ersten oder zweiten Abend hörte er Radio; dabei kam ihm die Musik, wenn er sie von linksher vernahm, schrecklich laut vor und das Tempo ganz rasend; es war, als ob sich Lautstärke und Tempo immer mehr steigern würden.[36]

Analog zum Erlebnis sind die Bilder in der Wahrnehmung des Patienten sequenziert, die Zeitwahrnehmung ist temporeich. Nimmt man den folgenden Kommentar Riegers über die Erkenntnisse des Experimentalpsychologen Hellpach von 1944 hinzu, scheinen filmisch geschulte, beschleunigte Sehprozesse besonders in den Bereich der Psychopathologie zu fallen:

> Der Psychologe konstatiert, daß ein beschleunigter Vorstellungsverlauf [...] immer wieder als pathologischer Effekt beobachtet wird. Unter Bedingungen, die irgendwelchen Psychopathologien geschuldet sind, kann sich die Ablaufgeschwindigkeit der Vorstellung beschleunigen und damit für die Betroffenen unkontrollierbar werden, ein Phänomen, für das die Psychiater so treffende Begriffe wie Bilderjagd oder Ideenflucht bereit stellen.[37]

Es ist der psychische Apparat, der bei einem Defekt beziehungsweise einer Störung unfähig ist, die anflutenden Reize zu ordnen – eine Definition, die uns aus dem psychopathologischen Diskurs über das Trauma bekannt vorkommt. Auch hier steht das Unvermögen, die Bilderflut verarbeiten zu können, im Vordergrund:

> Eindeutig in den Bereich der Pathologie verweist etwa die Bilderflut, die gegen das positive psychologische Konstrukt der Aufmerksamkeit verstößt. Ab einer gewissen Zustandslabilität genügt schon eine diffuse, noch so entfernte Verwandtschaft, um ganze Bildkaskaden auszulösen und somit die Konzentration der Imaginierenden in visuellen Fluten zu ertränken.[38]

---

36 Vgl. ebd., S.183ff

37 Ebd., S.53

38 Ebd., S.228

Diese Analogie lässt sich ebenfalls in den Rönne-Texten wieder finden, wenngleich es zeitliche Diskrepanzen zwischen der Entstehung des Novellen-Zyklus und den experimentalpsychologischen Versuchen Hellpachs und Hoff/Pötzls gibt; die Aussagekraft von der Angleichung der Wahrnehmungsapparaturen Mensch und Technik wird dadurch nicht geschmälert.

Zum kinematografiebeeinflussten Spiel der Perspektive kommt es in *Gehirne*, wie folgendes Beispiel zeigen mag:

> Nun hing sogar ein Bild an der Wand: eine Kuh auf einer Weide. Eine Kuh auf einer Weide, dachte er; eine runde braune Kuh. Himmel und ein Feld. Nein, was für ein namenloses Glück aus diesem Bild entstehen kann! Da steht sie nun mit vier Beinen, mit eins, zwei, drei, vier Beinen, das lässt sich gar nicht leugnen; sie steht mit vier Beinen auf einer Wiese aus Gras und sieht drei Schafe an, eins, zwei, drei Schafe.[39]

Das simple Bild von Kuh und Schafen auf einer Weide wird genutzt, um Polyperspektivität zu evozieren: Der Blick vom Allgemeinen rückt zum Speziellen, von einer Totalaufnahme zu einer Detailbeobachtung. Affirmiert wird dieser Eindruck durch die kurze Syntaxkonstruktion – die Sätze wirken wie gereihte Bildersequenzen. Es ist zudem die technische Situation einer Kinematografie-Vorstellung, die signifikant erscheint: Die Darstellung eines Gegenstandes in Form einer Wandprojektion.

Thematisiert wird das ‚neue Medium' Kino schließlich selbst, Rönne besucht eine Kinematografievorstellung und ist gleich von dem neuen Medium dermaßen eingenommen, dass er einen grüßenden Bekannten nicht erkennt:

> Einrauschte er in die Dämmerung eines Kinos, in das Unbewußte des Parterres. In weiten Kelchen flacher Blumen bis an die verhüllten Ampeln stand rötliches Licht. [...] Er war eingetreten in den Film, in die scheidende Geste, in die mythische Wucht. [...] Rönne atmete kaum, behutsam, es nicht zu zerbrechen. Denn es war vollbracht, es hatte sich vollzogen. Über den Trümmern einer kranken Zeit hatte sich zusammengefunden die Bewegung und Geist, ohne Zwischenschritt. [...] In sich rauschte der Strom. Oder wenn es kein Strom war, ein Wurf von Formen, ein Spiel in Fiebern, sinnlos und das Ende um allen Saum. Rönne, ein Gebilde, ein heller Zusammentritt, zerfallend, von blauen Buchten benagt, über den Lidern kichernd das Licht.[40]

Bewirkte die vorangegangene Textstelle durch die Kino-Adaption „namenloses Glück", kommt es hier zur medialen Grenzüberschreitung: Der Kinogänger Rönne tritt in den Film wie in das ‚Unbewußte des Parterres' ein – und wechselt damit von der reellen in eine imaginative bzw. ästhetische Bildebene.

Ähnlich wie die experimentelle Psychologie sucht auch Rönne über das Medium des Kinematografen den Weg ins Unbewusste. Der Gegensatz liegt jedoch in der Zielsetzung: Folgen die Psychologen der Prämisse „Kino ist ein psychologisches Experiment unter Alltagsbedingungen, das unbewußte Prozesse des Zentralnervensystems

[39] Benn: *Die Eroberung* (1915), S.37
[40] Benn: *Die Reise*, S.48f.

aufdeckt",[41] will Rönne ganz in ihm verbleiben: Er will „einrauschen", „eintreten" und sich in dem Spiel ästhetischer Bilderfluten verlieren. Formulierungen wie „In sich rauschte der Strom", „ein Wurf von Formen, ein Spiel in Fiebern, sinnlos", „Rönne, ein Gebilde, ein heller Zusammentritt, zerfallend, von blauen Buchten benagt, über den Lidern kichernd das Licht" rücken wiederum Nietzsche mit seinen mythischen Kunstfiguren Apollon und Dionysos ins Blickfeld. In *Die Geburt der Tragödie* von 1870/71 rückt Nietzsche die antiken Götterfiguren ins Zentrum seiner ästhetischen Kunsttheorie: Apollon „als der Gott bildnerischer Kräfte",[42] des „schönen Schein[s]",[43] jener Illusion also, deren Charakteristik die „maßvolle Begrenzung, jene Freiheit von den wilderen Regungen, jene weisheitsvolle Ruhe des Bildnergottes"[44] ist, steht in Opposition zu Dionysos, der als Gott des Chaos und Rausches als vermeintlicher Widerpart agiert. Daraus ergeben sich bipolare ästhetische Positionen, so Plumpe, der für die apollinische Ästhetik eine Ästhetik des Bildes behauptet,[45] dagegen für die dionysische Ästhetik eine Ästhetik des Tanzes und der Musik annimmt.[46] Innerhalb der ästhetischen Positionen konfrontieren sich damit auch zwei differente Kunstmedien, das des visuellen unbewegten und audiovisuellen bewegten Bildes.[47]

Im Zuge eines technischen ,updates' medialer Apparaturen lässt sich die Stelle der dionysischen Dramenperformance durch das ,neue Medium' Kino ersetzen: Rönne folgt dem ekstatisch-chaotischen Diktat des Dionysos, er taucht ganz in die Bilderflut des Kinematografen ein. Darüber hinaus adaptiert der Text die filmische Wahrnehmungsweise auch im weiteren Verlauf:

> Edmée lachte: Rosen und helles Wasser.
>
> Edmée ging: Durch Steige, zwischen Veilchen, in einem Licht von Inseln, aus osmiumblauen Meeren, kurz von Quader und Stern; Tauben, Feldflüchter, hackten Silber mit den Schwingen.
>
> Edmée bräunte sich, ein bläuliches Oval. Vor Palmen spielte sie, sie hatte viel geliebt.[48]

Die Satzstruktur ist kurz gehalten mit dem Ziel, einzelne Bildfragmente zu sequenzieren. Die Wirkung erinnert an das technische Projektionsverfahren des Kinematografen, indem die einzeln aufgenommenen Bilder hintereinander montiert werden. Von einem literarischen Erzähler in traditioneller Weise ist nicht zu sprechen, die erzählerische Situation ist ebenso wie der Sprachduktus selbst unpersönlich und er-

[41] Friedrich Kittler: *Grammophon, Film, Typewriter,* S.240

[42] Friedrich Nietzsche: *Die Geburt der Tragödie oder Griechentum und Pessimismus.* In: Karl Schlechta (Hg.): *Friedrich Nietzsche - Werke.* Bd. I. Darmstadt 1997, S.23

[43] Ebd., S.23

[44] Ebd., S.23

[45] Vgl.: Gerhard Plumpe: *Ästhetische Kommunikation der Moderne,* S.42

[46] Ebd., S.42

[47] dargestellt in Form des Chores in der antiken griechischen Tragödie; vgl. auch ebd., S.43

[48] Benn: *Der Geburtstag,* S.56

innert an die Beobachtungsform einer nüchtern registrierenden Kamera. Das ästhetische Bild, das sich aus der Szenerie konstruiert, setzt sich erst in dem Leser als Zuschauer während des Leseaktes zusammen, wobei eher Assoziationen – ganz im Sinne der experimentalpsychologischen Untersuchungen – evoziert werden denn einfache Sachverhalte.

Auch die folgende Textstelle gibt Hinweis auf die medientechnisch geschulte Wahrnehmung Rönnes; es ist die simple Landschaftsdarstellung, die ungefiltert optisch registriert wird: „Noch stand es schweigend, schon geschah ihm die *Olive*".[49] Rönnes Sehen wirkt unmittelbar, das Bild rückt in die Totale: Eine Bildverarbeitung für den Leser findet nicht mehr statt, oder um in Analogie dazu Kittler zu zitieren:

> Am einleuchtendensten [sic!] ist […] die Großaufnahme: Ein Filmheld will einen anderen erschießen und greift zu Colonels Colts Revolver. Die Filmkamera aber, die ja von eben diesem Revolver historisch abstammt, begnügt sich nicht damit, den Filmhelden einfach weiter anzustarren, wie das im Theater laut Münsterberg gar nicht anders möglich wäre. Als aktiv bewaffnetes Auge fährt sie vielmehr an den Helden heran, bis nur noch die Hand samt Revolver bildfüllend im Objektiv ist.[50]

Zu resümieren ist, dass sich in Benns *Gehirne*-Novellen deutliche Bezüge zur experimentellen Psychologie und ihren medienorientierten Techniken wiederfinden lassen. Experimentalpsychologen wie Münsterberg sehen den Menschen als Medium: Der Mensch ist in diesem Sinne nicht mehr als einzigartiges Individuum, sondern als Elementenkomplex zu sehen, der auf differente Reize mechanisch reagiert.

Es ist dabei vor allem das ‚neue Medium' Kino, das mit der experimentalpsychologischen Erkenntnis Einzug in die Literatur hält – nicht nur bei Benn:

> Münsterberg in seinem Labor zum Beispiel brachte der jungen Studentin Gertrude Stein, zwanzig Jahre vor ihrem literarischen Ruhm, schon experimentell bei, was automatisches oder surrealistisches Schreiben ist. Aber die Kulturtechnik Schreiben war nur eine von den zahllosen, die er nach allen psychologischen und physiologischen Experimenten durchmaß – und zwar mit dem Ziel, sämtliche Kulturtechniken ergonomisch zu optimieren.[51]

Innerhalb von Benns Kinoadaption nähern sich Satzstruktur und Bildsequenzen durch ihre knappe, neutrale Komprimierung kinematografischer Technik der Kameraaufnahme, Perspektivwahl und Bildästhetik an.

Als Ausgangspunkt dient das diagnostizierte Trauma Rönnes, das über das Kinomedium in ästhetische Bilder- und Rauschwelten abgeleitet wird. Das Pathologische, die Unfähigkeit, die anflutenden Reize strukturieren zu können, wird genutzt, um in einem ‚sinnleeren' Raum durch Kunst Sinn zu stiften – eine Position ganz im Sinne von Nietzsches zentralem Postulat, „dass nur als ästhetisches Phänomen das Dasein

---

[49] Ebd., kursiv im Original, S.60
[50] Friedrich Kittler: *Optische Medien.* Berlin 2002, S.241
[51] Ebd., 239f.

[…] gerechtfertigt ist."[52] Die spezifische Leistung Benns ist es, innerhalb des Mediums Literatur dasjenige des Films nicht nur zu reflektieren, sondern auch ästhetisch umzusetzen – Film ergo als Innovationsquelle zu perspektivieren.

Perspektiven

Im Sinne von Nietzsches schöner Produktionsästhetik – „*Man muß noch Chaos in sich tragen, um einen tanzenden Stern gebären zu können*"– galt es zu zeigen, wie in Benns Rönne-Novellen ästhetische Bilderwelten generiert werden, initiiert durch die traumatische Lebenswelt des Protagonisten und vermittelt durch den psychopathologischen Diskurs des frühen 20. Jahrhunderts. Herauszuheben ist Benns Leistung, innovative Schreibtechniken zu entwickeln, die das Medium Film innerhalb der Literatur reflektieren: Verknappung der Syntax, Assoziationsketten und eine Erzählstrategie, die an das neutrale Kameraauge erinnert, dabei aber nach Außen und Innen gleichermaßen gerichtet ist. Als Vermittler der Signale situiert sich dabei der Mensch selbst als Medium innerhalb des Geschehens, nicht mehr als idealisiertes, transzendentales Wesen, sondern als psychophysische Apparatur. Als Koproduzent zum Text fungiert in diesem Sinne Nietzsche; es sind seine pointierten nihilistischen, aber auch ästhetischen Positionen, die das *Gehirne*-Projekt erst ermöglichen, wobei vor allem die Figurenkonzeption des Dionysos hervorzuheben ist.

Innerhalb eines inhaltlich heterogenen und quantitativ großen Raumes der literarischen ‚Moderne' wäre eine Fortführung des Untersuchungsschwerpunktes unter der Fragestellung interessant, auf welche Weisen sich ästhetische Bildwelten unter mediendiskursiven Bedingungen konstituieren bzw. welche medienhistorischen Entwicklungen in literarische Texte Einzug halten. Für Benns Rönne-Figur gilt zweifellos: „Über den Trümmern einer kranken Zeit hatte sich zusammengefunden die Bewegung und der Geist, ohne Zwischentritt […]. In sich rauschte der Strom. Oder wenn es kein Strom war, ein Wurf von Formen, ein Spiel in Fiebern, sinnlos und das Ende um allen Saum."[53] Artikuliert wird demnach insgesamt eine Kunstprogrammatik, die über die Adaption von Fremdmedien in der Literatur innovative ästhetische Wahrnehmungs- und Darstellungsperspektiven eröffnet. Dabei wird der Mensch nicht mehr über seine individuelle Identität, sondern als Bild- bzw. Reizregistratur konzipiert. In Konsequenz dessen kommt es denn auch zum ‚Rauschen' und ‚Strömen' der Bilder und Formen im Bewusstseinsstrom und wird die strukturierte Artikulation von Gedankengängen teilweise preisgegeben. Dieser Ansatz hat weit über Benns Œuvre hinaus einen allgemeinen Stellenwert: Das an dieser Stelle vorgestellte Ästhetikprogramm kennzeichnet nicht nur ein Spezifikum Benns, sondern ist ein basaler Baustein moderner Literatur – wenngleich zu betonen ist, dass sowohl der ‚frühe' als auch der ‚späte' Benn grundlegend diesem Programm, welches der Autor selbst unter dem Begriff der ‚Artistik' pointierte, verpflichtet war.

---

[52] Friedrich Nietzsche: *Geburt der Tragödie,* S.14

[53] Benn: *Die Reise,* S.49.

Lennart Koch

Trauma und Kunst: Guernica

Wenige historische Ereignisse wurden so oft literarisch verarbeitet wie der Spanische Bürgerkrieg. Viele Intellektuelle, Schriftsteller und Künstler aus der ganzen Welt waren in den Internationalen Brigaden Zeugen des Bürgerkrieges gewesen, als Vorbote des zweiten Weltkrieges erlangte er eine besondere Bedeutung im Europa des 20. Jahrhunderts. Neben den Werken von George Orwell (*Homage to Catalonia*[1]), Ernest Hemingway (*For whom the bell tolls*), Max Aub (*El laberinto mágico*), André Malraux (*L'espoir*) und Hans Magnus Enzensberger (*Der kurze Sommer der Anarchie*) finden sich zahlreiche, die explizit Guernica zum Thema machen: Paul Eluards Gedicht *La victoire de Gernika* von 1938, Hermann Kestens Roman *Die Kinder von Guernica* von 1939, 1960 der Einakter *Guernica* von Fernando Arrabal (der 1975 auch den Film *L'arbre de Guernica* drehte), 1969 der historische Roman *El otro árbol de Guernica* von Luis de Castresana und noch 1999 der pikaresk-absurde Kriegsroman *Guernica* des italienischen Autors Carlo Lucarelli (2000). Darüber hinaus hat aber ohne Zweifel Picassos Bild *Guernica* herausragende Bedeutung erlangt. Alle Autoren verstehen Guernica als eine Wegmarke, eine Bifurkation, den Anfang einer Entwicklung, die die Dialektik der Aufklärung in eine unheilvolle Blüte treibt, die vormals undenkbar schien. Die Vereinigung von Mensch und Maschine zur Massenvernichtung beginnt hier, die das 20. Jahrhundert zu einem Schlachtfeld der Geschichte werden lässt, das kein Krieg je zuvor zurückgelassen hatte. Guernica befindet sich am Scheideweg des Krieges: Auf der einen Seite steht die blutrünstige und brutale Tat, jemandem mit der Axt den Schädel zu spalten, ihn mit dem Bajonett aufzuspießen oder ihm von Angesicht zu Angesicht Blei in den Körper zu schießen. Gewehr und Kanone sind dann gewissermaßen der Übergang zum anderen Extrem, der rationalen Tötung auf Knopfdruck. Von nun an wird zunehmend kühl und distanziert die Effizienz des Vernichtungsmittels berechnet und das massenhafte Sterben von Zivilisten als neues Mittel des Krieges benutzt. Der Schmerz und das Leid des Anderen werden zu einer virtuellen Größe, der Tod wird zur Eliminierung. Im Zweiten Weltkrieg wird bereits zu breiter Anwendung kommen, was hier seinen Anfang nimmt. Die Entfremdung vom Instrument hat mit den Waffen in gänzlichem Umfang eine neue Stufe in der dialektischen Progression der menschlichen Geschichte erklommen. Die Auflistung einiger kriegerisch-technischer Neuerungen des Zweiten Weltkrieges deutet die bitteren Konsequenzen für die Menschheit an: Stalinorgel, Flächenbombardements, Düsenjäger, die Flüssigtreibstoffrakete V2, Torpedos mit Zielsuchautomatik, Strahlbombe, Atombombe.

---

[1] Der Text ist 2001 in London endlich in der ungekürzten, unzensierten Version bei Penguin erschienen (Peter Davison: *The full text of Homage to Catalonia with associated articles, reviews and letters from the complete works of George Orwell.* London 2001).

Insofern ist das Wort „Endlösung" noch nicht einmal ein Euphemismus. Es ist ein bürokratischer Begriff, der der Distanzierung vom menschlichen Aggressor zu einem zu dezimierenden Zielobjekt entspricht. Regungen von Mitleid sind bei der entsprechenden Entfernung aus dem Sichtfeld desjenigen, der das Tötungsinstrument bedient, nicht mehr zu erwarten. War zuvor der Krieg erweitertes Mittel der Politik, so wird nun das Schlachten der Bevölkerung zum erweiterten Mittel des Krieges. Der Genozid wird zum Begleiter des Krieges im 20. Jahrhundert, er bekommt eine andere Dimension, die in ultima ratio Gaskammer und Atombombe bedeutet. Mithin lässt sich die perverse Entwicklung vom Gemetzel über die zivilisierte Schlachtordnung zur Eliminierung oder Auslöschung ohne Kontakt beobachten, man mag dies auch als Degeneration des Krieges verstehen.[2]

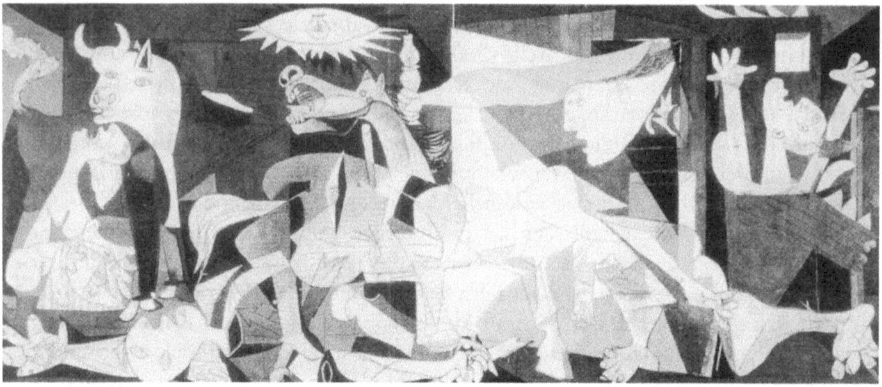

Abb. 1 Pablo Picasso: Guernica (1937) Madrid: Museo Reina Sofia, Öl auf Leinwand, 351 x 782 cm

Insbesondere Picassos *Guernica* wird mit der Zeit zum emblematischen Ausdruck schlechthin für das hiermit angedeutete Trauma des 20. Jahrhunderts, in dem das Grauen ein neues Ausmaß annimmt. Dieses Trauma ließ am Horizont eine neue Angst entstehen, nämlich die von der Vernichtung der Menschheit durch die eigene Hand, die in den 70er und 80er Jahren zu zahlreichen apokalyptischen Phobien führte. Auf literarischer Ebene führt sie zu einer besonderen Gattung des antiutopi-

[2] *The degeneration of war, 1914-1945* hieß ein Kongress an der University of Yale im April 2004, der sich mit der zunehmend todbringenden Potenz der Waffen und dem moralischen Verfall in der Kriegsführung in den beiden Weltkriegen beschäftigte: Flugzeug, Senfgas und Maschinengewehre sind Beispiele für den Beginn der hier insbesondere für den Zweiten Weltkrieg konstatierten Entwicklung des Tötens auf Distanz.

schen Romans von George Orwells *1984* bis zu Margaret Atwoods *Oryx and Crake*. Doch vor dieser Ebene des Traumas steht noch die, die konkret heute in der spanischen Realität sichtbar wird und den Titel dieses Aufsatzes prägt: Die Frage, ob Guernica als Sinnbild für die nicht aufgearbeitete, während der *Transición* zur Demokratie noch immer verdrängte Vergangenheit stehen kann. Kann Guernica als Ursprung eines kulturellen, öffentlichen Traumas gesehen werden, das noch heute am baskischen Terrorismus seine tödlichen Folgen zeigt und zeitigt?

Die Zerstörung Guernicas

Jedes Trauma hat einen lebensweltlichen Ursprung, eine historische Tatsache, die aufgrund der Unmöglichkeit der psychologisch-emotionalen Bewältigung späterhin pathologische Folgen hat. Das Trauma ist eine normale Reaktion auf ein unnormales Ereignis, es erschüttert die Grundfesten unseres Sicherheitsgefühls und Vertrauens. Schon Freud hat die traumatische Neurose deutlich von anderen, spontanen Neurosen unterschieden, alle Neurosen haben aber die Fixierung an den Moment des traumatischen Ereignisses gemeinsam. Gemäß Freud erlebt der Traumatisierte die traumatische Situation ständig in Anfällen und auch in den Träumen wieder:

> Es ist so, als ob diese Kranken mit der traumatischen Situation nicht fertig geworden wären, als ob diese noch als unbezwungene aktuelle Aufgabe vor ihnen stände, und wir nehmen diese Auffassung in allem Ernst an; sie zeigt uns den Weg zu einer, heißen wir es *ökonomischen* Betrachtung der seelischen Vorgänge. Ja, der Ausdruck traumatisch hat keinen anderen als einen solchen ökonomischen Sinn. Wir nennen so ein Erlebnis, welches dem Seelenleben innerhalb kurzer Zeit einen so starken Reizzuwachs bringt, daß die Erledigung oder Aufarbeitung desselben in normalgewohnter Weise mißglückt, woraus dauernde Störungen im Energiebetrieb resultieren müssen.[3]

Diese „Störungen im Energiebetrieb" werden heute PTSD, Post-traumatic Stress Disorder genannt, und bezeichnen also die Albträume und die unwillkürlichen Erinnerungen an das traumaauslösende Ereignis. Oft sind sie mit physischen Reaktionen und den nachfolgenden Strategien verbunden, die PTSD-auslösenden Umstände zu meiden.[4] Dazu kommen häufig Depressionen, Ängste und Dissoziationen, was von Person zu Person sehr unterschiedlich sein kann. Nicht jeder hat nach einer traumatischen Erfahrung tatsächlich ein Trauma, und jedes Trauma ist individuell geprägt. Das hängt, wie in dem Zitat von Freud bereits angedeutet, von der Reizintensität des Ereignisses und der Verarbeitungskapazität des einzelnen ab; so sind z.B. Kinder und introvertierte Personen offenbar ‚anfälliger' als andere. Die unwillkürliche Erinnerung und die Albträume kann man gewissermaßen als einen verspäteten Reflex auf eine reale existenzbedrohende Angst ansehen, auf eine das menschliche Fassungsvermögen übersteigende Realität. Das Übermaß an Schrecken

---

[3] Sigmund Freud: *Allgemeine Neurosenlehre, dritter Teil der Vorlesungen zur Einführung in die Psychoanalyse.* Studienausgabe Bd.1, Frankfurt a.M. 2000, S.244-299

[4] http://www.trauma-pages.com (2005)

bringt die Empfindungsfähigkeit an ihre Grenze. Die Überschreitung dieser Grenze bedeutet das Betreten eines Raumes – eines entstellten Raumes – in dem Leiden ist, und aus dem Leiden kein Entrinnen, solange man sich in diesem Raum bewegt. Irreal ist die Angst im Traumaraum, auch wenn sie an Realität entstanden ist. Sie verzerrt die Wahrnehmung und entstellt, ja verstellt das, was die menschliche Auffassungsgabe üblicherweise aufnehmen kann. Wird ein Trauma nicht therapeutisch behandelt, setzen sich die Vermeidungsstrategien zunehmend durch und verfestigen sich. Das Thema wird nicht besprochen und alles, was damit zusammenhängt, wird gemieden, weil es eben wiederum das Trauma auslösen könnte. Das direkte Trauma betrifft im Falle Guernicas alle, die die Bombardierung selbst miterlebt haben. Von einem kollektiven Trauma lässt sich also nur reden, wenn man bedenkt, dass die Reaktionen auf dasselbe traumatische Ereignis individuell äußerst unterschiedlich sind. Aber die Anzahl der daraus hervorgehenden traumatisierten Personen ist signifikant höher als in Gemeinschaften, die das traumaauslösende Ereignis – wie etwa einen Krieg oder ein Verkehrsunglück – nicht erlebt haben. Gesetzt, dass man in diesem Sinne von kollektiven Traumata reden kann, so ist die Zerstörung der Stadt Guernica als die historische Ursache für ein Trauma zu sehen, das Picasso künstlerisch verarbeitet hat und das heute möglicherweise noch auf irgendeine Weise im Alltag der spanischen Gesellschaft sichtbar ist. In diesem Falle handelte es sich aber nicht mehr um ein kollektives Trauma, das alle Personen dieses Kollektivs eigenhändig erlebt hätten. Was vom konkreten, durch den Einzelnen erfahrenen Trauma in der Gesellschaft nachhallt, was also nicht mehr von Mensch zu Mensch kommunikativ vermittelt oder verschwiegen wird, sondern im kulturellen Bereich und im öffentlichen Raum, soll hier im Unterschied zum kollektiven Trauma als kulturelles, als öffentliches Trauma bezeichnet werden. Diese Unterscheidung lehnt sich freilich an die Differenzierung der verschiedenen Erinnerungsformen bei Jan und Aleida Assmann an, einschließlich der Implikationen zur Instrumentalisierung der Erinnerung im öffentlichen Raum.[5] Sowohl in der Kunst als auch in der Politik wird dieser öffentlich-kulturelle Raum beschritten, und deshalb kann der Umgang mit dem Bild Picassos und der öffentlichen Erinnerung an die Bombardierung Guernicas daraufhin untersucht werden, ob sich in irgendeiner Weise ein traumatisiertes Verhalten zeigt. Dieses traumatisierte Verhalten wäre also bereits von der konkreten Erfahrung gelöst, es wäre ein vom kollektiven zum kulturell-öffentlich hin transformiertes Trauma. Es wird also von dem historischen Ereignis und dem anschließenden Schweigen in der Gesellschaft zu reden sein sowie insbesondere von der Durchbrechung dieses Schweigens durch die Kunst.

[5] Aleida u. Jan Assmann: *Das Gestern im Heute. Medien und soziales Gedächtnis.* In: Klaus Merten u.a. (Hg.): *Die Wirklichkeit der Medien – eine Einführung in die Kommunikationswissenschaft.* Opladen 1994, S.114-140

Flüsse von Tinte sind zum Thema Guernica zu Papier gebracht worden, wie Angel Viñas zu Recht schreibt,[6] und doch waren die Fakten bis zum Tode Francos nicht geklärt, und bis heute gibt es unterschiedliche Auffassungen. Drei Fragestellungen waren zentral für die geschichtswissenschaftlichen und politischen Auseinandersetzungen:

a) In welchem Grade und wie wurde die Stadt zerstört?
b) Wer waren die Verantwortlichen?
c) Was war das Motiv für den Angriff?

a) Guernica war bis zum 26. April 1937 eine relativ friedliche Stadt, der Bürgerkrieg hatte hier bislang kaum Spuren hinterlassen.[7] Lediglich das für die verletzten Soldaten eingerichtete Krankenhaus war ein deutliches Anzeichen der sich nähernden Front. Die aufständischen nationalen Truppen hatten nach der gescheiterten Offensive in Madrid ihr Schwergewicht auf den Norden verlegt, um zunächst der Republik den Zugang zu Frankreich abzuschneiden und dann die verbliebenen republikanischen Regionen Asturien, Kantabrien und einen Teil des Baskenlandes zu erobern. Damit hätten die Nationalen den grössten Teil Spaniens unter ihre Kontrolle gebracht und der Fall Madrids wäre nur noch eine Frage der Zeit. Guernica war zu diesem Zeitpunkt noch weit von der Front entfernt, wie üblich war die Bevölkerung der ganzen Region an diesem Montag auf dem Markt, was später u.a. die Abschätzung der Opferzahlen schwierig machte. Am späten Nachmittag wurde die Stadt in drei Wellen über etwa drei Stunden von der deutschen Legion Condor und einigen italienischen Flugzeugen angeflogen: Erst wurden 250 Kg-Sprengbomben geworfen, dann Brandbomben, zuletzt wurde die Bevölkerung mit Maschinengewehren gezielt abgeschossen. Die letzten historischen Studien gehen von einem Zerstörungsgrad der Stadt von 50-70% aus, im 2003 gegründeten Friedensmuseum geht man davon aus, dass nur ein Prozent der Gebäude intakt geblieben ist. Der Effekt war so verheerend, weil die Sprengbomben die Dächer zerstörten und in den Gebäuden explodierten und die nachgeworfenen

[6] Angel Viñas: *Guerra, dinero, dictadura.* Barcelona 1984

[7] Die m. E. verlässlichsten Darstellungen stammen von Herbert R. Southworth: *La destrucción de Guernica – periodismo, diplomacia, propaganda e historia.* Câtillon-sous-Bagneux 1977; Ángel Viñas: *Guernica. Las Responsabilidades*, in: *Historia* 16 (1978) Nr. 25, S.127-143; *Guernica ¿El último fraude?*, in: *Historia* 16 (1977, Nr. 9, S.135-140; *Las relaciones entre Franco y Alemania en la Guerra Civil*, in: *Gernika: 50 años después (1937-1987)*, hrsg. von Manuel Tuñón de Lara. San Sebastián 1987, S.181-191), Walther Bernecker (*Cincuenta años de historiografía sobre el bombardeo de Guernica*, in: *Gernika: 50 años después (1937-1987)*, hrsg. von Manuel Tuñón de Lara 1987, S.219-243) und César Vidal (*La destrucción de Guernica – Un balance sesenta años después*, Madrid 1997), die für diese sehr kurze Retrospektive der Ereignisse leitend sind.

Brandbomben die überwiegend aus Holz bestehenden Konstruktionen vollständig niederbrannten.[8] Die Zerstörung ist natürlich nur prozentual vergleichbar mit der von Städten wie Coventry, Köln und Dresden, von Hiroshima und Nagasaki ganz zu schweigen. Die totale Zahl der Toten erscheint vergleichsweise gering: Bis heute ist die Zahl der Opfer nicht genau zu bestimmen, die nachvollziehbaren Schätzungen bewegen sich im Rahmen von 200-300 Toten. Man darf aber nicht vergessen, dass es sich um die erste Zerstörung dieser Art handelte, die in der Bombardierung von den baskischen Städten Durango und Guerricaiz nur ein geringfügiges Präludium kannte. Im ersten Weltkrieg spielte die Luftwaffe noch eine vergleichsweise unbedeutende Rolle und nie zuvor war so gezielt die Zivilbevölkerung vernichtet worden. Deshalb gab es auch keine Luftabwehr und kaum zureichende Schutzmaßnahmen für die Bevölkerung.

b) Wie so oft in solchen Fällen war es der Geschichtswissenschaft nicht möglich, über einen geschriebenen Befehl mit Unterschrift die Verantwortung für die Zerstörung konkret zuzuweisen.[9] Ob es überhaupt Einverständnis in der Strategie bezüglich Guernica unter den aufständischen Befehlshabern gegeben hat, ist fraglich. Nachgewiesen ist lediglich ein Treffen am Morgen des 26. April, an dem der Angriff geplant wurde, zwischen dem Befehlshaber der deutschen Fliegerstaffel Legion Condor, dem Oberstleutnant Wolfram Freiherr von Richthofen und Oberst Juan Vigón, Stabschef der nationalen Nordarmee, der einerseits dem General Mola unterstand und sich andererseits, was die nationale Luftwaffe betraf, mit deren Oberbefehlshaber Alfredo Kindelan koordinieren musste. Da von Richthofen aber auf ausdrücklichen Wunsch Hitlers direkt dem Befehl des Generals Francisco Franco Bahamonde unterstand, und Richthofen dies bei Meinungsverschiedenheiten mit General Mola auch nutzte, ist die Implikation Francos wahrscheinlich.[10]

c) Das Motiv der Zerstörung war dementsprechend die Demotivierung der Bevölkerung, der Versuch, den Widerstand der Basken zu brechen und den sehr langsamen Vormarsch an der Nordfront endlich einen entscheidenden Schritt weiterzubringen. Aus der Sicht der Legion Condor ging es außerdem darum, im Erprobungsfeld Spanien, in dem laut Garriega insgesamt über 15.000 Soldaten im Rotationsprinzip Kampferfahrung sammelten, die Wirksamkeit der Bomben und die Effizienz der Flieger in Vorbereitung auf den zweiten Weltkrieg zu testen.[11] Ob Hitler selbst von dem Plan der Zerstörung Guernicas

[8] Ángel Viñas (1978) hat als Erster neben den Zeugenaussagen noch anhand der Ladelisten der Legion Condor den Beweis erbracht, dass an dem Tag Brandbomben verwandt worden sind.

[9] Viñas 1977 bzw. 1988

[10] Vidal 1997, S.35-41

[11] R. Garriega: *La Legión Cóndor.* Madrid 1975, S.66. Tatsächlich waren die eingesetzten Flieger und Panzer entscheidend für Hitlers Erfolge im zweiten Weltkrieg und der General Hugo Sperrle, ver-

wusste oder ob der Befehl von Göring ausgegangen ist, wie ein Gerücht zeitweise besagte, das nie belegt werden konnte, ist bis heute nicht geklärt. Laut Cesar Vidal war Hitlers Anliegen, durch den Konflikt in Spanien von den deutschen Kriegsvorbereitungen abzulenken. Demnach wäre es nicht in seinem Interesse gewesen, dass die Anwesenheit der deutschen Luftwaffe in Spanien ins Licht der Öffentlichkeit rückt. Doch selbst daraus haben die Nationalsozialisten noch lernen können, wie weit man in der Außenpolitik bei entsprechender internationaler Interessenlage seine eigenen Ziele mittels hartnäckigen Verstellens der Tatsachen erreichen kann.

Lüge und Schweigen: Von Franco bis zur *Transición*

Eine solche grausame, bis dahin unbekannte Vorgehensweise hätte im Europa des Jahres 1937 eine Wende im Nicht-Eingriffspakt herbeiführen können, die den Lauf der Weltgeschichte wesentlich beeinflusst hätte. Die Reaktionen der führenden Nationen, die Propaganda, die Lügen und die Verstrickungen nach der Zerstörung Guernicas belegen dies.[12] Das Besondere an der Situation nach der Zerstörung war, dass in Spanien die Nachricht auf beiden Seiten nur gefiltert durch die Zensur erschien und so alle Welt außerhalb Spaniens durch die Korrespondentenberichte besser Bescheid wusste als die Spanier selbst. Auf Seiten der Republikaner und der Basken waren die Nachrichten sehr spärlich, teilweise sogar falsch (so etwa die Behauptung, die Eiche Guernicas sei auch zerstört worden). Sie bestanden im Wesentlichen aus der Wiedergabe der internationalen Polemik und der Reaktion der baskischen Regierung und basierten nicht auf eigenen Recherchen oder dem Bericht von Zeugenaussagen. Man fürchtete offenbar die Demotivierung der Bevölkerung, die tatsächlich kurz danach – und nach der Androhung der Zerstörung Bilbaos auch unter der Mehrzahl der baskischen Politiker – eintrat und damit zur Hinwendung des Baskenlandes zur Seite der Aufständischen wesentlich beitrug.

Abgesehen davon versuchten die Republikaner auf diplomatischen Wege die internationale Politik der Nicht-Intervention zu durchbrechen. Wesentlich dafür war die Zerstörung durch die deutsche Legion Condor. Denn der international übergreifende Nicht-Eingriffspakt war von Italien und Deutschland von Beginn an, kurze Zeit später auch von der Sowjetunion missachtet worden, wovor die demokratischen Regierungen wissentlich die Augen verschlossen. Der öffentlich geführte Beweis der Bombardierung Guernicas durch die deutsche Legion Condor hätte dieser Politik

antwortlich für die Legion Condor in Spanien, war auch verantwortlich für die Zerstörung von Rotterdam und von Coventry. Laut Thomas Gordon (*Der Tag an dem Guernica starb.* Zug 1978, S.11ff) hat Generalfeldmarschall Göring während der Nürnberger Prozesse selbst von einer „Generalprobe für den Weltkrieg“ geprochen.

[12] Vgl. Southworth 1977 und C. Garitaonandia: *Información y propaganda en torno al bombardeo de Guernica*, in: *Gernika: 50 años después (1937-1987)*, a.a.O., S.193-218

zwangsläufig ein Ende bereitet, woran zu diesem Zeitpunkt die Regierungen Englands, der USA und Frankreichs kein Interesse hatten.

Auf Seiten der aufständischen Nationalen wurde die Zerstörung zunächst verschwiegen, dann geleugnet. Aufgrund des Wetters sei die nationale Luftwaffe an diesem Tage gar nicht tätig gewesen, die Stadt sei bei dem Rückzug der ‚Roten' auf Befehl Moskaus niedergebrannt worden, um den nationalen Truppen nur ‚verbrannte Erde' zu hinterlassen. Dazu wurden Artikel aus Deutschland, Italien und Frankreich zitiert, die diese Version stützten. Als sichtbar wurde, dass diese Version international nicht zu halten war, insbesondere weil selbst Korrespondenten auf Seiten der Nationalen die Zerstörung durch Flugzeugbomben bestätigt hatten, wurde die Position leicht variiert. Aufgrund der strategischen Wichtigkeit Guernicas, insbesondere seiner Brücke für den Rückzug der Republikaner, habe die Luftwaffe die Stadt zwar angegriffen, aber die wesentliche Zerstörung sei der Inbrandsetzung durch die Linken zuzuschreiben.

In England, Frankreich und den Vereinigten Staaten wurde angesichts der Debatte deutlich, dass offenbar eine Teilung durch die Demokratien ging, die durch die Positionierung in pro-republikanisch und pro-nationalistisch noch verschärft wurde. Obwohl nach den ersten Nachrichten die Indignation der breiten Öffentlichkeit Druck auf ihre Regierungen ausübte, verhinderte die einheitliche Stellungnahme Italiens, Deutschlands und des aufständischen Spaniens sowie ihre Unterstützung durch den Papst und die Mehrheit der Katholiken Europas,[13] dass die Zerstörung Guernicas eine Änderung des Nicht-Interventionspaktes herbeiführte. Dadurch wurde das Ungleichgewicht der Kräfte zugunsten der Aufständischen festgeschrieben und letztendlich das Schicksal Spaniens besiegelt, als Preis für das trügerische Gleichgewicht in Europa, das nur noch wenige Jahre halten sollte.

Bis in die sechziger Jahre hinein wurde die Bombardierung von der Francoregierung geleugnet, erst dann wurde die Zensur gelockert und auch von Franco-nahen Historikern zugegeben. Damit rückte die Frage der Verantwortung in den Vordergrund, die zunächst an die Deutschen delegiert wurde, die ihrerseits argumentierten, es sei um die Zerstörung der Brücke gegangen, die aufgrund der schlechten Sichtverhältnisse aber nicht getroffen worden sei. Seit Mitte der siebziger Jahren bewegen sich die Diskrepanzen in der ernstzunehmenden Forschung vorwiegend um die Frage der militärischen Bedeutung. Die mögliche Verantwortung Francos konnte allerdings erst nach seinem Tod öffentlich thematisiert werden. Die *Transición* – der sanfte Übergang in die Demokratie – hat zur Folge, dass sich das unter der Diktatur erzwungene Schweigen teilweise bis heute fortsetzt.

[13] H. Raguer y Suñer: *El Vaticano y los católicos vascos durante el primer año de la Guerra Civil*, in: *Gernika: 50 años después (1937-1987)*, a.a.O., S.155-180

Bis heute stehen zahlreiche Monumente aus der Francozeit – unter anderem der riesige Triumphbogen direkt vor der spanischen Regierung in Moncloa – und an tausenden von Häuserwänden prangt das kleine, aber deutlich sichtbare Zeichen der faschistischen Falange. Erst vor vier Jahren wurde in Guernica ein Museum zur Erinnerung an die Bombardierung errichtet, seit Januar 2003 ist es in ein Friedensmuseum umstrukturiert worden, das die Perspektive auf Friedenskonzeptionen und den baskischen Konflikt heute erweitert. Dokumentiert ist in diesem Museum auch, dass die erste deutsche Politikerin, die sich öffentlich bei den Basken und Spaniern für die Taten der Legion Condor entschuldigte, Petra Kelly war. In einem Antrag der Grünen vom 25. Mai 1987 wurde die Bundesregierung dazu aufgefordert, Entschädigung an die Basken für die Zerstörung Guernicas am 26. April 1937 zu leisten. Neun Jahre später wurde aufgrund einer gemeinsamen Kommission von CDU/CSU, SPD, FDP und Grünen eine Entschädigung von drei Millionen Mark zur Errichtung eines Sportzentrums beschlossen. Während eines Versöhnungsaktes im Baskenland las der Deutsche Botschafter Henning Wegener einen öffentlichen Brief des amtierenden Bundespräsidenten Roman Herzog vor, in dem er die Täterschaft der deutschen Legion Condor ausdrücklich zugab und von Seiten der deutschen Regierung in Repräsentation aller Deutschen um Vergebung bat. Vergeben könnten sie, vergessen nicht, gaben die Vertreter der überlebenden Einwohner Guernicas zu verstehen. Der Ort von dem aus die Legion Condor damals gestartet ist, Pforzheim, ist heute Partnerstadt von Guernica. Das kollektive Trauma scheint damit für die Betroffenen teilweise bewältigt oder doch zumindest anerkannt zu sein, aber gilt das auch für den öffentlich-kulturellen Bereich in Spanien insgesamt?

Guernica und die Kunst – das Trauma im Bild

Kann ein Bild der Ausdruck eines Traumas sein? Oder kann sich zumindest an einem Bild, an den Reaktionen ihm gegenüber, ein Trauma zeigen? Die Geschichte des Bildes *Guernica* von Pablo Picasso lässt diesen Schluss zu, und hier soll begründet werden, weshalb man das Bild Picassos als kulturellen Ausdruck eines Traumas verstehen kann, und es wird sich zeigen, dass der Umgang mit dem Bild in der Öffentlichkeit auch ein traumatisierter Umgang ist.

Der Kunsthistoriker Max Imdahl hat in dem Aufsatz von 1982 *Zu Picassos Bild „Guernica": Inkohärenz und Kohärenz als Aspekte moderner Bildlichkeit*[14] gegen die Argumente seiner renommierten Kollegen Daniel-Henry Kahnweiler und Rudolf Arnheim die Auffassung vertreten, dass Picassos Bild einen Gegenstandsbezug ausschließt. Szenische Kohärenz bestünde in *Guernica* weder im Sinne der Empirie, noch im Sinne der klassischen drei Einheiten, noch im Sinne der historischen oder literarischen Referenz. Er leugnet zwar nicht den konkreten Bezug auf eine historische Tatsache, doch

---

[14] Max Imdahl: *Zu Picassos Bild* Guernica: *Inkohärenz und Kohärenz als Aspekte moderner Bildlichkeit*, in: ders., *Zur Kunst der Moderne, Gesammelte Schriften* Bd.1, hrsg. v. Angeli Janhsen-Vukićevic. Frankfurt a.M. 1996, S.398-459; S.445

das konturbestimmte Figurieren mit „kubistischen Vergegenwärtigungsabsichten“[15] überschreite die empirische Darstellung. Das Bild zeichne sich indessen durch seine „eigengesetzliche Kohärenz und Totalitätsstruktur aus empirischen Inkohärenzen“ aus – mit anderen Worten: Es geht nicht um die veranschaulichende Vergegenwärtigung von Frauen und Tieren, die Figurationen sind „genuine Hervorbringungen des Bildes“ selbst.[16] Verständlich wird dies, wenn man sich in Erinnerung ruft, dass Picasso einer der Erfinder des Kubismus war, in dem es sichtbar nicht mehr um die Darstellung einer vorgegebenen Realität ging. Die Auflösung der Zentralperspektive und die Ineinssetzung verschiedener Bewegungsmomente aus verschiedenen Blickwinkeln, die Umgestaltung der natürlichen Abbildungsform von Gestalten zu einer geometrisierten Figürlichkeit, die Darstellung menschlicher Züge unter dem Einfluss afrikanischer Fetischmasken - das alles wird in der Tat zu einem neuem Kunstganzen zusammengesetzt, das in seiner Anschauungstotalität die empirische Wahrnehmung im wahrsten Sinne des Wortes übersteigt. In seiner kleinen Monografie *Picassos Guernica* von 1985 hat Imdahl aufgezeigt, dass Picasso nach seiner im engeren Sinne kubistischen Phase einen Stil entwickelte, der an den Klassizismus von rosa und blauer Phase anknüpft, ihn mit der kubistischen Dissoziation vereint und durch die „konturierte, linear umschlossene Figürlichkeit“ ergänzt.[17] Dieser neue Stil übersteigt weiterhin die Sichtbarkeitserwartung und -erfahrung, wodurch *Guernica* zwar in der Tradition des kriegs- und gewaltabbildenden Ereignisbildes steht, sie aber auch gleichzeitig überschreitet. Wenn also Kunsthistoriker wie Valeriano Bozal die generelle These aufstellen, in solchen Ereignisbildern werde das Böse gezeigt und qualifiziert und oft genug auch die Gewalt legitimiert,[18] dann ist das sicherlich in der Mehrzahl der Beispiele der Fall. Aber auf *Guernica,* das ist die hier noch zu beweisende These, trifft dies eben nicht mehr zu, denn das Bild entzieht sich schlichtweg solchen Kategorien. Die Frage, die sich oft bei Darstellungen von Gewalt stellt, ob der Künstler oder der Betrachter womöglich selbst Lust bei der Betrachtung dieser Gewalt empfindet, existiert vor der Perzeption von *Guernica* nicht, sie wird durch die Wahl der künstlerischen Mittel nahezu ausgeschlossen.

Laut Imdahl erreicht Picasso mit dem Bild – und das ist für ihn seine wichtigste Errungenschaft – eine Unmittelbarkeit des Ausdrucks, und damit auch eine Unmittelbarkeit des Schreckens, die sprachlich uneinholbar sei.[19] Im Gegensatz zur traditionellen Darstellung idealisierter Figuren, die dem Betrachter einen Horizont auf Generelles ermöglicht, biete Picassos Ausdrucksfiguration das Generelle an, das der Betrachter auf seine „Person hin individualisieren“ könne.[20] Eindeutige Repräsentation

---

[15] Imdahl 1996, S.430
[16] Imdahl 1996, S.443
[17] Max Imdahl: *Picassos* Guernica, Frankfurt a.M. 1985, S.37
[18] http://www.ucm.es/info/varte/textos_bozal.html (2005)
[19] Imdahl 1985, S.58
[20] Ebd., S.65

und erfahrungsbedingte Identifikation erübrigten sich dadurch, die Figuren seien als „Phänomene des Ausdrucks“ gegenwärtig, nicht als „Phänomene des Figürlichen“, sie wirkten nicht im Modus der Anschauung, sondern im Modus der Vorstellung. Das überzeugende Argument Imdahls ist:

> Erzwängen sie [die Figuren als Phänomene des Ausdrucks] diesen Überschritt von der Anschauung in die Vorstellung nicht, so sähe man unweigerlich nur Mißgestalten, Ungetüme oder auch Monstren. Es gäbe in Picassos Bild nur Schreckenswesen, nicht aber Wesen in Schrecken.[21]

Nun ließe sich im Sinne Kahnweilers und Arnheims sowie im Blick auf das Recht jeglichen Betrachters auf seine Interpretation fragen, warum man denn nicht in Picassos Bild Schreckenswesen sehen dürfe. Imdahls Antwort müsste freilich sein, dass das nicht der Totalitätsstruktur und inhärenten Kohärenz des Bildes entspricht. Betrachtet man allerdings das Bild als Ausdruck eines Traumas, so können die Wesen in Picassos Bild sowohl Schreckenswesen als auch Wesen in Schrecken sein. Dies würde nicht der eigenen Kohärenz des Bildes widersprechen, denn das Trauma ist ja bereits in gewisser Weise die Ablösung des reinen Ausdrucks von der Figürlichkeit. Das eben macht die wiederholte Erfahrung des Traumas so erlebnisintensiv, in der die Wahrnehmung verzerrt und die Räumlichkeit entstellt auf das reine Leiden reduziert ist. Natürlich macht das ins Bild gesetzt den Schrecken nicht wiederholbar; was damit gesagt wird, ist lediglich: In *Guernica* ist keine real stattgefundene Szene ins Bild gesetzt (wie beim klassischen Ereignisbild), sondern die Anschauungstotalität des Schreckens, einer horrenden Emotion, die sowohl mit szenischer Repräsentation und Abbildung des Ereignisses als auch mit Worten kaum einen äquivalenten Ausdruck findet. Es ist ja gerade deshalb traumatisch, weil es das normale Vorstellungsvermögen überschreitet.

Die defigurierten Schreckenswesen mit ihren schmerzverdrehten Augen wären dann in der Tat der Ausdruck des generellen Traumas, das ein jeder auf sich hin individualisieren muss. Damit wird keineswegs die allegorische Deutung des Bildes beschnitten, im Gegenteil: Erst die allegorische Deutung macht den kollektiven traumatischen Gehalt für die Geschichte Europas und der Menschheit deutlich, der zu Beginn dieses Aufsatzes angesprochen wurde. Es geht um die technische Eliminierung auf Distanz, die sowohl die Brutalität als auch das Mitleid ausschaltet und zur Akzeptanz in breiten Schichten der Bevölkerung der Propaganda bedarf, die die Welt in Gute und Böse teilt.

Nicht nur wegen der „Dichotomie“ von Gut und Böse, Licht und Schatten, aufklärender Helligkeit und dem Dunkel der Ignoranz, der man sich zu Kriegszeiten kaum entziehen kann, ist die Farblosigkeit des Bildes gut gewählt. *Guernica* setzt sich u.a. durch die Schwarz-Weiß-Palette deutlich von seinen berühmten Vorgängern ab, sei es Peter Paul Rubens' *Saevities belli – Die Grausamkeiten des Krieges*, Francisco Goyas *Der 3.*

---

[21] Imdahl 1985, S.84

Mai - Die Erschießung der Aufständischen von 1814, Eugène Delacroix' *Das Massaker von Chios* (1824) oder Henri Rousseaus *Der Krieg* von 1894.[22] Picasso hatte schon in der blauen und der rosa Periode festgestellt, dass gerade die Absenz des Farblichen eine besondere Wirkung hat, die natürlich auch durch den Kontrast zur Erwartungshaltung des Rezipienten entsteht. Gewissermaßen entsteht dadurch in *Guernica* eine Überzeitlichkeit oder historische Tiefe, die auch durch Konstruktion und Bildinhalt gestärkt wird. Der Aufbau ähnelt dem eines christlichen Triptychons und beinhaltet gleichzeitig antike Elemente, wie etwa das zentrale Dreieck, das der Giebelkonstruktion griechischer Tempel gleicht;[23] daneben ist es aber auch deutlich vom modernen Stil Picassos geprägt. Das Bild vereinigt Elemente aller Zeiten – vom Lichtbringermotiv (aufgrund der Weiblichkeit oft als Erinnye oder Kriegsfurie gedeutet, manchmal auch als Prometheus oder Luzifer), über die gefallene antike Kriegerstatue, hin zum Motiv der Gans als Verkünder der Schreckensbotschaft (die Rom durch ihr Geschrei vor einem Überfall gewarnt hatte), zum Pieta-Motiv der Mutter mit dem sterbenden Kind, weiter zum für Picasso schon üblichen traditionsträchtigen Bildelement des Stieres bis hin zur modernen elektrischen Lampe, die das Geschehen überstrahlt und überschattet. Doch in dem bilddominierenden Licht-Schatten-Thema geht es nicht eigentlich um eine Dichotomie, sondern um eine Dialektik von Licht und Schatten, was an einer Interpretation nachgewiesen werden soll, die weiterhin die These stärkt, dass das Bild *Guernica* auch als Ausdruck eines kollektiven Traumas gesehen werden kann.

Oft haben sich die Interpretationen insbesondere an dem Stier und dem Pferd abgearbeitet und mit klugen Argumenten wurde versucht, darzulegen, wer nun Aggressor / Franco (z.B. der Stier) und wer Leidender / das spanische Volk sei (z.B. das Pferd). Bemerkungen, die Picasso gegenüber dem amerikanischen Soldaten Seckler gemacht haben soll, schienen eine solche Interpretation nahezulegen, andererseits hatte Picasso eigens darauf hingewiesen, es handele sich hier um Symbole, die der Betrachter selbst entschlüsseln müsse.[24] Außerdem kann man den Speer (auf Spanisch „pica"), der durch das Pferd gestoßen ist, mit dem Namen Picasso in Verbindung bringen oder den Stier, wie es in anderen Bildern Picassos naheliegt, mit der männlichen Potenz oder auch mit Picasso selbst assoziieren. Zu den Besonderheiten des Bildes gehört, dass es sich trotz seines eindeutigen Engagements doch jeder eindimensionalen Deutung entzieht und eben durch die Vielfalt und gleichzeitige Destruktion von klassischen Motiven und Konstruktionsmitteln eine Polyvalenz erzeugt, die es nicht instrumentalisierbar macht.

Das „Deckenlicht" ist bisher vergleichsweise wenig besprochen worden, bisweilen wurde es als Gottesauge gedeutet, was die Frage außer Acht zu lassen scheint, warum es drei Lichtquellen gibt und doch keine Farbe. Imdahl bemerkt, die Deckenlampe

[22] Eberhard Fisch: Picasso - *Guernica*: eine Interpretation. Freiburg/Breisgau u.a. 1982
[23] Vgl. Imdahl 1996, S.435, Fisch 1982, S.37ff
[24] Fisch 1982, S.36

repräsentiere in der Form eines sehenden Auges mehr als nur sich selbst, die Darstellung sei „wie auch sonst im Bilde, kreativ übergreifend, sie schließt das eine wie das andere als Potentialität in sich ein."[25] Das bedeutet aber nicht nur, dass das traditionelle Entweder-Oder der Interpretation umgewandelt wird zu einem Sowohl-als-Auch, im Sinne einer beliebigen Auswahl. Es handelt sich vielmehr um eine dezidierte Dialektik, die eben alle möglichen Deutungen bewusst mit einschließt, bzw. die Alternative gut-böse sowie jede exkluierende Alternative ausschließt.

Liest man im Nachhinein Adornos *Dialektik der Aufklärung* mit, liegt es nahe, das Licht als das dialektische Licht der Aufklärung zu sehen, und den Schrecken und das Heil, das es der Menschheit gebracht hat. Das würde schlüssig erklären, warum neben dem Lichtbringermotiv und den Flammen noch ein weiteres, elektrisches Licht nötig ist, das trotzdem keinen einzigen Gegenstand in seinen Farben erleuchten lässt. Zweifellos haben Adorno und Picasso dasselbe Phänomen wahrgenommen und auf ihre Weise dargestellt. Das Motto der Weltausstellung von 1936 war „Mensch und Technik": So gesehen ist das Bild Picassos eine kritische Reaktion – vielleicht die einzig angemessene – im Rahmen der Themenstellung gewesen, insbesondere wenn man bedenkt, dass der kleine und kaum beachtete Pavillon der sterbenden spanischen Republik im Schatten des monumentalen Pavillons von Nazideutschland stand. Das schließt selbstverständlich die Vorstellung eines Gottesauges nicht aus, dem allerdings diese Dialektik der menschlichen Aufklärung ansichtig wird. Das Licht/Auge ist damit aber auch das den Wahnsinn sehende Auge eines jeden Betrachters, der vor dem Bild steht und sich in ihm wiederfindet. Es zieht uns hinein in diesen Traumaraum, in dem die Dreidimensionalität aufgelöst zu sein scheint in eine flächige Zweidimensionalität, die aber doch in einer räumlichen Tiefe steht, angezeigt durch das zentralperspektivische Zulaufen der Fliesen, den Verlauf des Tisches, der leicht geöffneten (kaum beachteten) Tür am rechten Bildrand und die Innenwände des Raums, der zum Betrachter hin offen ist. Der Betrachter selbst befindet sich in diesem Raum der emotionalen, räumlichen und historischen Tiefe, der mit den genannten symbolisch-allegorischen Werten die ganze Geschichte bis an den Punkt der Bifurkation in der Dialektik umfasst, dass heißt bis zu dem Punkt, an dem die Zerstörung der Menschheit durch die eigene Hand denkbar wird. Er umschließt mit der Polyperspektivik, der gleichzeitigen Außen- und Seitenansichtigkeit der brennenden Häuser sowie der ganze Bewegungsabläufe einschließenden Figürlichkeit einen Weltenraum, von der Enge des alltäglich Persönlichen bis zur Weite des historischen Ereignisraums. Und in der Kette der historischen Ereignisse wird das Leiden ahistorisch, überzeitlich, allgemein:

a) der kreatürliche Schrei des (auch militärischen) Nutztieres Pferd,
b) die endlose Klage der Mutter, die ihr Kind verloren hat,

[25] Imdahl 1985, S.67

c) der stumme Schrei des zum gestürzten Monument gewordenen Heroen, dessen zerbrochenes Schwert nichts mehr anrichten kann,
d) das Ächzen der immer auch sexuell gequälten Frau mit ihrem gebückten Nacken, den geschundenen Knien, den gezwungenen Brüsten,
e) das Schmerzgebrüll des im Flammenmeer Untergehenden,
f) das leise Kassandrakrächzen der Gans, das niemand vernimmt,
g) und der gellende Schrei des Harlekins, dessen Profil nur dem ansichtig wird, wer den rechten Bildrand in Gedanken gegen den Uhrzeigerrand nach oben dreht.[26]

Was hier ins Bild gesetzt ist, betrifft nicht nur das scheinbar endlose Leiden an sich, sondern zugleich die Möglichkeit der Beendigung des Leidens durch Auslöschung, durch Tod, in der Retrospektive gilt dies mit all seiner ambivalenten Dialektik zwischen Erlösung und Endlösung.

Der traumatische Umgang mit dem Bild

Als das Bild in der Pariser Weltausstellung mit sieben Wochen Verspätung als zentrales Element des spanischen Pavillons aufgehängt wurde, erfuhr es – soweit überhaupt wahrgenommen – vorwiegend Unverständnis. Aufgrund seines Titels gab es v.a. von rechter Seite polemische Einlassungen zu der Frage, ob es ein propagandistisches Werk sei oder nicht, insbesondere von den Pro-Nationalen, der deutschen Delegation und dem Heiligen Stuhl wurde das Bild kritisiert. Während des Bürgerkrieges waren in Spanien alle Nachdrucke verboten, ihr Besitz wurde mit Gefängnis bestraft.

Andererseits musste das Bild aufgrund seiner Technik, Komplexität und Uneindeutigkeit von Kommunisten als unangemessen empfunden werden – von der Zeitung der kommunistischen Partei, *Humanité*, wurde es schlichtweg ignoriert, selbst die republikanische Regierung hatte Zweifel am Wert des Bildes. Lediglich die französische Kunstzeitung *Cahiers d'Art*, die dem Bild eine ganze Ausgabe widmete,

[26] Das helle Dreieck in der Bildmitte wird zu dem den Harlekin charakterisierenden Hut, die schwarze Öffnung im Bauch des Pferdes, die wie eine Wunde ins Bild geschlagen ist, wird zum Auge, die von dort schräg zum Kinn des Kriegers herablaufende schwarze Linie wird zum Profil der Nase. Folgt man von dort der schwarzen Fläche zum hellen Huf des Stieres, so beginnt dort der weit aufgerissene Mund, der sich in der Körperbiegung der Mutter vollendet, in dem der Kopf und der Schopf der Mutter die vibrierende Zunge darstellen, die wie bei der Mutter selbst aus dem Mundraum hervorstößt (vgl. Melvin E. Becraft: *Picasso's Guernica: Images within Images.* Digitale Version,Kalifornien, http://community.novacaster.com/attach.pl/341/34/Images within image 2nd Ed.pdf (2000)

entfernte sich in den Artikeln von Christian Zervos und Luc Decaunes von den politischen, direkt auf den Bürgerkrieg bezogenen Deutungen.[27]

Daniel Henry Kahnweiler hat als langjähriger Freund Picassos bestätigt, dieser sei ein eher unpolitischer Mensch gewesen. In der Tat hatte Picasso zunächst nicht an den pro-republikanischen Aktionen seiner Freunde und Kollegen wie Miró, Alberti, Buñuel oder Eluard teilgenommen.[28] Andererseits ist der Kontext der Entstehung sowie der erste Ausstellungsort auf der Weltausstellung 1936 in Paris und damit die politische Motivation unzweideutig. Das Bild ist von der Republik in Auftrag gegeben worden und sollte auch von ihr finanziert werden. Außerdem hat Picasso nachdrücklich verfügt, es dürfe erst nach Spanien überführt werden, wenn dort eine Republik existiere, und er hatte auch die Leitung des Prado übernommen, die ihm von der republikanischen Regierung angeboten wurde, als der Prado seitens der Aufständischen unter Beschuss genommen wurde und deshalb exiliert werden musste.

Während die Bilder des Prado nach dem Bürgerkrieg wieder nach Madrid gebracht wurden, begann für *Guernica* eine lange Reise, die es erst 45 Jahre später nach Madrid bringen sollte. Die Odysee begann mit einer Reise durch Europa, insbesondere durch Skandinavien (Oslo, Kopenhagen, Stockholm, Göteborg) und England (London, Manchester) wo ihm, vielleicht auch wegen der anhaltenden Kritik an seiner politischen Tendenz, erstaunlich wenig Aufmerksamkeit entgegengebracht wurde. Lediglich die von der Labour-Partei und dem Minister Atlee geförderte Ausstellung in der Whitechapel Art Gallery hatte mehr Erfolg. Die im Folgenden entstehende Debatte zwischen den Kunstkritikern Blunt und Read zeigte bereits eine kleine Wende im Ton der allgemeinen Interpretationen und Wertschätzung des Bildes an.[29] Beide waren sich der Komplexität des Bildes bewusst, aber während Blunt beklagte, die einfachen Leute könnten das Bild nicht verstehen und Picasso habe offenbar die Wichtigkeit des historischen Ereignisses verkannt, nahm Read eine Position ein, die sich im Verlaufe des 20. Jahrhunderts immer mehr durchsetzen sollte. Im Gegensatz zu Blunt meinte er, Kunst dürfe nicht auf propagandistische Zwecke hin reduziert werden und Picasso zeichne sich gerade durch die Fähigkeit aus, komplexe Sachverhalte durch einfache Symbole darstellen zu können, was ihn in eine Reihe mit Homer, Dante und Cervantes stelle. Reads Position ist nicht nur als Argumentation gegen Blunt zu verstehen, sondern auch als Kritik an dem sozialistischen Realismus der Sowjetunion, die das Bild als „ästhetische Perversion" bis 1948 (vier Jahre nach Picassos Eintritt in die kommunistische Partei Frankreichs) offiziell ablehnte.

Im Vorhof des zweiten Weltkrieges hat das Bild in Europa trotzdem vor allem politisch gewirkt, ebenso in den folgenden Kriegsjahren in den Vereinigten Staaten, wo es

[27] Vgl. Sebastián López, Santiago: *El* Guernica *y otras obras de Picasso: contextos iconográficos*. Murcia 1984; Herschel B.Chipp: *Picassos Guernica: History, transformations, meanings*. Berkley, University of California 1988.

[28] Vgl. Chipp 1988, S.6ff

[29] Vgl. ebd., S.156-159

sich seit 1939 befand. Die negativen wie positiven Bewertungen nach den Ausstellung in Chicago, San Francisco und Hollywood bewegten sich weiterhin um die Frage seines politischen und propagandistischen Wertes. Erst seit der Retrospektive auf Picassos Werk im Museum of Modern Art im November 1939 wurde das Bild weniger als Emblem des Spanischen Bürgerkrieges und zunehmend mehr als eines der großen Kunstwerke unserer Zeit gewertet.[30] Trotzdem blieb auch die Deutung als engagiertes Kunstwerk bestehen, insbesondere das Interview mit Picasso, von Jerome Seckler für die New Yorker Zeitschrift *New Masses* verschriftlicht, wurde dazu wiederholt herangezogen, obwohl Picasso auch dort bekräftigte, es handele sich eher um eine allgemeine Allegorie als um den Bezug auf ein konkretes Ereignis.[31] Insbesondere im Baskenland wird die historisch-politische Deutung, die bei Juan Larrea 1947 ihren Anfang nahm, bis heute durch die Forderung nach dem Umzug des Bildes ins Baskenland nachdrücklich vertreten. Im Guggenheim-Museum in Bilbao war ihm konzeptionell ein besonderer Platz zugewiesen worden, der dem König Juan Carlos auch bei seinem ersten Besuch gezeigt wurde. In der Stadt Guernica selbst ist es als Wandbild nahe dem Friedensmuseum nachgebildet, mit der Unterschrift „Guernica Gernikara" – *Guernica* für Gernika.

Auch in Deutschland ist die Interpretation als engagiertes Kunstwerk bis in die siebziger Jahre z.B. in der Zeitschrift *Kunstunterricht* oder von Rolf Linner-Kamp weiterhin vertreten worden, aber spätestens seit den Monografien von Eberhard Fisch und Max Imdahl, die auch für diese Arbeit leitend waren,[32] hat sich eine ästhetische Sichtweise durchgesetzt.[33]

Abgesehen von einer Reise nach Europa in den fünfziger Jahren (Paris, München, Köln, Hamburg, Brüssel, Amsterdam, Stockolm) wo es besonders in Deutschland viel Aufmerksamkeit erregte, blieb das Bild in den Vereinigten Staaten im Besitz des Museum of Modern Art, bis Franco gestorben und in Spanien die Demokratie eingerichtet war. Das lange Schweigen der Diktatur zur Zerstörung der Stadt Guernica wurde vor Ort durch einen Bombenanschlag der ETA am 28. März 1975 durchbrochen, und so an die Zerstörung des Ortes und deren Verdrängung im öffentlichen Gedächtnis der Franco-Diktatur erinnert.

Dem Wunsch des Malers und der spanischen Bevölkerung gemäß, die in einer Umfrage von 1980 dem Umzug des Bildes nach Madrid zustimmte, wurde es 1981, zum 100. Geburtstag des Künstlers, in ein Gebäude des Prado, *La Casa del Buen Retiro* überführt, wo es zunächst ganz allein ausgestellt wurde. Was selbst die Minister nicht wussten, als sie *Guernica* mit entsprechender medialer Begleitung und polizeilichem

---

[30] Vgl. Chipp 1988, S.166ff

[31] Vgl. Ebd., S.195ff

[32] Vgl. Fisch 1982, Imdahl 1985

[33] Deren wesentlicher Vorläufer war etwa Rudolf Arnheim: *Picasso's Guernica – The Genesis of a Painting*. Berkeley 1962 (dt. München 1964); Jan Runnquist: *Minotaurus: en studie i förhållandet mellan – Ikonografie och form i picassos konst 1900-1937*. Uppsala 1959

Schutz vom Flughafen ins Museum brachten: Das Bild war bereits einen Tag zuvor, zum Schutze vor jeglichen Anschlägen abgeholt und im Museum installiert worden. Seit 1992 ist es Teil der festen Ausstellung in dem nach der Königin benanntem *Museo Nacional Centro der Arte Reina Sofia*, wenige Schritte vom *Prado* entfernt. Doch nicht nur der Umgang mit dem Original, die aufgeregte Polemik einerseits, das Schweigen andererseits, der Streit um den Aufstellungsort oder der polizeiliche Aufwand bei seinem Transport zeigen den traumatischen Ursprung an. Das Bild wird schon seit langem als Verweis auf kriegerische Gewalt und ihre Absurdität an sich gebraucht, sei es 1966 in Protestveranstaltungen gegen Vietnam[34] oder 1992 in Artikeln über den Terrorismus,[35] auf dem Wandbild auf dem Campus der Bochumer Ruhr-Universität, das von spanischen, mexikanischen und deutschen Studenten in den achtziger Jahren angefertigt worden war, oder auf dem Wandteppich, den die Rockefeller-Familie in den achtziger Jahren der UNO geschenkt hat. Immer geht es um den Aufruf gegen Gewalt oder im konkreten Fall darum, die bewaffnete Auseinandersetzung zu beenden und zu friedlichen Mitteln zu finden. Deutlicher noch als durch seine Nutzung wird allerdings die Funktion des Bildes, wenn es entfernt oder verschleiert wird. So etwa, wenn es – wie in Bochum geschehen – von einer Bankfiliale einfach zugebaut wird, oder – wie im Gebäude der UNO in New York – wenn es für die Presse-Konferenz des Außenministers der USA, Colin Powell, dezent zugedeckt wird, weil es zu dessen Botschaft, den Krieg gegen den Irak beginnen zu wollen, nicht den passenden Hintergrund bietet. Kein erfundenes Beispiel könnte besser zeigen, wie die zuvor aufgezeigte Dialektik sich gegen Gut-Böse-Schemata sperrt: Das Bild kann weder von den USA in dem Krieg gegen die „Achse des Bösen" noch vom Terrorismus baskischer Provinienz instrumentalisiert werden, selbst wenn das Bild anlässlich der Bombardierung des Baskenlandes gemalt wurde. Wenn Iñaki Anasagasti von der PNV auf dem 65. Jahrestag der Internationalen Brigaden die Zerstörung Guernicas zum Vorspiel des 11. September 2001 erklärt,[36] ist das nur die Kehrseite der Manipulationsversuche der ehemaligen Regierung der Partido Popular, die seit dem 11. September versucht hatte, islamistischen und baskischen Terror politisch gleichzusetzen. Obwohl also mancher Politiker bis heute die vorgebliche Aussage des Bildes für seine argumentativen Zwecke gebraucht und das Bild auch heute noch von nationalbewussten Basken für sich reklamiert wird, hat sich insgesamt eine andere Sichtweise durchgesetzt. Sie hebt – und das gilt auch für das Friedensmuseum in Guernica selbst – neben den ästhetischen Gesichtspunkten den dialektischen und pazifistischen Inhalt des Bildes hervor. Das Bild ist folglich aus dem konkreten historischen Trauma des spanischen Bürgerkrieges hervorgegangen, das von den Betroffenen weitgehend überwunden ist. Im politischen Alltag Spaniens

[34] Vgl. Chipp 1988, S.193
[35] El País (22.5.1992): *Perder el sueño por el* Guernica.
[36] Martin Krämer: *Offene Wunden für die Barrikaden von morgen*, in: *Hispanorama*, Nr.104 (2004), S.48-62, hier S.48

wird es im Kontext der Unabhängigkeitsbestrebung der Basken bisweilen noch erwähnt, insgesamt hat es sich aber in der öffentlichen Wahrnehmung als Ausdruck eines universellen Traumas etabliert, das offenbar die Dialektik der Moderne weiterhin bestimmt. Das Trauma Guernica, im kulturellen Bereich und in weiten Teilen der spanischen und baskischen Öffentlichkeit längst überwunden, wirkt durch die politische Instrumentalisierung in kleinen Zirkeln fort und mündet in das Trauma der terroristischen Gewalt des 21. Jahrhunderts, die nichts anderes ist als die Fortsetzung ebenjener Dialektik.

Abb. 1 Pablo Picasso: Guernica (1937) (c) Succession Picasso/VG Bild-Kunst, Bonn 2005

Fabian Lettow

Poetik des Mals. Das Trauma in Paul Celans Theorie des Gedichts

> Die nachzustotternde Welt,
> bei der ich zu Gast
> gewesen sein werde, ein Name,
> herabgeschwitzt von der Mauer,
> an der eine Wunde hochleckt.
> (Paul Celan)

Die Dunkelheit, in die man sich begibt, wenn man sich mit dem Werk Paul Celans aufmerksam beschäftigt, ist wie das Medium einer ambivalenten *Begegnung*, die berührt und befremdet. Ein Wort des französischen Philosophen Blaise Pascal zitierend, konstatiert Celan in seiner Büchnerpreisrede *Der Meridian*: „'Ne nous reprochez pas le manque de clarté puisque nous en faisons profession!'[1] – Das ist, glaube ich, wenn nicht die kongenitale, so doch wohl die der Dichtung um der Begegnung willen aus einer – vielleicht selbstentworfenen – Ferne oder Fremde zugeordnete Dunkelheit."[2] Erst auf einem langen Umweg, der das Gedicht in sich selbst spaltet und die vom Gedicht in seinem Innern „selbstentworfene Ferne oder Fremde" entstehen lässt, aus der die Dunkelheit des Sprechens, der Sprache und der Gestalt des Gedichts entspringt, wird Begegnung möglich, sagt Celan. Warum bedarf es dieses befremdenden, in die Fremde und Ferne führenden Umwegs? Für welche Begegnung? In seiner Lektüre der Lyrik Paul Celans hat Primo Levi die ihn gleichermaßen irritierende wie berührende Erfahrung eines Sprechens gemacht, das ihm von anderswo, vom Tod her zu kommen scheint. Levi berichtet in einem kleinen Essay mit dem Titel *Über dunkle Schreibweisen* von dieser Leseerfahrung:

> Dieses von Seite zu Seite zunehmende Dunkel, bis zum letzten zusammenhangslosen Stottern, macht bestürzt wie das Röcheln eines Sterbenden, und tatsächlich ist es auch nichts anderes. Es packt uns, wie uns ein Strudel packt, aber zugleich enthält es uns etwas vor, das gesagt werden sollte und nicht gesagt wurde, und deswegen frustriert es uns und stößt uns von sich fort. Ich meine, über den Lyriker Celan sollte man nachdenken und ihn betrauern, nicht aber ihn nachahmen. Wenn seine Lyrik eine Botschaft ist, so geht sie im ‚Hintergrundrauschen' unter: sie ist keine Mitteilung, ist keine Sprache, ist allenfalls eine dunkle, verstümmelte Sprache, wie eben die eines Sterbenden, der allein ist, wie wir es alle im Augenblick des Todes sein werden.[3]

---

[1] „Werfen Sie uns nicht den Mangel an Klarheit vor, da wir aus ihm unseren Beruf machen." (F.L.)

[2] Paul Celan: *Der Meridian*. In: Beda Allemann/Stefan Reichert (Hg.): *Paul Celan. Gesammelte Werke in fünf Bänden*, Dritter Band. Frankfurt a.M. 1986, S.187-202, hier S.195

[3] Levi zitiert nach: Giorgio Agamben: *Was von Auschwitz bleibt. Das Archiv und der Zeuge* (*Homo Sacer III*). Aus dem Italienischen von Stefan Monhardt. Frankfurt a.M. 2003, S.33

In der Tat stehen Celans Gedichte im Kontext des Todes. Dies sei jedoch nicht als biografische Anspielung auf Celans lange Aufenthalte in der Nervenklinik und seinen Suizid im April 1970 in Paris zu verstehen. Vielmehr eröffnet sich im Schreiben Celans ein Zusammenhang, den Giorgio Agamben als Zusammenhang von *Sprache* und *Tod* beschrieben und untersucht hat.[4] Celans Lyrik ist nicht so sehr als eine „verstümmelte", sondern vor allem als eine *verstummende* Sprache zu lesen. Das „furchtbare Verstummen"[5], das die mit der Zeit immer karger, sperriger, unzugänglicher werdende Sprache seines Werkes beherrscht, entspringt einer außerordentlichen Operation, die Celan in und mit der deutschen Sprache unternimmt. Celan hat in seinem komplexen Schreibprojekt versucht, die leere, verstümmelte, von Gewalt angereicherte und an ihrem Grund erschütterte Sprache des 20. Jahrhunderts an eben diesen Grund selbst heran zu führen, den Agamben in seiner Analyse über den Ort der Negativität als *Stimme* charakterisiert hat. Die Stimme ist der negative Grund der Sprache, sie ist das Schweigen der Sprache, ihr *grámma*. Im Verstummen nähern sich Celans Gedichte diesem Schweigen der Sprache, ohne jedoch vollständig in ihm aufzugehen. Sie halten sich in einer Bewegung des Verstummens an der Grenze zu diesem Schweigen in der Hoffnung, die durch die Katastrophen einer in Auschwitz gipfelnden Geschichte hindurchgegangene Sprache in ihrer axiomatischen Erschütterung er-*gründen* und vielleicht wieder vernehmbar machen zu können: vernehmbar jenseits der ihr eingeschriebenen Gewalt in einer *anderen Leere*, die indes die Geschichte dieser Gewalt nicht vergisst oder verdrängt. Celans Arbeit besteht im Gegenteil darin, die Spuren, die das historische Trauma des Nationalsozialismus mit der Traumatisierung der Sprache verbindet, in einer *Poetik des Mals* sichtbar zu machen. Im Mal werden die Spuren des der Sprache absolut entzogenen und diese zugleich besetzenden Traumas sichtbar. Die Poetik des Mals rückt die theoretisch komplexe wie ethisch anspruchsvolle Frage in den Blick, wie diese Spuren in ihre „Lesbarkeit" übersetzt werden können. Wie wird das Trauma in Celans Lyrik lesbar? In einem späten Gedicht schreibt Celan:

UNLESBARKEIT dieser
Welt. Alles doppelt.

Die starken Uhren
Geben der Spaltstunde recht,
heiser.

---

[4] Giorgio Agamben: *Le langage et la mort. Un séminaire sur le lieu de la négativité.* Traduit de l'italien par Marilène Raiola. Paris 1997

[5] Celan: *Der Meridian*, S.195

Du, in dein Tiefstes geklemmt,

entsteigst dir

für immer.[6]

Im Topos der „Unlesbarkeit dieser Welt“ verweist Celans Gedicht darauf, dass eine Welt der Katastrophen, wie Benjamins „Engel der Geschichte“[7] sie vor sich sieht und deren Topografie der Gewalt nur in ihren Verwundungen und Narben sichtbar wird, sich der Sprache entzieht und sich als unlesbar erweist. Aber auch das Gedicht selbst ist unlesbar, denn es ist nur die verlassene Spur eines Unterzeichners, von dem es sich emanzipiert, um sich einsam in den unendlichen Prozess der an ihm vollzogenen Lektüren zu begeben. Das Gedicht, „von seinem Ursprung und Ende abgeschnitten“, entstammt einer „unterbrochenen Abstammung“. „Vom Herzen seiner Einsamkeit aus vermag das Gedicht selbst – und über sich selbst – stets durch seine unmittelbare Unlesbarkeit hindurch zu sprechen. [...] Selbst dort, wo das Gedicht von der Unlesbarkeit, seiner eigenen Unlesbarkeit spricht, behauptet es gleichzeitig die Unlesbarkeit der Welt.“[8] Was spricht dieses unlesbare Gedicht, was gibt es uns jenseits seiner Unlesbarkeit zu lesen? Es berichtet, mit „heiser[er]“ Stimme, von der „Spaltstunde“ seiner Entstehung: von der Spaltung seiner unterbrochenen Abstammung im *Datum*, von dem es sich her schreibt, dessen es eingedenk ist, wie Celan sagt. Die „starken Uhren“ zeigen die „Stunde“ an, die dem Gedicht als sein gespaltenes Vermächtnis mitgegeben ist: jenes Datum, das Anlass der Entstehung des Gedichtes gewesen ist und das es nur aufgrund seines Vergangen-Seins erinnern kann. In der inneren Spaltung des Gedichts, in der von ihm selbst entworfenen Ferne und Fremde, adressiert das Gedicht in der dritten Strophe ein „Du“, das die paradoxe Bewegung von Nähe und Ferne, Identität und Fremdheit, Enge und Befreiung wiederholt: „Du, in dein Tiefstes geklemmt, / entsteigst dir / für immer.“ Zu dieser Adressierung hat Jacques Derrida angemerkt: „Und wenig später zögert man beim Versuch, das ‚Du‘ zu identifizieren, das das Gedicht aufruft: irgend jemand, mancher, das Gedicht selbst, der Dichter, der Leser, die Abgrundtiefe dieser oder jener für immer verschlüsselten Einzigartigkeit, jeder andere, Gott, Du und ich (*Du, in dein Tiefstes geklemmt...*).“[9]

Als Fluchtpunkt dieser Aufzählung scheint jene Figur auf, die Celan den „ganz Anderen“ genannt hat. Ich möchte im Folgenden das Programm einer Ethik der Aufmerksamkeit untersuchen, das Celan mit dieser Figur entworfen hat. Allerdings

---

[6] Paul Celan: *Unlesbarkeit* (GW Bd. 2, S.338)

[7] Walter Benjamin: *Über den Begriff der Geschichte.* In: Rolf Tiedemann/Hermann Schweppenhäuser (Hg.): *Walter Benjamin. Gesammelte Schriften*, Bd. I/2. Frankfurt a.M. 1974, S.693-704, hier: S.697

[8] Jacques Derrida: *Der ununterbrochene Dialog: zwischen zwei Unendlichkeiten, das Gedicht.* In: ders./Hans-Georg Gadamer: *Der ununterbrochene Dialog.* Hrsg. von Martin Gessmann. Frankfurt a.M. 2004, S.7-50, hier: S.25

[9] Ebd., S.26

zwingt sein schwer lesbarer Entwurf, der der Fluchtpunkt meines Aufsatzes ist, selbst zu großer Aufmerksamkeit und zu Umwegen. Unter Bezug auf viele der hier zu Beginn angesprochenen Fragen und Begriffe möchte ich im Folgenden in einem längeren Exkurs zunächst die Poetik einer ,Topografie des Mals' und eine Theorie des Datums im Angesicht des Traumas, das sich als leere Stelle in Celans Werk quasi als eine *mise en abîme* zu lesen gibt bzw. sich in diesem Sinn vielmehr der Lesbarkeit radikal entzieht, entwickeln, um dann in der Erörterung des *Meridian* und eines poetologisch signifikanten Gedichtes Paul Celans eine „Politik der Lektüre" vorzuschlagen, die die Frage nach der Figur des „ganz Anderen" in Celans Theorie des Gedichts in den Blick rückt. Die Dunkelheit, die dieser (Um-)Weg hin und wieder produzieren mag, ist auch der theoretisch komplexen und zur genauen Reflexion zwingenden Frage geschuldet, wie man über den Zusammenhang von Literatur und Trauma schreiben kann bzw. soll. Denn dieser entzieht sich, der Unsagbarkeit des Traumas gemäß, in (m)einem Sprechen und Schreiben, das dem Sprechen und Schreiben eines Anderen (in diesem Fall Paul Celans bzw. seiner Gedichte) begegnet und antwortet dem sprachlichen Zugriff damit ja schon zum zweiten Mal. In dieser Hinsicht wird es darum gehen, einige der diese Problematik strukturierenden systematischen Zusammenhänge zu erhellen. Darüber hinaus ist der Versuch eines solchen Schreibens aber auch ein persönliches Unternehmen, das viele Situationen und Begegnungen mit einbegreift, die mich in den letzten Jahren berührt und befremdet haben. Ihre Daten sind diesem Aufsatz eingeschrieben.

Topografien des Mals

Das Mal ist der Ort, an dem die Zeit des Traumas vergangen ist und wiederkehrt, ohne sich zu wiederholen. Im Mal sind Ort und Zeit einer traumatischen Erfahrung unauflöslich ineinander verschränkt, die traumatische Zeit konstituiert den Ort des Mals, der ihr Statt gibt, indem sie ihn heimsucht. Die Komposita des Mals bezeigen diese Tatsache: Mahnmal, Grabmal, Schandmal, Wundmal, Denkmal sind Begriffe, die jeweils einen Ort bezeichnen, an dem sich der gespenstische Charakter der traumatischen Erinnerung zeigt. Hier, an diesen gespenstischen Orten, aktualisiert sich das vergangene Ereignis eines Verlustes, einer Verletzung oder eines Verbrechens in einer topografischen Markierung, die das Ereignis, das selbst abwesend, unzugänglich, opak ist, als Spur und das heißt *in seiner Abwesenheit* und als ein *Abwesenheit und Leere produzierendes* sichtbar macht: die immer wieder gewaltsam hereinbrechende Aktualisierung einer Schrift des Ortes, einer *Topo-Grafie* – sei sie ein Grab, ein Monument oder die Wunden und Narben, die einen Körper oder eine Seele zeichnen – , deren Anwesenheit und Gegenwart auf eine dauerhafte Abwesenheit, auf eine leere Stelle referiert. Im Mal kehrt die unwiederholbare Zeit des gewaltsamen Einbruchs eines „Anderen" als dessen Spur wieder, das heißt, das Mal *ist* diese Spur, in der zwei Zeiten aufeinanderstoßen: die abwesende Zeit des *Eindringlings*, der den vergangenen Moment seines traumatischen Eindringens in Erinnerung ruft, und die Zeit der Erinnerung selbst, in der am Ort des Eindringens der Eindringling als Widergänger erscheint. Im Schatten dieser gespenstischen Heimsuchung aktualisiert sich das Eindringen, ohne dass der *Akt* des Eindringens, dessen vergangenes Ereignis selbst sich wiederholte. Damit kann das Eindringen jedoch niemals aufhören. Jean-Luc Nancy schreibt in einem kleinen Essay, in dem er über die an ihm vollzogene Herztransplantation nachdenkt: „Es gibt kein einmaliges Eindringen, sobald es ein Eindringen gibt, vervielfältigt es sich bereits, bestimmt es sich in immer neuen immanenten Unterscheidungen."[10] In Form der gewaltsamen Erfahrung einer *Leere* kehrt der Eindringling immer wieder, vervielfältigt sich und produziert eine undurchdringliche, unabschließbare, nicht aufhebbare Gegenwart, in der sein Eindringen als dauerhafte *Befremdung* fortwirkt, die die Identität des „Eigenen" beständig be- und entfremdet.[11] Die traumatische Erfahrung des Eindringens manifestiert sich im Mal als leere Stelle, als Ort einer schmerzhaften Markierung, die der Eindringling hinterlassen hat und die sich nicht schließt, da sie nichts anderes ist und erzeugt als den Prozess des sich vervielfältigenden Eindringens selbst, der ein Unmöglich-Werden klarer Unterscheidungen produziert, etwa der Unterscheidung von Eigenem und Fremdem, von Identität und Alterität, von ursprünglicher Verletzung und ihrer wiederkehrenden Aktualisierung. Der Eindringling wird zur Figur der entfremdenden Ent-eignung des Eigenen, wie Nancy sie in Bezug auf die in seinem Körper durch das ihm eingepflanzte fremde Herz ausgelösten wuchernden Krankheiten, die Herabsetzung seiner Immunität und den damit einher gehenden Identitätstaumel beschrieben hat. Die leere Stelle des Eindringens, das *Mal*, ist der traumatische Ort einer gleichzeitigen An- und Abwesenheit des Eindringlings: eine *Wunde/Narbe*, die den bewussten Formen der verarbeitenden Erinnerung wie dem für diese Erinnerung konstitutiven Vergessen gleichermaßen entzogen ist und Vergangenheit und Zukunft zu einer unendlichen Gegenwart verschweißt. Die Figur von Wunde/Narbe, die Nancy im *Eindringling* beschreibt, bildet eine hermetische, in sich dialektisch abgeschlossene Struktur, in der Wunden schweigend zu Narben verwachsen und diese wiederum nach Wunden schreien. In diesem Zirkel, in dem Sprache nur als Schweigen oder Schreien vorkommt, ist jede Form bedeutsamen, signifizierenden Sprechens abwesend. Der Zirkel aus Wunde/Narbe und Schweigen/Schreien kreist in sich selbst, er ist leer und für jedes Verstehen opak. Von dem Moment an, da ihm die Ärzte mitteilen, dass sein Herz zu schwach sei und ausgetauscht werden müsse, stellt sich für Nancy das Gefühl einer Leere ein, die sich im Zentrum seines Körpers ausbreitet.

> Da war einfach das körperliche Gefühl einer Leere, die sich bereits in der Brust auftat, als würde die Luft angehalten und der Atem stillstehen. Für mich war und ist es auch heute ganz und gar unmöglich, in dieser Leere das Organische, das Symbolische, das Imaginäre auseinander zu halten, und das Durchgängige vom Unterbrochenen zu

---

[10] Jean-Luc Nancy: *Der Eindringling. Das fremde Herz*. Berlin 2000, S.35
[11] Ebd.

> scheiden. Es war wie ein einziger Hauch, ein einziger Seufzer, ausgestoßen in einer bereits unmerklich geöffneten Höhle. [...] Mein Herz wurde nun zu meinem Fremden. Fremd wurde es gerade deshalb, weil es sich innen befand. Von außen konnte der Fremde nur in dem Maße kommen, in dem er zunächst innen aufgetaucht war. Welch' Leere tat sich plötzlich in meiner Brust und in meiner Seele auf (sind doch beide das Gleiche), als man mir sagte: ‚Eine Verpflanzung wird nötig sein'... Der Geist stößt sich hier an einem nichtigen Gegenstand. Es gibt an dieser Stelle nichts, was man wissen, verstehen, wahrnehmen könnte. Eindringen eines dem Denken fremden Körpers. Diese Leere, diese Lücke, dieses Weiß werden mir bleiben. Sie sind das Denken selbst und gleichzeitig auch sein Gegenteil.[12]

Welches Schreiben und Sprechen antwortet den Topografien des Mals, den traumatischen Signaturen des Eindringlings? Die Leere des Eindringens ist unsagbar und befremdend, sie bedeutet nichts und wird zu einer weißen, undurchdringlichen Oberfläche: die opake Rückseite der Bilder und Diskurse. Diese Leere selbst ist nicht benennbar, in ihr gibt es nichts zu wissen und das Organische lässt sich nicht mehr sinnvoll vom Symbolischen oder Imaginären unterscheiden. Dennoch zeitigen die sichtbaren Spuren dieser unzugänglichen und undarstellbaren Leere Sprachanlässe. In der Brust des Herzpatienten Jean-Luc Nancy klafft die Figur von Wunde/Narbe in buchstäblicher Form. Nancy schreibt: „Welch' seltsames und fremdes Selbst! Nicht, weil man mich geöffnet hat und durch die klaffende Öffnung ‚mein' Herz ersetzt hat, sondern weil sich das Aufklaffende nicht mehr schließen läßt. (Jede Radiografie verdeutlicht es: das Brustbein ist mit den gewundenen Enden eiserner Fäden vernäht.) Ich bin offen geschlossen."[13] Die Schrift des Röntgenbildes, die Radio-Grafie, exponiert das Mal des Eindringens: zugleich eine offene Wunde und eine geschlossene Narbe, „offen geschlossen" in eins. Dieses sichtbare, aber unlesbare Mal, das von Eisenfäden durchzogen ist, ist wie das leere Sinnbild, die asignifikante Signatur des Eindringlings, die auf eine Leere referiert, welche ein Sprechen oder Schreiben evoziert, das umkreist, was unsagbar bleibt. Nancy beschreibt in seinem Essay die verschiedenen Stufen der Selbst-Entfremdung: die Abstoßungsversuche seines Körpers gegen das fremde Herz; die gegen diese Abstoßung gerichtete Behandlung, die den Körper und die Immunität schwächt und damit die Entfremdung vorantreibt; die Attacken der durch die herabgesetzte Immunität mobilisierten Viren, die immer neue Krankheiten und Schmerzen produzieren; schließlich die Bildung einer Krebsgeschwulst. „Der Krebs ähnelt einer elenden, krummen und verwüstenden Gestalt des Fremden. Mir selber fremd, und ich selber fremd werdend. Wie soll man es ausdrücken?"[14] *Comment dire*? In dieser Frage kulminiert die Schwierigkeit des vielleicht unmöglichen Projekts, nicht bloß über die Leere eines Traumas hinweg und bis an seine Ränder zu schreiben, sondern es selbst zum Sprechen zu bringen und die pure

[12] Nancy: *Der Eindringling*, S.15ff
[13] Ebd., S.37
[14] Ebd., S.39

Sichtbarkeit seiner Spuren, seiner *Male*, in die Sagbarkeit zu übersetzen. Die äußeren und inneren Versehrungen, die der Eindringling produziert, sind diagnostizierbar, sie können als Symptomschauplatz, als „Symptomkörper"[15] aufgezeichnet werden. Doch wie kann dieser Schauplatz, der vom Zirkel der „schreienden Narben" und der „schweigenden Wunden" beherrscht wird, selbst zum Sprechen gebracht werden? Wie lässt sich die Figur von Wunde/Narbe lesen?

Das Lesbare: Zwischen Stimme und Schrift

Was die Bedeutung in der Sprache hervor treibt, was sie lesbar macht und den Prozess des Verstehens in Gang setzt, ist eine Art der Markierung, die selbst bedeutungslos ist. Jacques Derrida hat die Dynamik dieser Markierung beschrieben, die Umwege und Aufschübe, die Differenzen und unauflösbaren Reste, die sie produziert. Dabei lassen sich wie in einer chiastischen Kreuzstellung zwei entgegengesetzte Markierungen beschreiben, die beide auf das irreduzible und zugleich koaleszente Verhältnis von Stimme und Schrift als doppeltem Grund der Sprache referieren und es auf eine Ordnung hin öffnen, die in einem „seltsame[n] Raum [...] *zwischen* Sprechen und Schrift" angesiedelt ist.[16] In dem einen Fall handelt es sich um eine in der Schrift sichtbare, aber unhörbare Markierung, wie Derrida sie in seinem Text *Die différance* erörtert hat, im anderen Fall um eine unsichtbare, aber im Sprechen hörbare Markierung, die sich in seinem *Schibboleth. Für Paul Celan* betitelten Essay expliziert findet. In *Die différance* hat Derrida durch einen kleinen orthografischen Eingriff, durch die Auswechslung eines Buchstabens von „différ*e*nce" zu „différ*a*nce" den auf Freud, Saussure, Nietzsche und Heidegger referierenden Horizont der Frage nach dem Verhältnis von Sprache und Sein eröffnet. Es ist unmöglich, dieses Verhältnis hier auch nur zu skizzieren. Vielmehr will ich mich auf einige Einlassungen beschränken, die den grafischen Eingriff und damit das *a* in Derridas *différance* betreffen. Derrida schreibt:

> Ich erinnere also ganz präliminarisch daran, daß dieser unauffällige graphische Eingriff, der nicht etwa um des Ärgernisses des Lesers oder des Grammatikers willen unternommen wurde, im schriftlichen Prozeß einer Frage über die Schrift kalkuliert wurde. Nun aber trifft es sich, gleichsam faktisch, daß dieser graphische Unterschied (das *a* an der Stelle des *e*), dieser ausgeprägte Unterschied zwischen zwei anscheinend vokalischen Schreibweisen, zwischen zwei Vokalen, rein graphisch bleibt: er läßt sich schreiben oder lesen, aber er läßt sich nicht vernehmen. Er läßt sich nicht vernehmen, und wir werden sehen, worin er gleichfalls die Ebene des Verstandes übersteigt. Durch eine stumme Markierung, durch ein schweigendes Denkmal, ich werde sogar sagen, durch eine Pyramide, macht er sich bemerkbar, womit ich nicht nur an die Gestalt des Buchstabens denke, als Majuskel gedruckt, sondern auch an jenen Text aus der *Enzyklopädie*

---

[15] Sigrid Weigel: *Ingeborg Bachmann. Hinterlassenschaften unter Wahrung des Briefgeheimnisses.* Wien 1999, S.373

[16] Jacques Derrida: *Die différance.* In: ders.: *Randgänge der Philosophie.* Hrsg. von Peter Engelmann. Wien 1999, S.31-56, hier: S.34

> von Hegel, wo der Körper des Zeichens mit der ägyptischen Pyramide verglichen wird. Das *a* der différance ist also nicht vernehmbar, es bleibt stumm, verschwiegen und diskret, wie ein Grabmal: *oikesis*.[17]

Das Grabmal, das sich im *a* der *différance* auf stumme Weise zeigt, setzt ein Spiel in Gang, das zwischen Stimme und Schrift oszilliert. Dieses Spiel hat Derrida als „calcul économique" bezeichnet, eine Ökonomie, die in der *différance* jene Bedeutungen des Verbs *différer* und des Suffix *-ance*, aus denen sich die *différance* zusammensetzt, selbst wirksam werden lässt. *Différer* bedeutet unter anderem sowohl auf- bzw. verschieben als auch Unterscheiden und Verschiedensein. Das Suffix *-ance*, das im Französischen Verben substantiviert, eröffnet ebenfalls die Dynamik einer spezifischen Mehrdeutigkeit, denn das derart substantivierte Verb ist sowohl aktivisch als auch passivisch zu gebrauchen, ist ununterscheidbar aktiv und passiv in einem. Im stummen, aber sichtbaren Unterschied zwischen *e* und *a* in der *différance*, die sich in Derridas Entwurf ebenfalls der Alternative widersetzt, entweder aktives Subjekt oder passives Objekt zu sein, sondern die eine solche Form der Unterscheidung allererst ermöglicht und dabei selbst unentschieden und ununterscheidbar bleibt, öffnet sich ein Raum zwischen Stimme und Schrift, in dem Sinn und Bedeutung der *différance* durch den grafischen Unterschied, der lesbar, aber nicht vernehmbar ist, oszillieren, sich endlos aufschieben.[18] Dem Moment des Aufschubs, des Umwegs, der Verzögerung kommt eine zeitliche Dimension zu, die Derrida „Temporisation" genannt hat. Die Unterscheidung, die in der grafischen Markierung sichtbar wird, ist hingegen räumlich, Derrida nennt sie „Verräumlichung".[19] Als sprachlicher Entwurf ist die *différance* eine französische Erfindung, das Deutsche etwa kennt keine vergleichbare Form des stummen, aber sichtbaren Unterschieds in der Verwendung von Vokalen. Doch Derridas *différance* macht auf viel grundsätzlichere Zusammenhänge aufmerksam. Zum einen verweist sie auf die Konstitution der Sprache im Raum zwischen Stimme und Schrift, zwischen Sprechen und Schreiben, die die Grenzen der Sprache in ihrer puren Hörbarkeit und ihrer puren Sichtbarkeit definieren. Zum anderen auf das Verhältnis von Sprache und Sein, auf den Konnex zwischen dem Zeichen und der Welt. Im Gegensatz zur klassisch semiotischen Theorie, die das Zeichen als Repräsentant des Gegenwärtigen in seiner Abwesenheit begreift, eröffnet die *différance* ein Denken, das die Vorstellung der Repräsentation einer Präsenz im Zeichen in Frage stellt und auf die Kluft verweist, die das Sein und die Sprache trennt. In den Aufschüben und Umwegen der Male in Celans Gedichten scheint diese Kluft auf: die Kluft zwischen der Unsagbarkeit des Traumas und seiner abwesenden Gegenwart, die sich aus einer Vergangenheit her schreibt, die nie gegenwärtig gewesen ist. Das Trauma ist ein Ereignis, das nie bewusst, anwesend, präsent gewesen ist und daher für immer die Gegenwart heimsucht, da es nicht bewusst, anwesend und damit für eine Ordnung der Erinne-

---

[17] Ebd., S.32

[18] Thomas Sparr: *Celans Poetik des hermetischen Gedichts*. Heidelberg 1989, S.110

[19] Derrida: *Die différance*, S.36

rung und der Diskursivierung kommensurabel gemacht werden kann. Nancys Frage bleibt: *Das Trauma, le traumatisme – comment le dire/lire?*

In *Schibboleth* beschreibt Derrida die zweite, zur *différance* umgekehrte Figur einer Markierung zwischen Stimme und Schrift. Derrida berichtet: „Die Ephraimiter waren durch die Armee von Jephtah besiegt worden; und um die Soldaten an der Flucht über den Fluß zu hindern [...], verlangte man von jedem, er solle *Schibboleth* sagen. Nun waren die Ephraimiter dafür bekannt, daß sie das *Schi* in *Schibboleth* nicht korrekt aussprechen konnten, das von daher für sie ein *unaussprechlicher Name* wurde. Sie sagten *Sibboleth* und verrieten sich auf diesem unsichtbaren Grenzübergang von *Schi* zu *Si* dem Wachtposten bei Gefahr des Lebens."[20] Derrida spricht in seinem Essay vom Ereignis der Beschneidung, vom „einzigen Mal" der Beschneidung, diesem jüdischen Brauch, der auszeichnet, auswählt und ausschließt, der die jüdische Gemeinschaft konstituiert und ihre Grenzen definiert. In der Anekdote der verfeindeten Gilaediter und Ephraimiter wird der Zusammenhang zwischen einer Beschneidung der Sprache und der Gewalt einer Gemeinschaft, die im *Schibboleth*, im *Losungswort*, Zugehörigkeit und Ausschluss regelt, erkennbar. Das beschnittene Sprechvermögen der Ephraimiter beschneidet das Wort *Schibboleth* zur Hörbarkeit eines Sprachfehlers „Sibboleth", mit dem die Ephraimiter ihre Nicht-Zugehörigkeit zur Gemeinschaft verraten und dadurch ihren Ausschluss und Tod erfahren. In Analogie zur sichtbaren, aber unhörbaren Markierung in der *différance* markiert auch der diakritische Unterschied zwischen *Schi* und *Si*, der hörbar, aber unsichtbar ist, jenen Raum zwischen Stimme und Schrift, in dem die Sprache ihre Bedeutung nur auf dem negativen Grund einer bedeutungslosen Markierung, die der reinen Sichtbarkeit oder Hörbarkeit angehört, zu entfalten vermag. Diese Markierung, die unterscheidet und aufschiebt, die öffnet und einschließt, aber auch selektiert, ausschließt und vernichtet, gilt, ohne selbst zu bedeuten. Derrida schreibt über das *Schibboleth*:

> Babel in *einer einzigen* Sprache. *Schibboleth* ist ein Merkmal für die Vielfalt in der Sprache, der bedeutungs-lose Unterschied als Bedingung für die Bedeutung. [...] Das *Schibboleth* [...] widersetzt sich der Übersetzung durch das, was in ihm die Kerbe eines nicht bedeutungstragenden Unterschieds im Körper des Merkmals hinterläßt – eines geschriebenen oder mündlichen Merkmals, das, wie ein Merkmal in einem Merkmal, wie ein markierender Einschnitt direkt ins Merkmal, ins gesprochene Wort (*parole*) geschrieben sein kann.[21]

Das, was die Sprache zugleich konstituiert und überschreitet, sie eröffnet und begrenzt bzw. beschneidet, ist ein geschriebenes oder mündliches Merk-*Mal*. Eine grafische oder phonetische Markierung, die sich in der Sprache wie ein Riss oder eine Wunde auftut, ein konstitutiver blinder bzw. stummer Fleck, ein Mal, von dem aus die Sprache erst in Gang kommt, von dem aus sie ihre Bedeutung, ihre Lesbarkeit erst entfaltet. Als doppelt negativer Grund der Sprache setzen die sich in der Stimme

[20] Jacques Derrida: *Schibboleth. Für Paul Celan.* Hrsg. von Peter Engelmann. Wien 2002, S.51
[21] Ebd., S.63/65f

manifestierende hörbare Schicht der Sprache und die in der Schrift manifestierte sichtbare Schicht der Sprache einen Zwischen-Raum frei, in dem die Sprache zu ihrer Bedeutung gelangt, *lesbar* wird. Die beschriebenen Doppelfiguren von Wunde und Narbe, Schweigen und Schreien, Eindringen und Beschneiden eröffnen an den Rändern der Sprache, an ihrem dunklen Grund jenen unendlichen Prozess der Bedeutungsproduktion, der nie zu sich selbst finden und damit niemals enden kann, da ihm als negativer Grund eine konstitutive Leere eingeschrieben ist. „In diesen Nicht-Ort der Artikulation", schreibt Agamben, „hat die Dekonstruktion ihre ‚Spur' und ihre *différance* eingeschrieben, in der Stimme und Schrift, Bedeutung und Präsenz einander unendlich aufschieben."[22] Stimme, Schrift und Sprache sind irreduzibel und koaleszent, sie durchdringen sich gegenseitig und grenzen sich unüberschreitbar voneinander ab. Die bedeutende Sprache ist nicht reduzibel auf ihre pure Hörbarkeit oder ihre pure Sichtbarkeit, auf jene Stimmen und Schriften, in denen das *Mal* vernehmbar bzw. sichtbar wird: eine Markierung, die nichts bedeutet bzw. das Nichts, den negativen Grund der Sprache, den Tod bedeutet. Die Sprache ist vom Feld der Sichtbarkeit und vom Feld der Hörbarkeit zu unterscheiden, von der stummen, aber sichtbaren Markierung in *différance* wie von der hörbaren, aber unsichtbaren Markierung in *Schibboleth*. Die Male, die die Sprache einrahmen, sind damit im Grunde die Male ihrer Beschneidung. Das Mal ist, wo die Sprache nicht hinreicht. Und doch wäre die Bedeutung der Sprache ohne die Grenzziehungen, Irreduzibilitäten, Koaleszenzen und Differenzen gar nicht denkbar und diese nicht ohne die Sprache. Im Mal werden die Grenzen der Sprache sichtbar bzw. hörbar und eröffnen der Sprache die Dimension ihrer Lesbarkeit. So wie ein Körper Wunden und Narben der zweischneidigen Beschneidung, der öffnenden und einschließenden, aber auch der selektierenden, ausschließenden und vernichtenden Dimension des *Schibboleth*, als Male tragen kann, die schreien oder schweigen, so sind die Wörter, ist der Körper der Sprache, etwa im Gedicht, selbst beschnitten. Derrida spricht hier mit einem Wort Paul Celans von zugleich lesbaren und unlesbaren Wunden und Narben: „Wundgelesenes".[23] Die Beschneidung der Worte, ihre Auswahl, Setzung, Einschließung ins Gedicht, die sie aus dem Körper der Sprache ausschneiden und ausschließen, eröffnen dem Gedicht in Bezug auf seinen Leser diese beiden Möglichkeiten: die Öffnung gleich einer Tür wie den Ausschluss und damit Lesbarkeit und Unlesbarkeit – das Gedicht als *Schibboleth*. Nur durch die Markierung des Mals entstehen Lesbarkeit und Bedeutung, die aber mit der Markierung als irreduziblem Fehler oder Rest immer gleichzeitig auch Missverstehen, unvollständiges Verstehen, Nicht-Verstehen und Unlesbarkeit produzieren und den Prozess der Lektüre zu einem unabschließbaren machen. Über den Zusammenhang von Wunde und Lektüre in Bezug auf das Gedicht hat Derrida eine sehr schöne Einlassung gemacht:

[22] Agamben: *Was von Auschwitz bleibt*, S.113
[23] Derrida: *Schibboleth*, S.115f

> Was so offensteht, gehört nicht mehr der Ebene des Sinns an, auch nicht der Ebene der Phänomene oder der Wahrheit, sondern macht jene erst möglich in ihrem Übrigbleiben, es zeichnet in das Gedicht den Hiat einer Wunde ein, deren Lippen sich niemals schließen oder zusammenkommen. Jene Lippen formen sich um einen sprechenden Mund herum, der, selbst wenn er schweigt, noch den anderen ohne Vorbedingung anruft, und dies in der Sprache einer Gastfreundschaft, die nicht einmal mehr zur Entscheidung steht. Eben weil diese Lippen selbst an ihrem Ende niemals mehr zueinander kommen, weil sich die Verbindung des so Verbundenen nicht mehr in einem erfüllbaren Kontext absichern läßt, bleibt der Vorgang zwar immer unendlich, aber diesmal auf eine diskontinuierliche Weise. Das heißt, auf eine andere Weise endlich und unendlich. Hier, alleingelassen in der Weltferne, kann es geschehen, daß das Gedicht winkt oder segnet, den anderen trägt, ich will sagen ‚dich', wie man gleichermaßen Trauer trägt und ein Kind austrägt, von der Empfängnis über die Schwangerschaft bis zum Auf-die-Welt-Kommen. In der Schwangerschaft. Das Gedicht ist das ‚dich' und das ‚ich', das sich an ‚dich' wendet, aber auch jeder andere.[24]

Über die Anrufung dieses „Anderen", der „jeder andere" sein kann, und die „Sprache einer Gastfreundschaft", in der die Anrufung stattfindet, wird noch zu sprechen sein.

Ein weiteres Mal: Was bedeutet das Gedicht? Was geben seine Wunden und Narben zu lesen? Sie geben die Sprache selbst, ihr „Stattfinden" zu lesen.[25] Die Sprache referiert in den Aufschüben und Umwegen, den Unterscheidungen und (De-) Markationen, die hier beschrieben wurden, auf sich selbst, auf ihre Möglichkeiten und Grenzen, auf das, was sie konstituiert, wie das, was sie dekonstruiert. Die Sprache impliziert sich selbst, sie hat sich zum Anlass und Ziel ihrer Rede, sie deliriert um eine in ihrem Zentrum befindliche Leere, in der Sprechen und Sprache unaufhörlich aufeinander verweisen und nichts sagen als ihre wechselseitige Implikation – eine Bewegung, die Foucault für das Verhältnis von moderner Literatur und Wahnsinn beschrieben hat.[26] Die Sprache bezeugt keine äußere Wirklichkeit, das Verhältnis von Sprache und Sein ist keines der Repräsentation und Stellvertretung. Wie aber vermag die Sprache dann das Trauma zu sagen? Wie vermag es das Gedicht, ein historisches oder biografisches Ereignis zu lesen zu geben? Die Antwort lautet: in seiner Löschung. Das Gedicht löscht das Ereignis zugunsten seiner Lesbarkeit. Es hebt das Datum, das ihm eingeschrieben ist, im doppelten Sinn auf. „Unlesbarkeit dieser Welt", heißt es bei Celan. Das Sein der Welt ist unlesbar, es entzieht sich der Sprache, die es nicht zu benennen vermag. Am Ende seines Textes *Die différance* stellt Derrida die Frage nach der „Vereinigung von Sprechen und Sein in dem einzigen Wort, in

---

[24] Derrida: *Der ununterbrochene Dialog*, S.34f

[25] Agamben: *Was von Auschwitz bleibt*, S.101

[26] Michel Foucault: *Der Wahnsinn, Abwesenheit eines Werkes*. In: Daniel Defert/François Ewald (Hg.): *Michel Foucault. Schriften zur Literatur*. Übersetzt von Michael Bischoff/Hans-Dieter Gondek/Hermann Kocyba. Frankfurt a.M. 2003, S.175-185, hier: S.181ff

dem schließlich eigentlichen Namen".[27] Die Frage bleibt unbeantwortet, ihre Komplexität zwingt zu tastenden Versuchen im Dunkeln, die ungenügend bleiben müssen. Die Unlesbarkeit, die sich immer schon konstitutiv in die Lesbarkeit des Gedichtes eingeschrieben hat, in jenen Raum zwischen Stimme und Schrift, an dem die Sprache nicht entspringen kann, ohne immer schon von ihrem negativen Grund heimgesucht zu werden, korrespondiert mit der Unlesbarkeit der Welt, der Unlesbarkeit eines traumatischen Ereignisses, das sich der bewussten Erinnerung, der Präsenz und dem Diskurs radikal entzieht. Und doch spricht das Gedicht von den Daten, die ihm mitgegeben sind, die sich in ihm abdrücken, die jedoch nur dadurch lesbar sind, dass sie in einer paradoxen Bewegung im Gedicht ihre Löschung und Auslöschung erfahren. Wie ist das möglich?

Die Zeit des Datums ist ein Widergänger, ein Gespenst. Sie macht ein Ereignis lesbar und löscht es zugleich, im Datum ist das Ereignis, von dem das Datum sowohl spricht als auch schweigt, zugleich an- und abwesend. Das Datum hebt das Ereignis im zweifachen Sinn auf, macht es zu seinem abwesenden Geheimnis und *Schibboleth*, das es in seiner Unlesbarkeit und Stummheit bewahrt und beschützt. Es verhüllt und löscht das Ereignis aber gleichzeitig auch zugunsten seiner Lesbarkeit, die das unwiederholbare Ereignis in seiner Unwiederholbarkeit und als Unwiederholbares wiederholbar, d.h. erinnerbar macht. Ein Ereignis ist nicht wiederholbar, es ereignet sich und vergeht für immer. Aber es kann wiederkehren, eingeschlossen in ein Datum, das uns das vergangene Ereignis zu lesen gibt, aufschließt und damit in seiner Abwesenheit anwesend sein lässt. Derrida schreibt:

> Ein Datum trägt sich fort, es transportiert sich, es enthebt sich seiner selbst – und löscht sich daher in seiner Lesbarkeit aus. Diese Löschung stößt ihm nicht zu wie ein Unfall, sie zieht seinen Sinn oder seine Lesbarkeit nicht in Mitleidenschaft, vielmehr wird diese Löschung eins mit dem Zugang der Lektüre selbst zu dem, was ein Datum noch bedeuten kann. Wenn die Lesbarkeit jedoch das Datum auslöscht, ebenjenes, das sie zu lesen gibt, so wird dieser seltsame Vorgang mit der Einschreibung des Datums selbst seinen Anfang gefunden haben. [...] Löschung oder Verhüllung, diese dem Ring der Wiederkehr eigene Annullierung gehört der Bewegung der Datierung an. Das, woran erinnert werden muß, was *gleichzeitig* versammelt und wiederholt werden muß, ist von dem Augenblick an *gleichzeitig* die Vernichtung des Datums, eine Art Nichts, oder Asche. Die Asche erwartet uns.[28]

Paul Celan hat in seinem Schreibprojekt den extremen Versuch unternommen, der „Asche" buchstäblich zu antworten. Seine Gedichte kreisen um und nähern sich jenem Mal, das sich als traumatische Spur der Lesbarkeit sowohl verschließt, als auch von der Gewalt zeugt, die es erzeugt hat: von der Asche der Vernichtung. So sehr sich das Trauma seiner Benennung entzieht, so sehr haben die moderne Geschichte und die Formen vernichtender Gewalt besonders im 20. Jahrhundert in der Sprache

[27] Derrida: *Die différance*, S.56
[28] Derrida: *Schibboleth*, S.45f

ihre Spuren hinterlassen. Eine Sprache, in der die „Endlösung" systematisch geplant, angeordnet und bürokratisch verwaltet worden ist, ist selbst eine traumatisierte Sprache: verstümmelt, entleert und an ihrem Grund erschüttert. Die in den Waren- und Wirtschaftskriegen, im Terrorismus und in den medialen Vermarktungen von Trash und Katastrophen der Jetztzeit erzeugte Sprache setzt die Leere fort, in der sich eine extreme Gewalt anstaut, die sich in einer Art Übersprung permanent gesellschaftlich entlädt.[29] Dabei verdeckt diese Sprache paradoxer Weise die Wunden und Narben, von denen sie gezeichnet ist und die sie selbst produziert, indem sie in ihrem bunten Oberflächengerede und in der Verschweißung medialer Bild-Text-Konstruktionen die Schreie und das Schweigen an ihren Rändern erstickt und das Trauma, das ihr innewohnt, überdeckt. Über die an ihrem Grund erschütterte Sprache schreibt Celan in *Edgar Jené und der Traum vom Traume*:

> Ich war mir klar geworden, daß der Mensch nicht nur in den Ketten des äußeren Lebens schmachtete, sondern auch geknebelt war und nicht sprechen durfte – und wenn ich von der Sprache rede, so ist damit die ganze Sphäre menschlicher Ausdrucksmittel gemeint – weil seine Worte (Gebärden und Bewegungen) unter der tausendjährigen Last falscher und entstellter Aufrichtigkeit stöhnten – was war unaufrichtiger als die Behauptung, diese Worte seien irgendwo im Grunde noch dieselben! So mußte ich auch erkennen, daß sich zu dem, was zutiefst in seinem Innern seit unvordenklichen Zeiten nach Ausdruck rang, auch noch die Asche ausgebrannter Sinngebung gesellt hatte und nicht nur diese.[30]

In seiner Poetik des Mals hat Celan versucht, die Wunden und Narben wieder sichtbar, die Schreie und das Schweigen wieder vernehmbar zu machen und der „Asche ausgebrannter Sinngebung" zu antworten. Seine Gedichte sind Texte einer Bewegung des Verstummens, die die Leere der von Gewalt angereicherten, verstümmelten Sprache in eine andere Leere zu überführen sucht. Celans Projekt einer anderen Entleerung der Sprache, der Versuch, sie zum Verstummen zu bringen, ist der extreme Versuch, die Male wieder sichtbar und hörbar zu machen, die Sprache freizulegen von den ungezählten falschen Bildern und Stimmen, die sie überblenden und überrauschen. Celans Gedichte machen an der Grenze des negativen Grunds der Sprache in einer Bewegung des Verstummens, die sich dem Schweigen der Sprache nähert, jene Spuren des Traumas lesbar, die als Male, an denen die Zeit des Datums wiederkehrt, ohne sich zu wiederholen, in einer *différance* und als *Schibboleth* ins Gedicht eingeschrieben sind. Im Raum zwischen Stimme und Schrift produzieren die Gedichte eine Lesbarkeit, die immer schon durch den konstitutiven Fehler ihrer Unlesbarkeit bedroht ist und zur aufmerksamen und unabschließbaren Lektüre zwingt. Das Datum des Gedichts, das nur in seiner Löschung lesbar wird, eröffnet im Gedicht zwei Zeiten: In der Gegenwart des Gedichts aktualisiert sich zum einen die Spur des Ein-

---

[29] Diesen Zusammenhang macht Elfriede Jelinek in ihren Stücken, Essays und Romanen immer wieder sicht-, hör- und lesbar.

[30] Paul Celan: *Edgar Jené und der Traum vom Traume.* GW Bd. 3, S.155-161, hier S.157

dringlings, die traumatische Zeit des *Anderen.* Zum anderen halten Celans Gedichte auch zu auf eine Begegnung mit dem *ganz Anderen*, auf die u-topische Zeit einer Gastfreundschaft inmitten einer traumatischen Landschaft der Gewalt.

„La poésie ne s'impose plus, elle s'expose."

Dieser Satz Paul Celans, auf den 26. März 1969 datiert, ist in der Werkausgabe den Reden vorangestellt.[31] In ihm ist das gesamte Programm der Poetik Celans in verdichteter Form enthalten. „Die Poesie drängt sich nicht mehr auf, sie setzt sich aus", so könnte man ihn frei übersetzen. Oder auch: „Lyrik setzt sich nicht länger durch, sie gibt sich preis."[32] Es ist ein Satz, der in die Einsamkeit weist, in die Einsamkeit der Aussetzung und Preisgabe, und der jenen langen und schwierigen Weg anzeigt, den Celan mit der Dichtung und im Angesicht des Gedichts in seiner Büchnerpreis-Rede, dem *Meridian*, zurückgelegt hat.[33] Die Rede, die Celan anlässlich der Verleihung des Georg-Büchner-Preises am 22. Oktober 1960 in Darmstadt gehalten hat, gilt der Dichtung. Welcher Dichtung? Der Dichtung, die die Kunst unterbricht und in dieser Unterbrechung eine Lücke, einen Spalt öffnet, in der die Zeit des Anderen sich ereignet. Es ist ein gewundener und abgründiger, ein „unmögliche[r] Weg" (202), den Celan in seiner Rede geht. Er führt ihn, im Durchgang durch das Werk Georg Büchners, zunächst vorbei an den „Automaten" und den „Affengestalten" der Kunst, ins Innerste einer zur Ewigkeit tendierenden Kunst der Nachahmung und der Reproduktion, der Mimesis und der Repräsentation. Sie könnte endlos so fortlaufen, konstatiert Celan, „wenn nichts dazwischenkäme. Es kommt etwas dazwischen." (187) Die Immanenz der Kunst wird unterbrochen durch etwas, das von Außen in sie einbricht, sie anhält und die Automaten zum Stottern bringt – es ist, so legt Celans Lektüre von Büchners *Dantons Tod* nahe, die katastrophische Geschichte, die der Kunst dazwischenkommt. Anders gesagt: Im Atem einer Dichtung, die von anderer Art ist als die menschen- und seelenlose Kunst der Maschinen und Marionetten, der Rhetorik und der „kunstreiche[n] Worte" (189), findet sich ein „Gegenwort" formuliert, das die Kunst für einen Moment zum Aussetzen zwingt und jene Gewalt sichtbar macht, die die Kunst selbst überdeckt. In *Dantons Tod* kulminieren die Verbrechen der Revolution, die politischen Reden, die Lügen, Intrigen und die großspurigen Worte der endlos sprechenden Akteure auf dem karnevalesken und brutalen Theater der Revolution in einem Satz, der die Reden jäh unterbricht und ihre Endlichkeit dokumentiert. Auf dem Revolutionsplatz, am Fuße der Guillotine, erscheint Lucile am Ende von Büchners Stück mit ihrem wahnsinnigen Satz: „Es lebe der König!" Sie wird daraufhin „im Namen der Republik" von den Wachen der Revolution abgeführt. Celan kommen-

[31] GW Bd. 3, S.181

[32] Ulrich Baer: *Traumadeutung. Die Erfahrung der Moderne bei Charles Baudelaire und Paul Celan.* Aus dem Amerikanischen von Johanna Bodenstab. Frankfurt a.M. 2002, S.160

[33] Zitatbelege für die *Meridian*-Rede (GW Bd. 3, S.187-202) sind im Folgenden mit Seitenzahlen in Klammern im Fließtext angegeben.

tiert die Szene: „Nach allen auf der Tribüne (es ist das Blutgerüst) gesprochenen Worten – welch ein Wort! Es ist das Gegenwort, es ist das Wort, das den ‚Draht' zerreißt, das Wort, das sich nicht mehr vor den ‚Eckstehern und Paradegäulen der Geschichte' bückt, es ist ein Akt der Freiheit. Es ist ein Schritt." (189) Ein Schritt freilich in den Tod, denn die perverse Logik der Revolution antwortet auf dieses Wort Luciles mit ihrer Abführung und letztlich mit ihrer Hinrichtung. In der Todesgefahr, die Lucile mit ihrem Ausruf selbst heraufbeschwört, wird allerdings die Endlichkeit der Revolutionsordnung wie einer jeden politischen Ordnung sichtbar. Luciles Worte durchschlagen die Ewigkeit vortäuschende Kunst der kunstreichen Worte und Reden der Revolutionäre. Im scheinbaren Rekurs auf das „ancien régime" entdecken sie die Lügen des „liberté, egalité, fraternité" in einem nicht minder gewalttätigen und nicht minder willkürlichen „régime republicain", dessen Ordnung von der gleichen Setzungs- und Herrschaftslogik durchzogen ist wie die durch die Revolution in einer leeren Geste der Befreiung abgesetzte Monarchie. Antwortete das „ancien régime" auf die Forderung nach Freiheit mit der Hinrichtung „im Namen des Königs", so antwortet die Revolution auf eben diesen Namen mit der Hinrichtung „im Namen der Republik". In beiden Fällen generiert die sich absolut setzende politische Ordnung Opfer, die zu Gründungsopfern der Ordnung selbst werden und die jenen Zirkel einer Ökonomie der Gewalt in Gang halten, den Benjamin in seiner *Kritik der Gewalt* analysiert hat.[34] Auf die Sichtbarmachung dieses absurden und gewalttätigen Mechanismus zielt Luciles Ausruf ab. Unter Einsatz ihres Lebens huldigt Lucile damit „der für die Gegenwart des Menschlichen zeugenden Majestät des Absurden", wie Celan schreibt. (190) Ihr „Gegenwort" ist als eine Geste der Anwesenheit, der Gegenwärtigkeit und der Sterblichkeit zu lesen. Es sagt nichts, es verkündet kein politisches Programm, es setzt Sinn und Inhalt sogar aus und erfordert vielmehr Aufmerksamkeit für die Gegenwart einer Sprechenden, die als „Gestalt" und „Atem" (188) wahrgenommen sein will, die ihre Stimme erhebt, ohne etwas zu sagen, die spricht, ohne zu sprechen. Oder anders gesagt: Lucile spricht das Sprechen selbst als Ausweis ihrer Existenz, als Zeugnis ihrer Gegenwart. Sie macht damit etwas hörbar, das nie gesagt wurde, etwas, das sich nicht in einer Mitteilung noch so kunstreicher Worte erschöpft. Was Lucile am Ende von Büchners Stück vielmehr *mit-teilt* ist die *Sterblichkeit*, die Endlichkeit menschlicher Ordnungen, ihre abgründige Gewalt, die sie in ihrer Absolutsetzung produzieren, und als Ausweis dieser Gewalt die kaum vergangene Gegenwart der auf der Guillotine Ermordeten, zu denen auch Luciles Geliebter Camille gehört. Ihr „Gegenwort", das sie in das gleiche Schicksal reißen wird, ist ein Aufschrei gegen die Verbrechen der Revolution, ist ein zwiespältiges, ein absurdes Zeugnis für „die Gegenwart des (Un-) Menschlichen". Es fundiert eine Dichtung im Angesicht des Anderen, seiner Gestalt und Stimme. Es stellt damit „das Ge-

---

[34] Walter Benjamin: *Zur Kritik der Gewalt.* In: Tiedemann/Schweppenhäuser (Hg.): *Walter Benjamin. Gesammelte Schriften,* Bd. II/I (1977), S.179-203

bot einer Ethik der Existenz dar", wie Nikolaus Müller-Schöll schreibt, deren erste Kategorie „Aufmerksamkeit" ist.[35] Celan schreibt:

> Das Gedicht will zu einem Andern, es braucht dieses Andere, es braucht ein Gegenüber. Es sucht es auf, es spricht sich ihm zu. Jedes Ding, jeder Mensch ist dem Gedicht, das auf das Andere zuhält, eine Gestalt dieses Anderen. Die Aufmerksamkeit, die das Gedicht allem ihm Begegnenden zu widmen versucht, sein schärferer Sinn für das Detail, für Umriß, für Struktur, für Farbe, aber auch für die ‚Zuckungen' und die ‚Andeutungen', das alles ist, glaube ich, keine Errungenschaft des mit den täglich perfekteren Apparaten wetteifernden (oder miteifernden) Auges, es ist vielmehr eine aller unserer Daten eingedenk bleibende Konzentration. ‚Aufmerksamkeit' – erlauben Sie mir hier, nach dem Kafka-Essay Walter Benjamins, ein Wort von Malebranche zu zitieren –, ‚Aufmerksamkeit ist das natürliche Gebet der Seele.' (198)

Die aller Daten eingedenk bleibende Konzentration des Gedichtes ist eine Verdichtung von Vergangenheit, Gegenwart und Zukunft, die das Gedicht in seiner einmaligen Gegenwart wie in einem „Zeitkristall" ins Verhältnis setzt. Gilles Deleuze konstatiert in seinem Buch über das „Zeit-Bild" in Anlehnung an Bergson, dass es keine Gegenwart gebe, die nicht von der Vergangenheit und Zukunft heimgesucht würde. Deleuze schreibt: „Jede Gegenwart koexistiert mit einer Zukunft und einer Vergangenheit, ohne die sie selbst gar nicht vorübergehen könnte."[36] Im Zeitkristall, der die Zeit *zeigt*, ohne sie zu *sein*, sind die Zeiten irreduzibel und zugleich koaleszent, sie bilden eine kristalline Struktur aus, in der sie zugleich unterschieden und ununterscheidbar sind. Celans Gedichte entsprechen dieser Zeitstruktur. Dem Gedicht sind jene Daten eingeschrieben, von denen es sich herschreibt. Das Gedicht ist seiner Daten, seinem „20. Jänner" (196), wie Celan sagt, eingedenk. In das Gedicht sind die Daten, derer es gedenkt, wie ein Mal eingeritzt. Es sind die Daten einer traumatischen Erfahrung, die der Eindringling, seine gespenstische, nicht fassbare Gestalt, immer aufs Neue heraufbeschwört. Als Spur seines Eindringens wird das Mal zum Ort, an dem die vergangene Zeit des Eindringlings sich in der Gegenwart des Gedichts aktualisiert und lesbar wird, ohne sich zu wiederholen und ohne sich in eine Chronologie der Zeiten eintragen zu lassen. Über das Trauma schreibt Slavoj Žižek: „Das Trauma ist 'ewig', es läßt sich nie vollständig temporalisieren-historisieren, es ist der Punkt der 'Ewigkeit', um den herum die Zeit zirkuliert, das heißt, es ist ein Ereignis, das innerhalb der Zeit nur durch ihre vielfältigen Spuren zugänglich ist."[37]

Die Differenzierung zwischen dem *Anderen* und dem *ganz Anderen* aufgreifend, die Celan im *Meridian* gemacht hat, möchte ich für den Kontext dieses Aufsatzes Celans Unterscheidung im Hinblick auf die Zeitstruktur des Gedichtes wie folgt deuten: Die

---

[35] Nikolaus Müller-Schöll: *Nie Gesagtes Hören.* In: *Lettre International*, Heft 54, III.VJ./2001, S.72-77, hier: S.72

[36] Gilles Deleuze: *Das Zeit-Bild. Kino 2.* Übersetzt von Klaus Englert. Frankfurt a.M. 1991, S.57

[37] Slavoj Žižek: *Das fragile Absolute. Warum es sich lohnt, das christliche Erbe zu verteidigen.* Berlin 2000, S.115

Zeit des Anderen ist die traumatische Zeit des Fremden und des Eindringlings, sie aktualisiert sich als opake Gegenwart, in der das Trauma nicht endet. „Das Gedicht hat", so konstatiert Celan, „immer nur diese eine, einmalige, punktuelle Gegenwart." (198f) In seiner immer wieder einmaligen Gegenwart, in die das Vergangene *als* Vergangenes eingeschlossen ist und nur in seiner Löschung lesbar werden kann, aktualisiert das Gedicht die Zeit des *Anderen*. Zugleich adressiert es in einer „u-topischen" Bewegung die Zeit desjenigen, den Celan den „ganz Anderen" nennt. Celan schreibt: „Aber das Gedicht spricht ja! Es bleibt seiner Daten eingedenk, aber – es spricht. Gewiß, es spricht immer nur in seiner eigenen, allereigensten Sache. Aber ich denke [...], daß es von jeher zu den Hoffnungen des Gedichts gehört, gerade auf diese Weise auch in *fremder* – nein, dieses Wort kann ich jetzt nicht mehr gebrauchen –, gerade auf diese Weise *in eines Anderen Sache* zu sprechen – wer weiß, vielleicht in eines *ganz Anderen* Sache." (196) Das Gedicht trägt die *aktuellen* bzw. *aktualisierten* Spuren des Eindringlings, des *Anderen*, die sich im Mal manifestieren. Es adressiert sich aber auch auf einen *ganz Anderen* hin, der abwesend ist, sich entzieht und als Fluchtpunkt einer u-topischen Begegnung, als *virtuelle* Figur, dem Gedicht eingeschrieben ist. Celan schreibt: „Noch im Hier und Jetzt des Gedichts – das Gedicht selbst hat immer nur diese eine, einmalige, punktuelle Gegenwart –, noch in dieser Unmittelbarkeit und Nähe läßt es das ihm, dem Anderen, Eigenste mitsprechen: dessen Zeit." (198f) Das Gedicht konzentriert die Daten, von denen es sich herschreibt, und die Zeit des (ganz) Anderen, auf die hin es sich adressiert, im „*punctum*"[38] seiner eigenen, einmaligen Gegenwart. Es sprengt in der Struktur eines Zeitkristalls, in dem die Zeiten verdichtet und ineinander gebrochen sind, die klassische Chronologie von Vergangenheit, Gegenwart und Zukunft. Es setzt das Kontinuum der Geschichte aus, ähnlich wie Benjamin es in *Über den Begriff der Geschichte* für den Begriff der „Monade" im Denken des historischen Materialismus beschrieben hat.[39] In den kristallinen Brechungen einer Zeitlichkeit, in der die Gegenwart immer schon zweifach heimgesucht worden ist – von den Daten, die dem Gedicht mitgegeben sind und die wiederkehren, ohne sich zu wiederholen, und von der Potenzialität einer Begegnung, „im Geheimnis der Begegnung" (198), auf die hin sich das Gedicht immer schon adressiert – schichtet das Gedicht Sprechen und Schweigen, Erinnern und Vergessen unauflösbar über- und ineinander, spricht es am Rande seines Verstummens. „Das Gedicht behauptet sich am Rande seiner selbst; es ruft und holt sich, um bestehen zu können, unausgesetzt aus seinem Schon-nicht-mehr in sein Immer-noch zurück." (197) Die Poetologie eines Gedichtes, *das spricht*, wie Celan betont, das am Rande eines abgründigen Schweigens sich selbst ins Dasein ruft, indem es die Sprache im Sprechen aktualisiert und radikal individuiert, das also singulär seine ihm eigene Gegenwart und Geschichte spricht, aber zugleich die des Anderen, vielleicht des ganz

[38] Roland Barthes: *Die helle Kammer. Bemerkung zur Photographie*. Übersetzt von Dietrich Leube. Frankfurt a.M. 1989, S.35f.
[39] Benjamin: *Über den Begriff der Geschichte*, S.703

Anderen, dem es sich zuspricht: eine solche Theorie des Gedichts spricht selbst die historischen Einschreibungen und Male der Geschichte ihrer Entstehung mit. Celan schreibt: „Dieses Immer-noch des Gedichts kann ja wohl nur in dem Gedicht dessen zu finden sein, der nicht vergißt, daß er unter dem Neigungswinkel seines Daseins, dem Neigungswinkel seiner Kreatürlichkeit spricht." (197) Was ist der *Neigungswinkel* dieser Worte Paul Celans? Sie stehen, so scheint es, im Schattenwurf einer zweifachen Traumatisierung, die sich in der oft verwendeten und nur selten reflektierten Formel eines „Schreibens nach Auschwitz" chiffriert findet. Dabei gilt es grundsätzlich zu bemerken: Es gibt kein Schreiben *nach* Auschwitz, kein Sprechen, das sich der axiomatischen Erschütterung, die mit der Chiffre „Auschwitz" verbunden ist, einfach entziehen könnte.[40] Denn der (deutschen) Sprache selbst ist jenes unsagbare Verbrechen als Mal eingebrannt, das im monströsen Auftrag der systematischen Vernichtung der europäischen Juden am 20. Januar 1942 auf der Wannseekonferenz in Berlin angeordnet wurde und sich mit der tatsächlichen fabrikmäßigen Ermordung von Millionen von Menschen in der Realität der Konzentrationslager den Möglichkeiten des Sagbaren radikal entzieht. Ein der Unsagbarkeit entspringender Versuch des gedenkenden Sprechens muss an den Grenzen der Sprache diesen Entzug des Sagbaren selbst zur Sprache bringen. Hier eröffnet sich die Frage nach dem Verhältnis historischer Erfahrungen, die die Möglichkeiten und die Ökonomie des menschlichen Erfahrungshaushaltes absolut übersteigen, zu ihrer Sagbarkeit in einer Sprache, die selbst tief in Mitleidenschaft gezogen worden ist, die zugleich entleert und angereichert ist von der monströsen Gewalt einer traumatischen Erfahrung, die die Sprache an ihre eigenen Grenzen treibt und die weit über diese Grenzen hinaus in den Raum des Außersprachlichen, des Nicht-mehr-Sagbaren weist. Angereichert von den ungezählten und undatierten *Daten* des Holocaust, den Derrida „die Hölle unseres Gedächtnisses"[41] genannt hat, ist die Sprache zugleich, d.h. *in dieser* und *durch diese Anreicherung*, von einer *Leere* durchzogen, die von einer Erschütterung des Grundes der Sprache herrührt – von der Unsagbarkeit eines Traumas, von dem die Sprache selbst angefüllt ist, da sie durch es hat hindurchgehen müssen. In der „Bremer Rede" aus dem Jahre 1958 hat Celan dieses Verhältnis der Sprache zum unsagbaren Trauma „Auschwitz", aber auch seine eigene Beziehung zur Sprache als Dichter beschrieben. Ich zitiere eine längere Passage:

> Sie, die Sprache, blieb unverloren, ja, trotz allem. Aber sie mußte nun hindurchgehen durch ihre eigenen Antwortlosigkeiten, hindurchgehen durch furchtbares Verstummen, hindurchgehen durch die tausend Finsternisse todbringender Rede. Sie ging hindurch und gab keine Worte her für das, was geschah; aber sie ging durch dieses Geschehen. Ging hindurch und durfte wieder zutage treten, ‚angereichert' von all dem. In dieser

---

[40] Nikolaus Müller-Schöll: *Poetik der Zäsur. Zu Heiner Müllers ‚Schreiben nach Auschwitz'*. In: Christian Schulte/Brigitte Maria Mayer (Hg.): *Der Text ist der Coyote. Heiner Müller Bestandsaufnahme.* Frankfurt a.M. 2004, S.70-89

[41] Derrida: *Schibboleth*, S.99

> Sprache habe ich, in jenen Jahren und in den Jahren nachher, Gedichte zu schreiben versucht: um zu sprechen, um mich zu orientieren, um zu erkunden, wo ich mich befand und wohin es mit mir wollte, um mir Wirklichkeit zu entwerfen. Es war, Sie sehen es, Ereignis, Bewegung, Unterwegssein, es war der Versuch, Richtung zu gewinnen. Und wenn ich es nach seinem Sinn befrage, so glaube ich, mir sagen zu müssen, daß in dieser Frage auch die Frage nach dem Uhrzeigersinn mitspricht. Denn das Gedicht ist nicht zeitlos. Gewiß, es erhebt einen Unendlichkeitsanspruch, es sucht, durch die Zeit hindurchzugreifen – durch sie hindurch, nicht über sie hinweg. Das Gedicht kann, da es ja eine Erscheinungsform der Sprache und damit seinem Wesen nach dialogisch ist, eine Flaschenpost sein, aufgegeben in dem – gewiß nicht immer hoffnungsstarken – Glauben, sie könnte irgendwo und irgendwann an Land gespült werden, an Herzland vielleicht. Gedichte sind auch in dieser Weise unterwegs: sie halten auf etwas zu. Worauf? Auf etwas Offenstehendes, Besetzbares, auf ein ansprechbares Du vielleicht, auf eine ansprechbare Wirklichkeit. Um solche Wirklichkeiten geht es, so denke ich, dem Gedicht. Und ich glaube auch, daß Gedankengänge wie diese nicht nur meine eigenen Bemühungen begleiten, sondern auch diejenigen anderer Lyriker der jüngeren Generation. Es sind die Bemühungen dessen, der, zeltlos auch in diesem bisher ungeahnten Sinne und damit auf das unheimlichste im Freien, mit seinem Dasein zur Sprache geht, wirklichkeitswund und Wirklichkeit suchend.[42]

Wund von den Erfahrungen der Wirklichkeit geht der Exildichter Paul Celan mit seinem Dasein zu einer Sprache, die angereichert ist „von all dem". In dieser Sprache verfasst, die an ihrem Grund erschüttert ist, drängt seine Dichtung sich nicht auf, sie behauptet nicht mehr ihre eigene Wahrheit, sie setzt sich nicht länger durch. Vielmehr setzt sie sich aus und gibt sich preis. „La poésie s'expose... à l'Autre", die Dichtung setzt sich dem Anderen und ganz Anderen aus. Sie setzt sich den Malen der Geschichte aus, dem Trauma des Eindringlings, den Daten der Vernichtung. Sie schreibt sich von einer Gewalt her, die sie zu lesen gibt. Diese Gewalt entstellt und befremdet die Dichtung und macht sie dunkel, unwegsam, leer. Die Adressierung an ein „Du", an einen Empfänger der „Flaschenpost", an die virtuelle Figur des ganz Anderen als U-topie der Begegnung kann nicht jenseits dieses gewaltsamen Zusammenhangs, der die Sprache zugleich besetzt und entleert, gedacht werden. Sie erfolgt vielmehr in einer zweiten Entleerung, einer anderen Leere, in der die Sprache am Rande ihres Verstummens sich dem Schweigen als ihrem (erschütterten) Grund nähert. Was die Dichtung dabei preisgibt, ist ihre Verstehbarkeit, ist ihre Helle und Transparenz. „Lyrik, die sich preisgibt, muß in ihrer Offenheit verharren. Sie muß den Riß bilden, der auch durch die Geschichte geht", schreibt Ulrich Baer.[43] Der Riss in der Dichtung korrespondiert mit dem Riss in der Geschichte, die Unlesbarkeit des Gedichtes mit der Unlesbarkeit der Welt. In einer Sprache, die sich selbst impliziert, die sich aufschiebt, aussetzt und preisgibt, oszilliert der Sinn dessen, was sie sagt. Sie

[42] Paul Celan: *Ansprache anlässlich der Entgegennahme des Literaturpreises der Freien Hansestadt Bremen* (GW Bd. 3, S.185f)

[43] Baer: *Traumadeutung*, S.171

unterbricht sich selbst, sie bildet den Riss aus, den sie als Mal zu lesen gibt. Celans Poetik des Mals ist abgründig und dunkel wie das „furchtbare Verstummen" Lenz'. In Analogie zu Luciles Gegenwort „Es lebe der König" zitiert Celan aus Büchners *Lenz*:

> „... nur war es ihm manchmal unangenehm, daß er nicht auf dem Kopf gehen konnte." – Das ist er, Lenz. Das ist, glaube ich, er und sein Schritt, er und sein „Es lebe der König". [...] Wer auf dem Kopf geht, der hat den Himmel als Abgrund unter sich. [...] Sein „Es lebe der König" ist kein Wort mehr, es ist ein furchtbares Verstummen, es verschlägt ihm – und auch uns – den Atem und das Wort. Dichtung: das kann eine Atemwende bedeuten. (195)

In ihrem Verstummen nähert sich die Sprache ihrem Grund. Die „Atemwende" ist der Moment, in dem die Sprache anhebt, die noch nicht Wort geworden ist, oder in dem die Sprache, die nicht mehr Wort ist, vergeht. Hier erklingt die Stimme ohne Wort, ohne Artikulation als Grund der Sprache. Im Atem, in dem Moment, da er seine Wende vollzieht und das Sprechen anhebt oder abebbt, indes noch nicht oder nicht mehr Sprechen ist, wird etwas „Stimmhaftes" vernehmbar: die Existenz des Anderen, wie Lucile sie wahrnimmt. Die Wege, auf denen die Dichtung in diesem Sinne stimmhaft wird, sind indes dunkel und unwegsam. Denn das furchtbare Verstummen des Gedichtes, in dem die Stimme des Anderen vernehmbar wird, ist ein Verstummen vor der Gewalt, die sich im Gedicht als traumatische Spur des Eindringlings abzeichnet. In Celans Lyrik eröffnet sich das „Geheimnis der Begegnung", das Gespräch mit einem potenziellen „Du", mit der Figur des „ganz Anderen" in einer Leere, die der Leere antwortet, welche der Eindringling hinterlassen hat. Celans Versuch, das Gedicht zum Verstummen zu bringen, ist auch der Versuch, der Daten der Verwundung eingedenk das Gedicht im Moment seiner inneren Spaltung an seine eigenen Ränder zu führen, um es freizusetzen. Celan schreibt: „Die Kunst erweitern? Nein. Sondern geh mit der Kunst in deine allereigenste Enge. Und setze dich frei." (200) Der Weg des Gedichtes zum Verstummen ist sein Weg in und mit der Kunst, von der es sich freizusetzen sucht – jener Kunst der kunstreichen Worte und des ewigen Geredes, die den Blick für den Anderen verstellt und die Sterblichkeit ausblendet. Eine mortifizierende, unaufmerksame Kunst der Maschinen und Apparate, der entmenschlichten Technik. Jener Zwischenraum, der über der Leere des Traumas, die der Eindringling hinterlassen hat, eine andere Leere öffnet, in der die Begegnung mit dem ganz Anderen als „U-topie" (199) denkbar wird, ist der von der Dichtung in einer inneren Absetzung von der Kunst herzustellende Raum. Philippe Lacoue-Labarthe schreibt in *Katastrophe*:

> Wenn die Dichtung unterschieden werden kann, wenn auch nur die geringste Möglichkeit ihrer Abspaltung besteht, dann müssen dieser Unterschied und diese Abspaltung als im Innern der Kunst verlaufende gedacht werden. Nur in der Kunst könnte Dichtung sich der Kunst – vielleicht – entziehen. Sie verließe die Kunst im Innern der Kunst. Es muß also, im Innersten der Kunst, ja als dies Innerste und Innigste selbst,

> eine Art Verräumlichung, ein Hiatus, gedacht werden. Vielleicht ist das Innige – das 'Herz' des Selbst – immer, als Ermöglichung des Selbst, es selbst zu sein, und in sich Anschluß an sich selbst zu finden, ein solcher Zwiespalt, die – leere – Fuge des Selbst. Und vielleicht wäre dieser innige Zwiespalt, im Fall der Kunst (des *Unheimlichen*), eben das, was die Befremdlichkeit der Kunst (des Fremden) unablässig 'befremdet': sie wäre, genaugenommen, die Zäsur der Kunst, das – flüchtige, kaum wahrnehmbare – Zucken des Fremden. Was nicht hieße, daß Dichtung, in einer Kunst-außerhalb-der-Kunst, der Abbruch oder die Erschütterung von Kunst, und Sprechen, wäre – sagen wir: das Schweigen. Sondern, *in* der Kunst (*im* Sprechen), der Schmerz. Von daher das Einschneidende der Katastrophe, die – im buchstäblichen Sinn des Wortes – *Revolte* ist (Lucile, Lenz). Deshalb geschieht Dichtung, wenn sie geschieht, als die brutale Enthüllung des Abgrunds, den Kunst (die Sprache) in sich birgt, und der sie, trotz allem, als solche, in ihrer Befremdlichkeit gründet. Der Ort der Dichtung, so sie statt hat oder haben kann, ist in der Kunst. Doch dieser Ort ist kein Ort. Der Ort der Dichtung, ihre Statt, ist, jedes Mal, der Ort ohne Ort des innigen Zwiespalts – der als ein Verräumlichen, den Orten (nicht) voraus, sie – ohne jeden Halt – unter-haltend, gedacht werden müßte. Zweifellos ist es das, was Celan, im strengen Sinn des Wortes, U-topie nennt.[44]

Im Herzen des Selbst besteht ein inniger Zwiespalt, eine leere Fuge, von der aus das Selbst erst es selbst zu sein vermag – als ein immer schon befremdetes, ein vom Fremden, vom Eindringling heimgesuchtes Selbst. Die Verräumlichung, die diese Leere auftut, ist der Ort einer stummen Markierung, eines Mals, von dem aus der unendliche Prozess der Lektüre erst in Gang zu kommen vermag. Es ist eine Lektüre auf den Spuren zweier Zeiten: der traumatischen Zeit des Eindringlings, des Abgrunds seiner Leere, die sich als ewige Gegenwart, als opake Rückseite der Bilder und Diskurse in der Figur von Wunde/Narbe zeigt. Und der u-topischen Zeit des ganz Anderen, die als potenzielle und virtuelle Begegnung im „U-topos“, im „Ort ohne Ort“ über dem Abgrund der traumatischen Verletzung, als eine Zeit der Gastfreundschaft gedacht werden müsste. Der Weg, der sich hier abzeichnet, führt zunächst weit hinaus, in die Ferne und Fremde, „auf das unheimlichste i[ns] Freie“ – über „Um-Wege“ aber schließlich zu einer (Selbst-)Begegnung, „eine[r] Art Heimkehr“, schreibt Celan. (201) Diese „Heimkehr“, die Celan am Ende des *Meridian* beschreibt, ist indes eine unmögliche Heimkehr, eine vom Trauma des Eindringlings verstellte Heimkehr, in der die Frage nach der Möglichkeit von Begegnung, nach dieser „U-topie“ aussteht. Hier eröffnet sich der Zusammenhang zwischen einem Schreiben des Traumas und einer traumatischen, unsichtbaren Landschaft der Gewalt, in der sich die Frage nach dem U-topos der Herkunft und der Heimkehr stellt. Celan schreibt:

> Ich suche auch, denn ich bin ja wieder da, wo ich begonnen habe, den Ort meiner Herkunft. Ich suche das alles mit wohl sehr ungenauem, weil unruhigem Finger auf der Landkarte – auf einer Kinder-Landkarte, wie ich gleich gestehen muß. Keiner dieser

---

[44] Philippe Lacoue-Labarthe: *Katastrophe.* In: Werner Hamacher/Winfried Menninghaus (Hg.): *Paul Celan.* Frankfurt a.M. 1988, S.31-60, hier S.43

> Orte ist zu finden, es gibt sie nicht, aber ich weiß, wo es sie, zumal jetzt, geben müßte, und... ich finde etwas! Meine Damen und Herren, ich finde etwas, das mich auch ein wenig darüber hinwegtröstet, in Ihrer Gegenwart diesen unmöglichen Weg, diesen Weg des Unmöglichen gegangen zu sein. Ich finde das Verbindende und wie das Gedicht zur Begegnung Führende. Ich finde etwas – wie die Sprache – Immaterielles, aber Irdisches, Terrestrisches, etwas Kreisförmiges, über die beiden Pole in sich selbst Zurückkehrendes und dabei – heitererweise – sogar die Tropen Durchkreuzendes –: ich finde... einen *Meridian.* (202)

Celans Heimat, eingezeichnet auf einer ungültig und unsichtbar gewordenen „Kinder-Landkarte", die von der Geschichte zerstört worden ist, gibt es nicht mehr. Die jüdische Stadt Czenorwitz war Teil der Bukowina und gehörte 1920, in Celans Geburtsjahr, zu Rumänien. 1940 marschierte dort die Rote Armee ein und besetzte Czernowitz. Dann kamen die Nazis, die den jüdischen Charakter der Stadt vernichteten und auch Celans Eltern deportierten. 1944 eroberte die Rote Armee die Stadt zurück. Die jüdische Stadt Czernowitz, in der Celan aufgewachsen ist, gibt es nicht mehr. Heute ist sie eine ukrainische Stadt mit Namen Tscherniwzi. Wie das alte Bühnenbild eines verlassenen Theaters beschreibt Helmut Böttiger in seinem Buch *Orte Paul Celans* die entleerte Architektur der heute schwer zu erreichenden Stadt an der Grenze zu Rumänien, die wie ein unwirklich gewordener Ort einer anderen Zeit erscheint.[45] Die Besetzung und Auslöschung des Ortes hat Celans Heimat zu einem leeren Fleck, zu einer von der Gewalt besetzten unsichtbaren Landschaft auf einer nicht mehr gültigen Karte gemacht, zu einem Mal, das der Eindringling hinterlassen hat. Celans Lyrik versucht den Symptomschauplatz dieser Vernichtung zu kartografieren, seine Wunden und Narben hör- und sichtbar zu machen.[46] Der Meridian ist jener „Ort ohne Ort", jene unsichtbare Landschaft, der die Gewalt einer traumatischen Verletzung als Topografie des Mals eingeschrieben ist, die aber auch die Utopie einer Begegnung und einer Heimkehr denkbar werden lässt. Es ist eine Heimkehr, die in einer paradoxen Bewegung nur heimführt, da sie in die Fremde, in die Diaspora weist. Es ist eine nomadische Heimkehr, eine Wanderschaft, die im Raum der Literatur, in den verstummenden und kargen Textlandschaften der Gedichte Paul Celans, ihre Heimat hat – eine Heimat, die keine sein kann, da sie über jenem Abgrund gründet, den eine traumatische Geschichte in die Welt gerissen hat und den die Sprache nicht zu fassen vermag, da sie von ihm entstellt sich selbst immer wieder entfremden muss, um überhaupt sprechen zu können. Der Meridian, den Celan beschreibt, durchkreuzt die Tropen – das heißt, in einer unsichtbaren Kreisbewegung, die sich um den Planeten spannt, erschließt er eine neue Form der Geografie. Er er-

[45] Helmut Böttiger: *Orte Paul Celans.* Wien 1996, S.22ff/32ff

[46] In ihrer Büchnerpreis-Rede *Ein Ort für Zufälle* hat Ingeborg Bachmann 1960 einen solchen Symptomschauplatz der Wunden und Narben der Geschichte und seinen Zusammenhang mit einer *Poetik der Krankheit* für das Berlin der Nachkriegszeit reflektiert (*Ein Ort für Zufälle. Rede zur Verleihung des Georg-Büchner-Preises.* In: Christine Koschel/Inge von Weidenbaum/Clemens Münster (Hg.): *Ingeborg Bachmann. Werke. Vierter Band.* München/Zürich 1993, S.278-293

schließt eine globale und globalisierte Welt, deren Zusammenhangsform „Gewalt" bildet: die Gewalt jener unsichtbaren Ströme von Waren, Medien, Informationen, Kapital, Verkehr, Technologien und Krieg, die unsere heutige, deterritorialisierte Welt durchziehen.[47] In der Schlusspassage von Celans Rede erschließt sich aber auch der Zusammenhang dieser von der Geschichte entstellten und vom Trauma des Eindringlings besetzten Geografie der Gewalt zu einer Landschaft des Textes in den Gedichten Celans. Denn der Meridian durchkreuzt auch die Tropen der Literatur, die rhetorischen Arsenale der Kunst, ihre Metaphern und Bilder. Das Gedicht, das das Trauma und die traumatisierten Landschaften der Gewalt zu sagen, sie zu lesen zu geben versucht, kann nicht metaphorisch, kann nicht mimetisch operieren. Es muss, da es zu sagen versucht, was sich der Sagbarkeit, der Abbildbarkeit und Darstellung vollständig entzieht, buchstäblich, Buchstabe für Buchstabe seine eigene Wirklichkeit, d.h. sich selbst abseits einer mimetischen Beziehung sprechen. Es bezieht seine Möglichkeit des Sprechens und der Lektüre aus jener bedeutungslosen Markierung, die Derrida für die *différance* und das *Schibboleth* beschrieben hat und die das Sprechen dadurch eröffnet, dass Sprache und Sprechen sich gegenseitig und unabschließbar aufschieben und unterscheiden. Am Ort dieser Markierung zwischen Stimme und Schrift eröffnen sich die Lesbarkeit des für immer unlesbaren Traumas in den Spuren des Eindringlings, aber auch die Hoffnung auf die Sprache und Zeit einer Gastfreundschaft *à l'Autre*.

Die beliebige Existenz und das beschädigte Leben

Celans Gedichte sind dunkel und fremd. Sie erscheinen fern und einsam wie der abwesende Blick eines Freundes, der in sich verschlossen nicht zu sagen vermag, was in ihm wühlt und schmerzt. Celans Gedichte berühren, da sie dieses Unvermögen, einen Schmerz zu sagen, artikulieren. Sie exponieren die je singulären Verletzungen (in) einer Existenz in der u-topischen Hoffnung auf Dialog. Dabei führen sie die Sprache an den Rand ihrer Bedeutung, an den schweigenden Grund, dem „Noch nicht" oder „Nicht mehr" der Sprache. Die Stimme, die hier vernehmbar wird, ist Ausweis einer „beliebigen Existenz", einer „Singularität, die als solche ausgestellt wird". In *Die kommende Gemeinschaft* stellt Agamben den Entwurf einer Existenz vor, die *als solche* ist, d.h. die unabhängig von diesen oder jenen Eigenschaften in ihrem „So-Sein", in ihrem „Sein *wie es ist*" erscheint. Eine solche Existenz „ist beliebig, d.h. liebenswert", schreibt Agamben.[48] Auf eine solch beliebige Existenz, auf das So-Sein eines ganz Anderen, der sich nicht in der Benennung dieser oder jener Attribute erschöpft, sondern die Möglichkeit einer Anrede eröffnet, halten Celans Gedichte zu. Doch ist

---

[47] Fabian Lettow: *„Geografien". Zum Verhältnis von Geschichte, Landschaft, Sprache und Gemeinschaft in Heiner Müllers chorischem Schreiben.* (Erscheint im Winter 2005/06 in dem Tagungsband zur Leipziger Konferenz „Theatrographie – Heiner Müllers Theater der Schrift", 2004).

[48] Giorgio Agamben: *Die kommende Gemeinschaft.* Aus dem Italienischen von Andreas Hiepko. Berlin 2003, S.9f

den Gedichten auch die „elende, krumme und verwüstende Gestalt des Fremden“[49], des Eindringlings eingeschrieben, die, wie Adorno es ausgedrückt hat, von den Beschädigungen des Lebens zeugt, denen die beliebige Existenz ausgeliefert ist.[50] Celans Gedichte sind zerrissen zwischen den unmöglichen Sprachen dieser beiden Gestalten: der Sprache, die das Trauma des Eindringlings zu sagen, und der u-topischen Sprache, die den ganz Anderen in seiner Abwesenheit zu adressieren versucht. Dazwischen liegen Celans Gedichte. In seiner Spracharbeit hat Celan in eine Poetik des Mals übersetzt, was Derrida in *Différance* und *Schibboleth* philosophisch für das Funktionieren von Sprache überhaupt beschrieben hat: jene Ökonomie der durch eine bedeutungslose Markierung in Gang gesetzten Prozesse der endlosen Unterscheidung, Aufschiebung, Beschneidung, Ein- und Ausschließung, Lesbarkeit und Unlesbarkeit, des Verstehens und Nicht-Verstehens, die die Sprache zugleich jeweils eröffnen und begrenzen. Celans Gedichte sind karg und fragmentiert. Bis in den einzelnen Buchstaben hinein setzen sie den Sinn und die Bedeutung der Worte in Bewegung, schneiden sich selbst ab, unterbrechen und befremden sich. Oft stehen in den Gedichten verschiedene Sprachen nebeneinander, welche jede für sich übersetzbar ist, deren Differenzen zueinander selbst aber nicht mehr übersetzt werden können. Die Gedichte produzieren in der Entstellung semantischer und grammatischer Aspekte der Sprache Ver- und Aufschiebungen, die das Verstehen irritieren und aussetzen. In der Betonung der an das Schweigen und Schreien sich annähernden Rolle der Stimme in Celans Gedichten öffnet sich das von Derrida beschriebene Verhältnis von Sprechen und Schreiben und erzeugt ein an den Rand des Schweigens sich bewegendes, verstummendes (Nicht-)Sprechen. Hier impliziert und spricht die Sprache sich am Ende selbst und führt damit das Gedicht weit hinaus, an den Rand seiner selbst, in die Einsamkeit. Lacoue-Labarthe schreibt:

> Da ist zuletzt die ‚Einsamkeit‘ des Gedichts, die es nötigt [...] die Sprache (semantisch und syntaktisch) zu entdeuten, sie zu desartikulieren und sie rar zu machen, sie gemäß einer Verfahrungsweise, die weder geläufiger Sprache noch überlieferter Dichtung angehörte, zu zerschneiden, sie engzuführen, jenem verschlossenen Kern, jenem stimmlos Widerständigen zu, an dem eine singuläre – will sagen eine der Sprache entglittene – Stimme, wie ein Ton oder ein Stil, sich zu erkennen gibt.[51]

Diese singuläre Stimme, die im dichterischen Akt zum Vorschein kommt, ist nicht mehr Darstellung. Sie ist Wahrnehmung, Aufmerksamkeit. Sie nimmt wahr, was sich als nicht wiederholbare Singularität ereignet, „Atem, Richtung und Schicksal“ einer (beliebigen) Existenz, wie Celan mit Blick auf Luciles „Es lebe der König!“ und Lenz‘ „furchtbares Verstummen“ schreibt. Ihre Wahrnehmung hat an jenem Umschlagpunkt, den Celan „Atemwende“ genannt hat, statt, an dem sich die Zeit des Eindringlings und die Daten einer traumatischen Erfahrung in ihrer Lesbarkeit auf ein Spre-

[49] Nancy: *Der Eindringling*, S.39
[50] Theodor W. Adorno: *Minima Moralia. Reflexionen aus dem beschädigten Leben.* Frankfurt a.M. 2001
[51] Lacoue-Labarthe: *Katastrophe*, S.45f

chen hin öffnen, das den Ort bereitet für eine Begegnung. Dieses Sprechen kann kein mimetisches, kein nachahmendes Sprechen mehr sein. Es muss selbst ein singuläres, ein buchstäbliches Sprechen sein, das in den Dingen berührt, was an ihnen undefinierbar, unnachahmbar, beliebig ist. Lacoue-Labarthe schreibt: „Und wenn man so weit ginge, zu sagen: die servile Nachahmung dessen, was in den Dingen *unnachahmbar* ist, dann berührte man, was für Celan den Grund der Dichtung ausmacht, nämlich das, was sie weder zur Nachahmung noch zum Schönen bestimmt. Zugleich aber zeigt dieser Widerspruch, Nachahmung des Unnachahmbaren, die Unmöglichkeit der Dichtung. Darin liegt, bei Celan, das Tragische."[52] In dieser unmöglichen, Lacoue-Labarthe zufolge „tragischen" Spannung halten sich Celans Gedichte und rufen und holen sich beständig aus ihrem „Schon-nicht-mehr" in ihr „Immer-noch" zurück. Doch diese extreme Bewegung ist keine a-historische Aufgabe, die der Dichtung immer schon zugekommen wäre. Sie entsteht in Celans Versuch, die *verstümmelte* und von einer unfassbaren Gewalt erschütterte, entleerte, traumatisierte Sprache in eine *verstummende* und sich in einer anderen Leere dem Dialog wieder öffnende Sprache zu überführen. Auf dem Boden einer von Gewalt gesäumten Landschaft, weit draußen in der Fremde, artikulieren Celans Gedichte unter dem „Neigungswinkel" ihrer Existenz die dunkle Hoffnung auf eine Heimkehr, die nur in der Öffnung auf den absolut Fremden hin möglich wird. Die Geste der Gastfreundschaft ist allen Gedichten Celans eingeschrieben. Sie halten sich bereit für die Ankunft eines ihnen unbekannten Gastes, dessen Sprache vielleicht noch dunkler, unwegsamer, unverständlicher wäre als ihre eigene. Sie bereiten, weit draußen, an unbekannten Orten, alles für diese Begegnung vor, nicht wissend, ob sie je stattfinden wird oder nicht. Darin sind Celans Gedichte zutiefst jüdisch. In einem berühmten Gedicht seines Gedichtbandes *Atemwende* hat Celan die hier beschriebenen Zusammenhänge formuliert, quasi als eine Poetik seiner eigenen Dichtung:

WEGGEBEIZT vom
Strahlenwind deiner Sprache
das bunte Gerede des An-
erlebten – das hundert-
züngige Mein-
gedicht, das Genicht.

[52] Ebd., S.56.

Aus-
gewirbelt,
frei
der Weg durch den menschen-
gestaltigen Schnee,
den Büßerschnee, zu
den gastlichen
Gletscherstuben und -tischen.

Tief
in der Zeitenschrunde,
beim
Wabeneis
wartet, ein Atemkristall,
dein unumstößliches
Zeugnis.[53]

Im Verlauf dreier Strophen beschreitet das Gedicht einen „unmöglichen Weg", der in eine immer karger werdende Landschaft führt. Es ist eine wüste Landschaft aus Schnee und Eis, ein nur mit Termini der Glaziologie zu beschreibender (Un-)Ort, an dem das Leben zu erstarren scheint. Das Gedicht hat zu Beginn einen aggressiven Ton, denn es beschreibt den Kampf zweier Sprachen, die im Modus der Vernichtung aufeinander bezogen sind. Das „bunte Gerede des An- / erlebten – das hundert- / züngige Mein- / gedicht, das Genicht" verweist in einer sich steigernden Abstufung auf ein Sprechen, das leer und gewaltsam zugleich ist. Es ist ein Sprechen, das bloßes Gerede ist, wie die kunstreichen Worte der Revolutionäre in *Dantons Tod.* Ein „bunte[s] Gerede" des „An- / erlebten", Gerede über etwas also, das nicht singulär erfahren wurde, sondern das eine leere Oberfläche, eine lärmende Rhetorik des Kunstredens reproduziert. Mit hundert Zungen zischt und züngelt dieses Sprechen, lügt und verrät, schließt aus und richtet, richtet sogar hin. Das „Mein- / gedicht" gemahnt an den Meineid, das „Genicht" ist im minimalen Wechsel eines Buchstabens zum maximalen Gegensatz des „Gedichts" geworden: Es vernichtet im Extremfall nicht nur die Sprache desjenigen, der unter dem Neigungswinkel seiner Existenz gegen das so viel wirkungsvollere „bunte Gerede" des „An- / erlebten" anspricht, sondern auch den Anderen, das „dich" in „Ge*dich*t" und damit ein mögliches Gegen-

[53] Paul Celan: *Weggebeizt* (GW Bd. 2, S.31).

über der Anrede selbst. Die Forderung, die Celans Gedicht an sich selbst zu adressieren scheint, ist es, eine Sprache zu (er)finden, die die beschriebene Sprache des bunten Redens „wegbeizt". „WEGGEBEIZT vom / Strahlenwind deiner Sprache": einer kalten, weiß leuchtenden und mitunter ätzenden Sprache, die das Geplapper der Kunst- und Alltagsworte abträgt und die Sprache zu ihrem von der bunten Rede überdeckten und „über-redeten" Grund führt, an dem auch die Wunden und Narben wieder sicht- und hörbar werden: das Schweigen und Schreien, das der Eindringling erzeugt hat und das sein sich beständig aktualisierendes, die Gegenwart des Traumas aus- und überblendendes Gerede zur Unvernehmbarkeit erstickt. Um das Schweigen und Schreien wieder „aus- und frei zu wirbeln", bedient sich Celan einer fremden und unwegsamen Sprache. Im Fachvokabular der Geologie entfremdet er die (dichterische) Sprache sich selbst, um ihr Kunstreden, das ein mörderisches Reden zu sein vermag, zum Verstummen zu bringen. In der zweiten Strophe, die einen „Weg" durch den „Schnee" eröffnet, den der „Strahlenwind" freigelegt hat, kündigt sich eine menschliche Gestalt an. In der Unwirtlichkeit der Eislandschaft, die das Gedicht entwirft, ist alles zum freundschaftlichen Empfang eines Gastes bereitet: „zu / den gastlichen / Gletscherstuben und -tischen". Die Formulierung des „menschen- / gestaltigen Schnee[s]", des „Büßerschnee[s]" – ein geologisches Fachwort, das die durch Sonnenbestrahlung und Windwirkung erzeugten Vertiefungen und Erhöhungen in einem Schneefeld bezeichnet, die z.T. wie Meter hohe Schneefiguren anmuten[54]–, zeugt von der sich ankündigenden menschlichen Gestalt, einer Büßergestalt, die in der christlichen Ikonografie den Sünder und Verbrecher bezeichnet, der bereit ist, für seine Sünden zu büßen, Buße zu tun. In Celans Gedichten muss man diese christliche Figur von Sünde und Buße in eine andere, eine jüdische übersetzen: in die Figur von Trauma und Datum des Eindringlings und Dialog mit dem abwesenden Anderen, mit Gott oder dem Messias, für dessen Ankunft man in der Geste der Gastfreundschaft alles vorbereitet, um ihn zu empfangen, ohne jedoch zu wissen, ob oder wann er kommt. Mit Bezug zu Hölderlins Gedicht *Am Quell der Donau* schreibt Lacoue-Labarthe am Ende von *Katastrophe*: „Patriarchen und Propheten werden hier [im Hölderlin-Gedicht; F.L.] genannt: die, denen die Begegnung – das Gespräch – mit Gott (Celan hätte vielleicht gesagt: mit dem ganz Anderen) vertraut war. Und vielleicht hätte Celan die Dichtung als ein solches Gespräch gedacht."[55] Noch einmal scheinen hier die beiden unmöglichen Zeiten auf, die sich in der Gegenwart des Gedichts kristallisieren, es in der Wiederkehr des Traumas heimsuchen und befremden und es andererseits auf einen unmöglichen Weg zu sich selbst vorausschicken, an den U-topos seiner Heimkehr, der in die Ferne und Fremde weist, da er der ungewisse, unmögliche Ort eines Anderen wäre. „Tief / in der Zeitenschrunde" liegt dieser Ort. „‚Schrunde'", schreibt Helmut Böttiger, „bedeutet ‚Spalt' oder ‚Riß'. Die geographisch verortete ‚Gletscherspalte' verbindet Celan mit einer Zeitvorstellung, kreuzt

[54] Vgl. Böttiger: *Orte Paul Celans*, S.165.
[55] Lacoue-Labarthe: *Katastrophe*, S.57.

Raum und Zeit: die ‚Zeitenschrunde' stellt etwas dar, wo die vertraute Zeitvorstellung aufgerissen wird, zwei Zeiten aufeinanderstoßen, sich dazwischen und davon abhängig eine zeitlose Leerstelle eröffnet. In diese dringt das Gedicht."[56] Und Maurice Blanchot schreibt in einem Text für Paul Celan mit dem Titel *Der als letzter spricht*:

> Wohin kommen? Nur kommen, und wäre es nirgendwohin, dorthin, wo – in den Klüften und Schrunden des Sterbens – das unaufhörliche Licht (das nicht erhellt) fasziniert. *Im Sterbegeklüft*. Nicht nur eine Lücke oder Kluft, sondern eine unbestimmte Folge – Reihe – von Schrunden, etwas, was sich öffnet und sich doch nicht öffnet oder sich öffnet, und je schon wieder geschlossen ist, nicht der klaffende Abgrund, in dessen unermeßliche, unergründliche Leere man nur hinabzugleiten hätte, sondern vielmehr jene Spalten oder Klüfte, deren enge Umschließung, ein zwängendes Schwinden uns beim unmöglichen Eindringen erfaßt, ohne uns das Fallen zu erlauben, den freien Fall, auch wenn er ewig währte: darin besteht vielleicht das Sterben, der Hartwuchs im Herzen des Sterbens, der Zeuge ohne Zeugen, dem Celan eine Stimme verliehen hat, indem er sie mit den *Stimmen, nachtdurchwachsen*, vereinte, wo es keine Stimme mehr gibt, sondern nur ein *Spätgeräusch, stundenfremd, deinen Gedanken geschenkt*.[57]

In das „unaufhörliche Licht (das nicht erhellt)" getaucht und also in der Dunkelheit der „Zeitenschrunde", die den Topografien des Mals zugehört, findet eine Begegnung statt. An diesem unmöglichen Ort, dessen unwegsame Landschaft ebenso zerklüftet scheint wie das im Inhalt wie im Schriftbild in sich gebrochene, fragmentierte und bis in den einzelnen Buchstaben hinein gespaltene und zersetzte Gedicht Celans selbst, stößt das Gedicht, stößt der Leser auf ein *Du*: „dein unumstößliches Zeugnis". Hier, „beim / Wabeneis", an dem ein zerbrechliches Leben sich wie an einer Honigwabe zu laben scheint, wartet als Zeugnis dieses Lebens, als Zeuge ohne Zeugen, als Bezeugung des *Du* einer möglichen Begegnung „ein Atemkristall". In einer Verbindung der für diesen Aufsatz so wichtigen Begriffe der „Atemwende" und des „Zeitkristalls" findet sich im „Atemkristall" jenes „unumstößliche Zeugnis", das Ausweis eines fragilen Grenzpunktes wäre: jener Punkt, an dem der Daten des Traumas eingedenk, am Rande der Sprache, auf dem Weg hin zu ihrem Verstummen, jenes Mal (wieder) sicht- und hörbar würde, von dem aus sich die Möglichkeit zu einer Begegnung mit dem Anderen allererst denken ließe – einer beliebigen Existenz auf dem Boden des beschädigten Lebens. Wer in diesem Sinne die Gedichte Paul Celans aufmerksam zu lesen, ihnen zu begegnen, sie wahrzunehmen versucht, begibt sich auf einen langen und dunklen Weg. Und in dem Moment, da man diesen Weg, der ein zerklüfteter, schrundiger und rissiger Weg ist, tatsächlich ein kleines Stück weit zu gehen begonnen hat, beginnt man zu ahnen, dass er auch die eigene Existenz immer schon berührt und befremdet haben wird.

---

[56] Böttiger: *Orte Paul Celans*, S.166

[57] Maurice Blanchot: *Der als letzter spricht*. Aus dem Französischen von Makoto Ozaki und Beate Osten. Berlin 1993, S.35/37

Benedikt Jeßing

Auschwitz im Drama. Zum Umgang mit einem nationalen Trauma in Peter Weiss' *Die Ermittlung*

Über Auschwitz, über den Holocaust zu sprechen, ist eine heikle Sache. Die Äußerungen Martin Walsers in seiner Dankesrede für die Verleihung des Friedenspreises des deutschen Buchhandels vor einigen Jahren haben eine schon seit Jahrzehnten immer wieder aufflackernde Debatte losgetreten, die sich mit den Schlagworten Schlussstrich- und Normalisierungsdebatte plakativ fassen lässt. Müsse – oder dürfe – nicht endlich Schluss sein mit der ,ewigen' Erinnerung an Auschwitz (so als ob irgendwann im Nachkriegsdeutschland eine Kultur der gesellschaftlichen Erinnerungsarbeit tatsächlich existiert habe), Schluss mit der ,zwanghaften' Bindung der deutschen Nachkriegsidentität an das staatlich organisierte und durch unzählige ,willige Vollstrecker'[1] ermöglichte unvorstellbare Grauen des Holocaust? Dürften nicht auch die Deutschen sich mittlerweile als eine ganz „normale" Nation fühlen, losgelöst, sogar befreit von diesem kollektiven Trauma? Ich zitiere: „Heute / da unsere Nation sich wieder / zu einer führenden Stellung / emporgearbeitet hat / sollten wir uns mit anderen Dingen befassen / als mit Vorwürfen / die längst als verjährt / angesehen werden müßten" – Worte allerdings nicht von 1998, sondern von 1965, Worte eines der Hauptangeklagten im Frankfurter Auschwitz-Prozess, die Worte, mit denen Peter Weiss seine *Ermittlung* schließen lässt (210).[2] Die Antwort auf Walsers Frage, in welchen „Verdacht man" gerate, „wenn man sagt, die Deutschen seien ein normales Volk, eine gewöhnliche Gesellschaft",[3] stellt sich damit sozusagen von selber ein – gerade wenn sich Walser in gefährlich-populistischer Wendung mit einer Vielzahl von Reaktionen „aus dem Volke" auf seine Rede zufrieden gibt, muss der Verdacht aufkommen, er rede einem endlichen Vergessen-Dürfen, einer kollektiven Verdrängung das Wort.

Die Schwierigkeiten mit Formen des Sprechens über Auschwitz sind augenfällig, zumal mit künstlerischen Formen des Umgangs mit dem Holocaust, wie sich wieder in der endlosen, aber begründeten Debatte über das Holocaust-Mahnmal in Berlin gezeigt hat. Diese Schwierigkeiten beschäftigen auch den Schriftsteller Peter Weiss angesichts des Projektes *Die Ermittlung* im Zusammenhang mit dem Plan, Auschwitz aufs Theater zu bringen. Folgende Fragen an das Theaterprojekt müssen gestellt und

---

[1] Ich übernehme die Formulierung aus dem Titel von Daniel Jonah Goldhagens für jede Diskussion über den NS unerläßlichem Buch über *Hitlers willige Vollstrecker. Ganz gewöhnliche Deutsche und der Holocaust.* Berlin 1996.

[2] Einfache Seitenzahlen in Klammern verweisen auf folgende Ausgabe: Peter Weiss: *Die Ermittlung.* Frankfurt a.M. 1965.

[3] Martin Walser: *Erfahrungen beim Verfassen einer Sonntagsrede* (Friedenspreis des Deutschen Buchhandels). Frankfurt a.M. 1998, S.20.

beantwortet werden: Welche Ästhetik, welche künstlerischen Darstellungsmittel müssen angesichts des Gegenstandes versagen, welche anderen, vielleicht angemesseneren stellt die Tradition zur Verfügung, welche müssen neu- und weiterentwickelt werden? Wie bearbeitet Peter Weiss das Material, das ihm vorliegt? Wie interpretiert er es in dieser Bearbeitung?

1. Peter Weiss und / in Auschwitz

Unter dem Titel *Meine Ortschaft* veröffentlichte Peter Weiss 1964 zunächst in schwedischer Sprache einen kleinen Text, der 1965 auch in erweiterter deutscher Fassung vorlag, einen Bericht, in dem er überlegt, ob dem Geburtsstädtchen Nowawes bei Berlin eine für sein Leben prägende Bedeutung zukomme, oder eher der ersten Emigrationsstation London, dem zweiten Fluchtpunkt Prag, Zürich oder doch dem lebenslangen Exilort Stockholm? Die Entscheidung geht in eine andere Richtung:

> Nur diese eine Ortschaft, von der ich seit langem wußte, doch die ich erst spät sah, liegt gänzlich für sich. Es ist eine Ortschaft, für die ich bestimmt war und der ich entkam. Ich habe selbst nichts in dieser Ortschaft erfahren. Ich habe keine andere Beziehung zu ihr, als daß mein Name auf den Listen derer stand, die dorthin für immer übersiedelt werden sollten. Zwanzig Jahre danach habe ich diese Ortschaft gesehen. Sie ist unveränderlich. Ihre Bauwerke lassen sich mit keinen anderen Bauwerken verwechseln.[4]

Peter Weiss besuchte 1964 Auschwitz, die „Ortschaft, für die ich bestimmt war". „Ich bin hierhergekommen aus freiem Willen. Ich bin aus keinem Zug geladen worden. Ich bin nicht mit Knüppeln in dieses Gelände getrieben worden. Ich komme zwanzig Jahre zu spät hierher."[5] Der Besucher nimmt die Ortschaft Auschwitz, das Lager, als Abfolge verschiedener Stationen wahr, Stationen des Leids, der Erniedrigung und des unvorstellbaren Mordes an Millionen, an jeder einzelnen Station komplettiert seine Vorstellungskraft aus dem historischen Wissen darüber, was hier geschah, den Eindruck der Örtlichkeit:

> Ich steige die Böschung hinauf auf die Decke des Krematoriums. Die hölzernen, mit Teerpappe benagelten Deckel lassen sich von den Einwurfslöchern heben. Darunter liegt das Verlies. Sanitäter mit Gasmasken öffneten die grünen Blechbüchsen, schütteten den Inhalt hinab auf die emporgestreckten Gesichter, legten schnell wieder den Deckel auf.[6]

Schritt für Schritt erschließt sich ihm die *Topografie* des Grauens – und das *Geschehen*, an dessen Ort er sich befindet, verschließt sich immer mehr:

> Ein Lebender ist gekommen, und vor dem Lebenden verschließt sich, was hier geschah. Der Lebende, der hier herkommt, aus einer anderen Welt, besitzt nichts als seine

[4] In: *Freibeuter* 1. Berlin 1979, S.96-103, S.97.
[5] Ebd., S.98.
[6] Ebd.

> Kenntnisse von Ziffern, von niedergeschriebenen Berichten, von Zeugenaussagen, sie sind Teil seines Lebens, er trägt daran, doch fassen kann er nur, was ihm selbst widerfährt. Nur wenn er selbst von seinem Tisch gestoßen und gefesselt wird, wenn er getreten und gepeitscht wird, weiß er, was dies ist. Nur wenn es neben ihm geschieht, daß man sie zusammentreibt, niederschlägt, in Fuhren lädt, weiß er, wie dies ist.[7]

Der Unmöglichkeit, die Geschehnisse in Auschwitz in die eigene Erfahrung einzuholen, dem vollständig Unzureichenden der Vorstellungskraft steht, und das ist ein zentrales Motiv in Peter Weiss' literarischem Frühwerk, die Scham zur Seite, davongekommen zu sein, überlebt zu haben: Man war vorgesehen für dieses Lager, diesen Tod, dem man entkam irgendwie – während Freundinnen und Freunde der eigenen Jugend hier starben. In den Notizbüchern aus dem September 1964 heißt es: „Schuldgefühl, daß ich nicht im KZ gewesen – bin jetzt nur auf mich selbst gestellt."[8] Peter Weiss, der Besucher in Auschwitz im Herbst 1964, bleibt aber, schon in seinem Bericht *Meine Ortschaft*, nicht dabei stehen, die Unmöglichkeit des erfahrenden oder imaginativen Nachvollzugs des Lagers und seine eigene Scham[9] festzustellen. Vielmehr heißt es am Schluss des Textes: „Jetzt steht er nur in einer untergegangenen Welt. Hier kann man nichts mehr tun. Ein Weile herrscht die äußerste Stille. / Dann weiß er, es ist noch nicht zuende."[10]

2. Das Material

Ebenfalls 1964 war Peter Weiss Augenzeuge des Frankfurter Prozesses gegen die ‚zweite Garnitur' der Täter in Auschwitz: In den Ermittlungen gegen anfänglich 23 Angeklagte standen 20 Verteidiger vier Staatsanwälten und drei Nebenklägern gegenüber, über 350 Zeugen wurden vernommen, Protokolle von 50 weiteren Zeugen wurden verlesen, unter den Zeugen waren 248 ehemalige Häftlinge des Lagers, 91 ehemalige SS-Angehörige (die aus unterschiedlichen Gründen als Täter nicht mehr zu belangen waren) und 70 andere Zeugen (Bahnbeamte, Industrielle usf.). Die Akten des Verfahrens umfassten schließlich über 18000 Seiten, über den Prozess berichtete Bernd Naumann in aller dokumentarischen Breite in der FAZ, die Prozess-Protokolle wurden von Naumann bzw. von Hermann Langbein unmittelbar nach Abschluss des Prozesses als Bücher veröffentlicht.[11] Der gesamte Frankfurter Prozess wurde durch eine „leidenschaftlich geführte Diskussion über die Verjährung

---

[7] Ebd., S.103.

[8] Peter Weiss: *Notizbücher 1960 - 1971.* 2 Bände. Frankfurt a.M. 1982, Bd. 1, S.293.

[9] Zum Scham- und Schuld-Motiv vgl. auch Manfred Haiduk: *Der Dramatiker Peter Weiss.* Berlin/DDR 1977, S.131f; Alfons Söllner: *Peter Weiss und die Deutschen. Die Entstehung einer politischen Ästhetik wider die Verdrängung.* Opladen 1988, S.152ff u. 167f; Peter Hanenberg: *Peter Weiss. Vom Nutzen und Nachteil der Historie für das Schreiben.* Berlin 1993, S.72f.

[10] Weiss: *Meine Ortschaft*; a.a.O., S.103

[11] Vgl. dazu v.a. Haiduk: *Peter Weiss*; a.a.O., S.132ff

von Nazi-Verbrechen" in der Bundesrepublik begleitet,[12] eine Schlussstrich-Debatte im Kontext der späten Adenauer-Ära und des alles verdeckenden westdeutschen ‚Wirtschaftswunders'. Der Frankfurter Prozess war nach den von den Siegermächten des Zweiten Weltkrieges durchgeführten Verfahren gegen einige Haupttäter nationalsozialistischer Verbrechen der erste Versuch, in Verantwortung bundesdeutscher Gerichte die Untaten des Holocaust juristisch zu behandeln; es ging, wie Ingeborg Schmitz anmerkt, „nicht um die Ermittlung gesellschaftlicher Hintergründe, sondern um konkrete, auch heute noch nachweisbare Verbrechen der einzelnen Angeklagten"[13] – womit natürlich die ungeheuren Verbrechen von Auschwitz mit den Kategorien eines eigentlich unangemessenen Rechtssystems gemessen wurden (worüber später noch zu sprechen sein wird).

Peter Weiss begleitete die Prozesse als Zuschauer, er machte sich Notizen, schrieb Zeugenaussagen, Anschuldigungen, Verteidigungsreden mit. Unter dem Titel *Frankfurter Auszüge* veröffentlichte er 1965 etwa 35 Seiten seiner Notizen im ersten Heft von Hans Magnus Enzensbergers *Kursbuch*, schockierende Fragmente, die Enzensberger im Anhang des Heftes treffend charakterisierte:

> Wie jeder Zeuge [...] hat Peter Weiss versucht, zu verstehen, was er gehört hat, und damit das Gehörte formalisiert. Die *Frankfurter Auszüge* handeln also von drei Vorgängen: dem, was in Auschwitz war, dem, was in Frankfurt, und dem, was in einem Mann vorgegangen ist, der in Frankfurt war.[14]

Die persönliche Betroffenheit, Scham und Schuldgefühl des Entkommenen gegenüber den Opfern sind es, die Enzensberger schon angesichts der *Auszüge* als das identifiziert, „was in einem Mann vorgegangen ist, der in Frankfurt war". Die Beschäftigung mit Auschwitz, mit dem Prozess, die Vorarbeiten zu seinem Stück *Die Ermittlung* fasste Weiss 1965 so zusammen:

> Seit einem Jahr habe ich sowohl den Auschwitz-Prozeß in Frankfurt besucht als auch so ziemlich alles gelesen, was darüber geschrieben wurde. Ich habe das Lager besucht und studiert und dieses Material gesammelt, es zu ganz bestimmten Komplexen geordnet. Das Lager Auschwitz oder welches Lager auch immer auf der Bühne darzustellen, ist eine Unmöglichkeit. Ja, eine Vermessenheit, es überhaupt nur zu versuchen. Man kann diesen Gedankenkomplex nur von heute aus im Rückblick beobachten und versuchen, zu analysieren, was da vorgegangen ist. In dem Stück [das Weiss gerade geschrieben hat] wird ständig nur von unserer Gegenwart aus der Blick geworfen auf diese Vergangenheit und diese Vorgänge. Die Maschinerie des Lagers, diese Todesfabrik wird ganz genau aufgezeichnet wie bei einer Planzeichnung.[15]

---

[12] Ingeborg Schmitz: *Dokumentartheater bei Peter Weiss. Von der „Ermittlung" zu „Hölderlin"*. Frankfurt a.M./Bern 1981, S.69

[13] Ebd., S.73

[14] Hans Magnus Enzensberger: *Über Peter Weiss'* Frankfurter Auszüge. In: *Kursbuch* 1 (1965), S.202

[15] Wilhelm Girnus/Werner Mittenzwei: *Gespräch mit Peter Weiss.* In: *Sinn und Form* 17 (1965), S.678-688; hier S.687f

Abgesehen davon, dass Peter Weiss hier schon Hinweise darauf gibt, wie sein Stück, *Die Ermittlung*, schließlich aussieht, verweist er einerseits darauf, in wie hohem Maße die genaueste Kenntnis des Materials und seine Bearbeitung die Abfassung des Textes ausmachten. Andererseits weist er auf die Unmöglichkeit hin, Auschwitz auf die Bühne zu bringen, das Lager selbst zum Gegenstand ästhetischer Bearbeitung zu machen.

3. Auf der Suche nach einer angemessenen künstlerischen Sprache

Peter Weiss' Notizen zu dem Frankfurter Prozess finden sich in seinen Notizbüchern vermischt mit fragmentarischen Überlegungen zu künstlerischen Projekten und ästhetischen Konzepten. Unter dem Datum „Stockholm, 20/12" heißt es dort:

> Lessings Ästhetik hat mit dem, was jetzt ausgesagt werden soll,
> nichts mehr zu tun –
> „Befindet sich der, von dem Sie sprechen, in diesem Raum?"
> Herr Unterscharführer –
> Los, los, schnell zusammen, Kinder über den Kopf halten!
> Da steht ein Kind und ißt einen Apfel
> [...]
> B[oger] nahm es an den Beinen
> Und schmetterte es an die Wand[16].

Bruchstücke des in Frankfurt Gehörten, Fragen eines Anklägers, Stimmen aus Auschwitz, die einzelne Bluttat eines der Angeklagten – all dies unter der Erkenntnis: „Lessings Ästhetik hat mit dem, was jetzt ausgesagt werden soll, nichts mehr zu tun". Anders als Brecht, der eher wirkungsästhetisch argumentierend die traditionelle Einfühlungsästhetik ablehnte und durch epische und Verfremdungsmomente zu unterlaufen versuchte, leitet Peter Weiss das Versagen der Lessingschen Ästhetik aus dem Gegenstand selbst ab: Auschwitz entzieht sich ganz dem einfühlenden Nachvollzug (wie ja schon an dem kleinen Text *Meine Ortschaft* deutlich geworden), als Gegenstand dramatischer Bearbeitung versagt es sich völlig einer Ästhetik, die *Mitleid* als zentrale Wirkintention definiert.

Die gefühlsmäßige Anteilnahme am dramatisierten Schicksal Einzelner sowie die daraus resultierende moralische Selbsterziehung, wie Lessing sie wiederholt programmatisch formuliert,[17] müssen angesichts der Todeslager versagen: Das Leiden ist ungeheuerlich wie die Verbrechen der Täter, das leidende Individuum verschwindet in der unübersehbaren Masse der Millionen Opfer, die einzelne Untat – die Ermordung des Kindes mit dem Apfel durch Boger –, ins Zentrum dramatischer Darstellung gerückt, würde zwar möglicherweise Mitleid erzeugen, aber die riesen-

---

[16] Peter Weiss: *Notizbücher 1960 - 1971*, a.a.O., S.329

[17] Vgl. etwa den Brief an Friedrich Nicolai, November 1756; in: Gotthold Ephraim Lessing: *Werke.* In acht Bänden. Hrsg. von G. Göpfert. München 1970ff.; hier Bd. 4, S.163

haften industriellen und bürokratischen Dimensionen des Völkermordes in Auschwitz überdecken. Die Erregung gefühlsmäßiger Anteilnahme im Sinne Lessings kann also nicht die Absicht des Schriftstellers sein, der den Holocaust auf der Bühne verhandeln will; ästhetische Strategien der Distanzierung jener Vorgänge sind gefordert, die einerseits die mitleidende Einfühlung verhindern und andererseits der Inkommensurabilität dieser Vorgänge mit der menschlichen Erfahrung Rechnung tragen.

Schon anderthalb Jahre vor der Abfassung der *Ermittlung*, weit vor den Besuchen in Frankfurt und Auschwitz finden sich in Weiss' Notizbüchern Hinweise auf ein großes literarisches Projekt: die Adaption der *Göttlichen Komödie* des spätmittelalterlichen italienischen Dichters Dante für die Darstellung der gegenwärtigen Welt. Der große Text, in dem Dante von Vergil durch Hölle, Fegefeuer und Paradies geführt wird, erschien Weiss als ideal, insofern er eine modellartige Deutung der Welt enthielt, den zum Welttheater konzentrierten Stoff der Geschichte. Die Möglichkeiten einer Dante-Adaption schätzte Weiss noch in dem 1965 veröffentlichten *Gespräch über Dante* (zweier fiktiver Sprecher) emphatisch ein:[18] Dante würde, mit einem Wort, die historischen und die sozialen, die ideologischen und machtpolitischen Hintergründe der gegenwärtigen, katastrophalen Welt *ermitteln*. Peter Weiss hat den Dante-Plan nicht zuende geführt, allein er spielt sowohl bei der *Ermittlung* als auch bei den folgenden Dramen eine wichtige Rolle (wie im Hinblick auf einzelne formale und sprachliche Elemente der *Ermittlung* noch zu zeigen sein wird). Auschwitz als „Inferno" darzustellen, läge nahe; in den assoziativen Engführungen der Notizbücher werden die Vorarbeiten zur *Ermittlung* und die Überlegungen zum Dante-Projekt aber verfremdend-schockierend anders notiert:

> PARADISO
> Gesang vom Phenol
> vom Vorraum
> von den Öfen und Gruben
> von der Rampe
> vom Galgen
> vom Block und Pfahl
> von der Stehzelle
> vom Zyklon B
> von der Schaukel[19].

Das Paradies ist der Ort der Unschuldigen, der schuldlos Gebliebenen oder Gewordenen – und das Lager als der Ort der schuldlos Leidenden kann nur als brutale Kontrafaktur des Danteschen Paradieses erscheinen: Warum sollten diese in der Hölle sein? Das *Inferno* der Moderne, so Weiss in seiner *Vorübung zum dreiteiligen*

---

[18] Peter Weiss: *Gespräch über Dante*. In: Sinn und Form 17 (1965), S.814-834; hier S.833

[19] Weiss: *Notizbücher*, a.a.O., S.308f

Drama divina commedia, ist im Gegensatz dazu der Schutzort der Verbrecher: „Inferno beherbergt alle die, die nach des früheren Dante Ansicht zur unendlichen Strafe verurteilt wurden, die heute aber hier weilen [...] und unbestraft ihre Taten weiterführen [...]. Alles ist fest hier, geölt, gesichert, nichts wird bezweifelt, und jegliches Leiden ist weit abgeschoben."[20] Wenn Auschwitz das *paradiso* ist, ist konsequenter Weise das *inferno*, der Schutzort der Mörder, die Bundesrepublik der Adenauer- und Wirtschaftswunder-Ära: „Alles ist fest hier, geölt, gesichert, nichts wird bezweifelt, und jegliches Leiden ist weit abgeschoben."

Dante wäre also *Ermittler*, der neue Text eine *Ermittlung*. Und der Stoff, der dem Schriftsteller zur Verfügung stünde, das Material, das sind eben die Dokumente über die Gefängnisse und Lager, über Kolonialismus und Diktatur, über Lohnkämpfe und rassische Diskriminierungen. Mit diesem Material aber bestimmt sich auch die ästhetische Alternative, die Peter Weiss sich, auf dem Hintergrund der Abgrenzung von Lessing und über den Umweg des Dante-Projektes, erarbeitet hat – und die, weit über Weiss hinaus, für die Dramatik der sechziger Jahre von großer Bedeutung war: das dokumentarische Theater.

Dante sollte, so Peter Weiss' Planung, in der Adaption der *Divina Commedia* fürs moderne Welttheater nur noch *ermitteln*, untersuchen, Erklärungen finden für die Zustände. Der Schriftsteller bleibt angesichts der modernen Realität, angesichts ihres Extrems Auschwitz, nicht länger Poet, Schöpfer einer neuen, imaginativ erzeugten Welt. Er wird, scheint es, elementar aufs Material der Welt verpflichtet, auf die Dokumente, die diese Welt erzeugt, die diese Welt bezeugen. Der Autor tritt weit hinter das Material zurück. In seinen *Notizen zum dokumentarischen Theater* beschreibt Peter Weiss sehr genau sowohl das Verfahren als auch die medienkritische Implikation der dokumentarischen Dramatik:[21]

> Das dokumentarische Theater enthält sich jeder Erfindung, es übernimmt authentisches Material und gibt dies, im Inhalt unverändert, in der Form bearbeitet, von der Bühne aus wieder. Im Unterschied zum ungeordneten Charakter des Nachrichtenmaterials, das täglich von allen Seiten auf uns eindringt, wird auf der Bühne eine Auswahl gezeigt, die sich auf ein bestimmtes [...] Thema konzentriert. Diese kritische Auswahl, und das Prinzip, nach dem die Ausschnitte der Realität montiert werden, ergeben die Qualität der dokumentarischen Dramatik.[22]

---

[20] Peter Weiss: *Vorübung zum dreiteiligen Drama* divina commedia. In: P.W.: *Rapporte*. Frankfurt a.M. 1965, S.121-141, hier S.137

[21] Vgl. dazu Peter Weiss: *Notizen zum dokumentarischen Theater.* [1970] In: P.W.: *In Gegensätzen denken. Ein Lesebuch.* Ausgewählt von Rainer Gerlach und Matthias Richter. Frankfurt a.M. 1986, S.245-254; vgl. ebenfalls: Schmitz: *Peter Weiss*, S.30; Klaus Harro Hilzinger: *Die Dramaturgie des dokumentarischen Theaters.* Tübingen 1976, S.97; Haiduk: *Peter Weiss*, a.a.O., S.125; zur Genrebestimmung insgesamt s. Brian Barton: *Das Dokumentartheater.* Stuttgart 1987, S.1ff.

[22] Weiss: *Notizen*, S.245

Kritische Auswahl und ein spezifisches Prinzip der Montage von dokumentarischem Material – damit sind die Fragen an die *Ermittlung* selbst gestellt: Wie wählt Peter Weiss für seine *Ermittlung* das Material aus, wie montiert er es, mit welchen darüber hinaus gehenden künstlerischen Verfahren bearbeitet er es?

4. Die Bearbeitung des Materials

a. Stationen

In seiner „Nachbemerkung" zur *Ermittlung* notiert Peter Weiss eine kleine Reihe wichtigster historisch-dokumentierender Veröffentlichungen zum Nationalsozialismus und zum Holocaust, die wichtigsten Quellen für seine dramatische Arbeit waren jedoch neben den eigenen Aufzeichnungen die Prozessdokumentationen von Bernd Naumann in der FAZ. Für sein Stück übernimmt Weiss grundsätzlich die Konstellation des Gerichtsprozesses: 20 Jahre nach Auschwitz sitzen Täter und Opfer, Ankläger und Verteidiger einander gegenüber bei dem Versuch, in der Sache zu ermitteln. Ablauf und Struktur eines Prozesses aber übernimmt er nicht. Die Eröffnung des Verfahrens wird ebenso ausgespart wie die späteren Urteile, die Anordnung der verschiedenen Aussagen versucht bei Weiss gar nicht, den 'normalen' Prozessverlauf zu imitieren: In elf Stationen wird der Gang durchs Lager verfolgt, der Leidensweg der Opfer von der (Eisenbahn-) Rampe bis zu den Feueröfen (für das Bühnenmodell seiner Uraufführung in Berlin hatte Piscator die Stationen als riesenhafte Projektion an die Bühnenhinterwand geplant.

Aus Aussagen verschiedener Zeugen setzt das Stück Station für Station die Topographie des Vernichtungslagers zusammen, die Angeklagten werden konfrontiert mit ihrer Beteiligung an Selektionen auf der Rampe, ihrer Verantwortung für unzählige Morde im Bunkerblock, für die von ihnen 'erfundenen' Folterinstrumente wie etwa Bogers 'Schaukel', für ihre Beteiligung an Massentötungen durch Erschießung an der „Schwarzen Wand", durch Phenolspritzen ins Herz, durch Zyklon B. Der vierte, fünfte und sechste Gesang fallen aus dieser topographischen Ordnung heraus: Der „Gesang von der Möglichkeit des Überlebens" rekonstruiert sowohl die seltensten Zufälle, die überleben halfen, als auch die Überlebenschance, die darin bestand, in der Lagerhierarchie auf der Seite der Opfer etwas zu werden. Der „Gesang vom Ende der Lili Tofler" rekonstruiert, einmalig in der *Ermittlung*, das Schicksal eines individuellen Opfers, der „Gesang vom Unterführer Stark" befasst sich konzentriert mit der Gestalt des noch vor seinem Abitur zur Lager-SS gehörenden Angeklagten, der, unmittelbar nach der Erschießung einer polnischen Frau mit ihren zwei Kindern, mit Häftlingen „einen Diskurs [...] über den Humanismus bei Goethe" geführt habe (111) – womit der gesteigerte Zynismus des Bildungsbürgers markiert wird, dessen Wissensfundus ohne logische, emotionale oder ethische Bindung bleibt.

b. Figuren

Für die dramatische Bearbeitung legt Weiss die Aussagen der ursprünglich 350 Zeugen insgesamt neun Zeugen-Figuren in den Mund. Das Verzeichnis der *dramatis personae* sowie die folgende *Anmerkung* umreißen die Konzeption der Figurengruppen genauer:

> [...]
>
> Hunderte von Zeugen traten vor dem Gericht auf. Die Gegenüberstellung von Zeugen und Angeklagten, sowie die Rede und Gegenreden, waren von emotionalen Kräften überladen.
>
> Von all dem kann auf der Bühne nur ein Konzentrat der Aussage übrig bleiben.
>
> Dieses Konzentrat soll nichts anderes enthalten als die Fakten, wie sie bei der Gerichtsverhandlung zur Sprache kamen. Die persönlichen Erlebnisse und Konfrontationen müssen einer Anonymität weichen. Indem die Zeugen im Drama ihre Namen verlieren, werden sie zu bloßen Sprachrohren. Die 9 Zeugen referieren nur, was hunderte ausdrückten.
>
> [...]
>
> Die 18 Angeklagten dagegen stellen jeder eine bestimmte Figur dar. Sie tragen Namen, die aus dem wirklichen Prozeß übernommen sind. Daß sie ihre eigenen Namen haben ist bedeutungsvoll, da sie ja auch während der Zeit, die zur Verhandlung steht, ihre Namen trugen, während die Häftlinge ihre Namen verloren hatten. (7f)

Die Redebeiträge der *Angeklagten*-Figuren, die Weiss, trotz seiner konzentrierenden Eingriffe, meist wörtlich, bis in sprachliche Entgleisungen oder Selbstentlarvungen hinein, übernimmt, behaupten immer wieder die Eingeschränktheit des eigenen Zuständigkeitsbereichs im Lager: „Ich war nur dort / um Medikamente aus dem Gepäck der Häftlinge entgegenzunehmen“ (18 u.ö.). Diese Strategie „gehört neben der Berufung auf Erinnerungsschwächen und dem hartnäckigen Leugnen, an Morden beteiligt gewesen zu sein, zur bevorzugten Verharmlosungstaktik der Angeklagten.“[23] Das Eingeständnis der Beteiligung an Erschießungen, an Morden durch Phenolspritzen oder Gas geben die Angeklagten erst nach wiederholtem Ableugnen und unter der erdrückenden Last der Gegenbeweise – und immer mit der Berufung auf Pflicht, Diensteid und Befehlsnotstand. Peter Weiss musste die Dokumente nicht stark bearbeiten, um den bürokratischen Sprachgestus zu betonen, mit dem die Angeklagten versuchen, die eigenen ungeheuerlichen Verbrechen zu distanzieren, zu verdrängen: „Ich habe mich gehütet / höherenorts Fragen vorzubringen / nach der Rechtmäßigkeit / mir zu Ohren gekommener Gefangenentötung / Schließlich hatte ich die Verantwortung / für meine Familie / und mich selber zu tragen“ (Angeklagter Mulka, Adjutant des Lagerkommandanten). Auffälligster Anteil der Angeklagten am

[23] Karl-Heinz Hartmann: *Peter Weiss: „Die Ermittlung“*. In: Harro Müller-Michaels (Hg.): *Deutsche Dramen. Interpretationen zu Werken von der Aufklärung bis zur Gegenwart.* 2 Bände. Frankfurt a.M. 1981, Bd. 2, S.163-183; hier S.167

dramatischen Geschehen sind die immer wieder eingestreuten chorischen Kommentare – meist zu Redebeiträgen der Verteidiger oder anderer Angeklagter: „*Die Angeklagten lachen zustimmend*" (123), „*Die Angeklagten äußern ihre Empörung*" (145), „*Laute Zustimmung von Seiten der Angeklagten*" (210), letzteres der Schlusssatz des gesamten Stücks.

Die Gruppe der Zeugenfiguren ist uneinheitlicher und muss es den Dokumenten entsprechend auch sein: Die Zeugen 1 und 2 sind eigentlich Mittäter aus dem Bereich der Reichsbahn oder der die Arbeitskräfte der Häftlinge ausbeutenden Industrien – ihre Mittäterschaft steht aber nicht zur Verhandlung. Gerade diese Zeugen aber sind wichtig für die Konzeption der *Ermittlung*. Die Zeugen 1 und 2 sind nämlich, in ununterbrochener Fortsetzung ihrer beruflichen Laufbahn, aus ihrer verwalterischen oder unternehmerischen Tätigkeit in Auschwitz wieder hinübergewechselt in die Bürokratie oder Industrie der Wirtschaftswunder-BRD, die Profite, die die Häftlinge für Krupp und Siemens erarbeitet haben, weiter vermehrend. Diese Zeugen stehen einerseits dafür, in wie hohem Maße Auschwitz eben nicht bloßer Exzess weniger nationalsozialistischer Barbaren war, sondern Teil des bürokratischen und industriellen Komplexes, der das Lager organisierte und nutzte. Andererseits stehen diese Zeugen beispielhaft für die Fülle der Kontinuitäten zwischen Nationalsozialismus und BRD, die bis ins Bundeskanzleramt reichten, wo der Rassegesetzler Globke als Staatsminister residierte.

Die wichtigeren Zeugenfiguren sind jedoch die sieben anderen: Häftlinge, Opfer, zufällig Überlebende. Hier im Drama namen- und identitätslos wie im Lager, wie die Zeugin 4 es deutlich ausspricht:

> Familie Heim Beruf und Besitz
> das waren Begriffe
> die mit dem Einstechen der Nummer
> ausgelöscht wurden (37)

Die Zeugen berichten über ihre Leidenswege, machen die Topographie des Grauens von Auschwitz Station für Station rekonstruierbar, konfrontieren die verschiedenen Angeklagten immer wieder mit ihren Verbrechen, werden selber immer wieder mit dem Abwiegeln, Leugnen, dem Zynismus der Angeklagten und Verteidiger konfrontiert. Die Zeugen in der *Ermittlung* sind, entgegen denen in der Prozessdokumentation, sachlich, sie scheinen distanziert – ein verfremdendes Verfahren, das Weiss einsetzt, um einfühlende, mitleidende Rezeption zu unterlaufen; literarische Stilisierung „aus der Einsicht heraus, dass nur eine distanzierende Darstellung und Rezeption den Vorgängen in Auschwitz, ihrem Umfang, ihrer Komplexität und schieren „Unfaßbarkeit" annähernd entsprechen […] könne."[24]

[24] Jochen Vogt: *Peter Weiss*. Reinbek bei Hamburg 1987 (rororo Bildmonographien 367), S.94.

In den Aussagen der Zeugenfiguren, die Peter Weiss auf Seiten der Opfer sprechen lässt, findet sich überraschender Weise praktisch nie ein Hinweis darauf, *warum* sie nach Auschwitz deportiert worden waren. Weiss kam es nicht darauf an, Antisemitismus oder Antislavismus zu analysieren, sondern deren Folgen, die radikale und industrielle Ausbeutung und Vernichtung von Menschen.[25]

c. Sprache / Verfremdung

Die Sprache, die die Angeklagtenfiguren der *Ermittlung* sprechen, und häufig auch die der Opfer-Zeugen ist die „Sprache einer verwalteten Welt",[26] eine Sprache, die das Ungeheuerliche irgend verfügbar macht oder, auf der anderen Seite, den Mord, die eigene Untat, auf einen bürokratischen Akt reduziert. Wenn der Zeuge 8 im *Gesang vom Phenol* sagt: „Den Sanitätsdienstgrad Klehr / beschuldige ich der tausendfachen / eigenmächtigen Tötung / durch Phenolinjektionen ins Herz" (146), so umgeht er zuallererst den Dialog: Klehr sitzt als Angeklagter vor ihm, der Zeuge weicht der unmittelbaren Konfrontation aus, zitiert ihn nach seinem Dienstgrad im Lager; der Tatbestand, um den es geht, der tausendfache Mord, ist so ungeheuerlich, dass er nur noch in juristischer wie technischer Begrifflichkeit zur Sprache gebracht werden kann. Die Sprache des Zeugen wehrt also einerseits die Nähe des ehemaligen Täters ab, versucht andererseits, der grausamen Tat begrifflich näherzukommen.

Wie oben schon angedeutet, musste Peter Weiss die Sprache der Dokumente nur leicht bearbeiten, um den Aspekt der Verwaltungssprache zu betonen, um stilisierend und verfremdend ins dokumentarische Material einzugreifen. Die Aussagen von Angeklagten und Zeugen aber werden darüber hinaus rhythmisiert: Die Prosa der Dokumente wird in rhythmische Prosa verwandelt, zu starke Individualisierungen werden gestrichen, mit syntaktischen Vereinfachungen reduziert das Stück die Sprache auf reihende Hauptsätze, allenfalls Nebensätze erster Ordnung, nur da, wo für das Geschehene Erklärungen gesucht werden, wird der Satzbau komplexer (Zeuge 3, S. 89).

d. Ästhetische Adaptionen: Dante – Bach

Der stärkste verfremdende Effekt des Stückes geht gewiss von seinem Untertitel aus: *Oratorium in 11 Gesängen.* Wie lässt sich über Auschwitz singen? Ist dieser Untertitel provokante Pietätlosigkeit oder Hinweis auf ein ästhetisches Prinzip?

Mit der Aufteilung der *Ermittlung* in Gesänge übernimmt Peter Weiss das Gliederungsprinzip der *Göttlichen Komödie* Dantes. Dort hatte jeder Teil, *inferno*, *purgatorio* und

---

[25] Vgl. Peter Weiss: *Rapporte 2.* Frankfurt a.M. 1971, S.46; zur Kritik dieser Bearbeitung des Materials vgl. v.a. James Edward Young: *Beschreiben des Holocaust. Darstellung und Folgen der Interpretation.* Aus dem Amerik. übers. von Christa Schuenke. Frankfurt a.M. 1992, vgl. S.123ff.

[26] Hartmann: *Peter Weiss: Die Ermittlung*, S.169

paradiso, je 33 Gesänge aufgewiesen.[27] Jeder ‚Gesang' der *Ermittlung* ist in drei Teile eingeteilt, das Stück erreicht also Dantes Zahl 33. Drei Gruppen von Dramenfiguren stehen sich in der *Ermittlung* gegenüber: 18 Angeklagte, 9 Zeugen, 3 Juristen, die 9 und die 3 sind immer präsent. Dantes Zahlensymbolik, die im Spätmittelalter auf die geglaubte Harmonie und Sinnfälligkeit des göttlichen Weltenbaus verwies, wird für Peter Weiss zum bloß abstrakten Gerüst, zum mechanischen Hilfsmittel, mit dem sich die ungeheure Realität der Dokumente aufarbeiten ließ.[28] Darüber hinaus aber ist auch der epische Abstand, mit dem Dante, etwa im *inferno*, das Gesehene berichtet, mit den Distanzierungs- und Verfremdungsstrategien, mit denen die *Ermittlung* über Auschwitz spricht, vergleichbar.

Neben im einzelnen nachweisbaren stilistischen Anlehnungen der *Ermittlung* an die *Divina commedia*[29] findet sich an zentraler Stelle eine schockierende Kontrafaktur. Als Dante den Eingang zur Hölle passiert, zu Beginn des III. Gesangs, sieht er „in dunkler Farbe / Zu Häupten eines Tores angeschrieben": „DURCH MICH GEHT MAN HINEIN ZUR STADT DER TRAUER, [...] / LASST JEDE HOFFNUNG, WENN IHR EINGETRETEN". Auf dem Dach des Küchenbaus in Auschwitz war, so berichtet eine Zeugin im „Gesang vom Ende der Lili Tofler", ebenfalls in Majuskeln gesetzt, folgendes zu lesen: „ES GIBT EINEN WEG ZUR FREIHEIT / SEINE MEILENSTEINE HEISSEN / GEHORSAM FLEISS SAUBERKEIT / EHRLICHKEIT WAHRHAFTIGKEIT / UND LIEBE ZUM VATERLAND (100)". Der Zynismus, der aus diesen Zeilen spricht, wird von Peter Weiss verstärkt durch die Dante-Assoziation – die hier unausgesprochene letzte Zeile des Höllenschildes: *LASCIATE OGNI SPERANZA, VOI CH'ENTRATE.*

In seinem „Gespräch über Dante" bezeichnete Peter Weiss die *Göttliche Komödie* einmal als „Oratorium"[30] – eigentlich eine inkorrekte Gattungszuweisung. Ein Oratorium lässt sich definieren als „ein rollenteilig vorgetragenes „dramatisches Gedicht", das auf szenische Mittel weitgehend verzichtet".[31] In der Musikgeschichte hat sich das Oratorium als Form mit festen Rollenschemata und Satzfolgen etabliert: Der epische Erzähler, der Evangelist, berichtet, seine Redebeiträge heißen *Rezitative*; einzelne Figuren reflektieren das Geschehen ausführlich: Petrus nach dem dritten Hahnenschrei, Maria unter dem Kreuz, ihre Redebeiträge heißen *Arien*; der Chor hat doppelte Funktion: einerseits steht er für das Volk auf der Ebene der Handlung, das Volk, das den „König der Juden" verspottet oder schreit: „Kreuzige ihn"; andererseits steht der Chor für die lauschende Gemeinde, die das Geschehen sinnend betrachtet und kommentiert, die *Choräle* werden von der Gemeinde mitgesungen.

---

27 Peter Weiss weist in seinem *Gespräch über Dante* auf die zahlenmystischen Implikation der 3, der 9 und der 33 hin; vgl. ebd., S.822.

28 Vgl. Erika Salloch: *Peter Weiss' DIE ERMITTLUNG. Zur Struktur des Dokumentartheaters.* Frankfurt a.M. 1972, S.55.

29 Vgl. ebd., S.59ff und 66ff

30 Weiss: *Gespräch über Dante*, S.815

31 Vogt: *Peter Weiss*, S.93

Verschiedentlich ist schon darauf hingewiesen worden, in wie kunstvoller Weise die *Ermittlung* die episch-rezitativen, die arienhaft-reflexiven und die chorischen Anteile des Oratoriums realisiert. Das Stück verzichtet völlig auf szenische Mittel, es wird nur gesprochen, „hier ist die Szenenfassung völlig auf das Wort gestellt und fast statisch."[32] Zuweilen werden in der Forschung fälschlicherweise Angeklagte und Zeugen als Chor und Gegenchor aufgefasst,[33] Erika Salloch interpretiert sehr richtig die Rolle der Zeugen als die der Berichterstatter unendlichen Leidens, die Redebeiträge aber der Angeklagten als die Arien, „als Gegenentwurf zum traditionellen Oratorium [...]. Arie ist hier Klischee, endlose Wiederholung des alten Unsinns, nicht zur Erbauung, zum Mitfühlen des Zuschauers gesungen, sondern um ihn zum Widerstand gegen die ewigen Wiederholungen der Sänger zu führen."[34]

Die Chöre sind in der *Ermittlung* mit den Angeklagten besetzt: als Gruppe treten sie sehr häufig am Schluss eines Abschnitts innerhalb oder am Ende eines Gesanges auf: „*Die Angeklagten lachen zustimmend*" (123), „*Die Angeklagten äußern ihre Empörung*" (145), „*Laute Zustimmung von Seiten der Angeklagten*" (210). Dabei ist die Gruppe der Angeklagten nicht im Sinne der barocken Volkschöre zu sehen: Sie handelt nicht auf der Ebene des berichteten Geschehens, dieses wird in den Verteidigungs-, Rechtfertigungs- oder Abwehr-"Arien" vereinzelter Angeklagter reflektiert. Die Angeklagten sind vielmehr als „Gemeindechor" zu verstehen – einige Inszenierungen der Ring-Uraufführung am 19. Oktober 1965 haben die Angeklagten denn auch folgerichtig von der Bühne ins Publikum gesetzt. Die zynisch lachende oder empörte Abwehr des berichteten Grauens, die selbstgerechte Zufriedenheit mit der Verdrängung der eigenen Verbrechen, repräsentiert das zwanzig Jahre nach Auschwitz in der Bundesrepublik herrschende Bewusstsein. Die Angeklagten als Gemeindechor des ‚Oratoriums' *Die Ermittlung* repräsentieren in ästhetischer Form die radikale Kritik des Stückes an seiner Gegenwart: am katastrophalen Umgang eines Volkes mit einer kollektiven Schuld.[35]

Eine der herausragenden Spielarten des Oratoriums in der Musikgeschichte ist die Passion: Die musikalische, nicht szenisch-opernhafte, sondern berichtend-dramatische Darstellung der Leidensgeschichte Jesu Christi entsprechend den Berichten der Evangelisten – beispielhaft J.S. Bachs große Passionen. Die Passion eignet sich zum ästhetischen Modell für die Darstellung der unvorstellbaren Leiden der Opfer von Auschwitz. Auch die biblische Leidensgeschichte vollzieht sich in einzelnen Stationen – die bildhaften Kreuzgänge in den Kirchen vollziehen Schritt für Schritt die Passion Jesu nach, bis hin zu Kreuzigung, Kreuzabnahme und Grab-

32 Girnus/Mittenzwei: *Gespräch mit Peter Weiss*, S.687

33 Vgl. Hartmann: *Peter Weiss: Die Ermittlung*, a.a.O., S.169; vgl. auch Haiduk: *Peter Weiss*; a.a.O.; S.136f

34 Salloch: *Peter Weiss*, S.137

35 Diesen Gedanken entwickelt ähnlich auch Alfons Söllner in seinem vorzüglichen *Peter-Weiss*-Band; vgl. ebd., S.178f.

legung. Die Zahl dieser Leidensstationen ist nicht zufällig – in Spätmittelalter und Barock wurden die ursprünglich zehn auf zwölf Stationen erweitert, Kreuzabnahme und Grablegung kamen hinzu. Die elf Gesänge der *Ermittlung* vollziehen die Leidensgeschichte der Opfer von Auschwitz nach – die Zahl ist einerseits orientiert an Dante, wie gezeigt. Wo aber bleibt die zwölfte Station, die die Tradition des Passionsoratoriums erfordert? Sie ist für Peter Weiss *der Prozess selber*. Auschwitz ist einerseits eine „untergegangene Welt“[36], die Leiden der überlebenden Opfer aber gehen weiter: „Ich kam aus dem Lager heraus / aber das Lager besteht weiter“ (Zeuge 7, 91); der Prozess zwingt die Opfer dazu, das durchlebte Grauen zu wiederholen, nochmals zu durchleben, konfrontiert sie mit ihren hämisch grinsenden und gesellschaftlich längst wieder erfolgreichen Mördern, deren Selbstgerechtigkeit das Fortleben des Grauens anzeigt. Diese formale Lücke, die das ‚Oratorium' als Drama hier also aufweist, wird geschlossen durch den Prozess, den es nachstellt – und zu dem es, wie später noch zu zeigen sein wird, eine künstlerische Alternative darstellt.

5. Die Interpretation des Materials durch die Bearbeitung

Die ästhetischen Bearbeitungsverfahren – die Anordnung der Aussagen nach den Stationen der Topographie des Grauens, die distanzierend-verfremdende Stilisierung der Figuren, die Anlehnungen an Dante und an das Passionsoratorium – zeigen, in wie hohem Maße Peter Weiss das dokumentarische Material des Auschwitz-Prozesses ästhetischen Bearbeitungsverfahren unterzieht. Diese Gestaltungsverfahren haben Intention, mit ihnen *interpretiert* das dokumentarische Theater sein Material. Es will, so führt Peter Weiss in seinen *Notizen zum dokumentarischen Theater* aus, „aus den Fragmenten der Wirklichkeit ein verwendbares Muster, ein Modell der aktuellen Vorgänge, zusammenzustellen“.[37] Auf welches Modell, welche Modelle hin bearbeitet *Die Ermittlung* ihr Material? Wie interpretiert sie es? Wie ist wiederum diese Interpretation zu verstehen, zu bewerten?

Peter Weiss hat, im vierten Gesang „von der Möglichkeit des Überlebens“, eine Zeugen-Figur zum Sprachrohr einer modellhaften Interpretation der Vorgänge im Lager gemacht: „Die Ordnung die hier galt / war uns in der Anlage vertraut / deshalb konnten wir uns auch noch zurechtfinden / in ihrer letzten Konsequenz / in der der Ausbeutende in bisher unbekanntem Grad / seine Herrschaft entwickeln durfte“ (89) – Auschwitz wird hier einerseits interpretiert als ins Extrem getriebenes System der Ausbeutung, als letzte Konsequenz kapitalistischer Strukturen. Damit ist einer der wesentlichen Ansatzpunkte der *Ermittlung* „zur Erklärung der Todesmaschinerie Auschwitz und des faschistischen Herrschaftssystems“ angesprochen.[38] Früh wird im Text auf die „umliegenden Industrien“ hingewiesen: „Es waren

[36] Weiss: *Meine Ortschaft*, S.103.
[37] Weiss: *Notizen zum dokumentarischen Theater*, S.249
[38] Vogt: *Peter Weiss*, S.96

Niederlassungen / der IG Farben / der Krupp- und Siemenswerke" (11) – und die „segensreiche Freundschaft" (106) zwischen ebendiesen Industrieunternehmen und der Lagerverwaltung geht soweit, dass im Lager „Untersuchungen im Auftrage der pharmazeutischen Industrie" (102) vorgenommen werden. Polemisch verweist der Vertreter der Anklage darauf hin, „daß die Nachfolger dieser Konzerne heute / zu glanzvollen Abschlüssen kommen / und daß sie sich wie es heißt / in einer neuen Expansionsphase befinden" (107).

Die Opfer von Auschwitz werden ausgebeutet, indem zunächst ihre gesamte mitgebrachte Habe eingezogen wird, Gold, Geld, Wertsachen, Kleidung usf.; die Arbeitsfähigen stellen ein ungeheures Reservoir billigster Arbeitskräfte dar, auf deren Gesundheit nicht geachtet werden muss, weil sie ohnehin nicht überleben sollen; die Körper auch der Nicht-Arbeitsfähigen werden ausgebeutet zu medizinischen Untersuchungen, „lebendfrisches Material", wie einer der Angeklagten sagt, die Haare werden zu Textilien verarbeitet, ihr Zahngold tonnenweise der Reichsbank überstellt, selbst ihre Asche dient zuweilen als Streumaterial für vereiste Wege. Mit der Modellierung von Auschwitz als extremster Konsequenz kapitalistischer Ausbeutung lehnt sich Peter Weiss an eine Faschismus-Erklärung an, die als „Dimitroff-These" in der Sowjetunion seit 1936 Geltung hatte und den Faschismus als „die offen terroristische Diktatur der reaktionärsten, am meisten chauvinistischen, am meisten imperialistischen Elemente des Finanzkapitals" deutete.[39] Gerade diese radikale politische Interpretation des Materials wurde Peter Weiss von der rechten und konservativen Kritik als ideologische Gehirnwäsche im Auftrag des Ostblocks vorgeworfen[40] – vor allem natürlich auch, weil sich mit dieser Deutung des Holocaust auch die Bundesrepublik mit all den Kontinuitäten zwischen nationalsozialistischer Vergangenheit und Gegenwart angegriffen fühlen musste: Das schlechte Gewissen diktierte die Polemik; die literaturwissenschaftliche Forschung hat dem Autor verschiedentlich die monokausale (und historisch verfälschende) Ableitung des Nationalsozialismus aus dem Kapitalismus vorgeworfen.[41] Abgesehen davon, dass die Zusammenarbeit zwischen Lager-SS und Großindustrie historisch gar nicht mehr zu bezweifeln ist, geht vor allem der Vorwurf der Monokausalität fehl. *Die Ermittlung* liefert mehr als *ein* Erklärungsmodell für die Entstehensbedingungen von Auschwitz.

Im Lager bildete sich etwas heraus, wie die Zeugin 5 aus dem ersten Teil des „Gesangs vom Lager" eindrucksvoll vorführt, was als interne „Normalität" fassbar wird. Täter und Opfer gehören beide derart zu diesem System der Normalität, dass ein

---

[39] Zit. n. Vogt: *Peter Weiss*, S.97

[40] Vgl. die Zusammenstellung aus Rezensionen zu den Uraufführungen bei Salloch: *Peter Weiss*, S.145ff.

[41] Vgl. etwa Otto F. Best: *Peter Weiss. Vom existentialistischen Drama zum marxistischen Welttheater. Eine kritische Bilanz*. Bern, München 1971, S.142; Vormweg: *Peter Weiss*, S.95ff; Rolf Dieter Krause: *Faschismus als Theorie und Erfahrung. „Die Ermittlung" und ihr Autor Peter Weiss*. Frankfurt a.M. 1982, S.438ff.

weiterer Zeuge mit Recht aussagt: „Auch wir Häftlinge / vom Prominenten bis hin zum Sterbenden / gehörten dem System an / Der Unterschied zwischen uns / und dem Lagerpersonal war geringer / als unsere Verschiedenheit von denen / die draußen waren“ (88). Die Einsicht in diese Normalität des Schreckens muss für Peter Weiss ein ungeheurer Schock gewesen sein. Die Zeugen als Überlebende sagen es deutlich: Überleben konnte nur derjenige, der sich dieser Normalität unterordnete: Das heißt Einordnung in den „Gewaltzusammenhang zwischen *Starken* und *Schwachen*, *Verfolgern* und *Flüchtlingen*, Tätern und Opfern“;[42] Überlebenwollen bedeutete, die Normalität der „Rechte“ des Stärkeren anzuerkennen, sich gewissermaßen der Totalität sozialdarwinistischer Selektion unterzuordnen.

Damit sollen aber, um es ganz deutlich zu machen, nicht die überlebenden Opfer denunziert werden, nur weil sie überlebt haben – ein zynischer Gedanke. Die Schilderung des Lagers als gesellschaftliche Normalität anderer Art zielt vielmehr ab auf die Kritik jeglicher Normalität: „*Das Beharren* [der Zeugen in der *Ermittlung*] *auf der Normalität im Lager erschüttert [...] unser spontanes Vertrauen in den Wert und den Sinn unserer eigenen Normalität*; wenn sich tatsächlich unter diesen extremen Bedingungen eine Normalität herstellen läßt, dann darf man *keiner* Normalität mehr trauen.“[43] Die Darstellung des Lagers als Normalität ist alles andere als eine Banalisierung der Vorgänge in Auschwitz. Ganz im Gegenteil wird durch die Normalisierung des dortigen Grauens *jede andere Normalität dramatisiert*, in ihren Grundfesten erschüttert: Ebenso die Normalität der Bundesrepublik von 1965, die Weiss mit jener anderen (und doch ähnlichen) konfrontiert, wie unsere heutige. Wie das Lager Normalität ausbildete, ist in der Perspektive der *Ermittlung* die *Normalität das Lager*. Zeuge 7: „Ich kam aus dem Lager heraus / aber das Lager besteht weiter“ (91).

Die kapitalismuskritische Perspektive, die Auschwitz als Fortsetzung industrieller Ausbeutung mit extremeren, aber ebenso rationalen Strategien modellierte, berührt sich mit der Normalität des Lagers. So Zeuge 3: „Wir kannten alle die Gesellschaft / aus der das Regime hervorgegangen war / das solche Lager erzeugen konnte / Die Ordnung die hier galt / war uns in ihrer Anlage vertraut / deshalb konnten wir uns auch noch zurechtfinden / in ihrer letzten Konsequenz“ (89). Hier geht *Die Ermittlung* weit über die Faschismus-Theorie der *Dimitroff-These* hinaus: Die „Ordnung die hier galt“ war die des „autoritären Charakters“, der Herrschaftsausübung wie der Hörigkeit, der Unterordnung, der Anpassung, der sadomasochistischen Gewaltbereitschaft – die Ordnung einer Normalität, die mit Auschwitz nicht zu Ende ist.

6. Theater der Erinnerung

Die Bezüge, die zwischen dem Geschehen in Auschwitz und der Zeit der *Ermittlung*, der Gegenwart des Jahres 1965, bestehen beziehungsweise absichtsvoll gestiftet

---

42 Vogt: *Peter Weiss*, S.98

43 Chaumont: *Stellenwert der „Ermittlung“*, S.89f

wurden, sind vielfältig. Erstens bearbeitet Peter Weiss dokumentarisches Material von 1965, das sich rückblickend, rekonstruierend und ermittelnd mit Auschwitz beschäftigt. Zweitens fällt gerade in den Kontext des Frankfurter Prozesses eine vehement geführte Verjährungsdebatte, die die Verbrechen des Holocaust endgültig der Vergangenheit und der juristischen Irrelevanz überantworten will. Drittens bezieht sich Weiss' kontrafaktische Konzeption des Danteschen *inferno* als Schutzort der Mörder unmittelbar auf seine Gegenwart. Viertens identifiziert der ‚Gemeindechor' der Angeklagten diese mit der Gesellschaft, aus der sie jetzt, 1965, kommen. Die kapitalismuskritische Modellierung der Lagerrealität meint ebenso die bundesrepublikanische Gegenwart der *Ermittlung* wie der Aspekt der Normalität des Lagers.

Zentral aber scheint zu sein, was weiter oben im Zusammenhang mit der Oratoriums-Form des Stückes schon angedeutet wurde. Die zwölfte Leidensstation der überlebenden Opfer – die das Stück ästhetisch offen lässt – ist der Prozess selbst: Die Fortsetzung der Leiden in die 1960er Jahre ist also offensichtlich. Der Versuch, mit juristischen Mitteln die Vergangenheit des Holocaust zu bewältigen, muss scheitern: Erstens setzt er die Leiden der Opfer fort. Zweitens ist die Rechtsauffassung der Bundesrepublik ungeeignet zur Aufarbeitung des nationalsozialistischen Massenmordes: „Deren Mängel lagen zum einen in der Orientierung an einem individualistischen Strafrecht, das eine Wahrnehmungsschranke gegenüber dem kollektiven und systemvermittelten Charakter der nationalsozialistischen Verbrechen errichten mußte"[44] – der Straftatbestand des „Mordes", der schlimmsten Tat im Verständnis dieses Strafrechts, reicht nicht im mindesten an die Verbrechen von Auschwitz heran. „Zum anderen lagen sie [die Mängel der individualistischen Rechtsauffassung] in der [Un-] Möglichkeit der Beweisführung: ermittelt wurde gegen die Handlanger einer Vernichtungsmaschinerie, die ja gerade darauf hingearbeitet hatte, die möglichen Zeugen auszulöschen, und die noch die übriggebliebenen Zeugen so gezeichnet hatte, dass sie die juristische Beweisführung nicht selten als Wiederholung dessen empfanden, was ihnen angetan worden war."[45]

Wenn der Prozess selbst, in seinem juristischen Ungenügen, die zwölfte Station des Leidensweges der Opfer darstellt, so ist die künstlerische Bearbeitung des Prozessmaterials die ästhetische Alternative zur juristischen Vergangenheits-"Bewältigung". *Die Ermittlung* kann, indem sie stilisiert und modelliert, indem sie individuelle Handlung als kollektiven oder systemvermittelten Verhaltenstypus entlarvt, einen der Mängel des juristischen Verfahrens kompensieren. Und indem sie dies tut, beharrt sie auf der Unwegschließbarkeit der Vergangenheit durch ihre juristische Bewältigung. *Die Ermittlung* ist fundamental ein Oratorium der Erinnerung:

> Es geht [...] um die Darstellung einer historisch bislang unvorstellbaren Realität systematischer Vernichtung und damit um einen Erinnerungskampf, der sich gegen eine

---

[44] Söllner: *Peter Weiss*, S.172f

[45] Ebd., S.173

> doppelte und dreifache Verleugnung zu behaupten hat: gegen eine vergangene Vernichtungsmaschinerie, die mit ihren Opfern vor allem auch die möglichen Zeugen ausrotten wollte; gegen die hartnäckigen Ableugnungsstrategien der Angeklagten in der Gegenwart des Prozesses; und – am wichtigsten – gegen eine Kontinuität von kollektiven Strukturen teils sozialer, teils mentaler Art, die fortgesetzt auf die Entwirklichung der Opfer und auf die Rehabilitierung der Täter hinarbeiten.[46]

In der kleinen Notiz aus Peter Weiss *Notizbüchern*, die zu Anfang zitiert wurde, hieß es, die *Ermittlung* könne „doch bloß ein Anstoß, ein Anfang sein. Müßte zu einer „Massenbewegung“ werden. Verlangt nach jahrelanger Aufarbeitung. Dieses Stück stellvertretend für etwas, das noch brachliegt.“[47] Die unabschließbare Erinnerung an Auschwitz als gesellschaftliche Trauerarbeit, die auch bis heute, vierzig Jahre nach der *Ermittlung*, nicht einmal in Ansätzen stattgefunden hat. Fatal wäre es, irgend Normalität einzufordern, noch gefährlicher aber, ein Ende der Erinnerungspflicht herbeizureden als Lizenz zur Fortsetzung kollektiver Verdrängung. Dagegen steht die folgende Passage aus Peter Weiss' *Notizbüchern* vom 1. Januar 1964:

> Zur *Endlösung*: es ist ja nur unsere Generation, die etwas davon weiß, die Generation nach uns kennt es schon nicht mehr. Wir müssen etwas darüber aussagen. Doch wir können es nicht. Wenn wir es versuchen, mißglückt es.
>
> Da sind die Sachberichte.
>
> Aber was ist das heute für uns. [...]
>
> Wir müssen versuchen, etwas darüber zu sagen.
>
> Was war es?[48]

---

[46] Ebd., S.175

[47] Weiss: *Notizbücher*, S.389

[48] Weiss: *Notizbücher*, S.211

Kathrin Horster

Bilder vom amerikanischen Traum(a). Andy Warhols Krisenmalerei

Andy Warhol, der ehemalige Werbegraphiker und Mitbegründer der Popart amerikanischer Prägung steht mit seinem Namen für eine fröhlich-bunte, meist banal anmutende Bilderwelt, die ihre Anleihen aus der Alltags- und Massenkultur bezieht. Er steht für die Reproduktionen der *Campbell's Soup Cans*,[1] für unzählig vervielfältigte Portraits Marilyn Monroes, Liz Taylors und anderer Stars der amerikanischen Massen- und Unterhaltungskultur. Angesichts dieser weithin gefestigten Wahrnehmung von Warhols Schaffen scheint die Verbindung seines Namens mit dem Begriff des Traumas paradox. Denjenigen, die sich nicht intensiver mit Warhols Kunst beschäftigen, dürften die Bilder der *Death and Disaster*-Serie sowie solche von Totenschädeln und Kreuzen eher unbekannt sein, da diese – anders als die oben genannten Werke – nicht in die alltägliche Umgebung (in Form von T-Shirts, Postern, Jutetaschen, etc.) eingegangen sind.

Der Künstler Warhol arbeitete an seinen Bildern vor allem in den 60er und 70er Jahren, um sich später vermehrt dem Film zu widmen. In dieser Ära fand nicht nur in den europäischen Ländern, sondern auch in Amerika eine gesellschaftliche Umwälzung statt. Geprägt durch die Doktrin des ‚American Way of Life', des Patriotismus und Wohlstands einerseits sowie durch den Vietnam-Krieg, die Ermordung J.F. Kennedys und die durch die Hippies angekurbelte sexuelle Befreiung andererseits entsteht in dieser Zeit in Amerika ein gebrochenes Klima. Diese neue Situation löst Unsicherheiten und Angst aus, die auch in Warhols Kunst Thema sind.[2]

Inwiefern sich Warhol – oder vielmehr seine Kunst – mit der Traumatisierung Einzelner sowie einer ganzen Nation auseinandersetzt, soll näher betrachtet werden. Die Medien spielen hier eine wichtige Rolle, sie sind schließlich wichtige Verbreitungsorgane typischer Ideologien und Ansichten. Das gespaltene Verhältnis von Mensch und Medien ist ein besonderes Thema der Arbeiten Warhols: Das Verschwinden des Menschen in der modernen Mediengesellschaft.

Wie bereits angedeutet, wird Warhol in der heutigen Zeit eher unterbewertet: Anstatt seine Bilder als künstlerische Antwort auf die moderne Massenkultur zu verstehen, sind sie selbst mittlerweile fester Bestandteil dieser „Kultur", sie werden nicht als ‚hohe Kunst' verstanden, sondern als massengefertigte Erzeugnisse der Werbegraphik.

---

[1] Die *Campbell's Soup Cans*-Bilder entstanden um 1961-62; zeitgleich malte Warhol Bilder von Marilyn Monroe sowie auch *Disaster*- und *Do it Yourself*-Bilder.

[2] Der geschichtliche und gesellschaftspolitische Hintergrund, vor dem Warhols Bilder entstanden, soll an anderer Stelle noch genauer erläutert und zu Warhols Werk in Beziehung gesetzt werden.

Einer solcherart verkürzten Rezeption Warhols und seiner Kunst will diese Arbeit begegnen: Warhols Bilder stehen durchaus in einer Tradition klassischer Kunst. Er beschäftigt sich auf *seine* Weise mit Topoi der Malerei (beispielsweise mit Stillleben, Portraits, Historiengemälden u.ä.), aktualisiert sie aber mit eigener Nuance: Zu beobachten ist eine erstaunliche Neuerung des traditionellen Kunstverständnisses, das in Ansätzen noch zitiert wird. Deutliches Ziel ist nun die Aufwertung von sogenannten nicht-auratischen Objekten, die bis dahin von der Kunst verschmäht wurden. Warhols Strategien lassen eine logische Fortentwicklung innerhalb der Kunstgeschichte erkennen, betrachtet man in diesem Kontext auch die Readymade-Kunst eines Marcel Duchamp oder Man Ray, um nur zwei Künstler zu nennen, die das Kunstsystem auf die nicht-auratischen Objekte ausdehnten. Das berühmte Pissoir im Museum und sein selbstdefinierter Ästhetikcharakter führten ebenso wie Man Rays erotisch aufgeladene Fotomontagen zum Skandal in der Kunstwelt und läuteten eine ästhetische Revolution ein, die Warhol mit seiner Kunst fortsetzt. Auch seine Arbeit zielt auf Objekte, die extrem (negativ) vorbelastet sind und zwar durch den alleinigen Tatbestand ihrer Zugehörigkeit zur Massenkultur.

Der Begriff vom amerikanischen Traum(a) – Eine Nation zwischen Kapitalismus und Krise

Nach Beendigung des zweiten Weltkrieges sieht die amerikanische Bevölkerung wirtschaftlich verhältnismäßig rosigen Zeiten entgegen.[3] Ende des Jahres 1944 wurde die Lebensmittelrationierung aufgehoben und mit der Produktion von Luxusgütern begonnen. Trotz des konjunkturellen Aufschwungs kommt es 1945 zu Streikwellen im Land, da eine 25%ige Inflationsrate zu verzeichnen ist. Auch wenn mit dem Sieg der Alliierten über Hitlerdeutschland 1945 ein Krieg als gewonnen verbucht werden kann, stellen sich weitere schwerwiegende Konflikte ein. Am sechsten und neunten August des gleichen Jahres zünden amerikanische Luftstreitkräfte Atombomben über Nagasaki und Hiroshima. 1946 kommt es in Vietnam zum ersten Indochinakrieg, auf dem Bikiniatoll wird eine Testserie mit Atomwaffen begonnen. Mit dem von Winston Churchill geprägten Begriff des eisernen Vorhangs wird das Verhältnis der alliierten Mächte beschrieben, die sich nun im Kalten Krieg gegenüber stehen. Amerika, auf die Erhaltung seiner Vormachtstellung bedacht, sieht sich zusehends vom sowjetischen Kommunismus bedroht. Zudem bezeichnet der Vietnamkrieg, der auch heute noch für die Amerikaner schwer wiegt, einen grauenvollen Höhepunkt in der Auseinandersetzung mit dem Kommunismus und stürzt nicht nur Amerika in die Krise.

Doch auch wenn 1950 die Misserfolge Amerikas im Koreakrieg die Inflationsraten im Land in die Höhe treiben, geht es der Bevölkerung im allgemeinen besser denn je. Elf

[3] Hinweise zu Politik und Sozialgeschichte vgl. Karl Ploetz: *Auszug aus der Geschichte.* Würzburg 1968, S.1741-1768

Prozent aller U.S.-amerikanischen Haushalte verfügen über ein Fernsehgerät, ein etwa mit deutschen Verhältnissen nicht vergleichbarer Standard, wo im selben Jahr gerade erst mit der Errichtung eines neuen Mediensystems nach dem Zusammenbruch von Hitlers Propagandamaschinerie mittels erster Fernsehtestsendungen begonnen wurde. Das Realeinkommen der Amerikaner steigt in den Jahren 1947 bis 1970 um beinahe 80 Prozent. In einer Zeit, die geprägt ist von politischen Fehlschlägen (Koreakrieg), gefährlichen Konfrontationen (Amerika vs. Sowjetunion) und ethisch fragwürdigen Interventionen (Kubakrise, Vietnamkrieg) ist die euphorisierende Wirkung der Konsumgüter, die durch die reichhaltigen Medien unterstützt Verbreitung finden, ein nicht zu unterschätzender Faktor im amerikanischen Klima dieser Ära. Eine nicht enden wollende Flut von Filmproduktionen aus der Traumfabrik Hollywood, die Glück und Wohlstand verkündenden Werbetafeln für Kleidung, Nahrungsmittel und Luxusgüter sowie die allgegenwärtigen Medien Fernsehen, Radio und Hochglanzzeitschriften lassen keinen Zweifel aufkommen, dass der Massenkonsum den Blick auf die politischen Realitäten wirkungsvoll verstellt und die Bevölkerung somit in einen Zufriedenheitsrausch versetzt, der Kritik schon im Keim erstickt.

Theodor W. Adorno, während der Naziherrschaft nach Amerika emigriert, beobachtet diese Phänomene der Massenkultur äußerst kritisch. In seinem mit Max Horkheimer verfassten Aufsatz *Kulturindustrie. Aufklärung als Massenbetrug*,[4] in dem er sich leidenschaftlich gegen die Banalisierung und Vermarktung einer Scheinkultur für die Massen wendet, spricht er sich heftig gegen die Gleichschaltung der Medien aus, die durch große Konzerne gesteuert sich einem Massenpublikum verpflichten und Kultur, die sich durch Einzigartigkeit und Autonomie auszeichnet, ersetzen durch einen neuen Verblendungszusammenhang: „Lichtspiele und Rundfunk brauchen sich nicht mehr als Kunst auszugeben. Die Wahrheit, dass sie nichts sind als Geschäft, verwenden sie als Ideologie, die den Schund legitimieren soll, den sie vorsätzlich herstellen."[5] Auf den ersten Blick scheint dieser Vorwurf Adornos auch Warhol zu gelten, der sich künstlerisch leidenschaftlich der Welt der Massenphänomene gewidmet hat. Wiederum scheint Warhol gar nicht weit von Adornos These entfernt zu stehen, doch sind seine kritischen Implikationen im Blick auf die Gleichschaltung durch die Massenkultur anders pointiert: Statt einer düsteren, kulturpessimistischen Sichtweise inszeniert Warhol mit viel Witz diese Welt auf der Leinwand – und schlägt die industrielle Welt auf dem Terrain der künstlerischen Serialisierung mit ihren eigenen Waffen. Dafür einige Beispiele:

Im Jahr 1962 beginnt Andy Warhol mit der Serie der *Campbell's Soup Cans* und druckt – im wahrsten Sinne des Wortes – Geld (*192 One Dollar Bills*). Die *Campbell's*-Fertigsuppen sind zu dieser Zeit jedem Amerikaner aus dem Supermarkt bekannt.

---

[4] In: Max Horkheimer/Theodor W. Adorno: *Dialektik der Aufklärung*. Frankfurt am Main 1969, S.128 ff

[5] Ebd., S.129

Ähnlich wie *Coca-Cola bottles* (1962) gehören die Fertigsuppen zum festen Kanon der Massenproduktion und sind eine beliebte Markenware. Mit den Namen solcher Produkte werden durch kluges Marketing (amerikanische) Werte assoziiert, die die Kundschaft zum Kauf bewegen. Anstatt sich für den reinen massenkulturellen Aspekt solcher „Idole" zu interessieren, stellt Warhol diese Nahrungsmittel des Industriezeitalters in eine alte europäische Kunsttradition, nämlich die der Stillleben. Wurden in Europa vorzugsweise Früchte, Blumen oder Wild in ästhetischer Manier auf Leinwänden abgebildet, so scheint Warhol in konsequenter Weise diese Tradition mit Abbildern von Konservendosen und Cola-Flaschen fortzuführen. Als Werbegraphiker weiß er um die ästhetische Dimension der industriell gefertigten Waren, die aber das Manko der Entindividualisierung mit sich tragen. Der moderne Mensch des Industriezeitalters ist mit dem Rohzustand von Nahrungsmitteln nicht vertraut und begreift die ästhetische Dimension der Nahrungsaufnahme auf der reinen Oberfläche des Food-Designs, das einförmigen, unattraktiven Waren den optischen Schliff im Nachhinein gibt. Durch Ästhetisierung solch künstlicher Produkte im Bild scheinen diese eine positive Umdeutung zu erfahren, wobei eine ironische Nuance allerdings eingeschlossen ist. Dennoch thematisieren die *Campbell's Soup Cans* auf deutliche Weise, wie ernst Warhol das Thema der Schönheit und auch die Frage nach Originalität und Individualität behandelt. Kann ein altes europäisches Stillleben einem bestimmten Meister durch die Manier bzw. die persönliche écriture zugeordnet werden, so verbindet der Betrachter der *Coca-Cola bottles* damit sofort Werbeslogans der berühmten Firma, die mit ihrem Produkt einen weltweit bekannten Geschmack erschuf, der in jedem Land der Erde auf den gleichen Ingredienzien beruht und sich nicht im kleinsten Detail unterscheidet. So lässt Warhol mit banal anmutenden Bildern der Konsumgüter die nationalen Konventionen der Malerei (z.B. italienische Manier u.a.) einstürzen und schafft somit eine Egalisierung, die nicht nur im Konsum der Waren begründet liegt, sondern die nun auch die Rezeption seiner Kunstwerke einschließt: Da jedem diese Waren in einem bestimmten Kontext bekannt sind, wird sich auch die oberflächliche Wahrnehmung der Kunstwerke im Allgemeinen nicht unterscheiden. Eine scheinbare Gemeinschaft (um nicht religiös zu sagen: Kommunion) von Konsumenten/Betrachtern entsteht. Dass diese Gemeinschaft sich aber nicht auf reflektierte Werte berufen kann, sondern sich durch die Kenntnis von Werbeslogans konstituiert, wird dem Rezipienten dieser Bilder schnell deutlich. Mit dem bereits erwähnten Bild *192 One Dollar Bills* geht Warhol noch einen Schritt weiter: Hier wird auf kongeniale Weise der Kunstmarkt zum Thema des Bildes. Sind zunächst Kunst und Kunstmarkt voneinander getrennte Kategorien (obwohl auch untrennbar miteinander verbunden), erspart Warhol den Kaufleuten die Mühe, den finanziellen Wert des Bildes zu ermitteln; er bestimmt ihn selbst. Anstatt ein Bild zu malen, das als Sujet z.B. eine Landschaft abbildet, um im Nachhinein in einen kaufmännisch bezifferten Wert transformiert zu werden, malt Warhol Geld: Signifikat und Signifikant werden eins, das vom Markt autonome Werk-an-Sich verschwindet, der Markt tritt an die erste Stelle und verleitet zur Annahme, Marketing sei die eigentliche Kunst. Natürlich wirkt diese These erschreckend, wenn die Autonomie der Kunst als höchstes Gut gelten soll.[6] Trotzdem ist dieser Umgang Warhols mit der Thematik durchaus humoristisch, bedenkt man die tatsächliche Vermarktung und den Verkauf des Bildes. Denn: Was der Käufer des Bildes kauft, ist eine Reproduktion des Zahlungsmittels selbst.

Warhols Umgang mit Kunst und Kunstmarkt zeigt die Wende vom autonomen Künstler zum selbstbewussten, sich vermarktenden Star an. Als Vorsteher der *Factory* versammelt Warhol Adjutanten um sich, die beinahe wie in den frühindustriellen Manufakturen seine Visionen handwerklich umsetzen, wobei er nicht nur Initiator ist, sondern auch als Markenname fungiert.[7] Auch wenn man dieses Künstlerbild als Antwort auf eine Krise herkömmlicher Entwürfe sehen kann oder dadurch eine Krise des Künstlers im industriellen Zeitalter begründet sieht, so erzählen die Arbeiten Warhols, die im Folgenden betrachtet werden sollen, von weitaus tragischeren Aspekten der menschlichen Existenz im Industriezeitalter.

Von der Krise zur Katastrophe – Portraitmalerei

Sixteen Jackies, eine Serie von Bildern, die zwischen 1963 und 1964 entsteht, gibt treffend Einblick in das, was Warhol augenscheinlich am meisten interessierte, der Zusammenhang zwischen Startum und medial aufbereitetem Leid. Jacqueline Kennedy, die schöne und kultivierte First Lady an der Seite des charismatischen Präsidenten J. F. Kennedy, wird zum Idol einer Generation von jungen Frauen nicht nur amerikanischer Herkunft, die mit dem überkommenen Frauenbild brechen wollen. Jacqueline Kennedy bringt, zusammen mit ihrem Mann, ein frisches Bild in die angestaubte Politik, die bisher von alten Männern dominiert wurde. Als Kennedy am 22. November 1963 in Dallas während einer Paradefahrt im offenen Wagen erschossen wird, erlebt die amerikanische Bevölkerung die Katastrophe im Wohnzimmer mit; kurz nach dem Tod des Präsidenten werden alle laufenden Programme zugunsten einer Dauerliveschaltung unterbrochen, die Sender ABC, CBS und NBC zeigen eine Zusammenfassung der Ereignisse vom Beginn in Dallas bis hin zur Beerdigung. Gibt es keine neuen Nachrichten, werden alte Bilder in einer Endlosschleife wiederholt. Einen weiteren Höhepunkt erlebt die Katastrophe, deren Hintergründe bis heute nicht vollständig geklärt sind, mit der Erschießung des Hauptverdächtigen Lee Harvey Oswald, und zwar wiederum vor laufender Kamera am 24. November 1963. Die Parade, an der Kennedy mit seiner Frau teilnahm, seine Erschießung sowie die

---

[6] Wie Adorno es in seinem oben zitierten Aufsatz fordert und im Zeitalter der Massenproduktion als gefährdet ansieht, da es nur noch um die Produktion billiger Einheitsprodukte geht, die einen ideellen Wert nicht einmal mehr vortäuschen.

[7] Ein Beispiel hierfür sind die zahlreichen Filme, die zu *Factory*-Zeiten entstanden sind. So drehte Paul Morrissey 1969/70 *Trash*, wobei Warhols Name in den Credits auftaucht, aber nicht eindeutig geklärt wird, welche Funktion er innehatte.

Erschießung Oswalds sind insgesamt durch die Medien breit dokumentiert: Die Sender CBS, ABC und NBC waren an der offiziellen Berichterstattung beteiligt, während ein Hobbyfilmer namens Zapruda ebenfalls mit seiner 8mm Kamera die Parade in Dallas sowie Kennedys Erschießung filmte.

Warhols *Jackie*-Serie zeigt nur die First Lady vor und nach dem Attentat auf ihren Mann, sowie bei der Beisetzung am 25. November in Form eines Portrait-Historienbildes. Warhol beschreibt sein Vorhaben bezüglich der *Jackie*-Serie folgendermaßen: "in the heads I did of Jacqueline Kennedy it was just to show her face and the passage of time from the bullet struck John Kennedy to the time she buried him."[8]

Das Bild *Sixteen Jackies*[9] zeigt auf 16 Einzeltafeln vier Motive von Jacqueline Kennedy, d.h. in vier Reihen sind jeweils vier mal die gleichen Portraitaufnahmen zu sehen. Die oberste Reihe zeigt die glücklich lächelnde First Lady in einer Nahaufnahme, die unterste Reihe zeigt eine beinahe identische Aufnahme, allerdings halbnah. Zudem ist das Gesicht der Kennedy in der ersten Reihe nach rechts gewandt, in der letzten Reihe nach links. Die zweite Reihe des Gemäldes zeigt sie nach dem Tod ihres Mannes bei der Vereidigung des Vize-Präsidenten Johnson, hier weist ihr Gesicht nach links, die dritte Reihe zeigt sie als trauernde Witwe in Erwartung des Trauerzuges zum Capitol, ihr Gesicht weist nach rechts. Durch diese Strukturierung entsteht eine Art alternierendes Reimschema: rechts-links/rechts-links. Hinzu kommt der Farbgebrauch: Die vier Bildreihen sind jeweils abwechselnd blau-weiß grundiert. Interessant ist auch der Kontext der jeweiligen Bilder. Die erste Reihe zeigt Kennedy vor dem Attentat auf ihren Mann. Die zweite Reihe zeigt sie – wie bereits erwähnt – bei der Vereidigung des Kennedy-Nachfolgers Johnson, die dritte Reihe bei der Beerdigung. In der vierten Reihe hebt Warhol die bisher eingehaltene Chronologie auf und springt zurück zum Anfang der Geschehnisse, zeigt nochmals die lachende Jackie bei der Fahrt durch Dallas. Warhol isolierte diese Bilder der Kennedy aus Pressefotografien, auf denen sie zwar jedes Mal zu sehen war, aber nicht im Zentrum des gezeigten Geschehens stand. Indem er diese Bilder in quadratischer Form wiedergibt (die Einzeltafeln, aus denen das gesamte Bild zusammengesetzt ist, messen jeweils 50,8 / 40,6 cm), imitiert Warhol die Fläche eines Fernsehbildschirms und schafft eine „Story" des „human interest", lenkt die gesamte Aufmerksamkeit des Betrachters auf eine Person, die nun zur Personifikation des Leids und der Trauer wird – zu einer Projektionsfläche des Mitleids und der Anteilnahme, aber auch der Sensationsgier. Sie ist nun zur Story hinter der Story geworden, eine Verfahrensweise, die auch in der Regenbogenpresse Usus ist. Einen Bruch in der Kompositionsweise weist dieses Bild dennoch auf, in der dritten Reihe, die die Kennedy vor dem Capitol

---

[8] Gretchen Berg: *Nothing To Loose. An Interview with Andy Warhol.* In: Michael O' Pray (Hg.): *Andy Warhol. Film Factory.* London 1989, S.60

[9] 1964, 203,2 x 162,6 cm, Minneapolis, Walker Art Center

zeigt, ist hinter ihr ein ranghoher Angehöriger der Army in Prachtuniform zu erkennen. Ihr Blick ist nachdenklich und ernst, sie trägt keinen Trauerschleier, dadurch ist das Gesicht gut zu erkennen. Der Blick des hinter ihr stehenden Mannes ist durch eine schwarze Sonnenbrille verdeckt, eine Regung auf dem Gesicht ist nicht abzulesen. Dadurch wird eine entscheidende Differenz zwischen Kennedy und den an der Trauerfeier teilnehmenden Gästen geschaffen, auch eine Differenz zwischen Mann und Frau, zwischen Gefühl und Undurchdringlichkeit. Durch den unmittelbaren Vergleich unterschiedlicher Haltungen dem Tod gegenüber muss der Betrachter mit der Witwe starkes Mitgefühl entwickeln, da der Gegensatz hart/weich hier ein offensichtliches Thema ist; die Witwe bleibt als Opfer allein zurück. Die Blicklinien der Frau und des abgebildeten Mannes im Hintergrund verlaufen in einer Parallele, sie blicken sich nicht an. Allerdings scheint Kennedy leicht nach links, über den Bildrand hinaus zu blicken, die Blickrichtung der Augen des Mannes ist nicht erkennbar. Warhol schließt auch thematisch den Kreis im Bild, die Abfolge Lachen/Trauern/Trauern/Lachen erzählt von einem höchst emotionalisierten Geschehen, das wenig von der wahren Brisanz der Ereignisse enthält, die Kennedys Ermordung nach sich zog.

Kennedy hatte als Präsident zwar innenpolitische Erfolge zu verzeichnen. Hinsichtlich der Interventionen im Ost-Westkonflikt forderten Politiker wie der Vize Johnson, der Kennedys Nachfolge antrat, stärkeres Engagement, dem Kennedy nicht nachkam. Als er am 20. Januar 1961 den Wahlsieg über Nixon erringt, lautet seine Parole „New Frontiers"; Reformen in der Bürgerrechtsbewegung sowie eine Reformierung der amerikanischen Außenpolitik sind sein Anliegen. Seit 1961 war es vermehrt zu Ausschreitungen gegenüber der schwarzen Bevölkerung gekommen, so z.B. bei der Immatrikulation eines Schwarzen (James Meredith, erster farbiger Student an der University of Mississippi), die vom Gouverneur Ross Barnett missbilligt wurde. Die Nationalgarde und Bundestruppen mussten gegen rechtsgerichtete Demonstranten vorgehen, um die Sicherheit des Studenten Meredith zu gewährleisten. Kennedy setzte sich nicht nur für die schwarze Bevölkerung ein, sondern ordnete die Bildung eines Friedenskorps an, eine Verbindung freiwilliger Entwicklungshelfer für Afrika und Lateinamerika. Trotz dieser Einzelerfolge seiner Führung kann Kennedy keine Entspannung im Ost-Westkonflikt herbeiführen: Anfang Juni trifft er sich mit Chruschtschow in Wien zu Verhandlungen, ohne ein Ergebnis zu erzielen. Im November beugt sich Kennedy dem Druck der Regierungsangehörigen und ordnet eine Verstärkung des amerikanischen Engagements in Vietnam an. Allerdings ist er gegen eine konkrete Intervention und schickt lediglich sog. „militärische Berater" ins Land, die dem antikommunistischen Süden „beratend" zur Seite stehen sollen. Amerika hatte seit 1955 den Süden unter Ngo Dinh Diem mit ca. 300 Mio. Dollar unterstützt.

Die (erfolglose) Intervention der Vereinigten Staaten in Moskau (am 17. August) gegen den Bau der Berliner Mauer, die Kubakrise (Oktober bis November 1961) sowie der sich verschärfende Vietnamkonflikt erregen im Land Furcht vor einem kommunistischen Aggressor und somit einem neuen Krieg, der mit der Verwendung nuklearer Waffen einen neueren schrecklichen Höhepunkt der modernen Kriegsführung markiert hätte. Um die amerikanische Bevölkerung von diesen allgegenwärtigen Problemen abzulenken, wird durch Kino, Werbung und durch die Propagierung eines bewussten Patriotismus eine Zweitrealität geschaffen, die durch die Schüsse auf den Präsidenten in Dallas jäh ins Wanken gerät. Im Nachhinein regen sich Verdachtsmomente einer Verschwörung der Geheimdienste und des U.S.-amerikanischen Militärs gegen den Präsidenten. Der von der Warren-Kommission verfasste Untersuchungsbericht enthält einige Ungereimtheiten (siehe z.B. die sog. „Wunderkugeltheorie")[10], und in dem ehemaligen KGB-Angehörigen Lee Harvey Oswald wird schnell ein Hauptverdächtiger gefunden, der am 24. November bei der Überstellung in ein anderes Gefängnis von Jack Ruby, Besitzer eines Nachtclubs und seinerseits in dubiose Geschäfte verstrickt, erschossen wird. Kurze Zeit später stirbt auch Ruby durch Selbstmord. Auch wenn Oswald den Untersuchungen nach als Attentäter gilt, so geistert bis heute die Geschichte einer Verschwörung durch die Medien.[11] Warhol äußert sich zu den Ereignissen folgendermaßen: „It didn't bother me that much that he was dead. What bothered me was the way the television and radio were programming everybody to feel so bad."[12]

Diese Programmierung durch Medien hilft den Menschen am Fernseher und an den Radiogeräten bei der Verarbeitung der Katastrophe; die kollektive Trauer schafft eine Gemeinschaft, die die Ereignisse, auf den gleichen Quellen basierend, kommuniziert. Dadurch rückt die Bevölkerung zusammen, ein Patriotismus besonderer Stärke entsteht, wodurch die weltpolitischen Ereignisse (Vietnam, Kalter Krieg und Rassenunruhen) leichter ertragbar scheinen. Der Glaube an die eigene Regierung wird gestärkt, mit dem Hauptverdächtigen Oswald, der ausgewiesenermaßen Kommunist und Ex-KGB'ler ist, wird ein Sündenbock geschaffen. Das Bild eines feigen Mörders, der einen jungen Vater und beliebten Präsidenten aus dem Hinterhalt erschießt, wiegelt eine Nation pauschal gegenüber dem Kommunismus auf. Es geht nunmehr nicht um politische Ideale, sondern um einen Menschen, um ein Idol der Mediengesellschaft. Warhols Bild der Jaqueline Kennedy nobilitiert das Opfer, das zurückbleibt, zur Heldin. Die trauernde Witwe, Mutter zweier Kinder und Verheißung des

---

[10] In: Wilfried Ahrens (Hg.): *Warren-Bericht über den Mord an Präsident John F. Kennedy*. Köln o.J., S.19-22 sowie S.33-34 (Obduktionsberichte, ballistische Untersuchungsergebnisse). Der Begriff „Wunderkugeltheorie" wird im unten genannten Film verwendet, der in Anbetracht der fragwürdigen Untersuchungsergebnisse angemessen erscheint.

[11] Oliver Stone dreht 1992 den Spielfilm *JFK – Tatort Dallas* über die Ereignisse, wobei er auf zum Teil fiktiven Ebenen Verschwörungstheorien durchspielt und verblüffend reale Anknüpfungspunkte herstellt. Sein Film wurde ein Publikumserfolg und zeigt deutlich das anhaltende Interesse an diesem Thema.

[12] Andy Warhol/Pat Hackett: *POPism. The Warhol Sixties*. New York/London 1989, S.60

jungen Amerika, steht wie keine andere Person für den neuen Patriotismus im Land. Durch die Anteilnahme am Schicksal einer Einzelperson können etwaige Bedenken und Fragestellungen zumindest zeitweilig in den Hintergrund treten. Während die Medien tagelang mit der Witwe trauern, beginnt sich mit dem Amtsantritt von Johnson eine politische Wende anzukündigen, die in den Vietnamkrieg mündet. Mit seinem Bild der Jackie zeigt Warhol eindrücklich die Funktionsweise solch moderner Ikonen auf. Die Entlarvung einer mediengesteuerten Wahrnehmung ist das eigentlich Subversive dieses Bildes.

Ein anderes Portrait, hinter dem eine faszinierende Geschichte steckt, ist die Serie der Marilyn Monroe Portraits, die um 1964 entstanden und zur sogenannten Todesserie gehören.[13] Warhol bediente sich auch hier einiger Pressefotografien, um sie als Vorlage der Siebdrucke zu verwenden. Er entschied sich für eine PR-Fotografie, die 1953 für die Vermarktung des Filmes *Niagara*[14] bestimmt war. Das Foto zeigt die Schauspielerin als das, was sie zu jener Zeit, im Alter von 27 Jahren bereits war: Eine Sexgöttin, eine Ikone der Filmindustrie und Nachfolgerin solcher Größen wie Betty Grable oder Mae West (auch wenn sie sich von Letzterer in einigen wichtigen Details unterscheidet).[15] Marilyn Monroes Schönheit, wie sie auf dem Foto zu sehen ist, ist nicht völlig echt: Als sie ihre Filmkarriere um 1948 begann, ließ sie sich auf Anraten von Managern die Zähne richten. In einer Operation wurden ihre Kinnlinie und ein Höcker auf ihrer Nase begradigt. Das lange, brünette Haar musste einer Kurzhaarfrisur in Wasserstoffperoxid weichen. Durch eine gründliche PR-Strategie (die auch von der Schauspielerin selbst forciert wurde) entsteht das perfekte Produkt ‚Marilyn Monroe', Alter Ego der Norma Jean Baker, einem ungeliebten, missbrauchten Teenager, der bereits im Alter von 18 Jahren eine erste Ehe einging, um dem bisher trüben Leben zu entgehen. Selbstverständlich hat Warhol ihr beispielloser Ruhm fasziniert, die Fähigkeit, Menschen über die Leinwand an sich zu binden durch scheinbare Naivität und Sexappeal. Mit seinem Portrait der Monroe lehnt er sich erneut an einen alten europäischen Meister an: Betrachtet man die Gemälde, vermutet man eine Paraphrase der Mona Lisa von Leonardo da Vinci (1503-6), die als wohl berühmteste Gestalt in der Kunst weltweit zum internationalen Popstar avanciert ist. Warhol nahm sich des Bildes also nicht grundlos an: In *Thirty are better than one* (1963) geht er ironisch der Frage nach, warum es von einem Star nur *ein* Original geben soll, wenn viele Menschen ihm nah sein wollen.[16] Wenn also ein Idol *so* beliebt und *so* großartig ist, wäre es dann nicht besser, man hätte gleich mehrere von der gleichen Sorte?

---

[13] Monroe war zu diesem Zeitpunkt bereits verstorben. Um ihren Tod ranken sich zahlreiche Verschwörungstheorien, sie unterhielt Affären zu John F. und Bobby Kennedy, die sie angeblich das Leben kosteten.

[14] *Niagara*, USA 1953, R.: Henry Hathaway (Verleih: 20th Century Fox)

[15] Joan S. Mellen: *Marilyn Monroe – Ihre Filme, ihr Leben*. München 1983, S.20-22

[16] Vgl. Michael Lüthy: *Andy Warhol. Thirty Are Better Than One*. Eine Kunstmonographie. Frankfurt am Main/Leipzig 1995.

Warhol zelebriert nicht die Einzigartigkeit, sondern fordert ironisch viele Fetische ein und derselben Sache, Stars für Jedermann – je mehr desto besser. Marilyn-Portrait und Mona Lisa haben vieles gemeinsam: Beide zeigen sich schön-geheimnisvoll, sind auf ihre Weise begehrte Stars, geben ihren Fans Rätsel auf. Das zur Pose erstarrte Lächeln, welches beide zur Schau tragen, faszinierte Warhol so sehr, dass er 1962 die Lippen der Monroe extrahierte, um ihnen ein eigenes Gemälde zu widmen.[17]

Das Lächeln der Monroe ist weltberühmt und gilt als ihr Markenzeichen. Sie bemühte sich, so zu lächeln, dass ihr Zahnfleisch nicht zu sehen war. Die Lippen sind stets befeuchtet und leicht geöffnet, eine weiße Zahnreihe behutsam entblößt. In der Tat verliert dieses Lächeln einiges von seiner sinnlichen Qualität, wenn es aus dem Kontext des Gesichtes herausgerissen wird. Auch wenn diese Lippen künstlich herauspräpariert erscheinen – selbst das Wissen um Marilyns nachoperierte Schönheit kann ihre Rezeption als eine der begehrenswertesten Frauen der Welt nicht schmälern. Die Marilyn-Bilder verbinden auch gleichzeitig die Topoi des American Dream sowie der Horror-Mär vom armen, reichen Star, der von Studiobossen und der alles verschlingenden Hollywoodmaschinerie ausgebeutet und missbraucht wird, ein einsames Leben fristet bis zum bitteren, meist selbst herbeigeführten Ende. Das Muster ließe sich an beliebig vielen Größen des Popbusiness weiter studieren (Jim Morrison, Janis Joplin und Jimi Hendrix u.v.a mit ihrem schillernden Lebensstil, Drogenexzessen und durch ihre Kunst genauso wie durch ihr von den Medien zelebriertes, allzu offensichtlich dargestelltes Leid). Auch die Vertreter einer musikalischen Subkultur sind in den 60er Jahren künstlerisch tätig und stemmen sich als Proklamierer eines neuen amerikanischen Bewusstseins gegen einen übermächtigen Staat, profitieren von einer geschickten PR-Strategie, ausgeklügelt von mächtigen Produzenten, scheitern an ihren eigenen Ansprüchen sowie denen ihrer Bewunderer und enden schließlich tragisch und elend. Gerade dieses elende Finale im Leben eines Stars scheint ihn noch höher zu katapultieren, als sei Verelendung der Ritterschlag zur wahren Unsterblichkeit. Nur angesichts dieser Art der doppelt codierten Rezeption ist auch die Macht der Monroe-Bilder zu verstehen. Der Reiz des absolut Außergewöhnlichen umgibt diese Figur; außergewöhnlich normal in ihrer Schönheit, außergewöhnlich in ihrem Kampf um Anerkennung sowie in ihrem ausgeschlachteten und auch gern zur Schau gestellten Leid. Marilyn ist die Verkörperung des American Way of Life ebenso wie die des American Way of Death – eine schöne Leiche.

Das ästhetisch-bunte Sterben: Die *Death and Disaster*-Serien

In den *Death and Disaster*-Serien verarbeitet Warhol einmal mehr sein Hauptthema des Berühmtseins sowie die Rezeption außergewöhnlicher Phänomene durch die Presse; allerdings unter etwas veränderten Vorzeichen. Bei den Portraits der Filmstars

---

[17] *Marilyn Monroe's lips*, 1962, zwei Tafeln, 210,2 / 205,1 cm und 211,8 / 210,8 cm, Washington, Hirshhorn Museum and Sculpture Garden, Smithsonian Institute.

(Monroe, Taylor, Presley) scheinen der extraordinäre Sexappeal, die Pose des Außergewöhnlichen sowie die Topoi des Berühmtseins an sich Thema genug zu sein für ein fesselndes Kunstwerk. Warhols Bilder stellen sich scheinbar in keine greifbare Position. Sie enthalten zwar Geschichten von Trauer und Tod, aber auch von Aufregung, Sensation, Reichtum und Pop. Diesen Idolen durch Empathie und Anteilnahme näher zu kommen ist beinahe unmöglich. Sie befinden sich innerhalb eines Kosmos, in den ein Durchschnittsbürger mit seiner Normalität nicht eindringen kann. Stars stehen den Menschen überlebensgroß gegenüber, sie nähren Wunschvorstellungen, Träume und Obsessionen. Dass sie dennoch menschliche Züge haben, dass sie unter Problemen leiden, lässt sie nicht zum Menschen schrumpfen, sondern dient letztlich zur vielleicht einzig möglichen Identifikation. Bis zu diesem Punkt scheint Startum noch auf Außergewöhnlichkeit zu beruhen, selbst wenn diese Außergewöhnlichkeit darin besteht, dass z.B. ein ‚armes Mädchen' wie Monroe entdeckt wird, um in den Olymp des Pop aufzusteigen – als Variante des amerikanischen Traumwerdegangs ‚Vom Tellerwäscher zum Millionär". In den *Death and Desaster*-Bildern geht Warhol ebenfalls der Frage nach, was den Menschen zum Star macht, allerdings tut er dies auf eine äußerst morbide Weise. In buntkolorierten Gemälden von Selbstmorden (z.B. *Woman Suicide*, *Suicide-Purple Jumping Man*, *Bellevue* und *Suicide-Fallen Body*, alle 1963) und Verkehrsunfällen (*White Desaster*, „*Green Desaster 10 Times*, *Orange Car Crash Fourteen Times*, ebenfalls alle 1963), entstehen Bilder des gewaltsamen, jedoch unpersönlichen Todes. Interessant ist hierbei die Tatsache, dass der Betrachter mit den Opfern auf den Bildern keine Geschichte verbinden kann wie noch bei den Marilyn-Bildern. Zuweilen scheinen die zertrümmerten Maschinen die wahren Opfer zu sein; der Mensch verschwindet, ist selbst in seinem Sterben nicht mehr präsent. Es handelt sich bei diesen gesichtslosen Opfern um ‚No-names', Anonyme, die der Einsamkeit oder einfach dem Verkehr zum Opfer fallen. Diese Bilder zeigen das Alltägliche, sie zeichnet nicht die Außergewöhnlichkeit aus, sie leben vielmehr von der Grausamkeit des Banalen. Die grausame Wahrheit dieser Bilder steckt somit nicht in der persönlichen Tragik dieser Opfer, sondern in der durch den gewaltsamen Tod herbeigeführten Möglichkeit, wenigstens für die Dauer eines Nachrichtenmagazinclips kurze Berühmtheit (Warhols sprichwörtliche ‚fifteen minutes of fame') zu erlangen. Dass diese Opfer kein Gesicht haben, dass sie ohne eigene Geschichte auf den Bildschirmen erscheinen, legt die zynische Verfahrensweise der Medien bei Schaffung einer „human interest story" bloß.[18] So kann man durchaus von einer Traumatisierung des Individuums sprechen, das gefangen ist in einer Zeit, die stetig eine Sensation nach der anderen fordert. Ein normaler Mensch, der niemals in den Popolymp aufsteigen kann, sieht sich durch die Medien mit den immergleichen Topoi des Erfolgs konfrontiert. Der dadurch entstehende Druck, außergewöhnlich zu sein, kann die Selbst-

[18] Ähnlich die Berichterstattung zum 11. September 2001: Die permanent reproduzierten Bilder der Twin Towers sowie der in Panik aus den Türmen springenden Menschen geben Warhols *Suicide*-Bildern eine eigentümliche Präsenz im Nachhinein.

wahrnehmung der Menschen derartig beeinflussen, dass das sogenannte normale Leben wie eine Verurteilung zur Mittelmäßigkeit wirken muss. Andererseits müssen die Medien den Hunger nach Sensation bei den Rezipienten weiter schüren. Schließlich sind diese Sensationen oft der einzig mögliche Fluchtweg aus der Enge des „normalen Lebens“ und garantieren den Medien reißenden Absatz ihrer Ware. Um sie überhaupt garantieren zu können, wird jedes Ereignis, sei es noch so privat, zum ‚Event‘ für die Masse, von den Medien aufbereitet und zur Geschichte des human interest erhoben. Wo sonst der voyeuristische Blick des Autofahrers auf einen furchtbaren Unfall als verpönt gilt, schlägt der Medienmarkt Kapital aus Schreckensnachrichten, die mit wahrer Anteilnahme nichts mehr zu tun haben. So entstehen die oft traurigen Starfiguren, die sich nicht durch Sex-Appeal auszeichnen, sondern durch ihr trauriges Ende nach einem Fenstersturz oder einem schrecklichen Unfall. Warhol versetzt den Betrachter in die Rolle des Voyeurs. Doch muss sich beim ‚ungestraften‘ Anschauen dieser Bilder zwangsläufig Unbehagen entfalten, wird dem Betrachter doch schlagartig bewusst, dass sein Blick kein unbeteiligt beobachtender ist, sondern eher von Sensationsgier gesteuert wird. Die Einladung, dem Voyeurismus freien Lauf zu lassen, berührt peinlich, da dieses ‚Spannen‘ als Akt des Verborgenen, Heimlichen gilt, bei dem man sich nicht gern erwischen lässt. Warhol nimmt das Ertapptwerden des Betrachters vorweg und mischt dies in den Sehakt des Voyeurs.

Warhol und die Traditionen des Grausamen in der Kunst

In seinem Essay *Warhol und Goya*[19] zieht Peter-Klaus Schuster Parallelen zwischen den *Desastres de la guerra* und den *Death and Disaster*-Bildern. Beide Künstler leben in politisch unruhigen Zeiten, in denen blutig niedergeschlagene Aufstände an der Tagesordnung sind. Doch in Warhols Bildern wird nicht allein der Krieg von Menschen thematisiert, es ist vielmehr der unberechenbar gewordene Tod im technologischen Zeitalter, mit dem die Menschen konfrontiert sind. So beschreibt Schuster, wie der Kurator des Metropolitan-Museums sowie Warhol-Manager Henry Geldzahler ihn auf die Idee der Todesserien gebracht habe und zitiert einen Ausspruch Warhols aus POPism:

> It was Henry who gave me the idea to start the Death and Disaster series...he laid the Daily *News* out on the table. The headline was ‘129 DIE IN JET’. And that’s what started me on the Death series, the Car Crashes, the Disasters, the Electric Chairs... Whenever I look back at that front page, I’m struck by the date – June 4 1962. Six years – to the date – later, my own disaster was the front-page headline ‘ARTIST SHOT’.[20]

Warhols berühmtes Bild *129 Die in Jet* basiert also auf einer Zeitungsnachricht, ein Umstand, der sein Interesse an der alltäglichen Berichterstattung abermals verdeutlicht. Thema des Bildes ist nicht nur der Umgang der Presse mit den Themen des

---

[19] In: Heiner Bastian (Hg.): *Andy Warhol Retrospektive*. Köln 2001, S.53-59

[20] Warhol/Hackett: *POPism. The Warhol Sixties*, S.17

‚human interest', diesmal wird bewusst das Verhältnis von Mensch und Maschine thematisiert. Durch die lapidare Verfahrensweise eines unpersönlichen ‚Bodycounts' einerseits und der tatsächlichen Abwesenheit des Menschen auf der Bildebene andererseits ist der Mensch vollkommen verschwunden. Der Tod findet nur durch die Zertrümmerung der Maschine Einzug in Medien und Kunst, wirkt klinisch kühl, unpersönlich – ein typisches Bild für die Postmoderne, in der alles Natürliche einer kalten Sterilität anscheinend weichen muss. Zurück zu Goya: Seine Bilder der Revolution können als Erinnerungsarchive angesehen werden, mit seinem detailgetreuen Blick zeichnet er genaue Bilder der damaligen politischen Zustände, von Tod, Angst und Gewalt so, als wolle er für die Nachwelt festhalten, was *tatsächlich* in seiner Epoche geschehen ist.[21] Ähnlich können auch Warhols Bilder verstanden werden: Kühle und scheinbare Leidenschaftslosigkeit ermöglichen zunächst einen klaren Zugang, als handele es sich um eine Chronik seiner Zeit. So scheint es eine zwingende Notwendigkeit zu sein, neben den ‚schönen Dingen' der Massenindustrie auch elektrische Stühle zu malen. Warhols Bilder zeigen somit nicht nur die glamouröse Welt des Pop, sie zeigen auch die Gewalttaten (siehe *Race Riot*), oder die technischen ‚Errungenschaften' einer Industrienation wie z.B. den Elektrischen Stuhl. Nicht nur die Schönheit, sondern auch das Leid spielen bei Warhol eine große Rolle: Anders als häufig von der amerikanischen Kunstkritik suggeriert, lässt sich von einer reinen Amerika-Euphorie bei der Betrachtung des Gesamtwerks des Künstlers kaum sprechen. Die zahllosen Autounfälle sind typisch für eine Zivilisation im Technikzeitalter, der Lebensstil ändert sich mit technologischen Innovationen nicht nur zum Guten für die Menschen, was Warhols Bilder eindringlich schildern. Ähnlich verhält es sich mit Goya: Die Bilder von Aufständen, die blutig niedergeschlagen werden, können auch in Beziehung zum bereits besprochenen *16 Jackies*-Historienbild gesetzt werden. Durch die Abbildung realer Gewalt scheint der jeweilige Künstler das Gesehene durch Wiederholung zu verarbeiten. Warhol arbeitet hier konsequent, indem er nicht nur *eine* Replik der Wirklichkeit, sondern oft Dutzende Abbilder ein und desselben Ereignisses herstellt. Durch die permanente Wiederholung wird das Geschehene nicht unbedingt nachvollziehbarer, aber erträglicher. Der Schrecken lässt nach bei der Reproduktion einer Erfahrung, eines Schreckensbildes, was eventuell im negativen Sinne zur Abstumpfung der Sinne führt. Das Äquivalent zur Wiederholung in der Kunst ist im Alltagsleben der mediale Raum von Presse und Fernsehen: Ob beim Tod Lady Dianas oder dem Einsturz der Twin-Towers am 11. September 2001, die Medien übernehmen die Rolle des Augenzeugen und zeichnen die traumatischen Bilder für die nicht dabei Gewesenen auf (denn es kann in der heutigen Kommunikationsgesellschaft ebenso ein Trauma sein, *nicht* dabei gewesen zu sein). So wird die Hölle immer wieder gezeigt, aufbereitet und kommentiert, bis selbst der Letzte über alle Informationen verfügt. Durch das Anschauen von Bildern, durch kollektives

---

[21] Vgl. den Beitrag von Ruth Jasper im vorliegenden Band.

Kopfschütteln und durch die Kommunikation vermeintlicher Fakten kommt es zu einer Art „Heilung" der Gemeinschaft: Im Kollektiv wird eine Lösung gefunden, die die Bilder nicht vollkommen verdrängt, die einzelnen Mitglieder des Kollektivs aber auf neue Informationen/Gedanken bringt. Warhols Bilder erfüllen diesen Zweck jedoch nicht: Zwar werden die Schrecken von Ereignissen durch die ikonographische Wiederholung gedämpft oder verfremdet, doch scheint keine Lösungsstrategie auf, der Gedanke wird nicht vom Bild umgelenkt, das Bild wird vielmehr zum einzigen Gedanken.

Ein weiterer interessanter Vergleich bietet sich bei der Betrachtung des Werkes von der italienischen Malerin Artemisia Gentileschi, geboren in Rom 1597, an. Diese spätmanieristische Künstlerin ist auf besonders grausame Inszenierungen von Tötungsszenarien spezialisiert. In ihren Bildern verarbeitet sie gleichzeitig den Zeitgeist sowie selbst erlittene Traumata von Missbrauch und Gewalt, die zur Wut gegen Männer führt, visualisiert in Gemälden, die oft biblische Stoffe als Grundlage haben (zum Beispiel die Enthauptung des Holofernes durch Judith[22] oder Susanna im Bad, bedrängt von wollüstigen Zuschauern). Der wichtigste Unterschied zwischen den beiden Künstlern liegt gerade in der persönlichen Identifikation Gentileschis mit ihren Figuren, die oft Vermittler sind zwischen Künstlerbiographie und dem Betrachter. Warhol entzieht sich – vermutlich bewusst – lange Zeit dieser Vermittlerfunktion, was sich erst mit dem durch die radikale Feministin Valerie Solanas verübten Attentat auf ihn ändert. Die Gemeinsamkeit von Warhol und Gentileschi liegt wohl in der Genauigkeit des Blicks, der sich auf den Schrecken richtet. Anstatt wegzusehen, zu umschreiben, zeigen beide Künstler in ihren Bildern sehr genau, was geschieht. Gentileschi tut dies in fast blutrünstiger Weise. In ihrer Zeit gibt es den ‚sauberen Tod' nicht, es gibt nicht nur ein Opfer, sondern auch einen Täter, der dem Betrachter nie vorenthalten wird. Bei Warhol gibt es selten einen fassbaren Täter, es sind vielmehr die Umstände, die zum Tod eines Menschen führen und so wirkt der Tod in Warhols Bildern umso unberechenbarer und extrem bedrohlich. Gentileschis Blick auf den Tod ist – sofern das Opfer ein Mann ist und der Täter eine Frau – oft lustvoll und sehr genau. Das Sterben wird bei ihr in drastischer Weise naturalistisch und dabei ästhetisch pointiert wiedergegeben.

So wenig objektiv ihr Blick ist, sowenig ist es der Blick von Warhol. Zwar stützt er sich meist auf Pressefotografien – dass diese Fotos aber objektiv genannt werden können, erweist sich sofort als Trugschluss. Denn gerade Pressefotos leben von der Inszenierung, die Warhol sich zu Nutze macht. Es soll hier nicht versucht werden, Warhol zum Moralisten zu erklären, dass seine Bilder aber eine kritisch-

[22] *Giuditta che decapita Oloferne*, 1598/99, 199 / 162,5 cm, Rom, Galleria Nazionale d'Arte Antica, Palazzo Baberini.

humanistische Intention mitführen könnten, scheint bei näherer Betrachtung plausibel.[23]

Der designte Tod: Die „Electric Chair"-Serien

Ein erschütterndes Beispiel für Warhols zumindest implizit moralistische Kunst sind die *Electric Chair*-Bilder, mit denen er sich seit 1963 intensiv beschäftigt. Geht man zurück in Warhols Vergangenheit als Werbegrafiker, lassen sich diese Gemälde problemlos in die Reihe der Objektdesignkunst einreihen, die Warhol mit *Campbell's Soup Cans* und Colaflaschen zum Thema seiner Kunst gemacht hat. Der elektrische Stuhl ist – banal betrachtet – zunächst nichts anderes als ein Gebrauchsgegenstand, so zynisch diese Feststellung auch klingen mag. Der elektrische Stuhl folgt den einfachen Gesetzmäßigkeiten des modernen Designs – die Form muss sich der Funktion unterwerfen. So erfüllt dieses Tötungsinstrument perfekt seinen Zweck: es ist aus Eisen gefertigt und vermag den Strom in den Körper des Verurteilten zu leiten. Für die Arme befinden sich Lehnen am Stuhl, die auch dazu dienen, den Menschen mit Lederriemen zu fesseln. Der Stuhl an sich ist absolut einfach gestaltet, schnörkellos repräsentiert er die klinische Kälte, mit der das Justizsystem der Moderne richtet. Auf Warhols Gemälden ist der elektrische Stuhl vom berüchtigten Gefängnis ‚Sing-Sing' zu sehen, der zu dieser Zeit nicht mehr in Gebrauch war. Dieses Bild, ebenfalls auf der Grundlage eines Pressefotos hergestellt, irritiert durch einen merkwürdigen Gegensatz: Der Stuhl steht mitten im Raum auf Eisenplatten, hinter ihm befindet sich ein kleiner hölzerner Schreibtisch mit gedrechselten Beinen. Die zunächst logisch anmutende Verbindung Tisch-Stuhl wirkt hier grotesk und zynisch. Würde man den Stuhl an den Schreibtisch stellen, wäre dies eine normale Konstellation von Möbelstücken. Allerdings ist der Zweck des Stuhles allein durch das Design schon vorherbestimmt, wohingegen der Schreibtisch durch das organische Material des Holzes als Möbelstück ausgewiesen ist. Natürlich können an Schreibtischen auch Verurteilungen zum Tode und Todesurkunden ausgeschrieben werden. Somit enthält das Bild beide Seiten: Täter und Opfer werden hier thematisiert, ohne sie abzubilden, wobei auch die Verortung beider Parteien im Bild interessant ist. Der Täter, der kühl den Tod eines Menschen anordnet, befindet sich am Schreibtisch, der aus organischem Material gefertigt ist und sogar kunsthandwerkliche Elemente aufweist, während die Kühle des elektrischen Stuhles kaum Platz lässt für die emotionale Beteiligung des Verurteilten; er ist auf den Zweck des Tötens ausgelegt und unterstützt keine menschlichen Eigenschaften. So wird die tatsächliche Bedeutung eines Stuhles – Erholung, Ausruhen, Verharren – ad absurdum geführt: Dieser positive Gegenstand erfährt durch sein Design eine objektorientierte Umdeutung, die in letzter Konsequenz grausam zu nennen ist. Durch die

---

[23] Lothar Romain (*Andy Warhol*. München 1993) weist in seiner ausführlichen Monografie auf diesen Deutungszweig hin, der von der europäischen Kunstkritik gegenüber dem amerikanischen Aspekt einer Apotheose der Warenwelt stark gemacht worden ist.

schiere Abbildung dieses Gegenstandes ohne kommentierende Elemente, erreicht Warhol die persönliche Anteilnahme des Zuschauers besser als jede tatsächliche Tötungsszene. Allerdings maß Warhol dem Schrifthinweis „Silence", der in manchen Versionen des Gemäldes zu sehen ist, eine enorme Bedeutung bei. Bei den Versionen des Bildes, auf denen dieses Schild nicht zu sehen ist, verlagert sich der Schwerpunkt – wie bereits beschrieben – auf den Aspekt des designten Tötens. In den Serien, in denen das Schild zu sehen ist, wird der Zynismus der an das Tötungsinstrument angehängten Justizmaschinerie deutlicher: Die Szene bekommt einen liturgischen Stellenwert, der Delinquent hat selbst im Moment seines Sterbens zu schweigen. Bemerkenswert ist die Absenz jeglicher Figuren, weswegen der Betrachter des Bildes veranlasst wird, diese Lücke füllen – zum Beispiel durch sich selbst. Dadurch wird eine Brisanz erreicht, die im Extremfall zu (Selbst-) Tötungsphantasien führen kann und somit zu echter Angst und Anteilnahme. Die oft farbliche Gestaltung oder die Komposition mehrerer elektrischer Stühle in Reihen unterstützt diesen Charakter noch mehr, jene inszenierte Kühle schützt zunächst Objektivität und rein designorientiertes Abbilden vor, und zieht gerade durch diesen Zynismus den Betrachter in den Bann. Ob Warhol als Person ein politisches Interesse formuliert bzw. gegen die Todesstrafe Stimmung machen will, kann nicht eindeutig geklärt werden und soll auch nicht Thema solcher Betrachtungen sein. Was jedoch offensichtlich wird, ist das kluge Spiel mit der Wahrnehmung. Die *Electric Chair*-Bilder verlangen die Intelligenz des Betrachters, das Sich-Einlassen. Eine einfache und schnelle Rezeption ist hier nicht möglich, der Betrachter muss – schmerzvoll – eine Phantasie aufbringen, die ihn an die Grenze des Erträglichen führt und ihn für einen kurzen Moment das erahnen lässt, was ein realer Delinquent vor seiner Hinrichtung spüren muss.

Der elektrische Stuhl hat eine lange Tradition in den USA und dient mancherorts bis heute zur Hinrichtung von Delinquenten. In einem Prozess von 1972 (Furman gegen Georgia)[24] wurde die Todesstrafe zwar abgeschafft, jedoch führten mehrere Urteile von 1976 bis 1978 zur Wiedereinführung. So sind die Warhol-Gemälde bis heute aktuell und zeigen die USA als einen der letzten Staaten, der sich zwar in seiner Verfassung auf die Menschenrechte beruft, aber die Todesstrafe als vermeintlich wirksames Mittel gegen Kriminalität einsetzt.[25] Die Geschichte der Todesstrafe ist auch gleichzeitig eine Geschichte der medialen Berichterstattung, die bis heute andauert. Im Fall des verurteilten Rechtsradikalen und Attentäters von Oklahoma, Timothy McVeigh, erfuhr die Öffentlichkeit von seinem Wunsch, als Henkersmahlzeit ein Smarties-Softeis von ‚McDonald's' serviert zu bekommen. Der Fall McVeigh zeigt deutlich die Perversion einer ‚objektiven' Berichterstattung auf: Der Delinquent hatte sogar um die Todesstrafe gebeten, wohl wissend, dass er dadurch

---

[24] Amnesty International (Hg.): *Todesstrafe in den U.S.A.* Frankfurt a. M. 1989, S.22-25

[25] Ebd., 1972: Zum Befund der Todesstrafe als Verstoß gegen die Verfassung vgl. S.11.

für seine Anhänger zum Märtyrer und Teil der Geschichte werden würde, ein Star also. Fernsehsender wie NBC beschrieben den Zuschauern die Henkersmahlzeit und sicherten den Status McVeighs als Popstar, jedes noch so kleine Detail wurde für wichtig befunden. Deutlich wird hierbei, wie McVeighs Plan aufgegangen ist und er für einen Moment den Status eines Popstars erhält: Eine Doku-Soap aus dem Todestrakt. Das Trauma, ein ‚Dabei-Gewesener' sein zu müssen, bestimmt die Wahrnehmung der Menschen dauerhaft und verstellt den Blick auf die anderen Bedürfnisse. Zu groß ist die Angst, nicht teilhaben zu können an dem, was alle beschäftigt und somit ein Ausgeschlossener zu sein. Außerdem erhofft sich die Mehrheit[26] in Amerika durch die Vollstreckung der Todesstrafe eine abschreckende Wirkung vor schwerwiegenden Straftaten (Mord, Vergewaltigung, Entführung, Raubüberfall). Ob diese Angst vor den schlimmsten Gewalttaten durch die Isolation des Einzelnen in Großstädten herrührt oder eher durch die strengen Codices einer beinahe abgeschotteten Nation, ist kaum zu klären. Bestürzend ist jedoch die Verbindung einer modernen Gesellschaftsform mit der beinahe archaisch anmutenden Doktrin ‚Auge um Auge, Zahn um Zahn'. Diese Verbindung dokumentiert Warhol in seinen Gemälden meisterhaft: Es entstehen schillernde Bilder einer zwiegespaltenen Gesellschaft, schwankend zwischen Postmoderne und Dogmatismus.

The Last Supper – Religion und Tod

Eine weitere Paraphrase Leonardo da Vincis, *The Last Supper* (1986), behandelt erneut Warhols große Themen der Religiosität und der Reflexion über den Tod. Die starke Affinität Warhols zum Katholizismus ist allgemein belegt; um so plausibler scheint die Beschäftigung mit dem ersten ‚Popstar' der Kulturgeschichte überhaupt: Jesus Christus. Das Bild handelt vom bevorstehenden Tod und damit auch von der unausweichlichen Erhebung des Menschen Jesus von Nazareth zum Erlöser und Märtyrer als ‚Jesus Christ Superstar' im gleichnamigen Musical. Was Warhol an diesem Bild aber mehr zu interessieren scheint, ist der Verrat durch die Jünger. Warhol schneidet bestimmte Szenen aus, um sie, zum Teil auf dem Kopf, aneinander zu reihen. So steht die ruhig und gelassen wirkende Figur des Christus nach wie vor im Vordergrund, eine enorme Wichtigkeit kommt aber dem Zwist innerhalb der Jünger zu. Es entsteht das Bild eines Mannes, der zwar der Mittelpunkt des Geschehens ist, gleichzeitig aber auch allein ist unter den Menschen, die vorgeben, ihn zu bewundern. Warhols Version kümmert sich weniger um die Verherrlichung, er verweist mehr auf den Aspekt der Einsamkeit einer Ikone. Diese ist nicht im eigentlichen Sinne das Thema aller Unterhaltungen, sondern vielmehr ist es ihr Status, der die Menschen anzieht. Die Oberflächlichkeit der Heldenverehrung tritt in diesem Bild offen zu Tage und kann auch Anstoß zu Überlegungen über die Tiefgründigkeit von Religiosität geben, ganz gleich, wie sie verstanden wird. So kann die Haltung von Jesus in

[26] Genaue Daten und differenzierte Darstellungen: Ebd., S. 194 ff.

diesem Bild nicht nur als Gelassenheit, sondern eher als tiefe Traurigkeit gedeutet werden. Das Wissen, allein gelassen zu sein, ist, wie bereits angesprochen, auch Thema der Portraits von Jaqueline Kennedy und Marilyn Monroe. Die Entlarvung der Lüge vom geliebten und somit glücklichen Star wird hier deutlich. Einige Zeit vorher, 1978, hat Warhol sich mit dem Thema auf eine völlig unspektakuläre Weise auseinandergesetzt. In Form von Vanitas-Bildern beweist er erneut seine Verbindung zu den Traditionen in der Kunst: *Self-Portrait with Skull* zeigt ihn selbst mit einem Totenschädel auf der Schulter. Natürlich war sich Warhol immer seines Status als Popstar bewusst, und so scheint dieses Selbstportrait wie ein augenzwinkernder Kommentar zum Rummel um seine Person – auch Stars sterben einmal. Bemerkenswert ist der Gesichtsausdruck Warhols: Ernst, mit weit aufgerissenen Augen, blickt er den Betrachter an, der Totenkopf auf seiner Schulter ‚grinst', um sich damit selbst zum Stillleben zu machen, nicht ohne Ironie, als Hinweis auf seinen Markenstatus, aber auch mit einer Portion Schrecken, um damit noch einmal die Dialektik von Individualität und Marke, Einmaligkeit und Verschwinden in der seriellen Kunst zu zeigen.

Statt Warhols schillernden Serien als Werbegrafiken zu huldigen und in ihnen Apotheosen der schönen bunten Warenwelt zu sehen, sollten sie mit dem skeptischen Blick betrachtet werden, den sie durch das serielle Zurschaustellen von Banalem und Schrecklichem gleichermaßen hervorrufen. Seine Bilderwelten sind alles andere als simpel oder schlicht ‚exciting'. Sie zeigen dem Betrachter eine Wunschvorstellung, die auch grausam sein kann, was das zentrale Motto Warhols benennt: „everything is pretty" – also alles, wirklich alles, kann zur Kunst erhoben werden, selbst der elektrische Stuhl. Demnach ist dieser berühmte Satz nicht als banales Credo seiner Kunst zu werten, sondern auch als kritische Perspektive, die die oft folgenschwere Gier nach Schönheit und Sensation thematisiert.

Jörg Eggerts

„Die Ruhe auf dem Lande ist oft stille Wut" – Dystopie und Trauma des wendländischen Autors Nicolas Born

> Und eine Gesellschaft von Kranken und Süchtigen kann schon ein angedrohter Stromausfall oder der Entzug des abendlichen Fernsehprogramms in bedrohliche Krampfzustände versetzen. (Nicolas Born)[1]

Im Zusammenhang mit Nicolas Born (1938-1979) Überlegungen zu traumatischen Erfahrungen anzustellen, bedarf gewisser Vorgriffe: An seinem lyrischen Spätwerk ist ablesbar, dass der Autor, der vor allem seit Vorlage des Gedichtbandes *Das Auge des Entdeckers* (1972) und des Romans *Die erdabgewandte Seite der Geschichte* (1976) regelmäßig der Neuen Subjektivität zugerechnet wird, das Thema der subjektiven Aneignung von Historie und Gesellschaft zum zentralen Motiv seines Werkes erklärte. Der vielzitierte Erfahrungshunger als Folge der sechziger Jahre begünstigt die Rezeption seines Werkes: Die Romane und Gedichte Borns firmieren fortan unter dem Vorzeichen jener vermeintlich apolitischen und Neuen Subjektivität, die durch unterschiedliche Autoren wie Handke, Peter Schneider und Brinkmann repräsentiert wird. Jedoch ist das literaturtheoretische Konzept Nicolas Borns wesentlich als Reaktion auf die Studentenbewegung zu werten: Born leitet sein utopisches Selbstverständnis aus ihren theoretischen Konzepten – hier vor allem der Kritischen Theorie – und den historischen Ergebnissen ab. Die Vorstellung subjektiver Autonomie fließt hierbei als Versatzstück in Borns utopische Konzeption ein. Als Konsequenz verwirft Nicolas Born in seinem lyrischen Werk der siebziger Jahre die Vorstellung vom unbeschädigten Subjekt und zeichnet vielmehr das Bild einer bewusstseinsindustriell besetzten Lebenswelt. Letztlich wurzelt in der Landnahme literarischer Utopie eine Programmatik, die sich als ästhetische Dimension, aber auch ganz konkret als tatsächliche „Adresse in der Weltgeschichte"[2] orten lässt und die mit dem Wendland – jener norddeutschen Region an der Elbe entlang der ehemaligen Grenze zur DDR, in der Born seine letzten Lebensjahre bis 1979 verbrachte –, ein kollektives Trauma im Schatten der Atomindustrie symbolisiert. Diese siebziger Jahre stehen nun unter dem Zeichen der Ölkrise, des Berichts vom Club of Rome und beschließen die Dekade mit dem atomaren Unglück in Harrisburg. Mit diesen fundamentalen und globalen Krisen konfrontiert, macht sich in der westlichen Welt eine Endzeitstimmung breit,

---

[1] Nicolas Born: *Die Welt der Maschine. Aufsätze und Reden.* Hrsg. von Rolf Haufs. Reinbek bei Hamburg 1980, S.14

[2] Nicolas Born: *Gedichte.* 1967-1978. Reinbek bei Hamburg 1978, S.122

die sich in intellektuellen Debatten und im politischen Engagement – erkennbar an der Entstehung zahlreicher Bürgerinitiativen – widerzuspiegeln beginnt:[3]

> was einmal den eigenen Anstrengungen Sinn verlieh, scheint zerbrochen und mit ihm nicht selten jene Konstruktion, in der das eigene Ich seinen Zusammenhang erkennt. Dieser Vorgang ist keineswegs spektakulär, er verleiht schließlich dem Begriff der Zäsur erst seine Berechtigung. Zum Dilemma gerät die Lage erst, wenn das Zerbrochene nicht durch ein Neues ersetzt werden kann.[4]

In diesem Zuge zeigt die Literatur der siebziger Jahre eine Phase an, in der gesellschaftliche Entwürfe zunächst verbraucht scheinen. Das neuerliche ökologische Bedrohungspotential spiegelt sich bald in der intellektuellen Auseinandersetzung wider: Bereits 1968 wird Rachel Carsons Text *Der stumme Frühling* veröffentlicht, 1977 legt Präsident Carter die Studie *Global 2000. Der Bericht an den Präsidenten*[5] vor.

Borns literarisches und politisches Engagement – er arbeitete in der Bürgerinitiative gegen die atomaren Anlagen im Landkreis Lüchow-Dannenberg mit – muss vor dem Hintergrund der brüchig gewordenen Ideologie vom stetig wachsenden Wohlstand sowie einer Grenzwert- und Restrisiko-Politik gesehen werden, die vor allem seit Anfang der siebziger Jahre dazu führte, dass sich Protestformen – auch solche der Studentenbewegung – in unterschiedliche, lokale Bürgerinitiativen hatten retten können. Noch 1968 äußert Born sich, wie Baumgart vermerkt, „nur sarkastisch zu einer Städtebauutopie ganz aus dem damaligen Zeitgeist." Born sehe zwar schon den Großen Bruder schalten und walten, aber – so Baumgart – „bedroht fühlt er sich davon offenbar noch nicht."[6] Erst in den siebziger Jahren dringt Born dazu vor, „das Weitermachen, das Zurückkehren zur Tagesordnung" aufzubrechen und es als „banale Überlebenstechniken"[7] zu entlarven, die allenfalls ein Leben im abgesteckten Rahmen der Duldung zulassen. In dieser Dekade setzt eine Flucht zahlreicher Intellektueller von der Stadt auf das Land ein, die als Rückzug aus den politischen Brennpunkten begriffen werden kann. Mit Betonung auf Adornos Feststellung, es gebe kein richtiges Leben im falschen, verweist Laemmle darauf, dass angesichts der Phänomene, die Born mit dem Begriff Mega-Maschine zu fassen sucht, „Skepsis freilich [angebracht ist] gegenüber denjenigen, die [...] zum Beispiel glauben, man könnte von Landkommunen aus die gesamte zivilisierte Welt retten."[8] Laemmle, der das

---

[3] Zum Entstehungszusammenhang grüner Utopien in der Folgezeit der sechziger Jahre: vgl. Jost Hermand: *Grüne Utopien in Deutschland. Zur Geschichte des ökologischen Bewußtseins.* Frankfurt a.M. 1991, S.143-202

[4] Michael Kämper-van den Boogaart: *Ästhetik des Scheiterns. Studien zu Erzähltexten von Botho Strauß, Jürgen Theobaldy, Uwe Timm u.a.* Stuttgart 1992, S.14

[5] *Global 2000. Der Bericht an den Präsidenten.* Hrsg. von Reinhard Kaiser. Frankfurt a.M. 1980

[6] Reinhard Baumgart: *Jeder einzelne - eine gefährliche Utopie. Nicolas Borns Aufsätze und Reden.* In: *Lesezeichen H.1* (1980), S.6

[7] Nicolas Born: *Die Welt der Maschine. Aufsätze und Reden*, S.168

[8] Peter Laemmle: *Die Ruhe auf dem Lande ist oft nur stille Wut. Zeitgenössische Autoren zum Thema: Stadtflucht heute.* In: *Merkur.* 34 (1980). H.9, S.939. Mit einer gewissen Häme schreibt Michael Schneider:

Problem der Stadtflucht als „Konkursmasse des Jahres 1968"[9] betrachtet, äußert den Verdacht, jene Intellektuellen, die noch vor kurzem gedankenlos die überlieferten Werte zerstört haben, flüchten in einer Art Panik aufs Land, um dort mit der gleichen Gedankenlosigkeit ihren Mangel an Orientierung mit Althergebrachtem aufzufüllen.[10] Laemmle gesteht jedoch zu, dass Born, der Mitte der siebziger Jahre von Berlin in den Landkreis Lüchow-Dannenberg übersiedelt, „bei der Betrachtung des Landlebens nicht ausschließlich mit Verzückung oder Verblödung reagiert", sondern der Autor eine Literatur vorweise, „die den Gedanken der Ökologie-Bewegung subjektiv umsetzt, am eigenen Erfahrungsbereich überprüft".[11] Dementsprechend entwickelte sich für Born die persönliche 'Landflucht' über den Rückzug hinaus zu einer Möglichkeit neuer politischer Ambitionen. Nachdem bekannt wurde, dass in der Nähe des Dorfes Gorleben ein Atommülllager errichtet würde, war Born aktiv in der lokalen Bürgerinitiative beteiligt.[12] Um nun die Atmosphäre jener Tage in den siebziger Jahren einzufangen, ist die Lektüre von Hans Christoph Buchs Tagebuch *Bericht aus dem Inneren der Unruhe* hilfreich, dessen Autor ebenso wie Born seinen Wohnsitz im Wendland bezog: „*7. März 1977.* Eigentlich bin ich hergekommen, um einen

---

„Die halbwegs Begüterten schwärmten nun aufs flache Land, kauften die letzten Bauernhäuser an der Elbe und im Harz auf und gründeten 'Künstler-Kolonien' und 'therapeutische' oder 'alternative' Landkommunen [...]" (Michael Schneider: *Den Kopf verkehrt aufgesetzt oder Die melancholische Linke. Aspekte des Kulturzerfalls in den siebziger Jahren.* Darmstadt 1982, S.160). Kurz gibt in seiner Publikation *Apokalyptische Zeit* zu bedenken: „Die persönlichen Sorgen sind von den öffentlichen nicht mehr zu trennen. Das unberührte Dorf, das abgelegene Tal, die einsame Insel, wo alles, das meiste oder doch das Wichtigste anders wäre, gibt es nicht mehr" (Paul Konrad Kurz: *Apokalyptische Zeit. Zur Literatur der mittleren achtziger Jahre.* Frankfurt a.M. 1987, S.15. Zur Landflucht und dem „Überdruss am Landleben" Nicolas Born: *Die Fälschung.* Roman. 1979, S.93f.

[9] Laemmle: *Die Ruhe auf dem Lande ist oft nur stille Wut*, S. 941

[10] Ebd., S.939. In einem *Stern*-Bericht über Born wird das Treffen zwischen Peter Schneider und Born erwähnt. Dort heißt es: „Schriftsteller-Kollege Peter Schneider, der ihn jüngst aus Berlin besuchte, hänselte ihn wegen seiner Kleingärtner-Idylle. Born lapidar: 'So gut wie deine Kritik daran ist mein Garten schon lange.' In seiner Idylle hat er mehr als je zuvor gelernt, 'wie alles verwirtschaftet wird, das Land, das Wasser, die Luft. Und immer mit dem Argument des Fortschritts'." (Nicolaus Neumann: *Unruhe vom Lande.* In: *Stern* v. 11.11.1976, S.254).

[11] Laemmle: *Die Ruhe auf dem Lande ist oft nur stille Wut*, S.942. Vgl. hierzu auch „Heimat - Neue Ansichten von Utopia". Ein Film von Wiltrud Mannfeld und Peter Nicolay. Sendung des ZDF vom 4.9.1979, worin neben Ludwig Harig und Jurek Becker auch Born zum Thema Heimat und Landschaft befragt wird. In der Vorankündigung der *Zeit* heißt es: „Und Nicolas Born, müde den Schaukelstuhl im modernisierten Bauernhof des Elbe-Dreiecks zur DDR bewegend, fragt sich und uns, ob 'Heimat' in der Industrielandschaft überhaupt noch zu erleben ist" (Rolf Michaelis: Heimat - eine Utopie. Fernseh-Vorschau. In: *Die Zeit* v. 31.8.1979).

[12] Zur Geschichte des Widerstands um die Atommülldeponie Gorleben siehe auch: *Zwischenschritte. Die Anti-Atomkraft-Bewegung zwischen Gorleben und Wackersdorf.* Hrsg. von Wolfgang Ehmke. Köln 1987 *sowie* Bärbel Jacob: *Castor Six-Pack 97. Wir machen den Weg frei ... die Staatsgewalt. Eine Dokumentation über die Folgen von zivilem Ungehorsam.* Bärbel Jacob Video Art. VHS-Video-Dokumentation. Göhrde 1997.

Roman zu schreiben", beginnt er sein Gorlebener Tagebuch.[13] Doch zu diesem Roman sollte es nicht mehr kommen. Buch publiziert seine Aufzeichnung in der Rohform täglicher Notizen. Er bezeichnet darin die Erfahrungen im Kontext des lokalen Engagements als „positives Widerstandserlebnis".[14] Somit begründet Buch sein Engagement gegen die Atommülldeponie in Gorleben nicht länger mit objektiven Maßstäben, sondern beschwört stattdessen die emotionale Qualität dieser Arbeit. Für Born kann in ähnlicher Weise geltend gemacht werden, was auch Buch einklagt: Die unmittelbare Betroffenheit setzt die nötigen emotionalen Kräfte für den politischen Widerstand frei. In Borns Gorlebener Rede heißt es: „Unsere Emotionalität ist das Beste, was wir haben gegen schieres Geld- und Machtinteresse. [...] Unsere Sorgen, wer macht sie sich sonst? Unsere Freiheit, wer will sie sonst?".[15] In dem geplanten und durchgesetzten Projekt musste Born einmal mehr die Allgegenwärtigkeit der vielbeschworenen Mega-Maschine erkennen, die jeden einzelnen zu jeder Zeit aus seiner Lebensmitte reißen kann, und sei es im letzten Winkel der Bundesrepublik, nahe der deutsch-deutschen Grenze:

> Zwar projizierte auch er [Born, d.V.] gerade in seinen späten Gedichten, die politisch nicht mehr wirksamen Utopien auf die unberührte Natur, aber an ihre Einlösbarkeit glaubte er nicht. Das konnte er nicht: Sein Wohnort, ein kleines Dorf im Elbbruch, lag nahe bei Gorleben. Da hatte er den Widerspruch immer vor Augen.[16]

Die politische Allmacht gipfelt denn auch in der Räumung der in Gorleben besetzten Bohrstelle 1004, zu der Buch in sprachlicher Anleihe bei Born in sein Tagebuch einträgt:

> Die im Morgengrauen anrückenden Beamten [der Polizei und des BGS, J.E.] haben sich die Gesichter schwarz gefärbt, als zögen sie in den Dschungelkrieg. Anschließend machte die Mega-Maschine des Staates mit Panzern und Planierraupen den Traum vom alternativen Leben in der Freien Republik Wendland dem Erdboden gleich.[17]

Der von Born in einer Rezension zu Enzensbergers *Untergang der Titanic* bezeichnete „Riss im Rumpf des Fortschritts"[18] galt Born als ein „Riss, der die individuelle wie auch gesellschaftliche Existenzkrise, die Überlebenskrise, bezeichnen soll".[19] So heißt es in Borns Gedicht *Ein paar Notizen aus dem Elbholz*: „Die Ruhe auf dem Lande ist

---

[13] Hans Christoph Buch: *Bericht aus dem Inneren der Unruhe. Gorlebener Tagebuch*. Reinbek bei Hamburg 1984

[14] Buch: *Bericht aus dem Inneren der Unruhe*, S.307

[15] Born: *Die Welt der Maschine*, S.214

[16] Laemmle: *Die Ruhe auf dem Lande ist oft nur stille Wut*, S.942. „Für Born steht die molochartige Atomindustrie als Synonym für diese Entwicklung [der Mega-Maschine, d.V.]", aus: Thomas Eggeling: Streit gegen die Zeit. In: *Vorwärts* 9 (1981), S.19

[17] Buch: *Bericht aus dem Inneren der Unruhe*, S.370

[18] Nicolas Born: *Nicolas Born über Enzensberger. Der Untergang der Titanic. Riss im Rumpf des Fortschritts*. In: *Der Spiegel* 43 (1978), S.236-241. Wiederabgedruckt in: Born: *Die Welt der Maschine*, S.168-174

[19] Born: *Die Welt der Maschine*, S. 169

oft stille Wut", und Born wusste: „Der Ort der Katastrophe ist überall, die Zeit jederzeit".[20] In dieser Konsequenz sind seine späten Gedichte von einer bedrohlichen Düsternis gekennzeichnet. Born nimmt sich in seiner Sprache zurück, verwirft seinen Realismus der sechziger Jahre, und seine Gedichte gewinnen an Melancholie. „Natur, einst Ausgangspunkt für utopische Bilder, scheint wie im Sterben begriffen. [...] die Gegenbilder zum Faktischen reduzieren sich auf Fragmente".[21] Es bildet sich in den Gedichten nunmehr ein sprachliches Maß heraus, das die von der Zerstörung durchdrungene Landschaft in ein lyrisch ebenbürtiges Bild setzt: „Die Trauer ist jetzt trostlos / die Wut ohne Silbe / [...] Kein Gedicht, höchstens das Ende davon", schreibt Born in dem späten Gedicht „Entsorgt". [22] In vielen Begriffen, die allseits im Munde geführt werden, „drückt sich die Verödung der Empfindungs- und der Wahrnehmungsfähigkeit aus. [...] Wörter wie *Natur* und *Landschaft* bezeichnen ein immer blasser werdendes Phantom der Erinnerung".[23] Die Verstümmelung der wahrgenommenen Rest-Natur hat zur Folge, dass allenfalls eine partielle und selektive Sicht auf die Realität sich durchsetzt. Dieses Problem der Begriffsbildung über eine zergliederte, da funktionalisierte Welt wirkt wiederum auf die Gestaltung unserer Zivilisation zurück. Vester schreibt dazu:

> So können z.B. Planer und Entscheidungsträger in der Raumordnung und Landesplanung die Dinge, mit denen sie es zu tun haben, die Straßen, Häuser, Fabriken, Rohstoffe, Wälder, und natürlich auch uns selbst immer nur als Straßen, Häuser, Fabriken, Rohstoffe, Wälder und Menschen betrachten, d.h. so, wie sie durch diese *Wortbegriffe* letztlich in ihrem Gehirn fixiert sind.[24] [kursiv J.E.]

Born belegt seine kritische Analyse mit der Metapher der Mega-Maschine, wonach der wirtschaftliche und politische Vernichtungsapparat die Phantasie, die Sprache und damit den Menschen gänzlich vereinnahmt. Er problematisiert die Befreiung des Subjekts, die trotz (besser: wegen) der repressiven Auswüchse der Mega-Maschine – ursprünglich bestimmt zur Emanzipation der Menschheit von der Natur – noch aussteht. Das Bild der Mega-Maschine greift Lewis Mumford bereits in den sechziger Jahren auf, um den Komplex Kultur, Technik und Macht zu beschreiben.[25] Born hat sich offenbar auf die Analyse Mumfords gestützt; der Begriff der 'Mega-Maschine' ist dessen Buch „Mythos der Maschine" entlehnt, wonach die Mega-Maschine als eine Zusammenballung politischer, ökonomischer, militärischer und bürokratischer

---

[20] Ebd.

[21] Reinhold Rauh: *Nicolas Born.* In: Kindlers Literaturlexikon. Band 2. Hrsg. von Walter Jens. München 1989, S.952; vgl. auch Jörg-Werner Kremp: *Inmitten gehen wir nebenher. Nicolas Born: Biographie, Bibliographie, Interpretationen.* Stuttgart 1994, S.359

[22] Born: *Gedichte. 1967-1978*, S.221

[23] Born: *Die Welt der Maschine*, S.195

[24] Frederic Vester: *Neuland des Denkens. Vom technokratischen zum kybernetischen Zeitalter.* München 1991, S.66

[25] Lewis Mumford: *Mythos der Maschine. Kultur, Technik und Macht.* Wien 1964 (Bd. I) und 1966 (Bd. II)

Komponenten zu verstehen ist.[26] Borns spätere Skepsis beruht auf diesem Vertrauensverlust in die Reform als systemimmanentes Mittel. Die „Rest-Natur"[27] erscheint bei Born als ein gebrochenes Bild, das einem Reservoir verbliebener Träume gleicht – gebrochen insofern, als die Sehnsucht innerhalb der Natur, die angesichts fortschreitender Gigantomanie zu schwinden droht, nicht mehr gestillt werden kann. Die Arbeit des Autors gegen das Atommülllager in Gorleben muss hier als betont subjektivierte politische Arbeit für den Erhalt jener Rest-Natur verstanden werden. Die allgegenwärtig repressive Gewalt – hier in Form staatlicher und atomindustrieller Machtausübung – hat Konsequenzen: es fehlt das utopische Moment, das auf Glaubwürdigkeit oder gar Einlösbarkeit gründet. Doch stellt Born – nicht durchgängig und widerspruchsfrei – in Aussicht, dass die Literatur Möglichkeiten anbiete, einen utopischen Entwurf zu gestalten. Gerade der Tendenz, das bestehende, reale System zu einem in die Zukunft fortzuschreibenden Zustand zu erklären, möchte Born sich widersetzen. Jene allen systemischen Lebensgrundlagen widersprechende Mega-Maschine ist zu seiner Aufrechterhaltung folgerichtig auf Konformität der menschlichen Gemeinschaft angewiesen. Born entwickelt die düstere „Vision, dass dieser blinde Fortschritt schließlich alle Geschichte, jede Vorstellung von Vergangenheit und von Zukunft als etwas anderem vernichten wird."[28] Zu den bekanntesten Zeilen des Lyrikers gehört das bereits zitierte Gedicht *Entsorgt*:[29]

So wird der Schrecken ohne Ende langsam

normales Leben
Zuschauer blinzeln in den Hof

im Mittagslicht
Kleinstadt, harte Narbe ziegelrot
Gasthaus, wehende Gardinen
und am Schreibtisch ist jetzt gering

der persönliche Tod
Ich kann nicht sagen, wie die Panik der Materie

wirkt, wie ich in meiner Panik
die nicht persönlich ist, nur an die

falschen Wörter komme.
Das sorgend Schöne fehlt mir an *Krypton* und

[26] Mumford: *Mythos der Maschine*, S.219
[27] Kremp: *Inmitten gehen wir nebenher*, S.259
[28] Baumgart: *Jeder einzelne - eine gefährliche Utopie*, S.6
[29] Born: *Gedichte. 1967-1978*, S.221

Jod 129. Mir fehlt die Zukunft der Zukunft
mir fehlt sie.
Mir fehlen schon meine Kindeskinder
Erinnerung an die Welten
mir fehlen Folgen, lange Sommer am Wasser
harte Winter, Wolle und Arbeit

Hier entstehen Folgen starker Wörter
die leblos sind, das verruchte Gesindel

spürt nichts, sie schließen die Kartelle
keine Ahnung was sie in die Erde setzen
Ahnung nicht, nur Wissen
was sie in die Erde setzen in Luft und Wasser
für immer
kein Gefühl für „immer". Den Tod
sonderbehandeln sie wie einen Schädling
der gute Tod vergiftet wie die liebe Not.
Was schändet ihr die Gräber meiner Kindeskinder
was plündert ihr den Traum der Bilder, des Gewebs, der Bücher

Knochen.

Die Trauer ist jetzt trostlos
die Wut ohne Silbe, all die maskierte Lebendigkeit
all die würgende Zuversicht
Gras stürzt, die Gärten stürzen, niemand

unterm Geldharnisch fühlt die Wunde
entsorgt zu sein von sich selbst.
Kein Gedicht, höchstens das Ende davon.

Menschenverkommen
gefangen in verruchter Vernunft, die sich

nicht einmal weiß vor Wissenschaft.
Kein Schritt mehr frei, kein Atem
kein Wasser unerfaßt, käufliche Sommerspuren
die Haut der Erde - Fotoabzüge
die betonierte Seele, vorbereitetes Gewimmer

das dann nicht mehr stattfindet

vor Stimmgebrochenheit.
Winzige Prozeßrechnungen in der hohlen Hand

beleben die Erde, alleswissende Mutanten
dafür totaler Schutz vor Erfahrungen.
Lebensstatisten, Abgänger. Am Tropf

der Systeme.

Gekippte Wiesenböschung, Engel, ungewisse,
warmer Menschenkörper und Verstehn
Gärten hingebreitet, unter Zweigen Bänke . . .

. . . Schatten . . . Laub . . . im Wind gesprochen

. . . . Samen

Insbesondere mit diesem Gedicht und mit den „Notizen aus dem Elbholz“ wurde Nicolas Born – zu Unrecht und entgegen eigener Intention – in erster Linie als Vordenker des globalen ökologischen Kollaps rezipiert und verewigt, obgleich sein Oeuvre diese Engführung nun nicht zulässt. „Liebe Freunde, wer uns entsorgen will, den wollen wir stilllegen!“,[30] ruft Born in seiner Rede in Gorleben aus. Günter Kunert betont mit Blick auf den Vorwurf überzogener Innerlichkeit einmal mehr, Borns „gänzlich unsentimentale Klage gilt den Ungeborenen wie den entmenschten Mitmenschen ringsum und keineswegs dem eigenen Ich, auch wenn immer von diesem gehandelt wird.“[31] Im Text erscheint dem lyrischen Ich das Leben „gefangen in verruchter Vernunft, die sich / nicht einmal mehr weiß vor Wissenschaft“.[32] Angesichts des dominant gesetzten Vernunftbegriffs der Aufklärung und den Zuschreibungen, die dem Subjekt hieraus erwachsen, forderte Michel Foucault einmal: „Wir müssen neue Formen der Subjektivität zustande bringen, indem wir die Art von Individualität, die man uns Jahrhunderte lang auferlegt hat, zurückweisen.“[33] Die hingegen destruktive Vernunft behandelt gar den individuellen Tod „wie einen Schädling“, heißt

[30] Born: *Die Welt der Maschine*, S. 213

[31] Günter Kunert: *Keiner für sich, alle für niemand. Die Gedichte von Nicolas Born.* In: Frankfurter Rundschau v. 15.7.1978.

[32] Aus Anlass einer geplanten Wiederaufbereitungsanlage komponierte Rolf Riehm das Musikstück *Entsorgt - Notizen zum inneren Zustand*, wobei Borns Gedicht *Entsorgt* als Vorlage diente. Zur Premiere im Jahre 1986 schreibt die Frankfurter Allgemeine Zeitung: „Dass die Wahrhaftigkeit von Kunstwerken sich notwendig in ihrem Scheitern erweist, wie Adorno meinte, kann dieser Tage leicht seine profane Bestätigung finden: eine Konzertpremiere kann keine rechte Wirkung zeigen, wenn man gerade das Weltfinale probt. Der Uraufführung des Stückes ‘Entsorgt - Notizen zum inneren Zustand’ von Rolf Riehm [...] war in die radioaktive Wolke von Tschernobyl geraten“ (Bernd Leukert: *Zerfall unter der Wolke. Riehms Musikstück „Entsorgt“.* In: Frankfurter Allgemeine Zeitung v. 12.6.1986).

[33] Michel Foucault: *Warum ich Macht untersuche: Die Frage des Subjektes.* In: Hubert L. Dreyfus/ Paul Rabinow: *Michel Foucault. Jenseits von Strukturalismus und Hermeneutik.* Weinheim 1994, S. 250.

es im Gedicht. Der „Tod, der heutzutage 'Entsorgung' heißt",[34] lautet im übrigen eine Zeile aus dem „Lied vom Lebensvogel", jenem Protestsong, der im Zuge des Widerstands gegen die geplante Atommülldeponie in Gorleben verfasst wurde. In der Dokumentation „Zwischen Gorleben und Stadtleben" von Halbach und Pauzer werden unter der Überschrift „Mein wendländischer Traum" die tagesaktuellen Erfahrungen aufgearbeitet. Der Traum ersteht, vom Staatsapparat scheinbar unangefochten, nach seinen Rückschlägen auf:

> Die Greifarme der Maschinenmenschen zerren uns weg. Wir haben in der Zukunft gewohnt. Tag für Tag. Unerbittliche Räderwerke drehen die Zeit zurück, zermalmen unsere Wirklichkeit. Unsere Häuser zerbersten, zerfallen in den Traum, aus dem sie entstanden sind. Aus dem sie wieder entstehen werden.[35]

Die Stimme des lyrischen Sprechers im Gedicht *Entsorgt* erhebt sich indes nicht zum Widerstand, wie ihn Foucault zur Abwehr institutionalisierter Macht einfordert. Sicher, es ist Born zuzugestehen, dass er die Missstände im Gedicht zwar ohne politische Agitation, aber nun doch mit eindringlicher Sprache formuliert. Dennoch darf eine solche Einschätzung lyrischer Ästhetik nicht darüber hinwegtäuschen, dass dem Lyriker Welt und Subjekt immer stärker auseinanderfallen und lyrisches Sprechen somit stets die Gefahr der Paraphrase, des Klischees und der womöglich heilsamen Robinsonade bereithält. In diesem Kontext rettet Jürgen Theobaldy den Lyriker Born in seiner lyrischen Widmung „Hier, die Anrede (Für Nicolas Born)" vor solcherart Kritik mit den Versen: „der weite Deich, die Ferne, nichts gab Ruhe, Dir blieb der hohle Wortsinn [...]".[36] Bekanntermaßen brachten die siebziger Jahre eine Öko-Lyrik hervor, deren Stimmungslage sich in den nachfolgenden Jahrzehnten fortsetzt. Jedoch thematisiere Born, so Hartung, „eine verseuchte, von Ordnung zerstörte Welt, ohne in die Phraseologie berufsmäßiger Umweltschützer zu verfallen".[37] Gleichwohl werden die Gedichte aus Borns letzter Textsammlung *Keiner für sich, alle für niemand*[38] in zahlreichen Anthologien als Exempel eines Affronts der aufkommenden Umweltbewegung gegen den industriellen Apparat vorgeführt.[39] Kurz proklamiert für diese eschatologische Tendenz: „Dreihundert Jahre nach der geistlichen Barockpredigt ist die weltliche Ökolyrik eine neue Sündenpredigt".[40] Born prophezeit in seiner Rede zur Verleihung des Bremer Literaturpreises „das Ende von Allem, was

---

[34] Walter Moßmann: *Lied vom Lebensvogel.* In: *Republik Freies Wendland.* Hrsg. von Günter Zint. Frankfurt a.M. 1980, S.70

[35] Dieter Halbach/Gerd Pauzer: *Zwischen Gorleben und Stadtleben. Erfahrungen aus drei Jahren Widerstand im Wendland und in dezentralen Aktionen.* Berlin 1980, S.5

[36] *Lesarten. Gedichte der ZEIT.* Hrsg. von Günter Kunert. München 1987, S.114

[37] Harald Hartung: Lyrik zwischen Paul Celan und Nicolas Born. In: *Praxis Deutsch.* Sonderheft (1981), S.5

[38] abgedruckt in: Born: *Gedichte. 1967-1978*, S.191-234

[39] vgl. Kremp: *Inmitten gehen wir nebenher*, S.411-416

[40] Paul Konrad Kurz: *Apokalyptische Zeit. Zur Literatur der mittleren achtziger Jahre.* Frankfurt a.M. 1987, S.226

wir je waren und je hätten werden können".[41] Doch Freund Grass erinnert daran, dass Born, in den Vorsehungen einem Gryphius ähnlich, endzeitliche Stimmung zum Ausdruck brachte: „Des Gryphius Endzeit kam nicht. Lustig wurde mörderisch weitergelebt. Auch Borns Endzeit – du weißt es, Nicolas – wird nicht kommen. Mörderisch werden wir überleben und lustig sein. Wir werden uns anpassen, uns wehren, uns einrichten und absichern. Wir werden aussteigen wollen und uns fortpflanzen. [...]"[42] In Borns Roman *Die Fälschung* beklagt die Hauptfigur Laschen:

> Ich habe schon an die *Endzeit* geglaubt, aber dann nicht mehr an das Geschwätz von der Endzeit. Ich habe wahrscheinlich gedacht, Endzeit, schön und gut, soll sie nur kommen, soll sie nur bestehen, die Endzeit, aber ich mag nichts mehr davon hören, solange jeder sie nur behauptet, aber sich selbst durchaus darin einrichtet und das Weiterplanen über das Ende hinaus nicht aufgibt[43].

Und im Gedicht *Donnerstag, fünfzehnter Juli* äußert das lyrische Ich Gedanken an eine „großen Hand", die das Menschengeschlecht „herunterwischte von der Erde / oder eine Schaufel / die seine Erinnerung wegkratzte".[44] Ähnlich der Gryphiusschen Lyrik führt Born teils mystische Bilder vor. Selbstredend verfährt Born gänzlich anders als Gryphius, der den Umweg über metaphorische Umschreibungen einschlägt.[45] Kurz zitiert als Memento mori aus Born Gedicht *Im Innern der Gedichte*: „Du hast dich auf nichts einzurichten".[46] „Uns beginnt aufzugehen", schreibt von Ditfurth, „dass wir heute auch deshalb mit einer ökologischen Katastrophe konfrontiert sind, weil wir der Versuchung nicht haben widerstehen können, die Erde mit diesseitigen Paradies-Erwartungen zu überfordern".[47] Zeigte sich ein besonderes Interesse und eine zeitgeschichtliche Affinität zu Beginn des zwanzigsten Jahrhunderts zur barocken Literatur, so klingt in Borns Thematisierung der aktuellen ökologischen Krisis erneut eine Bewusstwerdung menschlicher Vergänglichkeit an. Auch die sprachliche Reduktion erinnert an barocke Gepflogenheiten: In Borns Gedicht „Notizen aus dem Elbholz" finden sich asyndetische Worthäufungen, die ihm aber nicht zum sprachlich schwerfälligen Pathos geraten: „Aber Elbholz, schönes Sinken / gelegene Wiesen, Seelen der Bäume, Vögel / alles von mir genommen und ausgestellt" *oder*: „Sturmschneise, gesplissene Stämme / niedergeworfenes, weggeschütteltes Geäst / schwere Brüche – in der langen Stille / nach dem Sturm sieht das nicht / wie ein Schaden aus". Auch die von der Kritik mannigfach gewürdigten „Notizen" setzen Borns Projekt radikal um. So begutachtet das Ich jegliches Leben als bereits ausgemachtes Planquadrat:

---

[41] Born: *Die Welt der Maschine*, S.200
[42] Günter Grass: *Kopfgeburten oder Die Deutschen sterben aus*. Neuwied/Berlin 1980, S.147
[43] Born: *Die Fälschung*, S.77f
[44] Born: *Gedichte. 1967-1978*, S.96
[45] Klara Obermüller: *Studien zur Melancholie in der deutschen Lyrik des Barock*. Bonn 1974
[46] Born: *Gedichte. 1967-1978*, S.114
[47] Hoimar v. Ditfurth: *So laßt uns denn ein Apfelbäumchen pflanzen. Es ist soweit.* Hamburg 1985, S.365

Die Speere der Landvermesser werden abgeladen
sie schleppen Stative heran. In ihrer Optik
ist alles zu schade, um nur dazusein.
Gelbe Helme, gelbe Plastikmäntel - haßerfüllt
blicke ich ihnen entgegen wie der einzig
Einheimische.

Der in die vierte Zeile eingefügte Gedankenstrich trennt – scheinbar marginal wie die Beobachtung selbst – die kritisierte industrielle von der verteidigten natürlichen Sphäre. So sammelt das Ich wandernd, beobachtend und notierend Phänomene in ihren Einzelheiten ein, die doch einander so sehr widersprechen. Die lyrische Beobachtung ist geschärft, doch der nüchtern betriebenen - wie auch beschriebenen - Geschäftigkeit jener „Landvermesser" kann der Antipode im Gedicht dabei nur noch „haßerfüllt" begegnen. Dabei bleibt das Bild der Rest-Natur eine „Not-Idylle für das sentimentalische Ich, das da durch das Elbholz streift",[48] wie Zenke ausführt: „Die innere Harmonie von Ich und Natur ist natürlich eine schöne Täuschung. Daran läßt Born keinen Zweifel. Längst kamen die Landvermesser und verplanten auch den Freiraum, wo das Ich sich selbst erfahren konnte, als unteilbar."[49]

Die vielzitierte Zeile „Die Ruhe auf dem Lande ist oft stille Wut" steht auffällig isoliert im Gedicht. Dieser schlichte Aussagesatz „entpuppt sich als entscheidende Erkenntnis der ländlichen Realität, die von den Stadtflüchtigen meist gar nicht wahrgenommen wird".[50] Denn, so führt Laemmle aus, „hinter der scheinbaren Intaktheit der ländlichen Idylle gibt es zwischen dem notwendigen Fortschritt und dem nicht weniger notwendigen Festhalten an den alten Strukturen eine ständige Zerreißprobe, die sich in dem Überlebenskampf der Landbewohner widerspiegelt."[51] Zugleich stellt der Sprecher klar: „Alles nicht aus Ideen gemacht" und bekundet seine Skepsis gegenüber Ideologien. In einem Gespräch mit Hans-Joachim Schädlich sagt Born 1978: „Sicher, es kann ja nicht sein, daß jemand nur aus Wut über die Gesellschaft oder über Institutionen zum Schreiben kommt. Doch glaube ich, daß bei uns die Zwänge immer größer, auch vernichtender werden, und daß dagegen immer größere natürliche Energien sich mobilisieren."[52]

---

[48] Thomas Zenke: *Was durch uns hindurchgeht in dieser Zeit.* In: Frankfurter Allgemeine Zeitung v. 18.4.1978

[49] Ebd.

[50] Ebd.

[51] Peter Laemmle: *Die Ruhe auf dem Lande ist oft nur stille Wut*, S.942

[52] Nicolas Born: *Ich bin mit den Unmächtigen.* Ein Zeit-Gespräch mit Hans Joachim Schädlich. In: Die Zeit v. 17.3.1978

Borns Zeile „Wenn ich sterbe will ich allein sein" widerspricht einer Lesart, derzufolge der Satz als konditionales Verhältnis zu deuten ist. Es handelt sich vielmehr um ein temporales Satzgefüge, durch welches das Ich den eigenen Tod in absehbarer Zukunft prognostiziert. Zum Tragen kommt zugleich der „Abschied von Ländern, von Orten, Gegenden, Landschaften – zwar nie als Abschied deklariert, doch eindeutig so zu verstehen."[53] Das lyrische Ich antizipiert den eigenen Tod, wobei die Betonung des selbstgewählten Rückzugs den individuellen mit dem Kollektivtod in einen deutlichen Zusammenhang bringt. Es ist biologisch kennzeichnend für den Individualtod, „dass die Aussicht auf ein so totales Ende, auf die Totalität eines derartigen 'subjektiven Weltuntergangs' Angst auslöst",[54] konstatiert von Ditfurth. In seinem Aufsatz *Die Welt der Maschine* legt Born dar, warum die Beschreibung des Artentods Sinn bereitet: „Wissenschaftler bevorzugen gelegentlich den Sarkasmus: mit welchem Recht wir eigentlich glaubten, auf uns, die Menschen, komme es an. Wir können aber nicht hinter uns kommen".[55] So bleibt auch dem Leser der *Notizen aus dem Elbholz* jede genügsame Rezeption verstellt, denn das Gedicht skizziert in seiner Vorbestimmung des individuellen Todes, der sich widerstandslos in einen kollektiven übersetzen lässt, die Allgegenwart des zweifelhaften Fortschritts. Denn Born schreibt bewusst in doppelter Hinsicht: auf den eigenen *und* den Artentod. So versteht sich die Formulierung „von mir genommen" ebenfalls auf zweifache Weise: als vom Subjekt 'in Augenschein' respektive 'in Anspruch genommen', aber auch als Last dem Menschen genommen.

Schreiben ist in Borns Lyrik als ein reaktiver Vorgang zu begreifen, den Born im übrigen ebenfalls im 1972 vorgelegten Gedichtband *Das Auge des Entdeckers* als zentrales Motiv einarbeitet, der im Gegensatz zur letzten Textsammlung noch utopisch motiviert ist. In steter Wiederkehr wird die Thematisierung des Schreibens als Innehalten und versuchtes Fortsetzen der individuellen Geschichte auf dem Hintergrund einer verblassenden kulturellen Geschichte vorgeführt. Im Gedicht *Fortsetzungsgeschichte*[56] liest man die Zeilen: „Hier ist das Wort *hier*" und „Einst habe ich 'einst' geschrieben", die die metasprachliche Betrachtung eines schemenhaften Urhebers widerspiegeln, der sich vom Schreibprozess entfernt und sich bereits selbst in der Vergangenheit sieht:

> Diese Minuten in denen ich dies aufschrieb
>
> bleiben erhalten wie alles was vorbei ist.
>
> aber vieles ist niedergelegt und abgeschrieben
>
> seitdem.

---

[53] Günter Kunert: Keiner für sich, alle für niemand. In: *Frankfurter Rundschau* v. 15.7.1978.
[54] v. Ditfurth: So lasst uns denn ein Apfelbäumchen pflanzen, S.330
[55] Born: *Die Welt der Maschine*, S.12
[56] Born: *Gedichte. 1967-1978*, S.202

Sprache wird als vergänglich und bereits vergangen enttarnt. Doch „indem schließlich [...] der Schreibvorgang thematisiert wird, weist das Ich noch einmal auf die Einzigartigkeit des Geschehens hin",[57] bekundet Kammermeier zu Rolf Dieter Brinkmanns Gedicht *Einen jener klassischen*, worin die Schlussverse lauten: „Ich // schrieb das schnell auf, bevor / der Moment in der verfluchten // dunstigen Abgestorbenheit Kölns / wieder erlosch."[58] Schreiben bedeutet bei Brinkmann „nicht mehr Sinnstiftung, sondern 'Archivieren' einer chaotischen Innen- und Außenwelterfahrung."[59] Ähnlich erteilt Born in seinem Gedicht einer versuchten „Fortsetzungsgeschichte" eine zweifelsfreie Absage:

> An der Geschichte ist das beste dass sie genau
>
> bei uns aufhört
>
> obwohl viele noch mitschreiben.

Die typische Fortsetzungsgeschichte – wie man sie in zahllosen Medien als narratives Muster zuverlässig antrifft – gilt als Erzähltradition mit mehrteiliger, sich fortsetzender Handlung, die zielsicher auf einen Spannungsumbruch zusteuert. Diese Geschichte ist unmittelbar verknüpft mit dem Versprechen, die Fortsetzung folgen zu lassen, und verlangt stets aufs neue nach dessen Einlösung. Der Sprecher im Gedicht indes verspricht nichts mehr:

> Mit uns macht die Geschichte Schluß.
>
> Am genauesten sieht man sie wenn der Zug
>
> langsam entlangfährt an den Rückseiten der Städte
>
> Lagerhallen Höfe, die Kehrseite der Wäsche
>
> und der Blumenfenster
>
> die erdabgewandte Seite der Geschichte.[60]

Somit endet der Menschheit „Fortsetzungsgeschichte" vor einem Panorama, ein mit museal anmutenden Objekten ausstaffiertes, das zugleich wie ein individuelles, „eine Fortsetzungsgeschichte fortsetzendes Untergangserlebnis"[61] wirkt. Für die siebziger Jahre, denen Michael Rutschky den berüchtigten „Erfahrungshunger" attestierte, sah

---

[57] Medard Kammermeier: *Die Lyrik der Neuen Subjektivität.* Frankfurt a.M. 1986

[58] Rolf Dieter Brinkmann: *Westwärts 1 & 2.* Gedichte. Reinbek bei Hamburg 1976, S.25

[59] Sibylle Späth: *Das Gedicht besteht aus lauter Verneinungen. Überlegungen zu Rolf Dieter Brinkmanns letztem Gedichtband „Westwärts 1 & 2".* In: *Deutsche Lyrik nach 1945.* Hrsg. von Dieter Breuer. Frankfurt a.M. 1988, S.170

[60] Born: *Geschichte.* In: *Gedichte. 1967-1978*, S.203

[61] Born: *Die erdabgewandte Seite der Geschichte.* Roman. Reinbek bei Hamburg 1976, S.216

dieser nach der vehementen Politisierung der Literatur um 1968 ebenso den Vorgang des Schreibens sich umwälzen: Das Schreiben, erkennt Rutschky, „braucht sich nicht aus den Bedeutungsreservoiren der 'Außenwelt' zu versorgen, es braucht sich nicht zu legitimieren, es kommt aus mit dem, was dem Autor gerade zur Hand ist an Erfahrung, Empfindung und Sinn."[62] Dieses genuine Vertrauen in die Wahrnehmung ist jedoch dem lyrischen Ich im Gedicht *Fortsetzungsgeschichte* – und so auch dem Lyriker Nicolas Born – abhanden gekommen: Der Sprecher sieht sich außerstande, eine verlässliche Einheit zwischen den Realien und seinen subjektiven Reflexen herzustellen. „Dennoch ist die Vorstellung, mit uns und unserem *wirksamen* Widerstand sei es vorbei, mit uns neige sich die Geschichte ihrem Ende zu, nicht auszuhalten und schon deshalb nicht zu akzeptieren",[63] schreibt Born vorerst. Das lyrische Ich im Gedicht „Fortsetzungsgeschichte" hat sich indes von diesem Vertrauen in die Gestaltung historischer Praxis verabschiedet, es setzt lediglich noch den Schreibvorgang fort. Im Sinne des poststrukturalistischen Axioms lässt sich anfügen, dass das Subjekt lediglich auf wirksame Diskurse reagiere: „Das Subjekt schreibt nicht, es wird geschrieben, und es verwandelt sich schließlich sogar noch in das Geschriebene".[64] So bedeutetet für Born das Schwinden subjektiver Praxis im verwalteten Wendland den irreversiblen Verlust utopischer Vorschüsse, „etwas anderes auf sich zukommen zu sehen als die Hochrechnungen aus der Gegenwart".[65] Das wendländische Trauma bleibt und führt zur veränderten Wahrnehmung des verstörten Subjekts, dessen Wunden nicht heilen.

[62] Michael Rutschky: *Erfahrungshunger. Ein Essay über die siebziger Jahre.* Kiepenheuer und Witsch Verlag. Köln 1980. S.53
[63] Born: *Die Welt der Maschine*, S.27
[64] Herwig, Henriette: *Postmoderne Literatur oder postmoderne Hermeneutik.* In: *KODIKAS/CODE. Ars Semioctica.* Volume 13, No. 3/4 Tübingen (1990), S.237
[65] Born: *Die Welt der Maschine*, S.168

Barbara Schmenk

Entropie der Archive. Todesarten in Max Frischs *Der Mensch erscheint im Holozän*

Als die Flutwellen im Sommer 2002 zahllose ostdeutsche Dörfer und Städte überspülten, fühlte sich ein Kommentator der *Süddeutschen Zeitung* an die zu diesem Zeitpunkt bereits fast ein Vierteljahrhundert alte Erzählung Max Frischs *Der Mensch erscheint im Holozän*[1] erinnert. „Vor der Flut ist nach der Flut"[2] titelte er und führte im Lichte der flugs zur „Jahrhundertflut" erklärten Katastrophe aus:

> Als das Büchlein im Jahr 1979 veröffentlicht wurde, nahm man dem Autor die Abkehr von der Kulturkritik, seine Resignation, seine plötzliche Ergebenheit in die Übermacht einer allem und jedem gegenüber gleichgültigen Natur übel. Wie dumm diese Kritik an Max Frisch war. In ein paar Tagen hat die große Flut nun einen großen Teil dessen fortgeschwemmt, was über Jahrzehnte und Jahrhunderte entlang der Elbe, der Moldau, der Mulde errichtet war, und nicht zuletzt die beträchtlichen Errungenschaften einer nationalen ökonomischen Anstrengung, die in den vergangenen Jahren der deutschen Einheit gewidmet worden war. Und, schlimmer noch, auch in der Wahl der Allegorie scheint sich Max Frisch nicht geirrt zu haben. Denn tatsächlich ist die große Flut die letzte Station einer Reihe von Metaphern für Lebensumstände, in denen in den vergangenen neun Monaten überraschend viel vom Wasser die Rede war. Da war die Börse untergegangen, da sah sich die Wirtschaft trüben Aussichten gegenüber, da stand das deutsche Bildungswesen im Regen, da stieg Gerhard Schröder das Wasser bis zum Hals.

Pathetische Worte, die den Autor Frisch geradezu zum verkannten Hellseher tagesaktueller Geschehnisse im neuen Jahrtausend erheben – wenngleich inzwischen, nachdem die Fluten, die Trümmer- und Schlammfelder längst wieder verschwunden sind, bekannt ist, dass es letztlich doch nicht für alle Beteiligten eine so arge Katastrophe war und sich die Fluten zumal für Kanzler Schröder gar als Glücksfall erwiesen haben.

Doch auch ohne überflutete Ostlandschaften ist das Argument bedenkenswert, Frischs Erzählung und ihre metaphernreiche Darstellung sei zu Unrecht verunglimpft worden[3] und im Lichte neuerer Entwicklungen zu rehabilitieren bzw. neu zu lesen. Nicht nur, weil die dort entfaltete Flutmetaphorik auch weiterhin an ein Zeitgeistvokabular anbindbar ist und die in der Erzählung insinuierte Klimakatastrophe

---

[1] Max Frisch: *Der Mensch erscheint im Holozän*. Frankfurt a.M. 1979 (Suhrkamp)

[2] Süddeutsche Zeitung vom 17./18. 8. 2002 (anonym)

[3] So sprach Reich-Ranicki das Verdikt: „Schon der Titel mißfiel mir, ich war verwundert und verärgert. Mir war sofort klar, dass ich über dieses Buch nicht schreiben wollte." (Marcel Reich-Ranicki, Max Frisch. Frankfurt a.M. 1994, S.106).

mittlerweile in unser alltägliches Bilderrepertoire Einzug gehalten hat[4], sondern auch, weil Frischs Erzählung sich u. a. einem Thema widmet, das erst im Computerzeitalter zu einem zentralen Gegenstand zahlreicher kulturtheoretischer Überlegungen geworden ist: dem Gedächtnis. Frisch konstruiert in *Der Mensch erscheint im Holozän* eine Denkfigur, dem Leser als 73 jähriger „Herr Geiser" mit Wohnsitz im Schweizer Kanton Tessin präsentiert, anhand der Allegorien des Gedächtnisverlusts und des Todes aufgefächert werden. Der Plot ist schnell erfasst: Geiser ist allein in seinem Haus im Tessin, als ein andauernder Regen einsetzt. Er gerät zusehends in den Strudel der Angst, dass diese Geschehnisse Anzeichen einer Katastrophe sein könnten, und fürchtet bald nicht nur um die ihn umgebende materielle Welt durch Bodenerosionen und Überschwemmungen des gesamten Tals – Bilder, die sich für ihn zur Vorstellung einer endzeitlichen Sintflut zu verdichten scheinen –, sondern diese Ängste erweisen sich zugleich als Projektionen eines in Todesangst befindlichen alten Mannes. Die Angst vor dem Gewitter wird so zusehends zum andeutungsvollen Spiel um Endzeitvisionen: „Schlimm ist nicht das Unwetter –" heißt es zu Beginn (11[5]), und kurz darauf: „Schlimm wäre der Verlust des Gedächtnisses" (13). Beide Perspektiven, die Angst vor einer Sintflut wie auch die Angst vor dem Verlust des Gedächtnisses und dadurch ausgelösten Wissenserosionen versucht Geiser durch verschiedene mnemotechnische Aktivitäten sowie schließlich durch den Bau einer eigenen Arche zu konterkarieren: Er beginnt, Erinnerungswürdiges zu rekapitulieren, aufzuschreiben, geht dann dazu über, Wissens- und Erinnerungswertes auszuschneiden und an die Wände seiner Wohnung zu hängen. Im Resultat entsteht so ein ganz persönliches Archiv, errichtet von einem alten Mann, der versucht, externe Speicher zu nutzen, um den drohenden inneren Speicherplatzverlust zu kompensieren.

Doch Geisers Versuche der Memorierung und der Archivierung schlagen fehl, die Erzählung kann mithin als Psychogramm des Sterbens gelesen werden. Welche Formen der Gedächtnisarbeit Geiser auch zu nutzen versucht (Erinnern vormals gespeicherten Wissens, Aktualisierung inkorporierter Praktiken, Errichtung und Nutzung von externen Speichern) – die Versuche erweisen sich als erfolglos. Am Ende fallen gar die gesammelten Zettel bei einem Windstoß von den Wänden, und Geiser erleidet einen Hirnschlag. Anstelle der befürchteten Naturkatastrophe, erosionsbedingten Überschwemmungen und Untergang, symbolisiert im Sintflutmythos, endet Geiser mitsamt seiner Arche im Chaos. Aus dem Zettelarchiv wird „ein Wirrwarr, das keinen Sinn ergibt" (137), „alles geht kaputt" (80), und Geiser selbst kapitu-

[4] War es in den 70er Jahren der Bericht des *Club of Rome* (Dennis Meadows et al.: *Die Grenzen des Wachstums. Bericht des Club of Rome zur Lage der Menschheit.* Stuttgart 1972), der zu einer ersten öffentlichen Beschäftigung mit den „Grenzen des Wachstums" anhielt, so haben heute – nach dem Vertrag von Kyoto und angesichts von Hollywood-Produktionen wie Emmerichs *The Day After Tomorrow* – die in Frischs Erzählung evozierten Bilder, wie im Eingangszitat verdeutlicht, einen ungleich größeren Bekanntheitsgrad erlangt.

[5] Zitate aus der Erzählung im Folgenden mit in Klammern gesetzten Seitenzahlen belegt.

liert: „Alle die Zettel, ob an der Wand oder auf dem Teppich, können verschwinden. Was heißt Holozän! Die Natur braucht keine Namen. Das weiß Herr Geiser. Die Gesteine brauchen sein Gedächtnis nicht“ (139). Die Speicher, auf die er im Kampf gegen den Verlust des Gedächtnisses zurückzugreifen versucht hat, erweisen sich als nicht mehr nutzbar.

Die Topoi der Sintflut und der Arche durchziehen die Erzählung in unterschiedlichen allegorischen Formen und Anspielungen. Vorboten des Todes deuten sich in der Außenwelt an (Sintflut als Projektion von ‚Naturkatastrophen'), und auch in Geisers persönlichen Handlungs- und Erinnerungsräumen lassen sich vermehrt Verfallsphänomene ausmachen (Sintflut als Resultat erodierender Wissens- und Gedächtnisbestände). Der Tod erscheint so buchstäblich als Untergang, dem auch durch den Bau einer Arche nicht zu entrinnen ist. Am Ende steht für die Figur Geiser die Entropie seiner Archive, noch beschleunigt durch die eigenen Versuche, den Gedächtnisverlust aufzuhalten.

Dabei ist es der besonderen Erzähltechnik Frischs (des Architekten!) geschuldet, dass die Erzählung verschiedene Lesarten äußerer und innerer Sintflutszenarien zulässt. Schon das Layout des Erzähltextes präsentiert sich als heterogene Pastiche unterschiedlicher Texturen; nur etwa drei Viertel des Werks sind als Fließtext gesetzt, bestehend aus vorwiegend kurzen Abschnitten von nur wenigen Zeilen, und Geisers Zettelarchiv findet sich in die Erzählung montiert – im Originaldruck belassene handschriftlich verfasste Notizen und Exzerpte sowie Reproduktionen von Graphiken und Illustrationen aus Sachbüchern (aus diesem Grunde ist dem Werk auch eine vergleichsweise umfangreiche Liste der benutzten Quellen hintangestellt). Erzählen wird dadurch zum Spiel mit Weglassung, Verknappung und Montage, häufig sind es so gerade die nicht-erzählten Anteile, die im Zentrum der Erzählung stehen; Lesen hingegen wird zwangsläufig zum Akt stetigen Kombinierens, Leerstellen-Füllens und Kohärenz-Schaffens. Paradoxerweise kann durch diese Beanspruchung des Lesers als Co-Autor ein Gegenentwurf zur Entropie der Archive fingiert werden; der Leser schafft womöglich das, was der fiktiven Figur misslingt: Ordnungen der fragmentarischen Texturen zu ver- und entwerfen, Bezüge zwischen Erzähltem, Archiviertem und Erinnertem herzustellen, Sinn zu stiften, die Figur Geiser zur Denkfigur zu machen und so zum Leben zu erwecken.

Was man der Erzählung (vor allem in den deutschsprachigen Ländern) einst unterstellt haben mochte – eine Abkehr des Autors von Kulturkritik oder zumindest von kulturtheoretischen Gegenständen – scheint insofern revisionsbedürftig, als Fragen zur Erinnerung, zum Gedächtnis, zur Kulturalität von Naturbegriffen mittlerweile ungleich mehr Interesse seitens kulturwissenschaftlicher Überlegungen gefunden haben als in den 70er Jahren. Vor diesem Hintergrund macht es sich der vorliegende Beitrag zur Aufgabe, die Erzählung einmal einer genaueren Untersuchung hinsichtlich ihrer Darstellung des Gedächtnisverlusts, symbolisiert im Spiel um Sintflut und Arche, zu unterziehen.

Das Sintflutmotiv: Todesängste eines alten Mannes

Die Geschichte des Herrn Geiser nimmt ihren Anfang an einem Abend, als Geiser – durch Gewitter und Wolkenbrüche aus seinem gewohnten Tagesablauf gerissen – in seinem Haus sitzt, isoliert von der Außenwelt, und versucht, sich die Zeit zu vertreiben: „Es müßte möglich sein, eine Pagode zu türmen aus Knäckebrot [...]. Vielleicht wird es nie eine Pagode, aber die Zeit vergeht" (9). Herr Geiser kann offensichtlich nicht schlafen; und was zunächst als Zeitvertreib eines durch die Wetterbedingungen ans Haus gefesselten Mannes anmutet, entpuppt sich bald als Verharmlosungsstrategie gegen eine tiefe Beunruhigung. Geiser fürchtet, dass der Berg, an dem sein Heimatdorf gelegen ist, durch die starken Regenfälle ins Rutschen kommen und das Dorf verschütten könnte (9, 10). Immer wieder glaubt er Risse im Gebirge zu erkennen und rauschende Wassermassen zu hören (16f, 21, 45ff, 72f), Vorboten von Erosionen und Verschüttungen seines Lebensraums. Seine Angst erweitert sich zu einer Angst vor einem apokalyptischen Weltende, wenn er im Alten Testament über „Urflut" (17) und „Sintflut" (25) liest. Analog zu einem aus dem Boden ragenden Kirchturm in einem nahe gelegenen Dorf, dem Überrest einer der gewaltigen Naturkatastrophen im Tessin (22), über die Herr Geiser in einem seiner Sachbücher liest, steigern sich Geisers Angstszenarien einer neuen Sintflut und verdichten sich im Bild der „Alpen als Archipel". Eingeführt wird dies – scheinbar paradox – als Negation:

> Ein See, ein lehmbrauner See, der nach und nach das Tal füllt, der, indem sein Wasserspiegel steigt von Tag zu Tag und auch in den Nächten, sich mit den steigenden Seen der anderen Täler vereint, bis die Alpen nur noch ein Archipel sind, eine Gruppe von Inseln aus Fels und Gletschern, die ins Meer hangen, ist nicht denkbar. (30)

Geiser kann sich dieser Vorstellung jedoch nicht erwehren, sie kehrt im Verlauf der Erzählung immer wieder in verschiedenen Formen zurück und lässt die dahinter stehenden Ängste umso deutlicher aufscheinen: eine zunehmend manifeste Angst vor dem Untergang, gespiegelt im Sintflutmythos. Geiser scheint das Ende der Welt unmittelbar herangekommen, zumal er nun verstärkt Symptome der Unordnung und der Auflösung in seiner Umgebung wahrnimmt. Immer wieder fällt der Strom aus (11, 13, 31), der Fernseher – einziges Mittel für Geiser, den Kontakt mit der Welt aufrechtzuerhalten und ihr Funktionieren verfolgen zu können – hat einen Empfang mehr (29f, 37), die Verbindungsstraße zischen seinem Heimattal und der Außenwelt ist gesperrt (31f), die Kochplatte wird nicht warm (30, 31), der Boiler funktioniert nicht (31), die Klingel ist kaputt (38), Lebensmittelvorräte gehen zur Neige (32, 37, 40), und schließlich bleiben sogar die Turmuhren stehen (32, 38, 43). Die Zeit scheint buchstäblich abgelaufen zu sein; für Geiser deuten plötzlich alle Anzeichen auf ein baldiges Ende. In seiner Vorstellung erscheinen Eindrücke von seiner Umgebung nunmehr als Bilder der Zeit *nach* dem Untergang der Menschheit, deren vormalige Existenz nur noch an Ruinen und Zerstörung ablesbar ist:

> (Man trifft) keine Zeitgenossen mehr. Man findet Ruinen von steinernen Ställen, das Gebälk eingestürzt [...]. Andere Ställe, die noch nicht eingestürzt sind, stehen offen; tritt man ein, so riecht es fast noch ein wenig nach Heu, der Mist der Ziegen ist vertrocknet, fast versteinert. Skelette von Bewohnern sind nicht zu finden. (64)

In Geisers Vision zeichnet sich die Geschichte des Menschen in offensichtlicher Analogie zur Entwicklung der Dinosaurier ab, die – wie ein Sachbuch berichtet – zunächst „allenthalben aufs erstaunlichste gediehen" (83), und deren Existenz ihren Höhepunkt in der Entstehung des Tyrannosaurus rex fand. Doch „obwohl dieser wahre Tyrannensaurier nichts auf dieser Erde zu fürchten hatte, dauerte seine Herrschaft nur kurze Zeit. Er erschien erst in der späten Kreidezeit und verschwand schon wieder [...] zu Ende dieses Zeitalters" (84). Für Geiser (oder den Leser?) impliziert dies ein mögliches Ende der Menschheit, die gleich den Sauriern plötzlich aussterben könnte: Auch der neuzeitliche Mensch, der im Holozän erschienen ist (103), könnte im Holozän wieder verschwinden[6]. Wenn Geiser am Ende fürchtet, gar zum Lurch mutiert zu sein, spiegelt das einerseits seine Angst vor einer »Entmenschlichung« und weist andererseits auf die Angst vor dem eigenen Tod: Lurche und Saurier betrachtet er in einem evolutionsbedingten Zusammenhang (82f); eine Mutation zum Lurch impliziert somit auch die Möglichkeit, vom Schicksal der Saurier eingeholt zu werden.

Geiser registriert zudem einen zunehmenden Verfallsprozess in seiner Umgebung, wenn er die durchaus ambivalente Aussage formuliert, dass die Erde „keine vollkommene Kugel" (54) sei, wenn er wahrnimmt, dass „da und dort ein Baum gekippt ist, eine morsche Tanne oder eine morsche Kastanie" (22); dass Bretter im Keller und Säcke voll Zement in einem Tümpel schwimmen (41); wenn er auf eine „verfaulende

[6] Auf die Mehrdeutigkeit des Titels der Erzählung ist häufig hingewiesen worden. Neben der Annahme, dass der Satz die Figurenperspektive aufnehme und einen Fehler Geisers repräsentiere, der durch seine Gedächtnisschwäche nicht in der Lage ist, eine Lexikoninformation richtig zu erinnern („Der Mensch erscheint nach bisheriger Auffassung im Pleistozän.", 28), ist der Titel sowohl als Einzelschicksal eines Menschen (Geiser) als auch gattungsspezifisch (der Menschheit) lesbar. Über die Deutung, dass das Erscheinen des Menschen auch dessen Verschwinden impliziert, besteht weit gehende Übereinstimmung. Vgl. z. B. Michael Butler: Die Dämonen an die Wand malen. In: Heinz Ludwig Arnold (Hg.): *Text und Kritik* 47/48 (1983): Max Frisch. 3., erw. Aufl. München, S.88-107, hier 103; Gertrud Bauer Pickar: "Es wird nie eine Pagode". Frisch's *Der Mensch erscheint im Holozän.* In: *Seminar* 19 (1983), S.33-56, hier S.54; Frances Michael Sharp: Max Frisch. A Writer in a Technological Age. In: *World Literature Today* 60 (1986), S.557-561, hier S.561; Bruno Bolliger: Max Frisch und das Phänomen des Alterns. Versuch über die Erzählung *Der Mensch erscheint im Holozän.* In: *Schweizer Monatshefte* 59 (1979), S.562-565, hier S.565; Wolfgang Hofer: Max Frischs späte Triptychen. Diss. Wien, 1984, S.56; Noel L. Thomas: Readiness is All – Max Frisch's *Der Mensch erscheint im Holozän.* In: *New German Studies* 13 (1985), S.115-129, hier S.121; Gerhard F. Probst: The Old Man and the Rain. Man in the Holocene. In: Jay F. Bodine & Gerhard F. Probst (eds.): *Perspectives on Max Frisch.* Lexington 1982, S.166-176, hier S.166; Claus Reschke: *Life as a Man. Contemporary Male-Female Relationships in the Novels of Max Frisch.* New York 1990, S.325; Walter Schmitz: *Max Frisch. Das Spätwerk.* Tübingen 1985, S.148; Alexander Stephan: *Max Frisch.* München 1983, S.140.

Matratze in einer unzugänglichen Schlucht“ (63) stößt oder wiederholt die steigende Rate krebskranker Kastanien bemerkt (62, 67, 103, 142) und wenn er auf einem Zettel notiert, dass das All sich ausweite[7].

Für ihn scheinen Zeit und (Lebens-)Raum zu erodieren, und die Befürchtung, ins Bodenlose abzugleiten, spiegelt sich in seiner verzweifelten Suche nach Halt in einer zunehmenden inneren und äußeren Isolation, in der sich gewohnte Ordnungen auflösen. Die Zuspitzung der inneren Abgründe lässt sich an zahlreichen knappen, eher indirekten Erzählpassagen ablesen: Da er in seinen schlaflosen Nächten offenbar stundenlang auf das Gewitter horcht, kann er zwischen mindestens 16 Arten des Donners unterscheiden, die er akribisch auflistet und denen er z.T. Namen gibt (11ff, 35f) – eine Strategie, die nur zu deutlich durch (versprachlichte) Ordnung und Systematisierung die Angst bewältigen helfen soll. Ebenso listet er die im Haus befindlichen Vorräte auf (15), eine Handlung, die durchsichtigen Motiven geschuldet sein dürfte. Zudem verfasst er ein Testament (76) und drei Briefe:

> Zwei von den drei Briefen, die Herr Geiser seit Sonntag geschrieben hat, sind schon überholt, weil die Meldung, dass ein Hang gerutscht sei, nicht stimmt, und der dritte Brief, ein Brief an die Tochter in Basel, ist lächerlich, falls schon morgen oder übermorgen die Post wieder verkehrt; *da stehen Sätze wie von Robert Scott in seinem letzten Biwak.* (29)

Weitere Einblicke gewährt zudem ein gedachter Selbstmord: „Daß einer auf einen Stuhl steigt und seine Hosenträger am Dachbalken befestigt und sich aufhängt, um seine eignen Schritte nicht mehr zu hören, kann Herr Geiser sich vorstellen“ (87), wenngleich Geiser anstelle eigenen Erhängens einen symbolischen sowie einen realen Mord begeht: Er beschließt nach einigem Zögern, das Bildnis seiner verstorbenen Ehefrau von der Wand und damit aus seinem Blickfeld zu nehmen, um Platz für seine Zettel zu schaffen (50, 53, 86), und er bringt seine Katze um, nachdem die Fleischvorräte knapp geworden sind, wiewohl keine Hungersnot zu erwarten ist (39), und brät sie im Kamin (40, 78, 79, 126). Somit ist die Isolation Geisers perfekt: Neben die zunächst klimatisch bedingte lokale Isolation und das Eingesperrtsein in die eigenen vier Wände tritt die soziale Isolation des alten Mannes, der sich von seinen Zeitgenossen zurückzieht und der schließlich seine verbliebenen ‚Bezugspersonen' – verstorbene Ehefrau und Katze – buchstäblich aus dem Weg räumt. Die Angstprojektionen, die sich im Sintflutmotiv verdichten, setzen gleichermaßen kontraproduktive Kräfte frei, die Erosionen und Untergangsarten des zusehends verzweifelten Geiser bereits vorzeichnen.

---

[7] Die Feststellung, das Universum dehne sich aus und sterbe in permanenter Systemkomplexierung den Wärmetod, liegt im Zweiten Hauptsatz der Thermodynamik, dem Entropiesatz, begründet (vgl. Stephen W. Hawking: *Eine kurze Geschichte der Zeit. Die Suche nach der Urkraft des Universums*, Reinbek 1991, S183). Der Erste Hauptsatz, der so genannte Erhaltungssatz, findet sich ebenfalls in Geisers Aufzeichnungen (54). Dies legt den Schluss nahe, dass auch das Entropiegesetz – und seine Implikationen – Herrn Geiser bekannt sein dürften bzw. er sie zumindest ahnt.

Zugleich entwickelt Geiser eine scheinbar andere Angst: die Angst vor dem Verlust des Gedächtnisses.[8] Seine Versuche, sich seines gesunden Verstandes zu versichern, vermögen nicht über die Wahrnehmung von Merkmalen des eigenen Gedächtnisverlusts hinwegzutäuschen: „Offenbar fallen Hirnzellen aus“ (45) – „Man verblödet –!“ (34). Da das, was den Menschen ausmacht, für Geiser durch Hirn, Denken, Wissen[9] skizziert werden kann, fürchtet er eine Verschlechterung des Gedächtnisses nicht nur als Wissensverlust („ohne Gedächtnis kein Wissen“, 14), sondern als Form einer ‚Entmenschlichung'.

Die Angst Geisers vor einer Sintflut scheint dementsprechend ambivalent: Einerseits gilt sie den Regenfluten und steigert sich zur Angst davor, dass das gesamte Heimattal verschüttet, von einer Sintflut heimgesucht werden könnte. Andererseits erweisen sich jedoch die Gefahr, der Geiser seine Mitwelt ausgeliefert sieht, und die damit verbundene Angst vor einem kollektiven Ende der Menschheit als Reflexe der existenziellen Bedrohung Geisers, der die eigene innere Befindlichkeit auf den Bereich der objektiven Gegebenheiten zu projizieren scheint (oder umgekehrt), indem er versucht, sicheren Boden gegen die bedrohlichen erodierenden Kräfte ausfindig zu machen und dem Zerfall neue Orientierungs- und Ordnungsmöglichkeiten entgegenzusetzen. Es geht hier also um verschiedene, im Sintflutmotiv verdichtete und verwobene Todesarten, die Geiser abzuwenden oder zumindest aufzuhalten versucht, indem er sich der Arbeit am Gedächtnis sowie der Errichtung und Nutzung von Arch(iv)en zuwendet.

Strategien der Angstbewältigung: Versuche der Arbeit am Gedächtnis

Die von Geiser angewendeten Strategien der Angstbewältigung dienen der Abwehr der Sintflut bzw. der damit assoziierten inneren und äußeren Erosionen und sind gerichtet auf den Erhalt und die Sicherung nutzbaren Bodens. In der allegorischen Architektur der Erzählung gestalten sich solche nutzbaren Böden als unterschiedliche Speicher, auf die zur Selbstversicherung zurückgegriffen werden kann; die Versuche des Rückgriffs auf diese Speicher selbst sind entsprechend als unterschiedliche Formen der Arbeit am Gedächtnis zu deuten. Diese umfassen neben einfachen mnemotechnischen Aufgaben (Versuche der Reproduktion konkreter Wissensinhalte) auch Versuche, die eher auf instinktivem Verhalten basieren und u.a. auf den Körper als Speichermedium zurückgreifen (Fluchtversuch aus dem Tal) sowie Versuche der Nutzung anderer verfügbarer Speicher (Lektüre von Enzyklopädien und Sachbüchern) und schließlich deren Instrumentalisierung für die Errichtung eines eigenen, auf die Belange der Figur Geiser zugerichteten externen Archivs, der Zettelwände.

---

[8] „Schlimm ist nicht das Unwetter –“ (11), „Schlimm wäre der Verlust des Gedächtnisses –“ (13).

[9] Vgl. hierzu die unmittelbare Gleichsetzung von Mensch und Hirn in den folgenden Aussagen: „Ob es Gott gibt, wenn es einmal *kein menschliches Hirn* mehr gibt, das sich eine Schöpfung ohne Schöpfer nicht *denken* kann“ (17, Hervorh. B.S.). „Ob es Gott gibt, wenn es einmal *keine Menschen* mehr gibt, die sich eine Schöpfung ohne Schöpfer nicht *denken* können“ (102, Hervorh. B.S.).

Die erste Schilderung von Versuchen des Rückgriffs auf das eigene Gedächtnis erfolgt unmittelbar im Anschluss an den andeutungsvollen Gedankenstrich („Schlimm wäre der Verlust des Gedächtnisses –“, 13), wenn zugleich ein erster Einblick in die Gedächtnisinhalte, die Geiser zu erinnern sucht, als auch in die Funktion dieser Gedächtnisübungen gewährt wird: Er rekapituliert den Satz des Pythagoras und die Formel für den Goldenen Schnitt (13). Zugrunde liegt diesen mnemotechnischen Übungen offenbar ein Konzept des Gedächtnisses als Wissensspeicher, Wissen wird als abrufbares isoliertes Faktenwissen aufgefasst, und Erinnerung gestaltet sich als Wieder-Holen. Die Kenntnis des Satzes des Pythagoras wie auch die Erinnerung an den Goldenen Schnitt, einst auswendig gelernte kontextfreie Formeln, dürften hier kaum die Aufgabe erfüllen, der Situation Geisers während der Regenfälle in irgendeiner Weise konkret dienlich zu sein. Vielmehr liegt ihre Funktion für Geiser darin, dass sie der Vergewisserung eines vorhandenen Speichers dienen – seinem Gehirn als Ort archivierten Wissens. Geiser kann sie erinnern bzw. abrufen, also sind sie vorhanden – nur dieser Selbstversicherung sind diese mnemotechnischen Übungen geschuldet („Herr Geiser braucht im Augenblick keinen Goldenen Schnitt, aber Wissen beruhigt“, 20). Erinnert wird um des Erinnerns, nicht um des Erinnerten willen. Allerdings erweist sich dieser innere Wissensspeicher bereits hier als fragmentiert, denn schon die Konstruktion des Goldenen Schnitts ist für Geiser nicht mehr wieder-holbar (13f).

Die Motivik zunehmend entleerter Speicher konkretisiert sich in zahlreichen Situationen, in denen Geisers Gedächtnis sich als lückenhaft und unzuverlässig erweist. So verliert er die zeitliche Orientierung (17ff), und Vergessen dominiert zunehmend die Fähigkeit zur Erinnerung. Das Kurzzeitgedächtnis ist unzuverlässig und scheint nicht mehr als Speicher zu taugen, die Organisation des Alltags vermag Geiser aufgrund seiner zunehmend brüchig werdenden Erinnerung schließlich kaum noch in den Griff zu bekommen, wie eine minutiöse Schilderung von Vergessen und Erinnern im Rahmen einer Alltagssituation verdeutlicht (74ff):[10] „Irgendetwas vergisst man immer“ (75).

Ähnliches widerfährt ihm bei dem Versuch, weitere Speicher zur eigenen Rettung zu nutzen. Er unternimmt einen (schon als Instinkthandlung zu deutenden[11]) Fluchtversuch nach Basel und begibt sich auf eine Wanderung in das Nachbartal (89 – 109), von dem aus Züge mit Anschluss nach Basel verkehren (59). Die Route ist ihm bekannt (89f), doch erweist sich die Wanderung bald als erneute Herausforderung an sein Gedächtnis. Die Flucht erfordert den Abruf vormals gespeicherter Wissensrepertoires wie auch körperlicher Leistungs- und Orientierungsvermögen mit Hilfe eigener physischer Reserven (sowie eines Wanderstocks) und des Gedächtnisses (sowie einer

[10] Die Passage schildert eine relativ banale Situation in Echtzeit und weitgehend in erlebter Rede, indem die Situation gleichsam als Protokoll des Wechselspiels von Erinnern und Vergessen dargestellt wird.

[11] Vgl. Bauer Pickar, a.a.O., 47.

Landkarte).[12] An den physischen und kognitiven Voraussetzungen jedoch mangelt es dem alten Geiser, so dass die Wanderung zu einer lebensgefährlichen Angelegenheit gerät: Nachdem er sich mehrmals verlaufen und ein Vielfaches der zuvor einkalkulierten Zeit schon für den ersten Teil des Wegs benötigt, da er in Regen und Nebel kaum noch einen gangbaren Weg zu finden vermag (hier im wörtlichen Sinne: Er kann sich an den Verlauf des Pfades und die Wegmarken nicht mehr erinnern und gerät mehrmals vom Weg ab, so dass er bisweilen auf allen Vieren den Fels entlang klettern muss, 97), verspürt er schließlich zusätzlich noch Kopfschmerzen und Herzklopfen (Vorboten des Hirnschlags) sowie Schmerzen in Waden und Oberschenkeln (101ff), so dass er zwangsweise eine Pause einlegen muss, während der er einschläft. Wieder aufgewacht, kehrt er zu seinem Haus zurück, statt die Flucht fortzusetzen. Geradezu bewusstlos vollzieht sich diese Kehrtwendung Geisers: „Herr Geiser [ist] noch eine Weile lang sitzen geblieben, ohne sich zu sagen, was er denkt, was in seinem Kopf beschlossen wird" (104). Die zur Verfügung stehenden Speicher scheinen nahezu vollständig entleert; die verbliebenen geistigen und körperlichen Reserven aufgebraucht. Weit nach Einbruch der Dunkelheit konstatiert Geiser dann beim blinden Stochern mit seinem Stock in einem Bach: „Finsterer als bisher kann es nicht werden" (109). Doch auch hier irrt er, denn nach der Ankunft in seinem Haus scheint die Finsternis noch steigerungsfähig: Geiser erleidet einen Schlaganfall (119).

Der Hirnschlag führt nun zum rapiden Verlust seiner kognitiven Fähigkeiten. Erinnern kann er schließlich noch Episoden aus dem Langzeitgedächtnis (etwa eine Matterhorn-Wanderung mit seinem Bruder 50 Jahre zuvor, 129ff), die er bereits wiederholt zum Besten gegeben hat und die somit eher automatisiert und gleichsam mechanisch reproduzierbar, wie auswendig gelernt scheint („Seine Matterhorn-Geschichte kennt man, Herr Geiser hat sie oft genug erzählt, sogar die Enkelkinder mögen sie nicht mehr hören", 128), sowie vereinzelte demographische Angaben („Herr Geiser weiß sein Geburtsjahr und die Vornamen seiner Eltern", 125). Bei dem Versuch der Rekapitulation der Vornamen seiner drei Enkel muss er hingegen passen (131). Die Arbeit am eigenen Gedächtnis, so ist zu resümieren, scheitert somit auf geradezu fatale Weise, und Geiser resigniert angesichts der leeren Speicher bzw. der Unfähigkeit, Gespeichertes wieder-holen zu können. Geisers Vermögen zur Erinnerung als Reproduktion vormals eingeprägten Wissens weicht schließlich der Entropie dieser Archive: Er vermag keine Sinn- und Orientierungsstrukturen mehr mit Hilfe der ihm zur Verfügung stehenden internen Speicher finden oder nutzen zu können.

Geisers Geschichte ist somit im Wesentlichen eine persönliche Gedächtnis- und Erinnerungsgeschichte, die auf einen Gedächtnisverlust zuläuft; sie gewährt Einblicke in einen Einzel(ver)fall, sowohl in Art und Inhalt des Erinnerten und des zu Erinnernden als auch in die Erinnerungsprozesse selbst. Was Art und Inhalt der von Geiser

[12] Vgl. Rainald Maria Goetz: Alter ohne Revolte. Max Frischs neue Erzählung. In: *Merkur* 9 (1979), S.914-918.

als erinnerungswürdig erachteten Informationen betrifft, erscheint sein Erinnerungsrepertoire als weitgehend entpersonalisiert und enthistorisiert. Dekontextualisierte Wissensfragmente dominieren in einem als internem Speicher gedachten Gedächtnis, Wahrnehmung und Erinnertes versucht er möglichst objektiviert und systematisiert zu sichern (Regenprotokolle, Systematisierung von wahrgenommenen Arten des Donners, Auflistung von Formeln und Sätzen zur Erdgeschichte). Biographische und episodische Gedächtnisinhalte erscheinen ebenfalls stark entpersonalisiert, sie werden nicht zur Positions- und Standortbestimmung des Subjekts genutzt, sondern die Erinnerung daran dient einzig der Überprüfung, ob das Gedächtnis noch funktioniert.

Das Erinnern selbst gestaltet sich ebenfalls recht eindimensional. Geiser mobilisiert nicht die Erinnerungskraft (*vis*), sondern rudimentäre Formen der Gedächtniskunst (*ars*).[13] Ihm geht es nicht darum, einen Zusammenhang zwischen Erinnerung und Identität zu ergründen, sondern um das Ausfiltern des Faktors Zeit, um das Speichern und Abrufen von Wissen, das nicht durch Zeit und Biographie transformiert und fortwährend (re-)konfiguriert worden ist. Entscheidend ist für ihn die Gedächtnisleistung im Sinne der *ars memoriae*, die auf Speicherung und Rückholung identisch bleibender ‚Informationen' zielt und auf mechanische Speicher- und Abrufverfahren angewiesen ist. Die nahezu kontextfreien und stark entpersonalisierten Gedächtnisinhalte, auf die Geiser zurückzugreifen versucht, erscheinen im Licht seiner spezifischen Techniken des Erinnerns folglich eindimensional: Hier geht es nicht um ein Erinnern als persönliche Verortung eines historisch eingebundenen, gewordenen Subjekts als ständig im Fluss befindliche Selbst(re)konstruktion[14] im Sinne einer *vis*, d.h. um den von mnemotechnischen Zugriffen „ausgesparten Zusammenhang von Erinnerung und Identität",[15] sondern um mechanisches Abrufen verfügbaren, scheinbar geschichtslosen, entpersonalisierten und dekontextuierten »Wissens«. Da es nicht in die eigene autobiographische Erinnerung integriert und mit anderen Erinnerungen und Wahrnehmungen in Bezug gesetzt wird, kann es nicht zum Selbsterhalt bzw. zum Selbst-Bewusstsein und zur Selbst-Verortung beitragen.[16] Die Hoffnung auf Beruhigung durch die Rekapitulation und Sammlung von ‚Wissen' erscheint somit zunehmend uneinlösbar. Mehr noch: Die Situation Geisers, seine klimatische, lokale und soziale Isolation, setzt sich hier fort als innere Isolation von Geschichte und Erinnerung. Wenn Geiser sich am Ende in totaler Finsternis wähnt, stellt das auch die Diagnose seines Zustandes als Subjekt dar. Diese Tendenz der eindimensionalen Er-

---

[13] Vgl. zur Unterscheidung von *vis* und *ars memoriae* die Ausführungen von Aleida Assmann: *Erinnerungsräume. Formen und Wandlungen des kulturellen Gedächtnisses.* München 1999, S.27ff.

[14] Vgl. zur Darstellung autobiographischer Erinnerung auch Daniel Schacter: *Searching for Memory. The Brain, the Mind, and the Past.* New York 1996, insb. S.39ff; Harald Welzer: *Das kommunikative Gedächtnis. Eine Theorie der Erinnerung.* München 2002, insb. S.206ff sowie John Kotre: *White Gloves. How We Create Ourselves Through Memory.* New York 1995.

[15] A. Assmann 1999, S.28.

[16] Vgl. auch die Ausführungen zum Lern- und Erfahrungsgedächtnis bei A. Assmann 1999, S.160ff.

innerungsarbeit wird auch mit Hilfe der zusätzlich herangezogenen Speicher und mit dem Aufbau eines externen Archivs, der Zettelwand, nicht durchbrochen.

Todesarten: Die Zettelwand als Spiegel des Innenlebens des Archivars

Parallel zu diesen Entwicklungen vollzieht sich mit Geisers Bau einer Zettelwand der Versuch, auch andere Speicherorte verfügbar zu machen, um Wissenswertes zu sammeln und zu archivieren. Auslöser für dieses Unterfangen scheint zunächst Geisers Suche nach Beschäftigung zu sein, während er ans Haus gefesselt ist; hinzu kommen jedoch andere Beweggründe: seine Ängste. So folgt der Feststellung „Es bleibt nichts als Lesen“ (16) die Aussage, dass es nicht die Lektüre von Romanen, sondern von Sachbüchern und Lexika ist, die der Situation angemessen sei[17]. Seine Leseprozesse werden zudem geleitet von der Erkenntnis, dass sein Alltagswissen keinerlei Hilfe und Erklärung für die Ausnahmesituation bietet, in der er sich zu befinden glaubt. Da „Wissen beruhigt“ (20), macht er sich auf die Suche nach entsprechenden Beruhigungsmitteln,[18] und um das angelesene Wissen nicht sogleich wieder dem Vergessen auszusetzen, beginnt Geiser Zettel zu sammeln (28).

Er schreibt ihm wichtig erscheinende Fakten auf und hängt die Zettel an die Wand. Später rationalisiert er das Verfahren und schneidet die Lexikonartikel der Einfachheit halber direkt aus. Seine Wohnstube wird zur Zettelstube umfunktioniert („Das ist keine Wohnstube mehr“, 53), auf allen Wänden prangt schließlich Geisers Wissen über die Welt.

Neben handschriftlich festgehaltenen Notizen zur Erdgeschichte und zur geologischen Entwicklung des Tessins sowie mathematischen Formeln befindet sich an Geisers Zettelwand eine Sammlung von aus Lexika und Sachbüchern ausgeschnittenen Textfragmenten und Abbildungen. Die Exzerpte umfassen Informationen über klimatische und geologische Aspekte des Tessins, über Schutzmöglichkeiten vor Blitzschlägen, über Edelkastanien und Kastanienkrebs, das Zeitalter der Dinosaurier sowie über Gebirgsfaltungen, Hochwasser und Kontinentaldrift. Daneben finden sich Lexikonartikel zu den Stichwörtern Erdzeitalter, geologische Formationen, Gedächtnisschwäche, Mensch, Salamander, Molasse, Molche, Amphibien, verschiedene Saurier, Erosion, Eschatologie, Kohärenz und Schlaganfall. Zudem schneidet Geiser zwei Passagen aus der Bibel aus: den Beginn der Genesis sowie die Schilderung der Sintflut aus dem Buch Hiob.

---

[17] Auf die Nähe der Figur des Herrn Geiser zum literarischen Ahnen *homo faber* ist bereits verschiedentlich hingewiesen worden (s. insb. Bauer Pickar, a.a.O., Sharp, a.a.O.).

[18] „Wie Flut und Ebbe entstehen, wie Vulkane, wie Gebirge usw., hat Herr Geiser einmal gewußt. Wann sind die ersten Säugetiere entstanden? Stattdessen weiß man, wieviel Liter ein Heizöltank faßt und wann der erste Postbus fährt, sofern die Straße nicht gesperrt ist, und wann der letzte. Wann ist der Mensch entstanden und wieso? Trias, Jura, Kreide usw., keine Ahnung, wieviele Jahrmillionen die einzelnen Erdzeitalter gedauert haben.“ (27f)

Dieses Wissensarchiv mag auf den ersten Blick als willkürliche Sammlung von Exzerpten hauptsächlich über Erd- und Menschengeschichte erscheinen, und es ist häufig als sinnentleert oder als signifikantes Beispiel für spätmoderne Informationsüberflutung gedeutet worden.[19] Doch auch wenn Geiser selbst kaum in Lage scheint, die gesammelten Zettel so zu arrangieren, dass sie in Sinnzusammenhänge einzubetten wären, und sein Handlungs- und Sammlungsdrang dazu führt, dass er zahlreiche Fakten reproduziert oder extrahiert und die Wohnstube damit tapeziert, ohne die eigene Verzettelung zu bemerken, und auch wenn das Sammeln selbst für Geiser zunehmend zum Apotropäum wird – die Wissenssammlung stellt ein bemerkenswertes Archiv dar, das keineswegs sinnentleert oder bezugslos ist.

Was er archiviert, ist bereits anderen Archiven entnommen, oder genauer: ist bereits von anderen bei der Sichtung von Archiven systematisiert und in narrative Ordnungs- und Verweisstrukturen übertragen und transformiert worden. Geisers Zettelsammlung stellt somit ein sehr persönliches Archiv dar (gewissermaßen ein Archiv dritter Ordnung), zusammengetragen von einem alten Mann, der aus Einsamkeit und Verzweiflung das sammelt, was er für wissens- und erinnerungswert erachtet, und das aufgrund dessen Einblicke in die Figur erlaubt. Es hat konstruktive bzw. formative Eigenschaften:

> Das Archiv ist zunächst das Gesetz dessen, was gesagt werden kann, das System, das das Erscheinen der Aussagen als einzelner Ereignisse beherrscht. Aber das Archiv ist auch das, was bewirkt, dass all diese gesagten Dinge sich nicht bis ins Unendliche in einer amorphen Vielzahl anhäufen [...], sondern dass sie sich in distinkten Figuren anordnen, sich aufgrund vielfältiger Beziehungen miteinander verbinden.[20]

Zugegeben, Geisers Zettelsammlung ist ein Archiv besonderer Art, das wir zudem nur bruchstückhaft zu sehen bekommen; dennoch oder gerade deswegen lohnt ein Versuch, die Prinzipien der ihm zugrunde liegenden Selektion zu bestimmen, ebenso ein Versuch der Sichtung möglicher darin sich abzeichnender distinkter Figuren und der Beziehungen der Archivbestände untereinander.

Ein genauerer Blick in Geisers Archiv gewährt Einsichtnahmen in das Bewusstsein und die Motive des Archivars, die der Erzähltext ausspart bzw. nur undeutlich skiz-

---

[19] Vgl. z. B.: „Geiser [widmet] sich mehr oder weniger wahllos der Archivierung all dessen, was ihm persönlich wichtig erscheint. Unzählige an den Wänden befestigte Zettel dokumentieren seine diesbezügliche tendenziell abstruse Geschäftigkeit" (Lioba Waleczek: *Max Frisch*. München 2001, S.148f) oder „Herrn Geisers Zettel deuten ja nicht auf eine »Zweite Schöpfung«, sondern verdeutlichen ganz konkret die Zersplitterung des Wissens in eine willkürliche Aneinanderreihung zusammenhangloser Fakten. Die moderne Wirklichkeit hat sich in stark voneinander getrennte Spezialgebiete radikal aufgelöst, die sich ihrerseits wiederum in eine unkontrollierbare Informationsflut zu wandeln drohen" (Butler, a.a.O., 99). Ähnlich argumentiert Hofer: „Worauf Herr Geiser trauen möchte, Wissen als Macht, die Rettung verbürgen soll, zerfällt immer mehr in ein unzusammenhängendes Amalgam von Wissensfragmenten, die jeglichen Sinnes ledig sind" (Hofer, a.a.O., 50).

[20] Michel Foucault: *Archäologie des Wissens*. Übers. von Ulrich Köppen. Frankfurt a.M. 1973, S.187.

ziert.[21] So erschließt sich durch die unmittelbar aneinander montierten Lexikoneinträge und Buchexzerpte ein möglicher Zusammenhang von Erd- und Menschengeschichte (wie etwa das Erscheinen und Aussterben von biologischen Arten in unterschiedlichen Erdzeitaltern, die Parallelen von Klima und subjektiven Befindlichkeiten sowie von Bodenerosionen und Verlust menschlicher Lebensgrundlagen etc.) – eine Beobachtung, die Karlheinz Rossbacher zum Anlass genommen hat, »Geologisierungen« als ein Erzähl- und Entschlüsselungsprinzip in *Der Mensch erscheint im Holozän* auszumachen.[22] Daneben vermögen Lexikonartikel etwa zur Eschatologie, zum Hirnschlag oder zum Kohärenzprinzip eindeutige Blicke in das Innere der Figurenperspektive: Geiser scheint diese Wissensexzerpte gerade deswegen auszuschneiden, weil er sie – wenn auch möglicherweise nur diffus ahnend – mit der eigenen Situation assoziiert sieht. Was das Lexikon über den Kohärenzfaktor und das Kohärenzprinzip sagt, scheint genau den Impuls widerzuspiegeln, der Geisers Selektion und Sammlung leitet: „die durch räumliche Nachbarschaft, Ähnlichkeit, Symmetrie o.ä. Faktoren bewirkte Vereinigung von Einzelempfindungen zu einem Gestaltzusammenhang" (140). Dieser Gestaltzusammenhang ist für Geiser die Sintflut, der Untergang, und all seine Wissensexzerpte stehen damit mehr oder minder direkt in Verbindung. Geisers Archiv erscheint unter diesen Maßgaben nicht als willkürlich zusammen gestellt, sondern als assoziativ zusammenhängende Sammlung, die den inneren Zustand des Archivars – den in Todesangst befindlichen Geiser – reflektiert. Mehr noch: Geisers Innenwelt erschließt sich zum Teil ausschließlich durch die auf den ersten Blick womöglich willkürlich anmutenden Zettel. Warum er die jeweiligen Textauszüge für sein persönliches Archiv wählt, dürfte insofern durch situative Faktoren und seine Ängste begründet sein, die Zettelwand selbst stellt ein nach Außen ausgedehntes Assoziogramm innerer Angstszenarien von Endzeit- bzw. Todesvisionen dar.

Zugleich kann die Motivation des Archivars für dieses Unternehmen darin gesehen werden, dass die Zettelsammlung eine Geste des Widerstandes gegen die Ängste repräsentiert, denn „Archiv-Begehren ist der machtvolle Versuch, einer der Unordnung zustrebenden jeweiligen „Welt" symbolisch eine enzyklopädische Struktur, also Ordnung zu verleihen, d.h. sie zu kontrollieren."[23] Geisers Archiv-Begehren ist

---

[21] Vgl. auch die Äußerung Max Frischs zur Entstehung der Erzählung: „Das fasziniert mich mehr und mehr: Wie weit man gehen kann mit dem Aussparen" (Volker Hage: *Max Frisch. Mit Selbstzeugnissen und Bilddokumenten*, Reinbek 1983, S.126.

[22] Vgl. Karlheinz Rossbacher: Lesevorgänge. Zu Max Frischs *Der Mensch erscheint im Holozän*. In: Paul Michael Lützeler (Hg.): Zeitgenossenschaft. Festschrift für Egon Schwarz zum 65. Geburtstag. Frankfurt 1987, S.252-265, hier S.258. Frisch selbst hat diese Lesart offenbar intendiert, wie er später in einem Interview erläutert: „Man kann ja unsere Situation auch erdgeschichtlich sehen" (Arthur Zimmermann: Polemik - ein Gespräch mit Max Frisch, in: ders. (Hrsg.): *Max Frisch* (Reihe DOSSIER der Schweizer Kulturstiftung Pro Helvetia). Bern 1981, S.45).

[23] Wolfgang Ernst: *Das Rumoren der Archive.* Berlin 2002, S.127.

zweifellos Ausdruck dieses Wunsches, wenngleich er zur Ordnung seiner Archive nicht mehr in der Lage ist.

Zwar trägt seine Errichtung der Zettelwand grobe Züge der antiken Tradition der Mnemotechnik, indem auch er Einzelexzerpte einem *locus* zuordnet, sein Archiv also topologisch organisiert. Doch gelingt ihm nicht, diesen Speicher annähernd sinnvoll zu nutzen, denn weder vermag er sich die *loci* selbst einzuprägen, noch gelingt ihm eine sinnvolle Zuordnungssystematik der jeweiligen Exzerpte. So kann er die Informationen, wiewohl sie sich zur eigenen Geschichte und Situation kohärent verhalten, nicht nutzen; Reflektionen über diese Wissensexzerpte und eine mögliche Transformation in Erkenntnis finden nicht statt. Der Aufruf zur Ordnung „Was gehört wohin?" (52) hilft ihm nicht bei der Entwicklung einer thematischen Zuordnung und Systematisierung (und damit der übersichtlichen Spezifikation seiner Zettel als Ausgangspunkt für die Entwicklung bzw. Entdeckung von Zusammenhängen), sondern löst lediglich Gedanken zur momentanen Brauchbarkeit von Informationen aus („Der Goldene Schnitt zum Beispiel ist nicht so wichtig", 52). Die Kriterien, die den Grad der Wichtigkeit bzw. der Nutzbarkeit der einzelnen Zettel determinieren, bleiben allerdings ungenannt und unreflektiert, und anstelle der Beschäftigung mit möglichen Zusammenhängen seiner Wissensexzerpte und ihrem reflexiven Potenzial wendet er sich der Beschaffenheit der Wände zu, um eine optimale Nutzung des vorhandenen Raums und bessere Befestigungsmöglichkeiten der Zettel zu erkunden. Das Potenzial zur Selbsterkenntnis, das die Zettelsammlung birgt, wird entsprechend nicht genutzt; Ordnung zu schaffen erweist sich als unmöglich und gerät zur völligen Verzettelung.[24]

> Es ist [...] gerade das Anwachsen einer Komplexität, die im Prinzip als aufschließender Reichtum zu verstehen wäre, deren Größe nun aber Selektionsvorgänge, damit das Ausweisen von Mitteilungen als Informationen, verhindert. Von welchem Punkt an wird eine Archiv-Überdehnung diagnostiziert, die den nicht abgeschöpften Reichtum der neuesten wie der älteren Medien nicht nur als strukturbildende Kraft, sondern auch als überfüllten Speicher versteht, der nur noch als Entropie wahrnehmbar ist?[25]

---

[24] Geisers Verzettelung liegt ein geradezu klassischer Fehler zugrunde, wie die folgende Passage zur Entwicklung von Zettelarchiven verdeutlicht: „Verzettelungstechniken werden in den Exzerpieranleitungen des 17. Jahrhunderts [...] beschrieben. Lose, ungebundene Ordnungen sowie das Verschieben und Umsortieren von Exzerpten, die bereits einem *locus* zugeordnet wurden, werden in ihnen als Gefahren markiert. Vor der Benutzung von losen Zetteln wird ausdrücklich gewarnt. Die dafür angeführten Gründe umkreisen die Gefahren, welche die Zettel für die *memoria* mit sich bringen. Das Exzerptmaterial muss nämlich ständig wiedergelesen und so dem Gedächtnis eingeprägt werden, damit seine Verfügbarkeit auch ohne Rückgriff auf die Sammlung selbst gewährleistet ist" (Helmut Zedelmaier: Buch. Exzerpt. Zettelschrank. Zettelkasten. In: Pompe, Hedwig & Scholz, Leander (Hrsg.): *Archivprozesse. Die Kommunikation der Aufbewahrung.* Köln 2002, S.38-53, hier S.44).

[25] Jürgen Fohrmann: »Archivprozesse« oder Über den Umgang mit der Erforschung von »Archiv«. Einleitung. In: Pompe, Hedwig & Scholz, Leander (Hrsg.): *Archivprozesse. Die Kommunikation der Aufbewahrung.* Köln 2002, S.19-23, hier S.22.

Dieser Punkt ist für Geiser erreicht, der mangels der Fähigkeit zur Selbstverortung ohnmächtig seiner Zettelsammlung gegenüber steht, so dass er keine Ordnung in seine Archive mehr zu bringen vermag. Die gesammelten Informationen und Fragmente werden für ihn vollkommen unüberschaubar, und er scheitert schon an der technischen Seite der Zettelwandorganisation: Teilweise hängen die Zettel zu hoch, so dass er zur Lektüre auf einen Stuhl steigen muss, wobei ihn die Konzentration auf seinen Balanceakt vom Lesen ablenkt (51); die Zettel rollen sich, so dass sie nicht mehr ohne weiteres lesbar sind (52); die Reißnägel, die ein Rollen der Papiere verhindern könnten, gehen zur Neige (52, 83); das Klebeband, das auch auf Verputz klebt und entsprechend weiteren Raum für die Zettel erschließbar macht, erweist sich als ungeeignet: Bei Durchzug fallen die Zettel zu Boden (83, 137). Geiser erstarrt letztlich vor der Flut nicht zu bewältigenden Wissens: „Manchmal fragt sich Herr Geiser, was er denn eigentlich wissen will, was er sich vom Wissen überhaupt verspricht" (117) – „Alle die Zettel, ob an der Wand oder auf dem Boden, können verschwinden" (139). So wie die Zettelwand, ein in den Außenraum verlagerter Ersatzspeicher, als „Wirrwarr, das keinen Sinn ergibt", endet (139), muss auch Geiser schließlich eingestehen: „Der Mensch bleibt ein Laie."[26]

Auf der Suche nach Ordnung und Ganzheit durch Wissen und dessen beruhigende Wirkung ist Geiser schließlich der Entropie seiner Archive ausgeliefert – er geht mitsamt seiner »Arche des Wissens« unter: „Entropie ist die andere Seite des Archivs [...]. Archive stehen auf Seiten der Ordnung im Kampf gegen die Entropie und bilden damit ein kybernetisches Regime, der Tendenz der Geschichte als *dynamis* gerade entgegengesetzt."[27] Geiser verliert diesen Kampf gegen die Entropie, sein Archiv entwickelt eine kontraproduktive Eigendynamik, die zur Beschleunigung des Verfalls von Ordnungs- und Orientierungsmöglichkeiten des Archivars beiträgt. Sinnfällig wird sein Scheitern, wenn er nach seinem Hirnschlag fürchtet, zum Lurch mutiert zu sein (eine Angst, die nur aufgrund der Assoziationskette von Saurier – Lurch – Mensch zu erklären ist und die nicht zuletzt dadurch ausgelöst wird, dass Geiser einen Feuersalamander im Bad vorfindet und eingehend betrachtet):

> Herr Geiser weiß sein Geburtsjahr und die Vornamen seiner Eltern, auch den Mädchennamen seiner Mutter und wie die Straße heißt, wo er geboren worden ist, die Hausnummer –
>
> (was ein Lurch alles nicht weiß) (125).
>
> Herr Geiser weiß, wie er aussieht.
>
> (ein Lurch weiß nicht einmal das) (127).

[26] (80). „It was as if he hoped that by surrounding himself with this framework, this house of knowledge, he could retain that information, and thereby also retain his memory, his mind, the walls of his own mind as it were. The attempt to create order out of fragmented experiences and scraps of information, to build a world of facts, to buttress the walls of his own mind, proved, however, no more stable, no more lasting than the pagoda of crackers." (Bauer Pickar, a.a.O., 42.

[27] Ernst, a.a.O., 126.

> Herr Geiser ist kein Lurch (125).

Dennoch weist Geiser schließlich deutliche Züge des Lurchs auf, den er im Bad unter der Lupe betrachtet und über den er befindet: „Er strampelt stur in eine Richtung, wo er nie weiterkommt. [...]. Ein entsetzlicher Stumpfsinn in allen Gliedern" (81). Die Eindimensionalität von Geisers Versuchen der Rekonfiguration von Wissen und Ordnung sowie von seinen vom eigenen Selbst abstrahierenden Gedächtnisaktivitäten scheint sich nun mit dem Rückfall auf die Evolutionsstufe des Lurchs gleichsam fortzusetzen. Ein Schelm, wer sich da an das seinerzeit von Horkheimer/Adorno aufgefächerte Zerrbild des aufgeklärten Menschen der Moderne erinnert fühlt: „Die Eliminierung der Qualitäten, ihre Umrechnung in Funktionen überträgt sich von der Wissenschaft vermöge der rationalisierten Arbeitsweisen auf die Erfahrungswelt der Völker *und ähnelt sie tendenziell wieder der der Lurche an.*"[28]

Memento mori

Mit Wolfgang Ernsts Frage ließe sich die Dialektik von Datenspeicherung und Poetizität bezeichnen: „Gibt es eine Poetologie des Archivs, oder stellt das Archiv nicht gerade die diskrete, non-diskursive Alternative zu literarischen Formen der Vertextung von Daten dar?"[29] Die Opposition Archiv – Literarizität vermag aber nur unzureichend das zu treffen, was in Frischs *Der Mensch erscheint im Holozän* mit Archiven und Archivmetaphern erreicht wird. Nicht nur unterliegen Versuche der Enzyplopädisierung und Kanonisierung zwangsläufig bestimmten, durch diskursive Ordnungen bereits vorstrukturierten Ordnungs- und Relationssystemen, so dass sich die Quellen, aus denen sich auch Geisers Archiv speist, selbst bereits bestimmten Diskursstrukturen verdanken. Als archivierte Archivfragmente stellen sie außerdem wiederum Material für weitere Formierungen dar, denen in Frischs Erzählung poetologische Formen und Funktionen zugeschrieben werden können.

Geisers Zettelsammlung weist, wie bereits angemerkt, eine innere Verweisstruktur auf, indem sie Einblicke in die Figur erlaubt. Zugleich sind Archivbestände und Erzählung selbst verschaltet; die Zettel übernehmen erzählende und kommentierende Funktionen. Bedingt durch die bruchstückhafte Erzählweise und die zahlreichen so entstandenen Leerstellen wird dem Leser mit Geisers Archiv ein zusätzlicher Erzählfundus an die Hand gegeben, aus dem er sich Fundstücke heraussuchen und mit dem Erzähltext verbinden kann. Er wird zum Archäologen: Es gilt für ihn, Einzelfragmente zu sichten, zu bergen und Zusammenhänge zu (re-) konstruieren.[30] Insofern wird

---

[28] Max Horkheimer/Theodor W. Adorno: *Dialektik der Aufklärung.* Frankfurt a.M. 1988/1969, S.43, Hervorhebung B.S.

[29] Ernst, a.a.O., 47.

[30] Jürgen Barkhoff: *Green Thought in Modern Swiss Literature.* In: Colin Riordan (Hg.): *Green Thought in German Culture, Historical and Contemporary Perspectives.* Cardiff 1997, S.223-241

> [d]er Inhalt der Kiste nur wirksam in den Weisen, in denen aus ihr etwas hervorgeholt, etwas mit ihr veranstaltet wird, also in den Arten ihres Gebrauchs. Die Wörtlichkeit und das auf ewig Verwahrte unterliegen damit jenen Bearbeitungsweisen, die das Archiv wieder in Geschichten, andere Rahmungen und Kommentare überführen, in denen alles das, was es ist, zur Erscheinung kommen kann.[31]

Die Poetologie desjenigen Archivs, mit dem wir es in Frischs Roman zu tun haben, verdankt sich einerseits den Geologisierungen, die dem Text unterlegt sind, andererseits jedoch auch den impliziten Anthropologisierungen, die Figur und Leser überantwortet sind. Das Spiel um die Dialektik von Geologisierung und Anthropologisierung entwickelt sich aus dem auch für den Leseprozess erforderlichen Prinzip der Kohärenz. Es obliegt dem Leser, Gestaltzusammenhänge zu erkennen, Brüche zu diagnostizieren, Leerstellen zu entdecken und mit Füllmaterial zu kitten, vielleicht sogar negentropische Potenziale freizulegen. Auf diese Weise werden geologisierbare und anthropologisierbare Todesarten sichtbar, wird die Entropie der Archive (be-)greifbar und vermittelt dies den Schein der Darstellbarkeit eines *memento mori*.

---

[31] Fohrmann, a.a.O., S.21.

Ralph Köhnen

Terror und Spiel in einer Diktatur. Herta Müllers autofiktionaler Impuls

Erinnerung, so einmal Walter Benjamin, ist eigentlich „das Vermögen endloser Interpolation im Gewesenen“[1] – womit er auch seine eigenen autobiographischen Bemühungen meinte, die gewiss nicht darauf zielten, erlebtes Leben nur nachzustellen: Den „Fächer der Erinnerung“[2] weit aufzuspannen mit einer Bilderschrift, die die erinnerte Begebenheit übermalt, zugleich aber sie transparent zu halten für den Lebenshintergrund – diese doppelte Optik haben alle Selberlebensschreiber, die literarisch auf sich halten, ausgeleuchtet. Das Aufgeschriebene ist nicht das Leben, wie es wirklich gewesen ist, das Erzählen verzehrt vielmehr die Erinnerung – wie auch Herta Müller den politischen auf einen ästhetischen Pol abbildet, um damit die erlebte Gewalt abzufedern, Distanz zum Terror der Wirklichkeit zu gewinnen, um daraus ein weiteres: nämlich Literatur zu machen und sich hinter dieser Maske zu verbergen.

Damit ist ein mehrstelliges Trauma angesprochen, das den psychoanalytisch-privaten und den psychologisch-energetischen Bereich zweifellos umfasst, aber vor allem seine politischen Bedingungen ausweist. Herta Müller hat nicht ausdrücklich eine Autobiografie geschrieben – sowieso keine, wie sie sich die rumänische Securitate als Beichte wohl gewünscht hätte, und ebenso wenig schwadroneurhafte Memoiren. Auch wäre es kaum möglich gewesen, sich etwa in den *Niederungen* (1982) autobiographisch zu erklären – noch in der fiktionalen Verhüllung musste auf einen ungarischen Verlag für die Erstveröffentlichung ausgewichen werden. Erzählerin-Ich und Autorin-Ich anzunähern ist ein heikles Unterfangen, und es handelt sich dabei um eine Lesevariante, eine Spur, die die Autorin erst später gelegt hat, wenn sie in ihren Essaysammlungen und Interviews bestimmte Umstände (Jugend in Rumäniendeutschland, Dorfleben, Verwandte, die mit ihren fiktiven Figuren Eigenschaften gemeinsam haben) auf ihre eigene Vergangenheit bezieht. Von einem Modell-Ich ließe sich sprechen, das Ausschnitte eines Lebens darbietet, wie es gewesen sein könnte; ein Ich, ließe sich auch sagen, das sich in intertextuelle Gewänder hüllt: Thomas Bernhard, Paul Celan, Ingeborg Bachmann, Rilke, Benn und Handke haben ihre Spuren deutlich hinterlassen.

Herta Müller geht es dabei wohl weniger um jene Seelendiätetik des inneren Gleichgewichts und des harmonischen Kräfteausgleichs, die zum klassischen Subjektbegriff gehört. Lebenskunst in der Synthese von Ich und Umwelt finden und personale Kohärenz durch Selbstschrift erlangen zu wollen, das passt nicht zum Schreiben

---

1 Walter Benjamin: *Gesammelte Schriften* Bd. VI, S.476, hg. von R. Tiedemann und H. Schweppenhäuser. Frankfurt a.M. 1985

2 Walter Benjamin: GS Bd. VI, S.467

unter den Bedingungen einer Diktatur, deren Härten für Westeuropäer kaum vorstellbar sind und deren noch harmlosere Seite die gewesen ist, dass in Rumänien (wie auch in allen anderen Ostblockländern) Schreibmaschinen behördlich registriert werden mussten. Wer 'Ich' schreibt, tut das allgemein und hier schon gar nicht in freier Schwebe, sondern unter vielerlei Bedingungen: Die rhetorischen Griffe, die fiktionalen Gebäude des Subjekts sind diskursiv umzingelt und von Institutionen umstellt. Die einstmalige Herzensschrift des bekennenden Ich verwandelt sich bei Herta Müller in ein automatenhaftes, anonymes Schreiben, das, um der (Gedanken-) Polizei zu entgehen, die Wahrnehmung selbst gegen den Strich bürstet.[3] Die politische Wirklichkeit wird in Bilder verwandelt und in solchen kleineren Energiequanten verhandelbar gemacht – es entstehen Sprachbilder, die die Selbstschrift ermittlungsresistent anlegen und über die Absicht der Autorin hinauswachsen.

Macht wirkt insofern nicht nur repressiv, sondern auch produktiv – in der Tradition der autobiografischen Geständnisliteratur, durch welche Spitzel und Polizeiorgane auch immer erpresst, hat sie eine Unmenge von Texten hervorgebracht, zu denen schließlich auch jene zu zählen sind, deren autobiografischer Nachhall ins Literarische spielt. Und auch aus diesem Motiv heraus sind Texte Herta Müllers verstehbar: Sie sind Nachklang eines politischen Alltags, der sich durch Verhören und Verstecken regelte, durch Ausgefragtwerden und Flucht: „Das Auge der Macht sah überall hin" (TS 20),[4] was einen – mit Foucault – Panoptismus kennzeichnet mit allgegenwärtigem Blick der Polizeigewalt, die ihr Gesicht verhüllt, aber selbst nach allen Seiten sehen kann.[5] Das Sehen wird zur Angelegenheit von Macht, die Blickrichtung nicht selten zur Überlebensfrage – und dies erklärt, warum Herta Müller, sich selber aufschreibend, Bilder ins Zentrum ihrer Texte rückt, besser: ver-rückt, sie mit der Laufrichtung gegen ihre normale Alltagsbenutzung schiebt, um damit hinter den Texten eine Identität zu finden, die aus lauter Verschiebungen und Differenzen besteht.

So wie die eigene Wahrnehmung zur List geschult werden muss gegen die Verfolger, ist sie ganz grundsätzlich erfindungsreich im Versuch, Parallelwelten zu schöpfen.

---

[3] Vgl. in einem ähnlichen Sinne die Autobiografie-Lektüren von ManfredSchneider: *Die erkaltete Herzensschrift. Der autobiographische Text im 20. Jahrhundert.* München 1986

[4] Folgende Siglen werden verwendet: *Niederungen* (1982). Berlin 1988 [=N]; *Der Mensch ist ein großer Fasan auf der Welt* (1986). Reinbek bei Hamburg 1995 [=F]; *Barfüßiger Februar* (1987). Berlin 1990 [=BF]; *Reisende auf einem Bein.* Reinbek (1989¹) (1995) [=R]; *Der Teufel sitzt im Spiegel.* Berlin 1991 [=TS]; *Hunger und Seide.* Reinbek 1995 [=HS]; *In der Falle.* Göttingen 1996 [=IF]; *Der König verneigt sich und tötet.* München/Wien 2003 (=K].

[5] Vgl. Michel Foucault: *Überwachen und Strafen. Die Geburt des Gefängnisses.* Frankfurt a.M. 1995, S.250, zum Zusammenspiel von Verhörssituation und minoritärem Schreiben auch Philipp Müller: *Fluchtlinien der erfundenen Wahrnehmung. Strategien der Überwachung und minoritäre Schreibformen in Herta Müllers Roman „Heute wär ich mir lieber nicht begegnet".* In: text + kritik H. 155 (2002), hg. von H.L. Arnold, S.49-48

Unter Bedingungen von Terror und Macht wird Erinnerung transportiert durch das „aus der Todesangst hinausgehetzte Wort". Einerseits zieht dieses „beim Lesen die gleichen Kreise wieder" (IF 21), arbeitet ein Thema erneut durch, zugleich deutet die Bildfigur selbst schon die exzentrische Bahn an, in der Sprache nicht mehr nur politisches, sondern auch ästhetisches Zeichen ist. Das eigene Erleben formt einen Fundus von Bildern, die durch den Körper ziehen, die fühlbar sind und jene Nachbilder erzeugen, wie sie im Textmaterial entwickelt werden. Der Begriff der Autofiktionalität, den Herta Müller von Georges-Arthur Goldschmidt entlehnt hat, kennzeichnet das Fiktive an der erinnerten Wahrheit: „Es ist seltsam mit der Erinnerung. Am seltsamsten mit der eigenen. Sie versucht, was gewesen ist, so genau wie nur möglich zu rekonstruieren, aber mit der Genauigkeit der Tatsachen hat dies nichts zu tun. Die Wahrheit der geschriebenen Erinnerung muß erfunden werden, schreibt Jorge Semprun. Und Georges-Arthur Goldschmidt nennt seine Bücher ‚autofiktional'." (IF 21)

Dieser komplementären Bewegung, dem Oszillieren zwischen Autorbindung und Verselbständigung entspricht eine Wendung T.S. Eliots: „Der Druck der Erfahrung treibt die Sprache in die Dichtung" – in der sich aber das Sprachmaterial verselbständigt und von einer eigentümlichen Lust am Text kündet.[6] Dies soll an Erzähl- und Bildmechanismen von *Niederungen*, *Der Mensch ist ein großer Fasan auf der Welt* und *Barfüßiger Februar* gezeigt werden.

Mit den 'Niederungen' ist geographisch Banatschwaben gemeint, metaphorisch sind es solche Orte, in denen sich Spießigkeit, Autoritätsgläubigkeit, Nationalismus und Denkverhärtungen paaren zur Tristesse des „gesunden Menschenverstandes" (N 127), wie er Alltag und Allnacht des Dorflebens beherrscht, das in 16 Prosaskizzen vorgeführt wird.[7] Der Vater als Trinker, unterworfene Frauen, die als Mütter dann die Gewaltstrukturen weitergeben, ein Großvater mit verlogenen Lehrsätzen, eine schlagende Großmutter: Vergewaltigung, Inzest, Krankheit, Dummheit, Klatsch und Tratsch, hier und da ein Verrat – von transgenerationellen Traumata, deren Zusammenstoß bzw. Télescopage in der Tat deutlich wird,[8] handeln diese Nachtstücke, deren diverse Todesarten zu einem allegorischen Bilderbogen des Entsetzens gereiht werden. Das Machtregime wirkt auf die familialen Strukturen und bringt eine Sozialisation mit Zurechtweisungen und Schlägen hervor, die in dem Wissen der Ich-Erzählerin endet, „dass ich keine Eltern hatte, dass diese beiden niemand für mich

---

[6] T.S. Eliot zeigt in seinem Essay über Baudelaire einen entsprechenden Zusammenhang, sieht diesen allerdings eher in den nervösen Regungen des modernen Lebens begründet.

[7] Vgl. Josef Zierden: *Deutsche Frösche. Zur ‚Diktatur des Dorfes' bei Herta Müller.* In: text + kritik H. 155 (2002), S.30-38

[8] Vgl. Sigrid Weigel: *Télescopage im Unbewußten: Zum Verhältnis von Trauma, Geschichtsbegriff und Literatur.* In: *Trauma: Zwischen Psychoanalyse und kulturellem Deutungsmuster.* Hg. von Elisabeth Bronfen/Birgit R. Erdle/Sigrid Weigel. Köln 1999, S.65ff

waren", verbunden mit der Frage, „weshalb ich nicht endlich von hier weglief, in ein anderes Dorf" (N 67). In solchen Analysen zerlegt Herta Müller „die kindlichen Empfindungen, trägt sie Schicht für Schicht ab, balanciert auf der Grenze zwischen sezierenden Beobachtungen und den Ängsten vor dem, was da zutagetritt".[9] Doch bewirkt die Nachträglichkeit der Autofiktion auch einen Gewinn der Literatur. Es handelt sich nämlich bei der Erzählperspektive um einen trainierten Kinderblick, der geschult ist am Formenrepertoire der Moderne: So ahmen die kurzen Sätze zwar die Kindersprache nach, aber sie tun dies im Modus von Literatur – denkt man etwa an Joyces *Portrait of the Artist as a Young Man*, das mit kurzen, unbeholfenen Sätzchen beginnt, um die kleinkindliche Wahrnehmung syntaktisch-gestuell abzubilden. Das Thema des unschuldigen Kinderblicks gehört selbst zum Diskurs der künstlerischen Moderne, und entsprechend ist der kindliche Sprachgestus der *Niederungen* ein Erzähltrick von widerständiger Raffinesse. Dies ist jedenfalls der falschen Annahme eines unmittelbaren Kindersprechens entgegenzuhalten, das auch von der Autorin selbst in Frage gestellt wird, insofern sie ihre eigene Distanz zur Kindheit betont.

Offenkundig werden die Schwierigkeiten, gegen die gewaltsamen Anmaßungen von Deutschtum, Faschismus und dann Sozialismus eine eigene Identität zu gewinnen – ein Thema, das in *Der Mensch ist ein großer Fasan auf der Welt* (1986) an der Figur des Windisch noch ausdrücklicher behandelt wird. Anders als in den *Niederungen* gibt es einen Anfangs- und Endpunkt einer erkennbaren äußeren Handlung: Sie reicht vom Antrag auf Ausreisegenehmigung in die Bundesrepublik, Verzögerungen, Vorbereitungen und schließlich der Ausreise selbst bis zum späteren Besuch von Windischs Familie im Heimatdorf. Die neue Welt der Dauerwellen und Fönfrisuren schiebt sich ins Schlussbild, das Windisch nebst Familie bei einer rumäniendeutschen Kommunion mit eigenem Mercedes und Ritter-Sport-Schokolade zeigt, die an die Dorfbewohner verteilt wird. Die Alternativen erscheinen allesamt inakzaptabel: Dableiben bedeutet den Tod (wie für Dietmar oder die alte Kroner), Fortgehen als Warenfetischist und patriarchaler Gewalttäter wie Windisch ist nur der Übergang in neues halbkriminelles Spießertum, Verrücktwerden wie Rudi scheint ebenso wenig ein Lebensentwurf – die „Semantik des Endes" ist umfassend, die „das Dorf als absterbenden Lebens- und Kulturzusammenhang" zeichnet.[10]

In *Barfüßiger Februar* (1987) sind es 26 Prosaskizzen, die Abschied, Gewalt und Tod erneut thematisieren und als persönliches, aber auch historisches Gedächtnis wirken sollen, als Eingedenken der politischen Unterdrückung durch das Ceaușescu-Regime, aber auch der Judenvernichtung, wie sie in Rumäniendeutschland stattgefunden hat und noch gegenwärtig verschwiegen wird. Geschichte wird wiederum mit der

9 F.C. Delius: Rezension im 'Spiegel' Nr. 31 (1984), S.119-123

10 Norbert Otto Eke: *„Überall, wo man den Tod gesehen hat." Zeitlichkeit und Tod in der Prosa Herta Müllers. Anmerkungen zu einem Motivzusammenhang.* In: ders. (Hg.): *Die erfundene Wahrnehmung: Annäherung an Herta Müller.* Paderborn 1991, S.74-94 (S.78).

eigenen – der Vater war SS-Mann – verbunden (BF 105ff). Ein „fahrendes, aus der Erinnerung herausgetriebenes Gedächtnis“ soll aktiviert werden (BF 101), das auch als Sprengkraft gegen das Kontinuum des Immergleichen aktiviert wird.

Die Fensterscheibe des Zugabteils hetzt jene Bilder, die wiederum in der Bewegung die unterschiedlichen Zeitebenen vermischen (BF 5). Anlass ist der gewaltsame Tod des Dichterfreundes Rolf Bossert (vgl. BF 5), der ganz Rumänien, das Herta Müller bei Abfassung des Textes schon verlassen hat, wie eine Gewehrkugel erscheinen lässt (BF 49). Tagespolitik wird zwischengeschaltet in Form von Ronald Reagan, Margret Thatcher und Rajssa Gorbatschowa, die im Sprachduktus des Nachrichtensprechers als unverständliche, sinnlose Figuren erscheinen (BF 84). Die Klage der Ich-Erzählerin, „daß ich mir ein Gedächtnis bin, das sich nicht tragen kann“ (BF 48), hängt aber auch mit ihrer eigenen Vergewaltigung durch den Großvater zusammen, und all dies wird wiederum in der hermetischen Schreibweise der *Niederungen* dargeboten, um der Macht in Geschichte und Gegenwart Widerstand zu leisten. Diese werden auch im *Barfüßigen Februar* als Maschinerie dargestellt, als „große schwarze Achse“ (BF 6ff), die von den Toten unter dem Dorf gedreht wird.

Banatschwaben ist für Herta Müller, was Österreich für Thomas Bernhard war: Schimpfobjekt, aber auch Textmaschine, Motor der knarrenden Sätze einer ausgehöhlten Alltagssprache. Damit wird eine Physiologie des Dorfgeschwätzes herauspräpariert: ‚erschossen' heißt „was im Dorf gefallen genannt wird“ (N 116), „sie kreuzen sich, was im Dorf paaren genannt wird“ (N 118), „sogenannte Sprachforscher“ (N 121) restaurieren alte Sprachgewohnheiten – Euphemismen teilweise, ansonsten schlichte traditionelle Ausdrücke, die den Sachverhalten gegenüber ignorant sind oder die Wahrnehmung immer auf der gleichen Stelle treten lassen. Kakophonisch tönen die Stimmen durchs Leben, Stimmen, die für die Erzählerin zu Fußangeln werden (N 138f). Sprichwörter werden aufgeschrieben, die im Gleichschritt der Verwesung marschieren: „Der Mensch ist ein großer Fasan auf der Welt“ führt schon im Titel das schablonierte Denken vor. Allgemeinplätze tauchen auf, die von der Bereitschaft zur dümmlichen Verallgemeinerung künden: „Ein Walach ist ein Walach, mehr gibt's da nicht zu sagen.“ (Onkel, BF 12); und dann, in unvermeidlicher Folklore: „Das Schicksal ist manchmal so schwer / und wenn man glaubt, es geht nicht mehr, / kommt von irgendwo ein Lichtlein her“ (BF 19). Im Effekt unterdrücken diese Phraseologismen jede eigene Sprachform, die vielleicht eigenes Denken bezeugen könnte, und deren Opfer wie Täter sind die Figuren allemal, wenn sie von ihnen gesprochen werden. Gegen diese ewig wiederkehrenden Sprachspiele soll deren Vorführung in einer Art Montageverfahren als V-Effekt ihre aggressive Dummheit erweisen.

Faulendes Obst und verderbendes Fleisch sind Motive der drei Prosatextsammlungen, die den Sprachverfall und die Politik accompagnieren. Wildes Unkraut brennt „in allen Farben der Verschwendung.“ (N 40); und falsche Früchte gibt es reichlich. So wird etwa ein Inzestvergehen von Vater und Tante mit Bildkommentar unterlegt: „Die Ebene ist vollgehängt mit schwarzen Betten und mit faulen Birnen" (N 103), damit Hölderlins *Hälfte des Lebens* verfremdend. Wie überhaupt jede Landschaftsidyllik gequert wird: Von Malvenfrüchten oder grünen Aprikosen ist die Rede, die dumm oder schwindlig machen; Landschaften werden, auf Celan anspielend, als „Beete voller Mohn im Gedächtnis" bezeichnet (N 85), als Narkotikum für Kleinkinder und alte Leute, das ebenso wie der Krähenmist auch tödlich wirken kann (N 84). Faule Lilien, deren Duft die „Zähne mit dem weißen Grabsteinporzellan" (BF 43) umspielen, gehören ebenso zum Repertoire wie überhaupt Wunden, die wachsen: „Sie rochen immer süßer" (F 44). Taufscheine vom Pfarrer und Ausreisegesuche nebst Stempelmarken vom Polizisten werden kurz vor der Ausreise mit der Vergewaltigung von Windischs Tochter Amalie durch den Kirchen- und den Milizmann besiegelt. Spätfaschismus, Sozialismus und fanatisches Deutschtümeln bilden das Amalgam eines autoritären, ausgrenzenden Denkens – all dies deprimierende Verhältnisse, die sich wiederum in den Sprachbildern äußern: „In der Jauche lagen zwei Augen. In eines biß die Katze mit ihrem Eckzahn. Es knackte, und bläulicher Schlamm spritzte ihr ins Gesicht. Sie schüttelte sich mit steifen gespreizten Beinen davon." (N 58). In *Barfüßiger Februar* wird das Blendungsmotiv aufgegriffen, wenn der Schmied sein verwundetes Auge aufsticht und dieses in allen Regenbogenfarben zerfließt (BF 12). Bevor die Leere eintritt (oder um sie zu verhindern), werden am Verfall des Lebens noch einmal die blühendsten Farben gewonnen. Und entsprechend sind Herta Müllers Bilder auch nicht nur todesnahe, verzweifelte Visionen eines an Repressalien leidenden Menschen. Vielmehr wird am Programm eines neuen Sehens mitgearbeitet, wie es die klassische Moderne sensu Baudelaire, Rilke und anderen als Ästhetik des nicht mehr Schönen begründete – als Möglichkeit auch, überhaupt noch schreiben zu können. Denn in der Offenheit der Bildstrukturen liegt auch ein ästhetisches Partisanentum, das in der Entregelung der Sinne das Hässliche mit Attributen des Schönen markiert, um die gewalttätige Prosa der Verhältnisse zu entlarven.

Es ist vor allem die Bildfigur des Ideogramms, die Herta Müller benutzt, um Erfahrung nicht als abgeschlossene zu rekapitulieren, sondern als bewegliche darzustellen. Als Untergattung der Metonymie zu fassen, entsteht sie in einem Bewegungsablauf, einem Handlungs- oder Erfahrungszusammenhang und bietet daraus hervorgehende neue Perspektiven. Das Verfahren ist von subjektiver Willkür, von der Plötzlichkeit der Situation geprägt, bei der einzelne Teile aus einem Ablauf isoliert und neu zusammengesetzt werden.

Dafür ließen sich viele Beispiele geben. In *Barfüßiger Februar* tritt im Dorf ein Sänger auf, im Publikum befindet sich der Traktorist Ionel. Er hat eine Kappe mit Quaste aufgesetzt, steht vor dem Schmied und verdeckt damit sein Auge: „Ionels Quaste stand im Klang der sanftbesungenen Liebe in seiner leeren Augenhöhle und war ein wollnes Auge." (BF 17) Durch die Position der Erzählerin im Raum entsteht die Bildfügung: Es heißt nicht: 'sah aus wie' oder 'trat an die Stelle von', sondern die

Quaste wird mit dem Auge schlicht gleichgesetzt. Behilflich ist dabei das lakonische Indikativ Präteritum, und die einfache Identifikation ermöglicht einen Austausch semantischer Qualitäten in beide Richtungen – das Textile erscheint als menschliches Organ und umgekehrt. Wenn im Dorf die Männer Erde aufgraben für einen Behördenbau, wächst diese „wie eine schwarze Säge über ihren Köpfen" – eine aus der Sicht des Betrachters gewonnene Momentaufnahme, die ein Angstbild generiert: „Immer, wenn ich näher komm, spür ich die eignen Schritte unterm Kinn. Ich geh mir durch die Mundhöhle. Ich geh mir in den Hals. [...] Immer, wenn das Haus für die Behörde fertig ist, weiche ich der Säge nasser Erde aus." (BF 88)

Zu den Ideogrammen kann man nun auch diejenigen Bilder zählen, die durch Orts- und Perspektivwechsel, durch die Wahl eines Sichtausschnittes gewonnen, also durch das Gehen, Fahren oder Reisen entstanden sind. Dies ermöglicht ein metonymisches Gleiten der Bilder. Die Schritte werden von jeweils neu eröffneten Perspektiven begleitet: „Der Mann mit dem Hut geht, auch wenn es regnet, auf der aufgeweichten Seite. Er meidet das Wasserbild auf dem Asphalt. Das mitgeht. Und von unten schaut. Das Wasserbild verzerrt den Hut." (BF 59) Die Subjektdissoziation geht so weit, dass die Bilder sich des anschauenden Subjekts bemächtigen und als bedrohlich empfunden werden. Das Bilderregistrieren ist ein „Nachdenken im Gehen" (BF 95), das Merkmale von Dingen tauscht, die in räumlicher Nachbarschaft wahrgenommen werden: „Über der Kapelle wächst der Turm und um das Kreuz, das in der Luft kein Ende findet, rosten aufgewühlte Wolken." (BF 36) Bei Herta Müller in hohem Maße selbstreflexiv, erzählen diese Bilder ihr Entstehen meistens mit. Diese Erfahrungsbilder oder kinästhetischen Bilder, wie man sie auch nennen kann, weil sie mit allen zur Verfügung stehenden Sinnen wahrgenommen werden, zeichnen sich dabei durch Ausschnittvergrößerung aus, die auch das Marginale nicht selten ins Zentrum rückt oder eine Perspektivumkehrung bewirkt: Leute gehen auf den Händen (N 43) oder „zwischen den Wolken herum", während die Wolken in die Stadt hängen (F 23) – das sind Bilder, wie sie aus dem rutschenden Blick gewonnen werden.

Das ideogrammatische Denken bzw. das Kontiguitätsprinzip veranlasst aber auch die Suche nach semantischen Ähnlichkeiten, nach Similaritäten. Nicht von ungefähr ist es das Auge als Organ der Macht, das in allen möglichen verwandten Signifikanten gespiegelt wird, die sich wechselseitig ummarkieren – es erscheint als Sonne, als Glut eines Zigarettenstummels (BF 17), als „Augäpfel im Sand" (BF 63), sodann wird das Weiße in den Augen mit Zähnen assoziiert (BF 72), es taucht auf als Gewehrkugel, als Ei oder als ein Teich. Als Fensterglas markiert es das ohnehin häufig verwendete Spiegelungsmotiv, ferner erscheint es verwandt mit allem, was kreisförmig ist: Brüsten, Kelchblättern, Rosen- und andere Blüten.

Sprachbilder sind insgesamt das Medium der Autofiktionalität – ein Bilderreichtum, der die Handlung meist suspendiert und dafür von Rezensenten oft gescholten wurde.[11] Es handelt sich um Bilderstrategien von Verschiebung und Verdichtung, die Freud in seinem berühmten Kapitel über Traumarbeit in der *Traumdeutung* als Mechanismen analysierte, um an ihnen Möglichkeiten zu demonstrieren, die Zensur zu täuschen.[12] Abbremsung, freezing des Blicks, Arretierung gegen den reibungslosen ökonomischen Ablauf, Zerschlagung des geläufigen Wahrnehmungsfilms in Einzelbilder – das sind Sprach-Bild-Strategien, die das Ich verschwinden lassen und es in Zeichen verbergen. Die „Messerschneide unterm Auge", die Windisch ansetzt (F 24), zitiert den programmatischen Schnitt ins Auge aus dem Buñuel-Film *Le chien andalou*. Die autofiktionale Schrift setzt diese Schnitte, um dadurch feste Identität zu vermeiden – sie will trennen, ausweichen, Differenz schaffen.

Figuren des Gehens, Schritt, Sprung, Schlurfen oder Laufen und daraus gewonnene Blicke und Bilder machen die Erfahrung, wie sie sich in der Schrift niederschlägt; alle wichtigen Sehdaten werden sofort in Bildprägungen verankert, so dass sie somatische Spuren hinterlassen: „in der Nacht muß ich wie Schlaf das mitgebrachte Land in dichten und genauen Bildern durch den Körper treiben." (TS 132) Diese Spuren als Erfahrungsreste sind eine erste Produktionsstufe des Schreibens, das freilich auch erforderlich ist, um die Eindrücke des Terrors durchzuarbeiten: Das Druckerschwarz wird zur Entwicklerflüssigkeit der Bilder. Denn diese werden nicht einfach nur 'verschriftlicht', sondern durchs Medium syntaktisch, und rhythmisch neu organisiert. Diese eigene Taktung der Wahrnehmung, die klappernde, kurzschrittige Syntax, das Tentative in den Sätzen Herta Müllers bilden den Entdeckungsprozess der Bilderschriften und den Perspektivgewinn nach: „Versucht man den Überfall der Unruhe beim Schreiben zu treffen, die Drehung, durch die der Sprung ins Unberechenbare einsetzt, muss man in kurzen Takten seine Sätze schreiben, die von allen Seiten offen sind, für die Verschiebung. Es sind Sprünge durch den Raum." (TS 19). Damit wird der Macht, die auch durch Taktung von Körpern funktioniert, eine rhythmische Parallelwelt an die Seite gestellt, was Herta Müller des öfteren als Funktion des Gedichtaufsagens benannt hat: „In Rumänien haben sich viele Menschen an Gedichte gehalten. Durch sie hindurch gedacht, um eine Weile nur für sich zu sein: kurze Zeilen im Kopf, kurzer Atem im Mund, kurze Gesten im Körper. Gedichte passen zur Unsicherheit, man hat sich durch ihre Worte selber im Griff. Sie sind ein tragbares Stück Halt im Kopf." (IF 18)

Rhythmus kann aber auch als sein komplementäres Gegenteil, das Stocken und das offen ausgestellte Fehlende im Satz thematisiert werden. Die elliptischen Sätze (bis hin zu Einwortsätzen) lassen den Leser das Verb oft vergeblich suchen, der parataktische Satzbau, der auf die Über- und Unterordnung von Satzgliedern verzichtet, ist ein Stilmerkmal der Prosa Herta Müllers, das weite Teile ihrer Texte durchzieht.

---

[11] Vgl. Eke: *Herta Müllers Werke im Spiegel der Kritik (1982-1990)*. In: ders. (Hg.), a.a.O., S.107-130

[12] Vgl. Sigmund Freud: *Traumdeutung*. Studienausgabe Bd. 2, hg. von Alexander Mitscherlich u.a. Frankfurt a.M. 2000, S.280-487

Diese Parataxen können den Zusammenhang von Angst und Stottersprache nachbilden (N 88), die selbst eine Reaktion auf Unterdrückung ist, und allgemein zeigen sie ein zerfallenes Weltbild an. Doch sind sie – Adorno hat es an Hölderlins Lyrik gezeigt – auch als widerständiges Schreiben zu lesen, das die Ordnungen aushebelt, als Versuch, „der logischen Hierarchie subordinierender Syntax aus[zu]weichen" – gegen Sinn allgemein, besonders aber gegen das Zweckdenken gerichtet, gegen die schlichte Verfügbarkeit der Sprache und die Komplizenschaft mit der ordnenden Logik.[13] Dem entspricht die eigenartige Neutralität des Erzählgestus: Indem die parataktische Sprache „die Fäden zum Subjekt durchschneidet, redet sie für das Subjekt, das von sich aus [...] nicht mehr reden kann."[14] Bei Herta Müller erscheint das Sprechen anonym, in Satzfetzen: „verteilt die Zungen überall im Garten" (BF 96), die Sprecherin muss sich verbergen. Sprech- und Bildperspektive erscheinen unter demselben Problem: Spuren werden gelegt, aber auch von der Urheberin getrennt. Der Text wird zum Auge, das keinen Gegner fokussiert (um etwa in Gegenrichtung selbst erkannt zu werden), sondern ihm unerkennbar ausweicht.

Den parataktischen Bild- und Satzgefügen entspricht, dass auch die Satzzeichen sich jeder signifikanten Markierung enthalten und keine Orientierung mehr bieten: Immer nur der Lakonismus von Punkt oder Komma, der die Werte umwertet, Energiebeträge umschichtet, das Schlimmste zum Schönen und das Schöne zum Hässlichen prägt. Das Semikolon fehlt gänzlich, Frage- und Ausrufezeichen bis auf seltene Ausnahmen, kein Doppelpunkt oder Gedankenstrich zeugt von souveränem Erzählen, wörtliche Rede wird in den *Niederungen* und im *Barfüßigen Februar* ohne Anführung in den Fließtext integriert. Aus den vielen Details lassen sich keine Serien mehr bilden, das gilt für die gelegentlich zerpflückten Worte („Lungen Flügel Wirbel Säule Ell Bogen Mund Winkel Lippen Rand Stirn Höhle"; „Ohr Muschel Haar Wurzel Hand Teller Knie Scheibe", BF 92), aber auch für die Makroebene des Erzählens.

Die kurzen Sätze wie auch die Kurzprosaformen mit meist offenen Handlungsbögen arbeiten mit an dem, was Kafka als kleine Literaturen bezeichnete[15] – Ausdrucksformen einer Bevölkerungsminderheit, die sich aber einer traditionsreichen Sprache bedient. In dieser Sprache, die nach Deleuze/Guattari deterritorialisiert ist und unausweichlich politisch, weil minoritär geprägt, gibt es „kein Subjekt, es gibt nur *kollektive Aussageverkettungen*", eine eigentümliche „Ausdrucksmaschine"[16] – ein neutrales Sprechen also, das damit auch eine Verselbständigung der Laute und ihre intensive Aufladung ermöglicht: Immer wieder plappert die Ich-Erzählerin Worte vor sich hin und eröffnet durch die Verfremdung neue Assoziationsräume: „nachhaus" ist so ein

---

[13] Theodor W. Adorno: *Parataxis. Zur späten Lyrik Hölderlins.* In: *Noten zur Literatur.* Gesammelte Schriften Bd. 11, S. 445-491, S.471 bzw. S.476

[14] Theodor W. Adorno: *Parataxis*, a.a.O., S.478

[15] Franz Kafka: *Tagebücher 1910-1913.* Hg. von Max Brod, Frankfurt a.M. 1973, S.132

[16] Gilles Deleuze/Felix Guattari: *Kafka. Für eine kleine Literatur.* Frankfurt a.M. 1983, S.26f

– naturgemäß – „fadenscheiniges“ Wort (BF 121), oder „zuhause“, das so oft echolaliert wird, „bis eine Blattlaus schwindlig und betäubt vom Trommelschlag von meinem Finger fiel“ (BF 36).

Mit dem Ohr und dem Auge auf dem Signifikanten entzieht sich die kleine Literatur der Informationsfunktion und ist subversiv, indem sie Bruchstellen und neue Anknüpfungspunkte zeigt. Was für Kafka gilt, nämlich zwischen der Unmöglichkeit zu leben, „nicht zu schreiben, der Unmöglichkeit, deutsch zu schreiben, und der Unmöglichkeit, anders zu schreiben“,[17] ist auch für Herta Müller Bedingung des autofiktionalen Schreibens, wenn das Minderheitendeutsch selbst zum Körper wird: „Wie hohlwangig du in mir schlägst. Und wenn ich reden will, legst du dich tot auf meine Zunge.“ (BF 123)

Schreiben soll für Herta Müller die Diskontinuität des Lebens sichtbar machen, die blank polierte Oberfläche der Wahrnehmung einer Zerreißprobe aussetzen, bis schließlich „die verschwiegenen Sätze zwischen den geschriebenen Sätzen überall ihr Schweigen hinhalten. Bis man das Gefühl hat beim Schreiben, dass der Text jetzt atmet, dass der Satz, jeder, so ist, wie er sich selber sieht.“ (TS 81) Wenn an den Texten ihr doppelter Boden gezeigt wird, die Verstellungen sichtbar werden und der Text selbst zum atmenden Körper wird, so gehen diese Sätze auch der Absicht der Autorin voran, die sie nicht bewusst steuert – vielmehr fühlt sie sich von dem entstehenden Satz beobachtet (TS 35). Schreiben als Suche nach dem Erzählfaden ist ein tastender Prozess – ein „Gefühl des Fadens, der sich sucht und sucht. Und dann gibt es später diese Sätze. Schwarz auf weiß, wie ein Kleidungsstück, in dem man selber nicht drin ist. Im nachhinein kann man es anziehen.“ (TS 34) Erinnerung in der Schrift ist der Ariadnefaden, der aus dem Labyrinth der Vergangenheit herausführen soll – aber ein Textgewebe schafft, das erst noch geborgtes Kleid und immer neu anzuprobieren ist.

Alle Wahrnehmungs-, aber auch Äußerungsweisen des Körpers sind von Diskontinuität, von einem Riss bestimmt. Wahrnehmung selbst erweist sich als illusionär, als ein Film, der über das löchrige Dasein hinwegtäuschen soll: „Es gibt für das, was das Leben ausmacht, keinen Durchblick. Nur gebrechliche Einrichtungen des Augenblicks. Und Zurechtlegungen, die nicht bis zum nächsten Schritt halten.“ (HS 7). Das fließende Geschehen ist nur eine Oberflächenillusion, in die man hineinbricht: „Unmerklich rutscht uns der Blick aus dem Sehen in die Wahrnehmung. Aus der Wahrnehmung in die erfundene Wahrnehmung.“ (TS 78) Mag diese semiotische Verschiebung für viele Autobiografen ein Problem darstellen, so ist sie für Herta Müller selbst Thema des Schreibens, das Zusammenhänge erfinden muss: Der Wahrnehmungsfluss wird abgebremst, einzelne Bilder werden isoliert und dann durch ihre Übersetzung in Worte gänzlich segmentiert. Diese ‚erfundene Wahr-

[17] Franz Kafka: *Tagebücher 1910-1913*. Hg. von Max Brod, Frankfurt a.M. 1973, S.130

nehmung' Herta Müllers ist doppelt zu verstehen. Zunächst erscheint sie als Willkür jeder Perzeption, als gestaltergänzende Wahrnehmung, die zur prinzipiellen Täuschung über die Welt führt. Daraus ergibt sich aber auch zweitens die Pointe, die wahrgenommene Welt als nur eine von vielen möglichen und insofern als kontingente Weltversion auszuweisen, an der schließlich Literatur mitarbeitet. Aufgabe des autofiktionalen Schreibens kann daher nicht realistische Erinnerung sein, sondern vielmehr ihre Konstruktion – der Zusammenhang der erinnerten Bilder wie überhaupt der Selbst-Vorstellungen ist nur synthetisch herzustellen.[18] Herta Müller nutzt das Verfahren der Addition: 'und', 'dann', 'danach' bzw. 'oder' markieren dies meist. Der exzessive Gebrauch dieser Konjunktionen zeigt deutlich: Eine Ansicht ist nicht, wie sie ist, ein Ding hat keine Identität, das Ich ebenso wenig – *eine* Perspektive reicht nicht hin, auch nicht zwei oder drei. In der Kontingenz der Erscheinung – alles, was wahrgenommen wird, könnte auch noch anders sein – muss jede Wahrnehmung Beziehungssinn haben, oder sie gilt nicht. Nur in den Relationen, in Zwischenräumen sind die Körpergedanken erkennbar – auch dies spätestens seit Nietzsches Beziehungssinn eine klassisch-moderne Formel, die hier allerdings nicht außerhalb des politischen Diskurses lesbar ist.

Ausgraben und Erinnern, so Walter Benjamin in einem gleichnamigen Denkbild, müssen zugleich ein Bild dessen geben, der sich erinnert – und entsprechend gehöre zum guten archäologischen Bericht, dass er nicht nur diejenigen Schichten bezeichnet, die den Fund in der Tiefe umgaben, sondern auch solche, die vorher zu durchdringen waren.[19] Eine solche Archäologie des 20. Jahrhunderts zu treiben, Prozesse zwischen historischen Schichtungen und der eigenen Mentalität darzustellen, schließlich aber auch die Entdeckungsprozeduren selbst zu zeigen, die sich in haltbarer Literatur abdrücken – das sind die Spuren eines Textgedächtnisses, das weit über die persönliche Autobiografie hinausreicht. Umgekehrt gesagt: Geschichte wird in den eigenen Geschichten herstellbar, diese wiederum verbergen die Autorin im fiktionalen Gewand.

Mit den Bildwelten soll überhaupt gegen Utopien gearbeitet werden, die bei Herta Müller im Verdacht des fortgesetzten Totalitarismus stehen (HS 50). Die Utopie, zumal im singulare tantum, zielt auf nichts als starre Uniformierung und usurpiert Geltung nur auf Kosten des Lebens. Gegen das große Ganze und gegen den Alb-

---

[18] Systematisch hat diesen Gedanken der erkenntnistheoretische Konstruktivismus ausgearbeitet: Wahrnehmung, selbst von sogenannten rohen Sinnesdaten, ist auch Mit-Konstruktion, Überformung des Wahrgenommenen, was ebenso für die Selbstwahrnehmung nebst Erinnerungstätigkeit gilt. Dazu nur der simple programmatische Satz von Humberto Maturana: „Wir erzeugen die Welt buchstäblich, indem wir sie wahrnehmen." (H.M.: *Die Organisation und Verkörperung von Wirklichkeit.* Braunschweig 1982, S.269, für die allgemeinere philosophische Grundlegung vgl. Ernst Cassirer: *Philosophie der symbolischen Formen.* Berlin 1923-1931. Gleichwohl denkt Herta Müller solcherlei Konstruktion von Wirklichkeit immer im unhintergehbaren Machtdiskurs.

[19] Walter Benjamin: GS IV, S.400f. Hg. von T. Rexroth, Frankfurt a.M. 1972

traum der praktizierten Utopie gilt es, den eigenen Lebenszusammenhang in Schriftbildspuren zu gewinnen: „Leben wir also. Aber man läßt uns nicht leben. Leben wir also im Detail“ – so wird Ionesco zitiert (HS 61). Geltung hat der Augenblick, der den zweckrationalen Zeitfluss unterbricht. Darin liegt seine ästhetische Chance: Augenblicke, Splitter, durch ein Partikular gesehen, sprengen die gewohnte Perspektive und ermöglichen neue Orientierung: „Dann geht man kurz und ohne Grund, so plötzlich wie ein Augenaufschlag, in einen anderen Zusammenhang.“ (TS 135). Anders als in der klassisch-modernen Erinnerungsliteratur – mit Prousts Madeleine-Episode als berühmtestem Stück von Vergangenheitsblitz – stehen die kleinen Epiphanien Herta Müllers gleichberechtigt in einem Erzählablauf, den sie dann zum Standbild abbremsen, um heterochrone und heterotope Dinge zu verbinden und die Ordnung der Dinge zu unterlaufen.

Diese Strategie wird hier aus dem Formenkanon klassischer Moderne aktiviert zugunsten des Subjekts, das inmitten eines unberechenbaren, unsteten Schriftmediums verschwindet und im bzw. als Kunstmaterial einzig noch die Möglichkeit von Differenz findet, von Schutzmechanismen schließlich gegen das erkennungsdienstliche Interpretieren. Und in diesem konspirativen Diskurs gegen alle Polizeiästhetik mögen der Autorin ihre eigenen Texte gelegentlich verschlüsselt bleiben, wie das bei aller Kunst der Fall ist, die das Andere, ihr Fremde in sich trägt. Ohne ein Drittes der Versöhnung zu bleiben, das ist ihre offene Wunde – ohne jedes „Was bleibt“ etwa der wiedergefundenen, authentischen Selbstschrift Christa Wolfs. Das Material, die Bilder, die die Schriftgrabungen geleiten, entfaltet dabei ganz eigene Perspektiven und Gesetze, deutet Gefahren des Spiels und seine Reize gleichermaßen an. Dies entspricht den Spaltungen des Subjekts unter Bedingungen der Macht, was sich noch in den Anfängen des Aufschreibens programmatisch zeigt: „Doch bevor ich den Satz schreibe, beobachtet mich der Satz“, und Ziel ist es dann im zweiten Schritt: Immer neue Worte und Reihenfolgen in den Worten zu suchen, um das zu treffen, woraus der Satz besteht.“ (TS 35) Was sich im Schreibprozess entfaltet, ist auch analytisches Drama des Satzes – der vielleicht ein sprachliches Fertigteil ist, das fugiert, variiert und in seinen Implikationen entwickelt wird. Das Prozessuale dieser Ästhetik trägt zweifellos noch Spuren der Unterdrückung, die Bewegung der Sätze ist auch anfällig für Instrumentalisierungen: „Es gibt für das, was das Leben ausmacht, keinen Durchblick. Nur gebrechliche Einrichtungen des Augenblicks. Und Zurechtlegungen, die nicht bis zum nächsten Schritt halten.“ (HS 7) Das Ephemere der Sätze, die kleinschrittige Hoffnung und der stete Gehversuch der Silben sind aber der einzig mögliche Sprachentwurf, der der Macht neue Horizonte abringt. Und je stärker sich die Sprachschritte verselbständigen, um so mehr lässt sich an den Grenzgängen und Übertretungen auch eine Lust am Text erkennen, mit weiten Implikationen. Georges Bataille entwirft seine Thanatologie, die Lehre von der grenzüberschreitenden Zerstörungswut der Geschlechter, im Sinne einer Aufhebung der radikalen Individuation des Menschen. Das Ich treibt über die Grenzen der eigenen

Haut hinaus, um damit seine Diskontinuität zu bannen. Sexualität ist ein Mittel dafür, Gewalt ein anderes, beides zusammen am wirkungsvollsten, um die Mauern einzureißen, und schließlich feiert Bataille dies als romantische Entgrenzung, als unio mystica.[20] Weniger emphatisch, doch aber mit versteckter Option sind entsprechend Herta Müllers Bilder nicht nur todesnahe, verzweifelte, aggressive Visionen eines an Repressalien leidenden Menschen, wie dies in der Literatur fast einhellig durchdekliniert wird.[21] Denn so schließt zwar das Übertreten der Grenzen auch die eigene Vulnerabilität mit ein und gibt es Hinweise auf das Bedrohliche dieser 'Osmose' (in den *Niederungen* ist die Rede von der „Angst, daß durch diese offenen Knie der Tod in mich hineinfindet", N 24). Dennoch liegt in dieser Offenheit des Sprachbildergemisches auch eine romantische Fluchtphantasie. Wenn es heißt: „Und in jedem Alter gibt es die Wahrnehmung, die sich erfindet. Das, was wir sehen, überschreitet seine Grenzen" (TS 15), so ist dies nicht mehr Thanatografie, sondern wird die Entregelung der Sinne und das Überschreiten der semantischen Verabredungen gelegentlich zum Beginn des Schönen, als Einbruch des inkommensurabel Subjektiven in die gewalttätige Prosa der Verhältnisse.

Die Machtbedingungen ändern sich zwar teilweise 1987, als Herta Müller sich auch nach etlichen Verhören, Denunziationen und Ermordungen von Freunden der Aufforderung, mit der Securitate zu kooperieren, nicht fügt und nach Berlin übersiedelt. Das Gedächtnis lässt sich damit nicht außer Kraft setzen: Auch die folgenden Erzählbände handeln von Macht, Denunziation, Ausspioniertwerden und Flucht oder Schrift als Gegenstrategie (*Der Fuchs war damals schon der Jäger*, 1992, auch als Filmfassung) und *Herztier*, 1994), sodann vom unbequemen Einrichten in der westlichen Welt oder in den politischen Parolen der bundesrepublikanischen Gegenwart (*Reisende auf einem Bein*, 1989). Damit wird nicht nur Banatschwaben, sondern auch der Westen als eine Alltagstextmaschine gezeigt, die verdrängend oder verharmlosend die eigenen Katastrophen schluckt. Auch hier gilt es, das Ich als Schriftprodukt neu zu verfassen, es als Konflikt zwischen der Alltagssprache und der eigenen Wahrnehmung neu zu erfinden oder in intertextuellen Gewändern zu verbergen.

Dabei entstehen Bilder, die aufgrund ihrer Verfremdungskraft auch einen gefährlich schönen Reiz bieten, bis hin zu experimentellen Formen jenseits des Erzählgenres, die zum Beispiel in dem Bild-Wort-Collagebänden *Der Wächter nimmt seinen Kamm* (1993) und *Im Haarknoten wohnt eine Dame* (2000) erprobt werden, in denen Landschaftsausschnitte oder Alltagsbilder, eigene Zeichnungen, Zeitungsausrisse oder Schnipsel miteinander konfrontiert und zu (Bild-) Gedichten aufgeboten werden, die

---

[20]Vgl. Georges Bataille: *Der heilige Eros*. Frankfurt a.M. 1979, S.13-29

[21]Vgl. stellvertretend Eke 1991, S.74-94; die Texte entwerfen demnach Todeslandschaften als „Nach-Schrift des Todes, der bis in die Beschreibung der Gegenstände präsent bleibt und in den Naturschilderungen gegenwärtig ist" (S.78).

keinen großen Zusammenhang mehr geben, sondern zerstörte Ordnungen präsentieren.[22] Vor allem aber ist es das essayistische Werk, das seit Mitte der 90er Jahre Themen der Lebenserzählung, poetologische Überlegungen und erzählte Bilder verknüpft. Von den gelegentlich schon zitierten Bänden *Der Teufel sitzt im Spiegel* (1991), *Hunger und Seide* (1995), *In der Falle* (1996) bis zu *Der König verneigt sich und tötet* (2003) perennieren bis zur Gegenwart die nachhaltig greifbaren Erfahrungen mit der Macht, die in Schrift, in Sprachbildern oder in der Form poetologischer Essays mit erzählerischen Einsprengseln durchgearbeitet werden. Körperspuren der Verhöre bleiben der Ästhetik des fremden Blicks (vgl. K 130-150) eingezeichnet, ein untilgbares Schmerzgedächtnis, das Motor des Schreibens bleibt:

> Weil der Verfolger nicht nur körperlich anwesend, sondern auch aus den intimsten Dingen heraus, die ihn personifizieren, beobachten kann, fühlt sich der Bedrohte, was immer er in seiner Wohnung mit sich und seinen Gegenständen tut, mit dem Verfolger Aug in Auge und beobachtet sich und ihn gleichzeitig. Es entsteht ein wechselwirkendes, aufeinander lauerndes Geschau beider Seiten, ein wild geschlossener Kreis. Der Magnetkreis, aus dem die eine Seite die andere nicht herauslassen kann. Am gefährlichsten ist der Magnetkreis beim Verhör. (K 139)

So wie das „unüberschaubare Konstrukt" (K 139) bzw. der Unterstellungszusammenhang des Anklägers und Inquisitors ein Textmotor ist, um die Fäden der Untersuchung in der Hand zu halten, lässt sich Herta Müllers Kunststrategie als ein Mitspinnen von Fäden in einem unabsehbaren Rhizom beschreiben. Der fremde Blick ist dann kein freies Spiel, wie es westliche Autoren gerne als Differenzqualität zu Alltagstätigkeiten gefasst haben, und die Wahrnehmung, so erfinderisch sie sein mag, ist kein artistisches Sichergehen in einem Möglichkeitsraum,[23] auch kein Außen des Lebens,[24] sondern im günstigsten Fall eine Mitschrift, ein Durcharbeiten von Textgeweben und ihr Umlenken in jene Vielheiten, wie sie Deleuze und Guattari als Strategie beschrieben haben:

> Bildet Rhizome und keine Wurzeln, pflanzt nichts an! Sät nichts aus, sondern nehmt Ableger! Seid weder eines noch multipel, seid Mannigfaltigkeiten! Zieht Linien, setzt nie

---

[22] Dazu Norbert Otto Eke: *Schönheit der Verwund(er)ung. Herta Müllers Weg zum Gedicht.* In: text + kritik H. 155 (2002), S.64-79

[23] Dies hieße in der Tat, Herta Müller auf westliche und autonomistische Schreibweisen festzulegen (in diesem Sinne noch viele Interpretationen in dem Band von Eke 1991, a.a.O.) – mit denen sie zwar vertraut ist, die sie jedoch unter Bedingungen von Macht umformt.

[24] Die Auffassung ‚einer' Welt von Dichtung und Wirklichkeit bzw. ihrer unauflöslichen Verknüpfung (was sich in der Tat nicht auf zustimmende Mimetik reduzieren lassen muss, sondern hier in kritischer Variante zu lesen ist) vertritt in Bezug auf Herta Müller auch Friedmar Apel: *Wahrheit und Eigensinn. Herta Müllers Poetik der einen Welt.* In: text + kritik H. 155 (2002), S.39-48.

einen Punkt! Geschwindigkeit macht den Punkt zur Linie! Seid schnell, auch im Stillstand! Glückslinie, Hüftlinie, Fluchtlinie.[25]

Darin liegt kein anschmiegsames Konzept der Anpassung, vielmehr gehört es zum Taktikrepertoire gegen das Trauma, Konjunktionen zu bilden, das ‚und' zu verwenden, Allianzen durch Wörter zu schmieden und damit Fluchtlinien bilden. Nun mögen sich auf den ersten Blick stärkere Parallelen zum Heiner Müller zeigen, als der Autorin wohl lieb wäre. Nicht leugnen lässt sich eine gemeinsame Grundtendenz, vorgefundenes Sprachmaterial neu zu kombinieren und dadurch Machtstrukturen zu hinterlaufen. Nur die Frage des Abstandes zur Wirklichkeit und wohl die unterschiedlich starke Tendenz zur Distanzierung des Materials von Schrift und Bildern hält beide auseinander – den DDR-Vorzeigeautor, der alles zum Zeichen zerschlug und daraus Material für Textkörpermaschinenlandschaften gewann, und die Rumänien-Exilantin, die Körperspuren des Schreibens anders als Heiner Müller mit einem unmittelbaren Erfahrungsbegriff verbindet. Sinnzerstreuung als Widerstand aber, das Pochen auf die Eigendynamik der Metapher[26] oder die Idiosynkrasie des Ideogramms bei Herta Müller sind allemal vergleichbare Kunststrategien, mit Unterdrückung umzugehen. Emphatische Gegenwelten lassen sich mit dieser Strategie nicht beschwören, man bedient sich einer anderen List. Es ließe sich, in Umkehrung eines Satzes von Kafka – „schon das Erinnern ist traurig, wie erst sein Gegenstand!"[27] – sagen, dass die Kunst der memoria bei Herta Müller sogar etwas gefährlich Schönes hat: Sie trassiert eine Fluchtlinie, die noch der politisch-gesellschaftlichen Maschine zugehört, die sie bekämpft, und ist kraftvoll genug, daraus eigene Funken zu schlagen. Inmitten der politischen Verhältnisse ermöglicht die Bewegung der Bildzeichen ein ästhetisches Partisanentum[28] in einem Blumengarten des Bösen, in einem Bestiarium der Bilder, die mit allem Reiz aus den Alltagserfahrungen gewonnen sind und noch selbst zum Gefängnis gehören. Immerhin kann man dessen Wächter täuschen – indem man die Mauern des Gebäudes stets umbaut, Spuren legt, sie dementiert, mit neuen Bildfaltungen die Schablonen narrt, um so schließlich das Trauma in das Spiel zu zwingen.

---

25 Gilles Deleuze/Félix Guattari: *Tausend Plateaus* (1990). Berlin 1997, S.41

26 Die Metapher, nach einem von Heiner Müller gern zitierten Lichtenberg-Satz klüger als der Autor, ist als semiotischer Umschlagplatz eine „Sichtblende gegen das Bombardement der Bilder" (*Heiner Müller Material*, hg. von Frank Hörnigk. Leipzig 1990, S.31), insofern sie diese nach ihren eigenen Materialgesetzen prägt. Dem entspricht die „Eigenbewegung des Materials" der Darstellung überhaupt (ebd.), die sich von der Autorintention emanzipiert.

27 Franz Kafka: *Beschreibung eines Kampfes.* In: *Sämtliche Erzählungen*, hg. v. Paul Raabe, Frankfurt a.M. 1970, S.213

28 Vgl. Markus Steinmayr mit unübersehbarem Carl-Schmitt-Akzent (*„Ich wollte in der Tiefe der Bilder verschwinden" – Bildlichkeit als Lust am Text. Ein Versuch über Herta Müllers* Der Teufel sitzt im Spiegel oder Wie Wahrnehmung sich erfindet. In: Ralph Köhnen (Hg.): *Der Druck der Erfahrung treibt die Sprache in die Dichtung. Bildlichkeit in Texten Herta Müllers.* Frankfurt a.M. 1997, S.139-153, hier S.140ff

Susanne Knoche

Generationsübergreifende Erinnerung und der Holocaust II. *Die Tochter* von Maxim Biller

Wollten sie alle in Wahrheit nur ihre Spuren in die Vergangenheit verwischen?

Gegenwartsliteratur von Autoren deutscher Sprache, die zu meiner Nachkriegsgeneration gehören, geboren um 1960, bis hin zu der von den Jahrgängen, die über ihre Eltern nicht mehr biografisch mit WK II, NS und KZ verbunden sind, „muss sich danach befragen lassen, wie sie sich der ‚Klärung und Aufarbeitung kollektiver oder individueller Schuld' (Jochen Vogt) an dem im NS-Staat gegangenen Genozid an europäischen Juden stellt".[1] Damit wird die Frage nach der ‚zweiten Schuld' (Ralph Giordano), die aus der „unmittelbar nach Kriegsende in der deutschen Bevölkerung einsetzende[n] und in den ersten Jahrzehnten der damaligen BRD fortdauernde[n] Verdrängung von justitiabler und nicht justitiabler Schuld" resultiert (ebd.), ins Zentrum literaturwissenschaftlicher Betrachtung von Literatur nach 1945 gestellt.

Diese Frage habe ich in einem früheren Aufsatz an Literatur von Autoren deutscher Sprache der Kriegsgeneration gerichtet, nämlich an *Jahrestage* (1970/1971/1973) von Uwe Johnson (*1934) und an *Die Ästhetik des Widerstands* (1975/1978/1981) von Peter Weiss (*1916). Die Frage nun wiederholend, wird wieder ein Autor mit einem Roman aufgegriffen, der zu den anderen gar nicht passen will. Er ist jünger (*1960), ein Autor aus der zweiten Generation nach Kriegsende, er wurde in Prag geboren, sein Roman *Die Tochter* (2000) ist sein erster, und er hat in der Rezeption noch nicht nachhaltig überzeugt. In seinem Roman geht es um Traumatisierung durch Kriegs- und Foltererfahrung in der gegenwärtigen Generation und um Traumatisierung durch den Genozid an europäischen Juden und durch Kriegs- und Vertreibungserfahrung in der vorangegangenen Generation. Während in Johnsons und Weiss' Romanen „Traumata, die als ‚transgeneratives Phänomen' (Weigel) den Erinnerungsdiskurs mitbestimmen",[2] die Wahrnehmung und die Erinnerung der Figuren zwar entscheidend prägen, aber in den Romanerzählungen nur einen Erzählaspekt neben anderen darstellen, steht in Billers Roman die Erzählung über das Erleben posttraumatischer Krankheitssymptome und die Traumatisierung der Figuren im Vordergrund. In Johnsons Roman geht es um die Traumatisierung einer deutschen Mutter durch Miterleben der Verfolgung und Ermordung von Juden und die Übertragung des traumatischen Erlebens auf ihre Tochter und deren Erinnerung an ihre Kindheit im nationalsozialistischen Deutschland für ihre Tochter, das Enkelkind. In Weiss' Roman geht es um die Traumatisierung einer deutschen jüdischen Mutter durch ihr

[1] Susanne Knoche: *Generationsübergreifende Erinnerung an den Holocaust:* Jahrestage *von Uwe Johnson und* Die Ästhetik des Widerstands *von Peter Weiss.* In: Johnson-Jahrbuch 9, hg. von Ulrich Fries/Holger Helbig/Irmgard Müller. Göttingen 2002, S.297.

[2] Ebd. S.298.

eigenes Miterleben des Genozids und die Auswirkungen dessen auf ihren Mann und ihren Sohn, den Ich-Erzähler. In Billers Roman geht es um einen im Libanon-Krieg traumatisierten Israeli in Deutschland, über das Leben seiner deutschen jüdischen Eltern in Israel und ihre Traumatisierung durch Verfolgung im nationalsozialistischen Deutschland, über einen deutschen Großvater, einen traumatisierten Soldaten, seine albtraumartige Ehe und seine Tochter, mit der der israelische Mann eine deutsche jüdische Tochter hat. Um einen Diaspora-Juden als Erzähler und seine Erzählfigur, einen israelischen Juden. Die Erzählung bietet eine überbordende Vielzahl an Geschichten auf, um ihr Thema zu verdeutlichen, aber es gelingt ihr auch, Menschen, die durch Gewalterfahrung, Verfolgung und erzwungene Migration traumatisiert wurden, in der Gegenwart der BRD erwartbar erscheinen zu lassen. Die Überfrachtung des Romans durch das Vexierspiel postmodernen Erzählens, das der Autor mit Erzähler, Protagonist und Leser spielt, kann die Schlüssigkeit seiner Argumentation nicht verstecken: Von Vorfahren, die Gewalt erlebt haben, ob als Täter oder als Opfer, stammen Kinder, die zu Tätern an anderen Opfern werden können, welche wieder zu Tätern werden können, zuallererst an ihren eigenen Kindern.

Im Folgenden wird in einem vorangestellten Exkurs in die Psychoanalyse das Phänomen transgenerativer Traumata beleuchtet. Dann wird rekonstruiert, was der Roman über die Traumatisierung der Hauptfigur Motti erzählt in der unmittelbaren Gegenwart und der kürzlichen Vergangenheit. Mottis Geschichte wird ergänzt durch die seiner Frau Sofie, beide gehören zur Gegenwartsgeneration, und stellvertretend für diese soll ihr Umgang mit traumatischen Symptomen untersucht werden. Die Analyse wird auf die Geschichte von Mottis und Sofies Eltern ausgedehnt, hier interessieren Ursachen und Phänomene der Traumatisierungen in der ferneren Vergangenheit ebenso wie ihre Anerkennung oder Verdrängung in der Gegenwart, besonders aber ihre Auswirkungen auf die Nachfolgegeneration. Sodann wird die Tragfähigkeit der Erzählkonstruktion geprüft und nach den Motiven des Erzählers gefragt. Diese Frage wird auch an den Autor und an die Rezeption seines Romans gestellt. Ziel ist eine fundierte Beurteilung von *Die Tochter* als einem Roman, der in seiner Fokussierung auf Trauma-Geschichten eine „reflexive Epochendarstellung“[3] bzw. ein Erinnerungsroman sein könnte.

Generationsübergreifende Erinnerungen

Erinnerungen, die schmerzen, werden in der Psychoanalyse als Traumata beschrieben.[4] Sigmund Freud differenzierte in *Jenseits des Lustprinzips* (1920) das Phänomen einer „traumatischen Neurose“ als „Kriegsneurose“ und „Schreckneurose“;[5] beiden

[3] Klaus Briegleb: *Vergangenheit in der Gegenwart. Gegenwartsliteratur seit 1968*. Hg. von Klaus Briegleb/Sigrid Weigel. München 1992, S.107.

[4] Susanne Knoche 2002, S.304-307; hier gekürzte und punktuell vertiefte Fassung.

[5] Sigmund Freud: *Jenseits des Lustprinzips. Psychologie des Unbewußten*. Studienausgabe Bd. III. Hg. von Alexander Mitscherlich/Angela Richards/James Strachey. Frankfurt a.M. 2000, S.222f.

gemeinsam sind Symptome allgemeiner seelischer Zerrüttung, Fixierung des Traumlebens an das Trauma und Erschütterung der wunscherfüllenden Traumfunktion. Er beschreibt das Trauma als eine „Überschwemmung des seelischen Apparates mit großen Reizmengen", die „nicht mehr hintanzuhalten [ist]; es ergibt sich vielmehr eine andere Aufgabe, den Reiz zu bewältigen, die hereingebrochenen Reizmengen psychisch zu binden, um sie dann der Erledigung zuzuführen".[6] Gegenwärtig setzt sich ein aus dem psychoanalytischen Kontext heraustretender Trauma-Begriff durch:

> Trauma wird heute allgemein auf soziale Brüche, physische und psychische Verletzungen, aber eben auch auf historische Kontexte bezogen. Trauma steht für das Ereignis der Zerstörung selbst wie für die unmittelbare Reaktion auf das Ereignis, also die Verletzung, sowie darüber hinaus für die spezifischen Nachfolgen.[7]

Dabei kann „das Verhältnis von Ereignis, Erfahrung und traumatischen Nachfolgen nur individuell, biographie- und persönlichkeitsbezogen beschrieben werden" (ebd.). Das Interesse an der Erforschung von Traumata erhielt seine besondere Bedeutung „zunächst und zuallererst aus der Nachgeschichte von Krieg und Shoah";[8] das Bezugsfeld hat sich dann aber im Zusammenhang von ethnischen Vertreibungen und Kriegen, von sexuellem Missbrauch und familiärer Gewalt vervielfältigt. Aufgabe der Literaturwissenschaften ist es, die „in zahlreichen Texten der Literaturgeschichte [zu findenden] Beispiele literarischer Gedächtnisfiguren" zu untersuchen, die solche Erinnerungsleistungen beschreiben, wie sie die Psychoanalyse anerkennt: Träume, Neurosen und eben Traumata.

Im Zusammenhang der Untersuchung von generationsübergreifender Erinnerung in der Literatur rückt der Begriff der ‚transgenerationellen Traumatisierung' ins Zentrum der Aufmerksamkeit. In den achtziger Jahren ergab sich „aus der therapeutischen Arbeit mit Überlebenden und ihren Kindern, ebenso wie mit Kindern von Tätern, das Phänomen einer ‚transgenerationellen Traumatisierung' [...], das auf ein verbreitetes ‚Fortwirken des Nationalsozialismus im Unbewußten' hindeutet".[9] Hier wird die Nachträglichkeit der Symptombildung auch generationsübergreifend wirksam, wie Weigel am Begriff der ‚Télescopage im Unbewußten' veranschaulicht. Sie stützt sich auf den Begriff ‚telescoping' von Haydée Faimberg. Er „erinnert an einen Begriff aus der Frühzeit des ‚somatischen Traumas'. Als telescopage bezeichnete man nämlich die Form der teleskopartig ineinandergeschobenen Waggons bei den Eisenbahnunfällen des 19. Jahrhunderts. [...] Während mit der Diagnose von ‚Spätschäden' [...] Stö-

---

[6] Ebd. 239.

[7] Kristin Platt: *Historische und traumatische Situation.* In: *Gewalt: Strukturen, Formen, Repräsentationen.* Hg. von Mihran Dabag/Antje Kapust/Bernhard Waldenfels. München 2000, S.261f.

[8] Sigrid Weigel: *Télescopage im Unbewußten: Zum Verhältnis von Trauma, Geschichtsbegriff und Literatur.* In: *Trauma: Zwischen Psychoanalyse und kulturellem Deutungsmuster.* Hrsg. von Elisabeth Bronfen/Birgit R. Erdle/Sigrid Weigel. Köln 1999, S.51-76, hier S.51.

[9] Weigel 1999, S.64; sie zitiert aus Werner Bohleber: *Das Fortwirken des Nationalsozialismus in der zweiten und dritten Generation nach Auschwitz.*" In: Babylon 7 (1990), S.70-83.

rungen erfaßt werden, die mit deutlicher Nachträglichkeit [...] auftraten, [...] so wird in der Geschichte traumatischer Symptome (nach 1945) dieses Phänomen [...] zunehmend durch die transgenerationellen Formen der Traumatisierung, d.h. ‚Auffälligkeiten' bei Personen, die nicht mehr selbst bei den betreffenden Ereignissen beteiligt waren, abgelöst."[10] Diese ‚Auffälligkeiten' markieren die Übertragung von Traumatisierungen auf die nachfolgende Generation, und auch Billers Roman handelt von solchen ‚Spätschäden' und ‚Auffälligkeiten' der Figuren.

Was erzählt wird

Ein Tag im Leben von Motti Wind, der mit einer Plastiktüte und einer Videokassettenhülle in München unterwegs ist, und in Rückblenden sein ganzes Leben. Ein Traum. Ein lebenslanger Albtraum.

Der Tag

Mordechai Wind, genannt Motti, liegt im Bett und glaubt, seine Tochter zu erkennen in einem Sex-Video, durch das er sich stimulieren lässt. „Als Motti Wind nach zehn langen, bedrückenden Jahren seine Tochter Nurit wiedersah, hatte sie fast gar nichts an."[11] Der Romananfang eröffnet schockartig und zugleich subtil das Thema; er zeigt die langjährige Trennung von der Tochter, die personale Verelendung des Vaters. Weil er an sie denkt, glaubt er, sie in dem Video wieder zu erkennen. Die Imagination ihrer Erscheinung schiebt sich, „wie der Mond bei einer Sonnenfinsternis, zwischen Motti und den Rest der Welt". (12) Motti glaubt in dem Video-Mädchen seine Tochter wieder zu erkennen.

> Mein Gott, wie jüdisch sie aussah, dachte er erschrocken [...]. Auf einmal erkannte er alles wieder bei ihr, sein eignes schmales, ein wenig zu kleines Gesicht, die eng beieinanderstehenden Augenbrauen, [...] nur ihre Haare waren immer anders gewesen als seine, sie waren aschblond [...]. Sie sind dunkel geworden, murmelte Motti. (13f)

Mottis Wahrnehmung ist – um im Bild zu bleiben – überschattet von wiederkehrenden Verfinsterungen. In den Momenten der Wahrnehmungsverdunkelung überfallen ihn Erinnerungen. Diese Zwischenzonen des Bewusstseins sind ihm Bedrohung und Refugium, sie ängstigen ihn und sie schützen ihn vor der Wahrnehmung seiner selbst. Sie treten als freiwillige oder unfreiwillige Rückblenden in seine Vergangenheit als israelischer Soldat, seine Kindheit in Israel, sein Leben mit Sofie und der Tochter in Deutschland in Erscheinung. Diese Rückblenden und Flashbacks erzählen Mottis Leben, ohne sie wäre der erzählte Tag für den Leser langweilig, monoton, scheinbar ohne Zusammenhang. Denn es passiert fast gar nichts, alles ist schon passiert, das macht den Tag für Motti so unberechenbar und so spannend für den Leser.

---

[10] Weigel 1999, S.65f.

[11] Maxim Biller: *Die Tochter.* Roman. Köln 2000, S.11; im folgenden werden Zitate im Text nur mit Seitenangabe in Klammer belegt.

Als Motti an diesem Tag aufsteht, ist es bereits mittags. Er muss abends Unterricht geben. Nach dem Frühstück geht er zur Videothek, das Video zurückgeben, nimmt die Videohülle mit dem vermeintlichen Bild von Nurit an sich, wird von der Verkäuferin gestellt, schreit sie an, bespuckt sie. Lässt sich mit einem Taxi zum Flughafen fahren, er könnte einen Flug nach Israel nehmen. Für den Fall macht er schon mal eine Abrechnung.

Drei Posten kann er auf der Positiv-Seite vermerken: Er hat in München Deutsch, „die Muttersprache seiner Eltern" (91) erlernt. Er hat hier „von einem Tag auf den anderen den Krieg vergessen", „praktisch aus seinem Gedächtnis gelöscht" (92). Und er hat seine Tochter hier bekommen, sein „Mädchen, seine Buba, sein Herz", er denkt an ihre „Lippen", an ihren „Nacken", an ihre „Händchen", an ihre „Umarmungen", an ihre „kleine warme Möse" – und muss, will er zu sich ehrlich sein, sein „Mädchen" auch gleich auf die Negativ-Seite setzen (93), was er aber beiseite schiebt. Als das Taxi am Flughafen hält, sucht er nach seinen Tabletten; der Taxifahrer sagt ihm, er solle aufhören um sich zu schlagen.

Motti fährt mit der Bahn zurück in die Münchener Innenstadt. Sein Kopf schüttelt unwillkürlich. „Es wirkte wie ein Zittern, wie der nervöse Tick von jemandem, der im Krieg ein tagelanges Bombardement hatte durchstehen müssen." (112) Er erinnert sich an seine Ausbildung zum Religionslehrer und an den *Wegweiser zur Thora* eines Raw Piterbaum,[12] dessen Credo lautet, dass „die Kinder wie ihre Väter werden und die Väter wie ihre Väter" (ebd.). Motti hadert mit Gott:

> Wieviel hatten die Gebete ihm und Nurit bis jetzt genutzt? [...] Wer hat die toten Kameraden deines Soldaten beschützt? Wer, du alter Dummkopf, hat unsere Einheit vor der Fatah und ihren schmutzigen Tricks beschützt? Wer hat den Hurensohn Muamar vor Eli und mir beschützt? Wer hat damals Abas Eltern und ihre Geschwister beschützt, als man sie wegbrachte? Wer hat die Familie meiner Mutter vor dem Irren aus der Jewish Agenvy beschützt? Wer, du verlogener Idiot, hat meine Tochter beschützt? Wer mich? (120f)

Er will nicht Hiob sein (ebd.). Die Rückblicke in das gemeinsame Leben mit Sofie und die Vorausblicke in die Situation in Puchheim – Frau Gerbera erwartet ihn dort als Lehrer für ihre Konvertierung zum Judentum, als Zuhörer für ihre Geschichten über ihren Vater, von dem sie „in einer von diesen lächerlichen Himmlerschen Züchtungsanstalten gezeugt worden war" (139), der „die Einverständniserklärung für den Vaterschaftstest [verweigerte], dieses Schwein" (143), und sie erwartet ihn als Sexpartner, den sie ein Schwein nennen wird, sollte er sich ihr verweigern – sie verstärken Mottis Ausblendung der Umgebung, lassen die Innenwelt sein Bewusstsein überwältigen, die Szene in der „brennenden Sonne von Al-Biah" überfällt ihn, alles in ihm brüllt ihn an: „Schwein-Schwein-Schwein. Schwein. Schwein ..." (148), schwillt an, trifft, ebbt ab, wie die Überflutung des Bewusstseins durch ein Trauma.

[12] Autor und Titel sind nicht nachweisbar.

Im Hauptbahnhof angekommen, verstärken sich die Symptome. In dieser Situation begegnet er einem Bekannten, dem Ich-Erzähler seiner Geschichte, er weicht ihm aus in eine Kneipe und wird durch die Erinnerung an einen Brief seines Freundes Eli wieder mit der Folter-Szene konfrontiert. Er verliert die Orientierung, kann seinen Körper nur mit großer Kraftanstrengung kontrollieren, halluziniert Nurit im Sexvideo. In diesem Moment spricht ihn sein Bekannter an. „'Motti!' sagte ich. ‚Wie geht's?"' (201) Motti weint, entwindet sich dem Ich-Erzähler, der von ihm weiß, dass Motti sich endlich erinnert, „diesmal wirklich an alles!" (204). Motti will nach Hause. Er friert, schwitzt, es drängen sich ihm „Umrisse einer in seinem Gedächtnis längst verschütteten Szene" auf (227), ein zweiter Kopf in seinem Kopf. Angst überfällt ihn. Er schafft es, in die Straßenbahn einzusteigen, um gleich wieder seinem Bekannten zu begegnen und ihm dann zu entwischen. Motti will in die Amalienstraße, wo er mit Sofie und Nurit wohnt oder gewohnt hat, denn er hat jetzt einen Plan. Er will, dass Nurit „schon heute Nacht mit diesem Dreck aufhörte, mit diesen Schweinereien" (277). Ungehemmt von Erinnerungsschüben, Anklagen an Gott, Rückversetzungen in das mit Eli begangene Massaker, Einblendungen von Nurits zunehmender Verelendung, ihres ‚schweinischen' Verhaltens, erreicht Motti die Wohnung. Eine Frau lässt ihn ein. Er spricht sie als Sofie an, es ist aber Sarah, die dort mit einem Mann und einer Tochter lebt, die nicht Nurit ist. Motti sagt zu sich, „wenn das alles hier kein Traum ist" (351), dann ist es „wie ein Albtraum" (364). Mit größter Anstrengung gelingt es ihm die Angstattacken zurückzudrängen, zum Preis seiner Bewusstseinsverfinsterung.

Motti kommt in seinem Zimmer wieder zu sich. „Als Motti seine Augen aufmachte, begann es draußen bereits wieder dunkel zu werden" (424). Alles nur ein Traum? Ein lebenslanger, austauschbarer Alptraum? Auf dem Bildschirm gegenüber von seinem Bett ist noch ein Standbild des letzten Videos zu sehen. Es „zitterte leicht, aber er konnte sie genau erkennen – er sah ihr schmales polnisches Gesicht, die eng zusammenstehenden Augenbrauen, die dunkle lange Nase, die blassen Lippen. Alles war wie vorhin, bevor er eingeschlafen war, nur ihr Haar kam ihm heller, lockiger vor." (425) Er startet das Video wieder; alles geht von vorn los.

Mottis Geschichte

Mottis Geschichte ist durch den Libanonkrieg geprägt. Motti hat in Israel seinen Armeedienst hinter sich gebracht und will danach ins Ausland. Er will dem andauernden Kriegszustand in seiner Heimat für eine Weile entkommen. Doch dann bekommt er einen Einberufungsbefehl, und seine erste Auslandsreise führt ihn, zusammen mit Eli, dem Freund aus Kinderzeiten, in einem Panzer in den Libanon, auf Beirut zu. Es ist aber auch das erste Mal, dass er zum Schießen eingesetzt wird: „Bei jedem Schuß, den sie abfeuerten, [...] bei jedem gellenden, angsterfüllten Triumphschrei, den der irre gewordene Eli an seiner Kanone über ihm ausstieß, wurde Motti übel, er schwitzte und zitterte wie ein Fieberkranker" (15). In Al-Biah geraten sie in einen Hinterhalt, sie treffen auf Schiiten, die keine sind. Aus Eli und Motti bricht durch die Todesgefahr brutalstes Verhalten heraus. Eli spricht es in seinem einzigen Brief an Motti an. Er fragt direkt nach ihrer Tat:

> Wessen Idee war es eigentlich, mit ihm das Itzig-Spiel zu spielen? Ich kann mich nur noch erinnern, wie verrückt vor Angst wir waren [...]. Ich weiß auch, wie wir hinterher vor ihm standen, jeder mit seiner Galil im Anschlag, wie wir gebrüllt haben und wie es immer hin und her ging, einmal ich, einmal Du, und wie nichts passierte, wie es ewig Null zu Null stand. Ich glaube, ich hatte bald genug, aber Du warst so verwirrt, Du wolltest einfach nicht aufhören, und darum habe ich auch weitergemacht, ich habe immer wieder auf den Abzug gedrückt, das Magazin rausgezogen und jedesmal gebetet, daß die Kugel nicht schnell genug ist, um in die Kammer zu rutschen. Wir hatten eigentlich riesiges Glück, ist Dir das klar? Sonst knallt es beim Itzig-Spiel sofort, das hast Du auch gewußt, aber es hat Dich noch wütender gemacht, Du Idiot, und dann bist Du mit bloßen Händen auf ihn losgegangen. Mein Gott, Motti, was haben wir gemacht? Was für eine Ausrede haben wir? Gar keine, verstehst, keine einzige! Wir waren verrückt, und wir werden zur Strafe unser Leben lang verrückt bleiben." (188)

Eli bittet Motti, ihm nie mehr zu schreiben. In Al-Biah hat Motti, als sein Magazin leer war, den Partisanen mit einer „Axt, die hinter ihm im Türrahmen gesteckt hatte" geköpft (299). Der Ich-Erzähler erzählt davon in seiner Geschichte.

Motti entwickelt nach dem Massaker Symptome eines ‚post war trauma'. Er hat Schlaf- und Essstörungen, Arme und Hände zittern, er ist leicht reizbar, kann sich nicht konzentrieren und ist nervös. Deshalb will er endlich die geplante Auslandsreise antreten, lernt während des Flugs Sofie kennen, bleibt bei ihr in München. Er wird ärztlich betreut, bekommt Psychopharmaka. Er kann sich in der Beziehung mit Sofie nicht einrichten, besucht aber mit ihr ihre Eltern, hat mit ihr eine Tochter. Erlebt Angstattacken, Bewusstseinsstörungen. Nimmt von seiner Tochter die Liebe, die Sofie ihm nicht geben kann. Fängt an Nurit zu missbrauchen. In seinen Rückversetzungen vermischen sich Massaker und Missbrauch. „Motti lächelte, weil er gar nicht mehr da war. [...] Motti [hörte] jetzt einfach nicht, es war ihm egal. Es war ihm so egal wie ihm eines Tages Muamars viehische Schreie egal sein würden oder Nurits verzweifeltes Flehen" (49). Details des Massakers und des Missbrauchs durchbrechen immer wieder seine Wahrnehmung, aber seine Täterschaft wird ausgeblendet, auf jemand anders geschoben.

> Also gut: Angenommen, es ist passiert, es ist wirklich passiert – dann mußte es auch jemand getan haben. Er selbst war es ganz bestimmt nicht gewesen. [...] Wenn es keiner war, das war doch vollkommen logisch, dann blieb nur einer übrig – *er*. Er-er-er. [...] Der gleichgültige Scheißgott der Juden. (297f)

Die Argumentation scheint bezwingend. Wenn es kein Mensch gewesen sein will, dann muss Gott es gewesen sein. Bevor jedoch die Theodizeefrage wieder gestellt wird, sollte die Übertragbarkeit – und darum geht es hier ja – der Fragestellung beleuchtet werden. Also muss, in der Übertragung der Frage aus der Gegenwart in die

Vergangenheit, nach der Feststellung des Holocaust danach gefragt werden, wer es getan hat. Dann werden mögliche Antworten aus der Theologie oder Philosophie absurd. Wenn es für einen Mord einen Täter geben muss, muss es auch für 6 Mill. Morde Täter geben. Gott ist dann keine schlüssige Erklärung. Wenn aber in der vergangenen Generation diese Frage nicht beantwortet wurde oder nur unzureichend, dann ist sie für die gegenwärtige Generation eine ererbte offene Frage.

Sofies Geschichte

Sie wäre kurz erzählt, wird aber in den Wiederholungen von Beschreibungen ihres unattraktiven Äußeren, ihrer Ausdrucksarmut und ihres zwanghaften Karrieretriebs langatmig ausgebreitet. Sie ist die Hauptbezugsperson für Motti, den israelischen Soldaten auf Rekonvaleszenz in Deutschland, in „Sofies Totenland, wo man sich vor lauter Scheu und Rücksichtnahme gegenseitig immer nur schonte, selten das gesagt wurde, was wirklich war" (95). Sie verkörpert für Motti und den Erzähler den Typ Deutsche, der die historische Tatsache des Genozids an Juden anerkennt und eine folkloristisch gestimmte Sympathie gegenüber Israel pflegt – ohne die eigene Familiengeschichte geschweige denn sich selbst kritisch zu betrachten. Für Motti ist sie fleischgewordene Verdrängung, erkennbar am Symptom alles absorbierender Gefühlskälte.

Motti lernt Sofie während des Flugs von Tel Aviv nach München kennen. Sie erscheint ihm als eine „etwas dickliche, blonde Deutsche" mit einem „fast weiße[n], konturlose[n] Gesicht", sie hat „weiße Hände und Knöchel" und eine „weiße Schulter" (17f). Eine gespensterhafte Erscheinung, die leise und höflich spricht, kaum Regungen zeigt. Sofie ist eine ehrgeizige Studentin. Mottis posttraumatischen Symptomen steht sie abwehrend gegenüber. Sie konvertiert zum Judentum, erzählt es aber ihren Eltern nicht. Von einem Freund auf ihre Konvertierung angesprochen, erwidert sie nur, dass sie jetzt Sarah heiße. Mottis Freunde aus der jüdischen Gemeinde können Sofie-Sarah nicht ernst nehmen, was bei Motti zu einem Wutausbruch führt, einem Symptom tiefer seelischer Kränkung. Die Ehe der beiden kann eine Verständigung der Menschen und Kulturen in der zweiten Generation nach Auschwitz nicht aufbauen, Gefühlskälte verhindert Verständnis.

Mit diesem emotionalen Erbe kann Sofie nicht Mutter sein. Nach der Geburt der gemeinsamen Tochter sieht sie sie kaum, sie stürzt sich auf ihre Arbeit. Für Motti ist das unfassbar. Sofie schreibt an ihrer Dissertation, ihr Doktorvater hält sie hin. Für Motti sind Anzeichen von Nurits Entwicklungsstörung deutlich. Sofie nimmt sie nicht wahr. Ihre Wahrnehmung ist verstellt durch ihre Fixierung auf ihre Arbeit. Erst als dieses Selbstbild nicht mehr aufrecht zu halten ist, bricht sie zusammen. Es ist der Zusammenbruch einer Frau, die sich mit sich und ihrer Vergangenheit nicht auseinandergesetzt hat, für die die anderen an ihrem Schicksal schuld sind:

> Sie fing [...] ganz leise und abwesend mit sich selbst zu sprechen an, als sei sie eine alte Frau, die in den rauchenden Trümmern ihres von Banditen niedergebrannten Hauses

> hockt, während auf der Straße die mißhandelten und verstümmelten Körper ihrer Kinder und Enkel im Dreck liegen, sie jammerte und flüsterte und heulte, ohne dabei ihr wie in Marmor gehauenes Gesicht zu verziehen. (129)

Motti empfindet da noch Mitleid mit ihr, so wie mit anderen deutschen Müttern, die er auf dem Kinderspielplatz trifft. Er hört ihren Urlaubsgesprächen zu und bedauert ihre Emotionslosigkeit, ihre Klagen über kaltes Klima bei kaltem Herzen. Er erschrickt über ihre autoritären Maßregelungen der Kinder, die eine Atmosphäre der Unterdrückung evozieren, die die Mütter als Töchter der autoritätshörigen Großelterngeneration erscheinen lässt, und ihre Kinder, die Enkelkinder, als Gefangene und Misshandelte der Geschichte.

Zu Sofies Arbeitsdruck tritt ein Ereignis hinzu, welches eine diffuse Todesangst in ihr bewirkt, die durch einen unscheinbaren, aber anspielungsreichen Gegenstand ausgelöst wird; nämlich der Reaktorunfall in Tschernobyl und ein danach mit Regenwasser gefüllter Eimer. Motti will ihn ausleeren, Sofie schreit ihn an, es bleiben zu lassen. Der Anblick des Wassereimers löst Aggressionen in ihr aus, auf die ein emotionsloser, physischer Zusammenbruch folgt: „Sie schluchzte und redete mit sich selbst, sie jammerte und fluchte, und dann plötzlich sah sie hoch zu ihm, aber in ihrem Gesicht war keine einzige Träne. […] ‚Weil das unser Ende ist, verstehst du!' schrie sie ihn an, sie schrie diesen Satz immer und immer wieder" (167). Es ist der Abend, an dem Motti beginnt, Nurit sexuell zu missbrauchen.

Sofies Verdrängung von eigenen und fremden Emotionen wird durchbrochen von einer aus der Ferne vage wahrgenommenen und vollständig auf sich bezogenen Todesgefahr; sie scheint deshalb so wirksam zu sein, weil die in der eigenen Generation zu erinnernden, von der vorangegangenen Generation zugefügten und erlittenen Todesdrohungen nicht erinnert werden dürfen, also unter ein Tabu gestellt sind. Zeigt Sofies Reaktion das Symptom einer Verschiebung verdrängter transgenerativer Traumatisierung? Um die Spekulationen zu steigern: Wasser – das Symbol für Unbewusstes; die auffällige Bild-Analogie Wassereimer – Regentonne; der unscheinbare Gegenstand, der in Gesine Cressphahls Geschichte Erinnerungsträger einer zugefügten und ererbten Traumatisierung ist; während Gesine als Kind in das Wasser fällt und beinahe darin umkommt, weil ihre Mutter sie nicht retten kann, will Sofie es nicht ausschütten. Sie will sich nicht mit Erinnerungen konfrontieren, die ihr gefährlich werden könnten, weil sie ihr Selbstbild als Trugbild entlarven würden.

Sofie ist der Typ, der sich abschottet und alles ausblendet: Mottis Angstsymptome, Nurits Entwicklungsverzögerung und schließlich den Kindesmissbrauch.

> Die einzige, die natürlich mal wieder von allem nichts mitbekam, war Sofie, obwohl Nurit sich doch nur wegen ihr so aufführte. Daß sie mittlerweile bei fast jeder Mahlzeit wütend ihr Essen ausspuckte, daß sie oft eine halbe, eine ganze Stunde lang ihre ewiggleichen Zahlenreihen aufsagte, wie eine Idiotin zuckte oder sich unaufhörlich im Kreis drehte […] – das alles schien Sofie nicht zu interessieren. (319f)

Da steht Motti schon kurz vor der Ermordung Nurits. Sofies Geschichte ist die der Übertragung der Verdrängung des Holocaust. Sie ist die der seelischen Erstarrung und emotionalen Leblosigkeit. Sie ist damit auch die Geschichte der Unmöglichkeit einer deutsch-jüdischen Beziehung. Und sie die Geschichte einer passiven Kindesmisshandlung.

Die Geschichte von Mottis Eltern

Mottis Erinnerungsphasen führen ihn auch zurück zu seinen Eltern in Israel, zum Besuch der Eltern in Deutschland und ihrer Begegnung mit Sofies Eltern. Sie verfolgen, ausgehend von einer deutsch-jüdischen Jungfamilie, Abschnitte deutscher und jüdischer Familiengeschichte.

Motti wird in Israel geboren und wächst dort auf. Seine Eltern leben in Ramat Gan bei Tel Aviv. Motti erinnert sich gerne an das Haus mit Vorgarten, seine Zeit als Pfadfinder, an die Restaurantbesuche mit seinen Eltern vor Schabbat, an die lebhafte Geselligkeit seines Vaters und seiner Freunde. Seiner Mutter gefällt sie nicht, zu ihrem Mann sagt sie, „sie hasse seine aufgeblasenen Künstler- und Jounalistenfreunde, die immer noch so täten, als seien sie irgendwo in Polen und Deutschland und nicht hier, in einem vergessenen, staubigen asiatischen Land" (74f). Motti wächst unter europäischen Juden auf, die dem Genozid entkommen konnten. Vater und Mutter sind deutsche Juden, die während der NS-Herrschaft bzw. nach Kriegsende nach Israel ausgewandert sind.

Die Erinnerungen an seinen Vater „Siegfried Israel Wind" (ebd.) sind für Motti die einzigen, die mit vorwiegend positiven Emotionen verbunden sind. Gerne erinnert er sich an die Spiele, die sein Vater als Kind mit ihm spielte, besonders an das Spiel mit einem „großen grünen Plüschfrosch [...], der Bubtschik hieß" (69). Selbst Vater geworden, will Motti Kinderspiele und -erzählungen an seine Tochter weitergeben. Lebenslust und Liebe assoziiert Motti mit seinem Vater. Seine Mutter ist anders. „Sie war viel ernster als Aba – obwohl doch er in den Lagern gewesen war." (71)

Motti wird durch Elis Brief, in dem er ihm auch von einem Besuch bei seinen Eltern berichtet, wieder an die Geschichte seines Vaters erinnert.

> Er erzählte, wie sie (ich glaube, es war in Hamburg) bis zum letzten Tag für die Juden Theater gespielt hatten und später im Lager, und natürlich mußten sie für die Nazimänner Extravorstellungen geben. Er sagte, daß er ihren Applaus genauso genossen hat wie den der Häftlinge, und überhaupt waren sie alle in ihrer ausgemergelten Schauspielertruppe so von ihrer Eitelkeit und ihren Konkurrenzkämpfen besessen gewesen, daß sie sich manchmal im Streit gegenseitig ins Gas wünschten. (186)

In Elis Familie hat der Vater nie mit seinem Sohn über die Zeit im KZ gesprochen. Das war lange auch so in Mottis Familie. Sein Vater meint, deshalb sei es seine Schuld, dass Motti krank geworden sei. Mottis Vater hat aber darüber gesprochen. Zudem ist er der einzige in Mottis Umgebung, der überhaupt die Frage nach Schuld, hier an der Entwicklung seines Sohnes, an seine eigene Person richtet. Für Motti sind die Erinnerungen an seine Kindheit und seinen Vater Zufluchtsmomente, wenn ihn an jenem Tag in München posttraumatische Symptome überwältigen. Sie bilden die Grundlage für seine Hinwendung zur eigenen Tochter. Nur führt bei Motti die psychische Erkrankung und die Erfahrung von Sofies Lieblosigkeit dazu, dass sich die Eltern-Kind Beziehung verkehrt: Motti will Nurit seine Liebe geben, doch da er selbst liebebedürftig ist, werden aus den Vertraulichkeiten der Kinderspiele körperliche Intimitäten. Daran kann Mottis Vater nicht schuldig sein. Vielmehr scheint er der einzige unter den Romanfiguren zu sein, dem eine Bewältigung seiner traumatischen Erlebnisse zumindest soweit gelungen ist, dass er sie nicht durch unkontrollierte Aggressionen auslassen muss. Er muss nicht unbewusst Unerledigtes an seinen Sohn weitergeben. Von ihm hat Motti keine Traumata aus dem Genozid an Juden vererbt bekommen.

Mottis Vater ist in einem nicht näher beschriebenen Lager in Polen gewesen und wurde auf einem SS-Todesmarsch kurz vor Kriegsende von dort nach Deutschland zurück vertrieben. Die kleine Gruppe Gefangener wurde in einem Dorf am Starnberger See sich selbst überlassen. Die Menschen, die sich in eine Scheune flüchteten, wurden von den Dorfbewohnern zwar wahrgenommen, aber ignoriert, niemand half ihnen. Mottis Vater ist einer der wenigen, der durch einen US-Soldaten gerettet wurde. Bei dem einzigen Besuch der Eltern bei Motti in München fährt Mottis Vater Jahrzehnte später nach Dachau und sucht nach dem Dorf und kann es nicht finden. „'Es ist verschwunden'", berichtet er; sein Sohn kommentiert: „'Das ist doch auch schon etwas, Aba.' ‚Du sagst es, Söhnchen.' ‚Ein richtig gutes Ende für deine Geschichte …'" (240). Wer diesen gequälten Kreaturen Hilfe verweigert hatte, dessen Dasein hatte keine Berechtigung mehr – das vermittelt die Geschichte von Mottis Vater.

Motti erinnert sich auch an seine Mutter und ihre Geschichte. In Israel, während Mottis Kindheit, arbeitet sie „in Tel Haschomer in der Rehabilitationsabteilung für Kriegsinvaliden, wo sie jungen Männern ohne Arme und Beine ihren Lebensmut zurückgab, wie sein Vater immer sagte" (71). Motti erinnert sich aus seiner Kindheit vor allem daran, wie seine Mutter ihn wegen Kleinigkeiten attackiert hat:

> Den Schlägen folgte lautes Geschrei, sie brüllte ihn mit weit aufgerissenem Mund und zugekniffenen Augen an, sie schrie, sie habe jetzt endlich genug […], sie wolle nur noch allein sein, allein- allein- allein, und dann, von einer Sekunde auf die andere, hörte sie wieder auf. Sie öffnete verwundert die Augen, so als wäre sie gerade aufgewacht. (71f)

Motti wird als Kind Opfer der emotionalen Eruptionen seiner Mutter, die sie nicht kontrollieren kann – Symptome posttraumatischen Leidens? Sie erzählt Motti erst als sie zu Besuch bei ihm in München ist, dass

> sie selbst mit der Jugendaliah ein paar Jahre vor Anfang des Krieges rausgekommen war, und daß […] ihre Schwester und ihre Eltern, die schon auf einer Haawara-Rettungsliste gestanden hatten, in letzter Minute von einem Funktionär der Jewish A-

gency gegen drei Jugendliche von Betar ausgetauscht worden waren, weil sie, wie er gefunden hatte, für den Aufbau des Landes in ihrem Alter unbrauchbar waren (268f).

Sie erzählt von ihrer „Irgun-Zeit“, „wie sie als fünfzehnjähriges Mädchen im Nahkampf und Schießen ausgebildet worden war“ und von „Flugblättern, Demonstrationen und Brandanschlägen gegen die Regierungsbüros der Briten, nachdem diese eines Tages erklärt hatten, es dürften keine Juden mehr ins Land“ (269f). In dieser gedrängten Erzählung der Geschichte von Mottis Mutter wird zugleich die Geschichte des Landes Israels erzählt als die der Landeinnahme im Kampf gegen die Nachbarländer und der Israeli untereinander. Mottis Mutter ist erfahren in der Therapie von kriegstraumatisierten Soldaten. Sie verkörpert den Typus, der durch selbst- und miterlebte Schocks und Spätfolgen dazu ‚prädestiniert' ist, sich um diese zu Opfern von anderen Menschen gemachten Menschen zu kümmern – weniger in ihrer eigenen Generation als vielmehr in den nachfolgenden Generationen. Darin wird die durch Geschichte zynisch pervertierte Weitergabe von mütterlichen Werten in ihrer fortdauernden Notwendigkeit mitthematisiert.

Die therapeutische Arbeit wird ergänzt durch Versuche rechtlicher ‚Wiedergutmachung'. Mottis Freund Eli macht sein Referendariat bei einer Anwältin. Er schreibt in seinem Brief von dem Bericht, den ein junger Palästinenser der Anwältin von seinem Verhör durch einen israelischen Geheimagenten gegeben hat. Ihm selbst wird nichts vorgeworfen, er wird nach den Freunden seines Vaters befragt.

> Aber der Junge sagt, er hat von nichts eine Ahnung. Sicher. [...] Nach zwei Tagen war es vorbei mit der Geduld und Höflichkeit, und er kriegte jetzt ab und zu auch eine in die Eier oder ins Gesicht. Er sagte, es kam ihm so vor, als hätte der Schabak-Typ Drogen genommen, sein Gesicht war so aufgedunsen und rot, als hätte man ihn auch tagelang geprügelt, er hätte bei jedem Schlag genauso am ganzen Leib gezittert und geschrien wie der Junge selbst. Am letzten Tag hörte er mit den Falakas auf. Er schmiß den Metalldraht weg, zündete sich eine Zigarette an und drückte sie langsam auf dem Rücken des Jungen aus. Dabei hat er geschrien: ‚Ich bin Hitler! Ich bin Mengele! Dann machte er sich eine neue Zigarette an und drückte sie wieder an ihm aus. So ging das immer weiter, bis er die ganzen berühmten Nazi-Wahnsinnigen durchhatte und zwei von seinen eigenen Leuten ihn von dem Jungen wegzerrten. (179)

In dieser stark vermittelt erzählten Situation stehen sich ein junger Mann, hier Opfer, und ein alter Mann, hier Täter, gegenüber, der seinen Symptomen nach zu urteilen selbst Opfer schrecklichster Misshandlungen gewesen ist – auch hier die Geschichte von trans- und intragenerativen Traumatisierungen. Posttraumatische Störungen zeigen sich als Ausbruch von Gewalt durch erlebte Gewalt, als Identifizierung mit den Taten der Folterer bzw. der Verantwortlichen und als vollständiger Kontrollverlust gegenüber der eigenen Brutalität.

Mottis Mutter kennt diese Geschichten. Sie kennt auch Mottis Geschichte über das zusammen mit Eli verübte Massaker. Sie weiß um Mottis Krankengeschichte, ermahnt ihn, seine Tabletten einzunehmen. Sie ist erfahren in der Wahrnehmung von posttraumatischen Störungen und kennt Therapiemöglichkeiten. So trägt sie dazu bei, dass Nurit während ihres Besuches mit den Eltern in Israel eine Delphin-Therapie macht, „sie hatte von dieser Methode in Tel Haschomer gehört, in der Kinderabteilung“ (248). Sie sorgt sich um ihr in seiner Entwicklung auffällig zurückgebliebenes Enkelkind, sie versucht die transgenerative Traumatisierung des Kindes durch den traumatisierten Vater zu lindern oder zu heilen.

Die Geschichte von Sofies Eltern

Motti und Sofie besuchen jeden Samstag Sofies Eltern. Sie leben in einer „graue[n], zweistöckige[n] Villa aus den dreißiger Jahren mit kleinen, schießschartenartigen Fenstern“ (23). Sofies Vater, Dr. Branth, ist Jurist, seine Gattin Hausfrau. Sofie hat ein distanziertes Verhältnis zu ihren Eltern. Die Unterhaltung dreht sich meistens um Sofies berufliche Probleme, über Deutschlands Wirtschaft und die fortdauernde Kriegssituation in Israel: „Wie haltet ihr das bloß aus? Diese endlose Folge von Kämpfen muss doch jeden zugrunde richten, auch den Stärksten …“ (26f) Das ist für Sofies Vater der Anlass, seine eigenen Kriegserlebnisse wieder zu erinnern: Die „Nacht über dem Kanal“, der Kampf „Mann gegen Mann“, „Lichter der Hölle“ – „das macht einen kaputt, und wenn man bis ans Ende der Tage siegt“ (27f). Von seiner Frau unterbrochen, zeigt Sofies Vater Symptome des Erschreckens und der Scham. Für Motti ist das die Gelegenheit, von seinen Erlebnissen im Libanon-Krieg zu sprechen. Bei Kaffee und Kuchen können sich zwei Männer über ihre Kriegstaten verständigen, der eine aus dem Land der Täter, der Verursacher des II. Weltkriegs und des Genozids an Juden, der andere aus dem Land der Opfer dieser Verfolgung, das seinen unsicheren Status im Kampf zu verteidigen sucht.

Als Mottis Eltern ihn in München besuchen, kommt es zu einer Begegnung der beiden Eltern. Die Gesprächssituation ist von Anfang an verbaut durch Achtlosigkeit, Unwissenheit, Ignoranz, bedingt durch ein nur mäßiges Interesse (Sofies Vater) bzw. Desinteresse (Sofies Mutter) daran, die Geschichten der beiden Familien und ihre eigene Rolle darin zu reflektieren. Sofies Eltern machen Mottis ein Kompliment über ihre guten deutschen Sprachkenntnisse. Sofies Mutter fragt, wann sie denn aus Deutschland ausgereist seien, worauf Mottis Mutter entgegnet, dass es bei ihrem Mann tausend Jahre gedauert hätte. Am Kaffeetisch stellen Sofies Eltern fest, dass es der erste Besuch von Mottis Eltern in Deutschland sei, und fragen, warum sie jetzt erst wieder kommen. Mottis Vater antwortet mit einer Geschichte. Er erzählt von einem allein in Amerika lebenden Juden, der davon erzählte, wie er nach langer Zeit sein Heimatdorf wiedersehen wollte, wo seine Angehörigen „von den Kosaken wie Vieh abgeschlachtet wurden“ (111). Er fand dort dieselben Häuser und Straßen, in denen jetzt Fremde lebten und kehrte als gebrochener Mann zurück. Der Besuch von Mottis Eltern bei Sofies Eltern endet verständnislos, ihre Mutter regt sich über das Verhalten der Gäste auf und fragt Sofie, ob sie wüßte, in was sie da hineingeraten sei. Anerkennung der Schuld und der Opfergeschichte durch die Generation der Täter findet nicht statt, Gedankenlosigkeit lässt den Abgrund zwischen deutscher und jüdischer Geschichte wieder aufklaffen.

Das Verdrängungsverhalten der deutschen Großelterngeneration hat in der Elterngeneration Gefühllosigkeit entstehen lassen, für die Generation der Enkel erweist sich das in Billers Roman als existenzvernichtend. Bezeichnenderweise ereignet sich ein Höhepunkt von Nurits psychischer und physischer Verelendung bei einem späteren Besuch von Sofie Vater bei ihr und Motti. Sofies Vater hat sich mit seiner Vergangenheit auseinandergesetzt. So ist er hellsichtig für Nurits Verhalten geworden. Ihm fallen ihre Entwicklungsstörungen auf, Symptome einer Missbrauchten. Sie lässt sich vom Opa nicht küssen, äfft dessen Redewendungen nach, rennt vorwärts, rückwärts zwischen Möbelstücken hin und her, zuckt an Armen und Beinen, zählt von eins bis zehn, zieht sich völlig aus, hockt „wie ein Hündchen mit gespreizten Beinen auf Sofies weißem Ledersofa" und „macht einen großen stinkenden braunen Haufen unter sich" (313). Der Abend endet mit einer vorsichtigen Verständigung darüber, dass alles schiefläuft. Für Motti endet er mit Halluzinationen von seiner sich ihm und anderen als Sexualobjekt anbietenden Tochter, und dem Beschluss, sie dafür zu bestrafen, dass sie sich „wie ein Schwein" benimmt – „Schweine, das waren vielleicht die anderen, aber in seiner Familie gab es das nicht" (324) – und das Problem sofort zu lösen. Motti kann sich nicht mehr gegen die Symptome seiner erlittenen Traumatisierungen wehren. Dass er seine Tochter missbraucht hat, und damit zum ‚Schwein', zum Täter an seinem eigenen Kind geworden ist in einer genealogischen Kette von ‚Schweine'-Tätern und -Opfern, kann er nicht mehr realisieren, er wird daran irre und bringt seine Tochter um.

Der Erzähler

Der Erzähler tritt erst kaum in Erscheinung, ist aber als ein vielwissender präsent, er legt dann die Konstruktion seiner Ich-Erzählung offen, die erstaunlicherweise mit allen Funktionen des Erzählens ausgestattet ist, und bemüht weitere Erzähler. Der Ich-Erzähler meldet sich unvermittelt, als Motti nach dem Frühstück an diesem Tag aus dem Fenster blickt, beide haben die gleiche Aussicht, dann wieder, als Motti an den Besuch mit Nurit in Israel denkt, denn dort war er auch. Das erscheint, als ob der Ich-Erzähler seine eigene Geschichte erzählen würde. Auf seiner Irrfahrt durch München begegnet Motti allerdings dem Ich-Erzähler im Hauptbahnhof, und er muss sein Gesicht, in der Straßenbahn sitzend, am Fenster ertragen. Demnach weiß der Ich-Erzähler unglaublich viel über Motti – er ist mindestens auch ein personaler Erzähler, denn er weiß genau, wie sich Motti nach ihrer Begegnung fühlt. Beide zusammen wissen ungeheuerlich viel über Motti, mehr als er selbst. Sie sind es, die die offenen Enden von Mottis Geschichte weiter erzählen könnten. Aber dafür brauchen sie noch weitere Erzählhelfer.

In einem längeren Abschnitt erzählt der Ich-Erzähler aus der Perspektive seiner Freundin die Krankheitsgeschichte Mottis. Er erzählt von ihren Begegnungen mit

Motti und seiner Tochter, von Mottis Erscheinung nach Nurits Tod. Über sich selbst verrät er, dass er die Geschichte der „beiden Jugendfreunde, die [...] im Juni 1982, während des Libanokrieges“ einen palästinensischen Soldaten mit dem „Itzik-Spiel“ (393) quälen und anschließend seine Leiche schänden, einer Reportage aus dem „Jerusalem Report“[13] entnommen hat (390). Er berichtet darüber, dass er sich mit solchen Geschichten identifiziert hat, aus Langeweile und der daraus entspringenden Sucht nach Splatter und Thrills: „Ich war eine Zeitlang regelrecht süchtig nach solchen Geschichten [...], sie machten mir Angst [...], aber gleichzeitig beflügelten sie meine Phantasie und kitzelten meinen Bauch, und wenn ich ehrlich bin, kann ich bis heute von ihnen nicht genug kriegen.“ (391) Um später festzustellen: „Heute komme ich mir überhaupt nicht mehr wie Motti vor“ (403) und dann zu erzählen, wie er Motti in der Bahnhofskneipe trifft, seiner Geschichte zuhört und „in Gedanken seine Worte mehr und mehr durch meine eigenen [ersetzte], und das war er dann also, der Anfang meiner Motti-Geschichte“ (407). Er korrigiert sich sofort: „angefangen hatte sie schon viel früher“ (ebd.), denn er ist, „wie aus dem Nichts“ (409), Zeuge des Anblicks der aus dem Fenster gestürzten Tochter Mottis gewesen. Das Erlebnis markiert den Anfang der Erzählung des Ich-Erzählers von Mottis Geschichte. Und damit nicht nur seine Unzuverlässigkeit, sondern auch seine Unwissenheit. Denn er ist nicht nur bei der Tat nicht dabei gewesen, er kennt auch Mottis Geschichte nicht aus erster oder zweiter, sondern nur aus dritter Perspektive, dem Zeitschriftenartikel. Die fingierte Changierung der Erzählperspektiven, die Zuhilfenahme von Pressepublikationen könnten die Nachforschungsbemühungen der Nachgeborenen, der Nicht-Dabeigewesenen erhellen. Leider verstellt das Motiv der Stoffwahl des Ich-Erzählers bzw. seine Sucht nach Schauergeschichten diese Erkenntnis.

Der mühsam rekonstruierte Erzählanfang demonstriert auch die Monstrosität der vielköpfigen Erzählung durch die Anmaßung von Perspektiven eines allmächtigen Ich-Erzählers. Der Erzähler weiß nämlich auch, wie Motti sich in seinem Irresein fühlt, als er seine Tochter aus dem Fenster fallen lässt, was Nurit sagt, als sie auf das Pflaster fällt, und dass Motti, der endlich wissen will, „was sich hinter dem letzten Vorhang aus Feuer vor dem Thron von Licht verbarg“, dahinter „ein[en] große[n] grüne[n] Frosch aus durchgescheuertem Plüsch“ erblickt (424). Damit outet sich der plurale Erzähler endgültig als Anhänger von Sex & Crime & Kitsch. Ist seine Erzählung also nur Anlass, seinen Obsessionen nachzugehen? Nein, Anlass ist die narzisstische Kränkung eines Mannes, dem eine Frau ein Kind untergeschoben hat. Das ist die Geschichte vom Ich-Erzähler, seiner Freundin und ihrem Kind – die hier auf keinen Fall näher erklärt wird, denn sie bringt die Romanerzählung durch die nun völlig verzerrte Erzählperspektive und die damit komplett überladene Erzählstruktur endgültig zur Karambolage.

---

[13] The Jerusalem Report. Covering Israel, the Middle East & the Jewish World. www.jrep.com

Es hätte gelingen können, die Geschichten von den in der Vergangenheit wie in der Gegenwart durch Krieg, Vertreibung und Genozid traumatisierten Menschen zu erzählen, die Geschichten von Übertragungen des Erlittenen wie des Verschweigens des Angetanen und somit die Geschichte des Missbrauchs der Kinder durch die Eltern. Stattdessen werden stereotype Figuren mit prototypischen Geschichten aufgefahren. Sie werden mühsam als holzschnitzartige Tableaus miteinander gekoppelt zu einem mit allen posttraumatischen Symptomen verbundenen Stream of conscientiousness. Ob Motti an einem „Kriegstrauma (battle shock)“, an einer „Kriegsneurose (battle fatigue)“, an „Kriegsreaktionen (battle reactions)“[14] oder an „Post-Traumatic Stress Disorder PTSD“ leidet,[15] kann angesichts der erzählten, vielfältigen wie vagen Krankheitssymptome nicht rekonstruiert werden. Dennoch ist Mottis Fall kein unwahrscheinlicher, auch sind die Folgen post-traumatischer Erkrankung für die Familie des Betroffenen nachgewiesen.[16]

Der erzählte Bewusstseinsstrom des Protagonisten und die Rückblenden wären schon genug für einen Roman. Aber der Zug wird konsequent überladen. Es werden auch noch unglaubliche Erzählabschnitte hineinmontiert, wie z.B. der Wortlaut des Briefes von Eli oder der Traum Mottis, der detailliert die Geschichte des Vaters im Lager in Erinnerung bringt. Zusätzlich wird er mit Geschichten überfrachtet, die wie Abziehbilder gängiger Vorurteile erscheinen: Sex mit Schülerinnen, Ausschweifungen sadistischer Gewalt, religiöser Bombast, alternatives Stammtischgerede. Grob fahrlässig sind die gewaltsam in die Namensgebung hinein gepressten Assoziationen wie in ‚Siegfried Israel Wind' oder ‚Dr. Branth', vom Wind in Motti Winds Geschichte ganz zu schweigen. Auch die Bildungsattitüde des Ich-Erzählers ist verzichtbar. Er gibt vor „Thomas Mann“, „Rilke“ (408) und „Schnitzler“ (344) zu kennen – in seiner Erzählung wird mit zuviel erzählerischem Bemühen zuviel aufgefahren.

In dem Moment, in dem auch noch ein monströser Erzähler mit dem leichten Gewicht einer narzisstischen Kränkung auf den über die Gleise der Geschichte von Kindern, Eltern und Großeltern rasenden Zug aufspringt, muss die Erzählung selbst aus den Gleisen springen – leider nicht um zu zeigen, welche Tragödie die télescopage einer generationsübergreifenden Erinnerung an den Holocaust für den Einzelnen sein kann, auch nicht, welche Geschichten unsere Mitmenschen mit sich herum tragen und also immer noch mit ‚Auffälligkeiten' zu rechnen ist – sondern um zu zeigen,

---

[14] Dan Bar-On: *Kriegstrauma als soziales Phänomen: Erfahrungen in Israel.* In: *Trauma: Zwischen Psychoanalyse und kulturellem Deutungsmuster*, a.a.O., S.77.

[15] Vgl. *Psychiatric Devision Research* im *Chaim Sheba Medical Center at Tel Hashomer*, Israel http://eng.sheba.co.il/main/siteNew/index.php.

[16] „Eine Reihe von israelischen Studien mit Soldaten, die im Libanon-Krieg eine GSR [Gefechts-Stress-Reaktion] entwickelt hatten [...], haben gezeigt, dass soziale Unterstützung die Wahrscheinlichkeit für eine PTBS [Posttraumatische Belastungsstörung] verringert. [...] Batya Fried vermutet, dass vielen Konflikten in der Familie die Ursache zugrunde liegt, dass die belastete Vorstellung von Männlichkeit der Veteranen verletzt wird. [...] Das Ziel von gewalttätigen Aggressionen sind meist die eigenen Kinder“ (www.trauma-informations-zentrum.de/infos/trauma/krieg/israel.htm).

welch furioses Erzähltalent hier spricht, das schließlich in der Karambolage seiner Erzählung untergeht. Aber der Erzähler ist nicht der Autor, oder?

Die Rezeption

Maxim Biller hat sich der Funktion, ein jüdischer Schriftsteller in Deutschland zu sein, bemächtigt. Als Autor der zweiten Generation nach Auschwitz könnte er in die durch den Holocaust geschaffene „'Leere' (void – ‚Leeraum')" innerhalb der Gegenwartskultur „mit der Simulation der Erfahrung von Geschichte" treten und eine jüdische Kultur deutscher Sprache repräsentieren.[17] Für diese schwierige Aufgabe ist er zum agent provocateur geworden. In den achtziger Jahren beginnt er aufzufallen durch die Kolumne *100 Zeilen Hass* in der Zeitschrift *Tempo*. 1990 erscheinen die Erzählungen *Wenn ich einmal reich und tot bin*, 1991 *Die Tempojahre*. Sie zeugen von einer Erzählkunst, die Journalismus und Literatur verbindet. 1994 erscheint *Land der Väter und Verräter*, 1998 *Harlem Holocaust*. 1999 erhält er den Journalistenpreis der deutschen Zeitungen, den Theodor-Wolff-Preis. 2000 erscheint sein erster Roman, *Die Tochter*.

Die Rezeption setzt ein mit einer Inszenierung im Schumann's in München. Die *Süddeutsche* berichtet: Zu „Manhattan, Kanapees mit Frischkäse und Leberpastete, Gulasch und auch noch Topfenknödel" trägt der Autor ausgesuchte Stellen vor; Leander Haußmann kommentiert mit diplomatischer Zurückhaltung: „Ein Buch mit einer stilistischen Form, die Zeit erfordert beim Lesen."[18] Die *FAZ* sieht Biller in der Nachfolge großer Autoren: Er sei „ein bis in die kratzende Wolle hinein eingefärbter Traditionalist, ein Freud-Joyce-Musil-Leser".[19] *DIE ZEIT* erkennt klarsichtig, dass die Parallelen zu Musil oder Joyce am Text vorbeigehen.[20] Bemüht um das Thema der deutsch-jüdischen Vergangenheit und Gegenwart nimmt der *Tagesanzeiger Zürich* dennoch die Erzählschwerfälligkeiten wahr: „Überladen, teilweise zu klischeehaft, aber auch verstörend".[21] Der Erzähler wird nicht übersehen, aber auch nicht durchschaut: „Das scheinbar so sichere Ich der Rahmenerzählung [...] ist natürlich kein Garant der Wahrheit, es ist ein zweiter, unzuverlässiger Erzähler'" (Schnitzler).[22] *Der Spiegel* sieht den Roman als „missglückt" an und als durch „verquere Häufung rasch ange-

---

[17] Daniel Libeskind: „trauma / void." *Trauma: Zwischen Psychoanalyse und kulturellem Deutungsmuster*, a.a.O., S.3.

[18] Thomas Becker: *Geschichten vom Plüschfrosch. Maxim Biller liest im Schumann's aus seinem ersten Roman.* Süddeutsche Zeitung Nr. 55 (7. 3. 2000).

[19] Thomas Wirtz: *Beglückend wie die Nähe von Galeerensklaven auf der Ruderbank. [...] Maxim Biller hat einen großen Roman über die gegenwärtige Vergangenheit geschrieben.* Frankfurter Allgemeine Zeitung Nr. 68 (21.3.2000).

[20] Hans-Peter Kunisch: *Sofies Totenland. Maxim Billers erstes Buch über Motti, der sich in Deutschland nicht wohl fühlt.* DIE ZEIT Nr. 18 (27. 4. 2000).

[21] Urs Schwarz: *Der Grat zwischen Schändung und Liebe. Maxim Billers Roman „Die Tochter" wirft ein deprimierendes Licht auf die Hassliebe zwischen Juden und Deutschen. Überladen, teilweise zu klischeehaft, aber auch verstörend.* Tagesanzeiger Zürich (2. 6. 2000).

[22] Hans-Peter Kunisch 2000, a.a.O.

rissener großer Themen“ und „allzu verschachtelt in fast mechanisch eingesetzten Rückblenden“ erzählte Geschichte.[23] Der *Stern* bescheinigt Biller ein doppeltes Scheitern, als Erzähler und als jüdischer Schriftsteller:

> Maxim Biller [...] badet fortwährend in Selbstmitleid [...]. Schlimmer aber wiegt die ‚jüdische' Hilflosigkeit des Autors. So salbadert Biller seitenlang über den ‚Scheißgott' der Juden. Am Ende meint er ihn als ‚großen, grünen Frosch' entlarvt zu haben. Was ist Judentum ohne Gott und Wissen? Biller demonstriert es [...]. So liefert Biller unfreiwillig die Diagnose des neudeutschen Surrogat-Judentums. Nicht Gott ist ein grüner Frosch, sondern jene, die vorgeben, das Judentum zu leben, obwohl dessen Inhalte ihnen unbekannt sind. [...] Schöpfer ihrer Religion, die einem Phantomschmerz gleicht, ist nicht mehr Gott, sondern Hitler mit seinen Schergen. Die Mängel des Romans lehren uns manches über die Deutschen und ihre ‚jüdischen Mitbürger'. Die Deutschen haben jetzt die Juden, die sie verdienen, und umgekehrt.[24]

Die Rezeption ist mehrheitlich wenig positiv und bescheinigt, bedeutende Themen aus der deutsch-jüdischen Geschichte würden klischeehaft reproduziert, seien erzählerisch überfrachtet und vermittelten ein Ersatz-Judentum.

2001 folgen die Textsammlung *Deutschbuch* und Billers erstes Drama *Kühltransport*. 2003 erscheint *Esra*, sein zweiter Roman, die Geschichte einer narzisstischen Kränkung. Nach der ersten Lieferung an die Buchläden wird er mit einer gerichtlichen Verfügung belegt, dem Autor nahe stehende Personen fühlen sich persönlich angegriffen. Ob ein Erzähler doch mit dem Autor verwandt ist? Eine Lesung in Bochum, initiiert durch die Literarische Gesellschaft, wird kurzfristig abgesagt – in Berlin gibt es direkt nach dem Verbot noch „eine öffentliche Buchpräsentation“ in Anwesenheit des Schriftstellers, der ersatzweise eine andere Geschichte vorliest.[25] Der *taz* ist klar: „Maxim Biller ist ein Autor, der den Skandal nicht scheut.“[26] Nach Bochum kommt er nicht, für ihn lesen Schauspieler die noch nicht veröffentlichte Erzählung *Ein ganz normales Leben*. Zur lit.cologne kommt er auch nicht. Ist Abwesenheit wirkungsvoller und der Medienhype ein strategisch angelegtes Happening zur Inszenierung des Schriftstellers und einer Freiheit der Kunst, die keine ist? *Esra* ist immer noch nicht in voller Auflage erschienen. Dafür geht die Ersatz-Geschichte in den 2004 erscheinenden Erzählband *Bernsteintage* ein. Die Rezeption bescheinigt dem Autor ein Comeback.[27]

---

[23] Volker Hage: *Fenstersturz im Täterland. Der erste Roman des Polemikers Maxim Biller ist missglückt [...]*. Der Spiegel (20.3.2000).

[24] Rafael Seligmann: *Phantomschmerzen. Der Auftakt ist furios [...]. Doch dann zerfließt Maxim Billers Romandebüt in Selbstmitleid.* Stern H. 11 (9. 3. 2000).

[25] Volker Weidermann: *Maxim Biller liest nicht aus seinem neuen Roman „Esra“*. Frankfurter Allgemeine Zeitung Nr. 56 (7. 3. 2003).

[26] Daniel Bax/Kolja Mensing: *Ein Schriftsteller wird privat. Maxim Billers neuer Roman „Esra“ darf vom Verlag nicht weiter ausgeliefert werden.* taz Nr. 6998 (7. 3. 2003).

[27] Gerrit Bartels: *Frühling in Prag. Es gibt ein Leben nach „Esra“ [...].* taz Nr. 7296 (28. 2. 2004); Andreas Isenschmid: *Luzienbader Elegie. Ein fast neuer Maxim Biller.* DIE ZEIT Nr. 12 (11. 3. 2004).

Maxim Biller hat sich durch Kolumnen, Erzählungen, Romane, aber auch durch wiederholte Beschimpfungen des Literaturbetriebs einen Namen gemacht als selbsternannter Moralist. 1991 initiiert er in der *Weltwoche* einen Streit darüber, „warum die neue deutsche Literatur nichts so nötig hat wie den Realismus".[28] Anfang 2000 provoziert er durch eine Rede auf einer Tagung zur deutschen Literatur in Tutzing Gelächter und Entsetzen[29] ob seiner Angriffe auf die seiner Meinung nach kunstlose, weil unmoralische Literatur der Pop-Generation[30] (der er indessen selbst angehört). Wäre der Erzähler in *Die Tochter* mit dem Autor gleichzusetzen, dann müsste er sich, wie Michel Friedman, den Vorwurf einer Boulevardisierung des Holocaust gefallen lassen: „Der gute Geschmack verbietet es, den Anschein zu erwecken, den Holocaust für die eigene Show zu mobilisieren."[31] Billers Roman bietet keine ‚Simulation der Erfahrung von Geschichte' für eine deutsch-jüdische Kultur der Gegenwart, sondern Sensationen, die bei aller darstellerischen Drastik das Risiko laufen, die Erfahrung von Geschichte durch Effekthascherei zu verzerren und damit die Erinnerung an sie zu verstellen.

---

[28] Maxim Biller: *Soviel Sinnlichkeit wie der Stadtplan von Kiel. Warum die neue deutsche Literatur nichts so nötig hat wie den Realismus. Ein Grundsatzprogramm. Die Weltwoche* Nr. 30 (25. 7. 1991).

[29] *Alles Kohl. Welche Moral braucht die Literatur? Matthias Altenburg antwortet auf Maxim Biller.* DIE ZEIT Nr. 17 (19. 4. 2000).

[30] Vgl. Maxim Biller: *Feige das Land, schlapp die Literatur. Über die Schwierigkeiten beim Sagen der Wahrheit.* DIE ZEIT Nr. 16 (13. 4. 2000).

[31] Susanne Mayer: *Oh je: Friedman. Michel Friedman: Kaddisch vor Morgengrauen.* Roman. Berlin 2005. DIE ZEIT Nr. 23 (2. 6. 2005).

Sebastian Kirsch

Trauma und Architektur: Zur Überbauung von Ground Zero

> Das wahre Bild der Vergangenheit huscht vorbei. Nur als Bild, das auf Nimmerwiedersehen im Augenblick seiner Erkennbarkeit eben aufblitzt, ist die Vergangenheit festzuhalten. „Die Wahrheit wird uns nicht davonlaufen" – dieses Wort, das von Gottfried Keller stammt, bezeichnet im Geschichtsbild des Historismus genau die Stelle, an der es vom historischen Materialismus durchschlagen wird. Denn es ist ein unwiederbringliches Bild der Vergangenheit, das mit jeder Gegenwart zu verschwinden droht, die sich nicht als in ihm gemeint erkannte.
> Walter Benjamin[1]

I

Jean Baudrillard hat das *World Trade Center* einmal als Architektur gewordenes Siegel auf dem Ende der Geschichte gedeutet. Sinnlich erfahrbar, so Baudrillard, werde die Stillstellung dadurch, dass es sich beim *World Trade Center* um Zwillingstürme handelt. Ein Turm bildet die exakte Kopie des anderen, ein symbolischer Hinweis auf die unaufhörliche Reproduktion des Immergleichen. Der Betrachter stehe machtlos vor dieser Dauerschleife. Ja mehr noch, der monumentale Bau, verspiegelt, unangreifbar und selbstgenügsam, werfe ihn immer nur auf sich selbst zurück.[2]

Nun muss die Frage, ob das *World Trade Center* wirklich unangreifbar war/ist, nach dem 11. September 2001 offensichtlich neu gestellt werden. Feststeht jedenfalls, dass das „Siegel auf dem Ende der Geschichte" an diesem Tag aufgebrochen und ein Loch in den Stadtkörper New Yorks gesprengt wurde. Immer wieder ist der Anschlag in Folge als „Ereignis" bezeichnet worden, Baudrillard selbst hat ihn in einem offenbaren Rückruf früherer Thesen zur „Mutter aller Ereignisse"[3] erklärt.

Die Beantwortung der Frage, ob man bei den Attentaten des 11. September von einem Ereignis sprechen kann, ist in der Tat auch realpolitisch entscheidend. Im streng philosophischen Sinn hat man es bei einem Ereignis zu tun mit einem Singulären, Neuen, noch nicht Dagewesenen, das ohne Kontext und Infrastruktur plötzlich einbricht. Es markiert einen alle Kontinuitäten sprengenden Moment der Unterbrechung, der vielleicht am besten zu begreifen ist von der radikalen Unmöglichkeit her,

---

[1] Walter Benjamin: *Über den Begriff der Geschichte.* In: ders.: *Gesammelte Schriften*, Bd. I.2, S.695

[2] Vgl. hierzu den Artikel *Am Nullpunkt. Das Ende der Postmoderne* von Christian Schlüter, der am 13. September 2001 in der *Frankfurter Rundschau* erschien.

[3] Jean Baudrillard, *Der Geist des Terrorismus. Herausforderung des Systems durch die symbolische Gabe des Todes.* In: Ders.: *Der Geist des Terrorismus.* Wien 2002, S. 11-36.

ihn begrifflich zu fassen. Hier stellt sich zunächst das Problem, ob man das Attentat des 11. September auf der Ebene des Subjekts oder auf der Ebene der Geschichte mit der Semantik des Ereignisses belegen will. Auf der Ebene des Subjekts liegt nicht nur nahe, dass, so der Theaterwissenschaftler Nikolaus Müller-Schöll, „jeder Tod eines einzelnen Menschen als singuläres Ereignis begriffen werden"[4] müsste. Auch in den unbeteiligten Fernsehzeugen haben die Anschläge, eben weil sie im Normalfall so unerwartet in die Kontinuität des westlichen Alltags eingebrochen sind, jene unwirklichen Gefühle der Sprachlosigkeit und begrifflichen Ohnmacht hervorgerufen, die der banalen Tatsache gegenüberstehen, dass das Alltagsleben danach trotzdem weiterlief wie zuvor. Es ist jenes gespenstische Gefühl, das Franz Kafka am 2. August 1914 in seinem Tagebuch so genau notiert hat: „Deutschland hat Russland den Krieg erklärt. – Nachmittag Schwimmschule"[5] Das Eindringen der Zeit der Geschichte in die Zeit des einzelnen Subjektes hat also sicher ereignishaften Charakter. Spricht man allerdings auf der Ebene der Geschichte selbst vom „Ereignis 11. September", löst das Attentat also aus allen Kontexten heraus, so bestätigt man damit zunächst eine durch Hegel und seinen Erben Fukuyama inspirierte geschichtsphilosophische Position, die das Ende der Geschichte wahlweise auf 1806 oder 1989 datiert. Der 11. September würde in dieser Lesart zu einer Masse *empirischer* Ereignisse gehören, die, wie auch die beiden Weltkriege oder die totalitären Staaten des 20. Jahrhunderts, eigentümliche Anachronismen darstellen, deren Anhäufung jedoch, so Fukuyama, in keiner Weise die *ideale* Ausrichtung des „größten Teils der Menschheit"[6] auf die liberale Wirtschaftsdemokratie dementiert. Was dieser Teleologie zu widersprechen scheint, bekommt von Fukuyama und seinen Anhängern also den Status eines Ereignisses jenseits des historischen Prozesses zugesprochen, der mit der Durchsetzung des liberalen Staates spätestens 1989 unwiderruflich geendet haben soll. Anders gesagt: Faschisten, Kommunisten, Terroristen – sie alle hätten das Ende der Geschichte nicht bemerkt, Geschichtsphilosophen wie Fukuyama hingegen sehen sich vor der Aufgabe, dieses Ende immer wieder zu proklamieren, d.h. permanent das Ende nach dem Ende behaupten. Wie dies nun wieder möglich sein soll, hat sich Jacques Derrida in *Marx' Gespenster* gefragt und heftig gegen Fukuyama polemisiert:

> Die Frage ist aktuell. Sie ist ernst, denn sie zwingt dazu, noch einmal – wie wir es seit Hegel tun – darüber nachzudenken, was nach der Geschichte passiert und den Namen eines *Ereignisses* verdient. Sie zwingt dazu, sich zu fragen, ob das Ende der Geschichte nicht bloß das Ende eines *bestimmten Begriffs* der Geschichte ist. Das ist vielleicht eine der Fragen, die man denen stellen müsste, die sich nicht damit begnügen, die Apokalypse und, wenn ich so sagen darf, den letzten Zug des Endes zu verpassen, ohne dabei außer

---

[4] Nikolaus Müller-Schöll: *Die Fortsetzung des Krieges mit anderen Mitteln. Überlegungen zur Politik (in) der Darstellung.* In: Thomas Oberender/Ulrike Haß (Hg.): *Gott gegen Geld. Zur Zukunft des Politischen 1.* Berlin 2002, S.161

[5] Franz Kafka: *Tagebücher 1912-1914*, S.165

[6] Fukuyama: *Das Ende der Geschichte. Wo stehen wir?*, S.13; hier zit. nach: Jacques Derrida: *Marx' Gespenster. Der Staat der Schuld, die Trauerarbeit und die neue Internationale.* Frankfurt a.M. 1996, S.97

> Atem zu kommen, sondern die im guten Gewissen des Kapitalismus, des Liberalismus und der Tugenden der parlamentarischen Demokratie auch noch das Mittel finden, sich in die Brust zu werfen.[7]

Politisch bedeutet die Rede vom „Ereignis 11. September" erstens, dass die adäquate Antwort auf das Geschehen erst neu gefunden werden muss, da es ja bislang kein Vorbild gibt. So bekommt sie legitimatorischen Charakter für die totalitäre Politik eines Staates, der sich im Ausnahmezustand einzurichten droht. Von diesen Beobachtungen ausgehend, hat Müller-Schöll minuziös nachgewiesen, dass keine der Komponenten des Attentats die Rede vom Ereignis bewahrheiten kann. Der 11. September sei vielmehr „die Antwort auf eben jene Politik (gewesen, S.K.), die jetzt vorgibt, ihrerseits darauf zu antworten."[8] Mitnichten wird dadurch der Terroranschlag gerechtfertigt oder gar hermeneutisch als Befreiungsbewegung ausgelegt. Dies wäre ohnehin unsinnig, da die Täter genau betrachtet höchstens westlich geprägte Aktionisten waren, die sich angemaßt hätten, im Namen der sprach- und machtlosen Opfer der Globalisierung zu sprechen. Müller-Schölls Einschätzung richtet sich vielmehr gegen den Gebrauch des Terminus „Ereignis" im Kontext einer Rede, die – und das wäre die zweite direkt politische Folge – darauf aus ist, jenen bombenlosen Krieg zu verhüllen, den internationalen Wirtschaftskrieg nämlich, der eben auch „von den Büros der Rohstoffhändler in den Gebäuden des *World Trade Center* aus"[9] geführt wurde und dessen Ausgangspunkt George Kennan, ab 1947 Planungschef des amerikanischen Außenministeriums, im Jahr 1948 so fasste:

> Wir besitzen etwa 50% des Weltreichtums, aber nur 6,3% der Weltbevölkerung. Unsere wirkliche Aufgabe in der kommenden Zeit ist es, ein System von Beziehungen zu entwickeln, das es uns erlaubt, dieses Ungleichgewicht aufrechtzuerhalten, ohne die nationale Sicherheit zu gefährden.[10]

II

Ist es also nicht nur im streng philosophischen Sinn falsch, die Anschläge von New York als Ereignis zu deuten, sondern auch realpolitisch höchst gefährlich, so wird man im Sprechen über das Trauma des 11. September und sein Erinnern nicht auf den Begriff des „Ereignisses" verzichten können. Dies ist der Ausgangspunkt des folgenden Versuches. Dabei sollen vor allem Texte von Walter Benjamin und Jacques Derrida einbezogen werden, um über die architektonischen Entwürfe für ein neues *World Trade Center* nachzudenken.

Seine Theorie von Erinnerung und Erfahrung hat Walter Benjamin vielleicht am knappsten und prägnantesten in seinem Essay *Über einige Motive bei Baudelaire* von 1939

---

[7] Derrida: *Marx' Gespenster*, S.34f

[8] Müller-Schöll: *Die Fortsetzung des Krieges mit anderen Mitteln*, S.165

[9] Ebd., S.166

[10] In: *Policy Planning Study* vom 23.2.1948, zitiert bei Noam Chomsky: *On Power and Ideology. The Managua Lectures*. Boston, Mass. 1987, S.16.

niedergelegt. Er passt auch darum in unseren Zusammenhang, weil Benjamin hier explizit mit Freuds Trauma-Begriff arbeitet und dessen Abhandlung *Jenseits des Lustprinzips* zum eigentlichen Kern seiner Theorie macht. Wichtig ist für Benjamin zunächst, dass Freud Gedächtnis und Bewusstsein als einander ausschließende Prinzipien begreift. Die Funktion des Bewusstseins besteht nach Freud gerade nicht im Erinnern, sondern, im Gegenteil, im Bereitstellen eines Reizschutzes gegenüber den Einflüssen der Umwelt. Ein Trauma entsteht dann, wenn ein Einfluss zu stark wird für das Bewusstsein, wenn also der Reizschutz durchbrochen wird. Die einem Trauma üblicherweise nachfolgenden Träume, die die Katastrophe wieder und wieder reproduzieren, „suchen die Reizbewältigung unter Angstentwicklung nachzuholen, deren Unterlassung die Ursache der traumatischen Neurose geworden ist“[11]. Nach Benjamin ist es nun kennzeichnend für den neuzeitlichen Städtebewohner, einen immer besseren Reizschutz ausgebildet zu haben, der die immer mannigfaltigeren Eindrücke pariert, höchstens zu Chocks werden lässt, nicht aber zu Traumata. Die moderne Welt ist eine, „der das Chockerlebnis zur Norm geworden ist“[12].

Je besser aber der Reizschutz arbeitet, je mehr also ein Eindruck ins Bewusstsein aufsteigt, desto weniger kann er erinnert werden. Er wird nicht Erfahrung, nur Erlebnis. „Je größer der Anteil des Chockmoments an den einzelnen Eindrücken ist, je unablässiger das Bewusstsein im Interesse des Reizschutzes auf dem Plan sein muss, je größer der Erfolg ist, mit dem es operiert, desto weniger gehen sie in die Erfahrung ein; desto eher erfüllen sie den Begriff des Erlebnisses.“[13] Umgekehrt sind Erinnerungsreste „oft am stärksten und haltbarsten, wenn der sie zurücklassende Vorgang niemals zum Bewusstsein gekommen ist“[14]. (Hier könnte man auch Ernst Jüngers Satz „Die Blindheit einer Erfahrung ist Ausweis ihrer Authentizität“ anführen.) Benjamin erzählt die Geschichte der Erfahrung und Erinnerung in der Moderne als eine des notwendigen Verfalls. Daran geknüpft sind der Verfall der Aura und der mündlichen Erzähltraditionen, die auf Erfahrung beruhten.

Benjamin verbindet nun das unbewusste Erinnern, wie Freud es vorstellt, mit dem Begriff der mémoire involontaire bei Marcel Proust. Dessen *Suche nach der verlorenen Zeit* beginnt bekanntlich mit dem zufälligen Aufblitzen der Vergangenheit beim Geschmack eines Madeleine-Kekses mit Lindenblütentee und wird zu dem gigantischen Versuch, Erfahrung „unter den heutigen gesellschaftlichen Bedingungen auf synthetischem Wege herzustellen.“[15] Benjamin kommentiert dies so:

> Proust sei, ehe der Geschmack der madeleine (eines Gebäcks), auf den er dann oft zurückkommt, ihn eines Nachmittags in die alten Zeiten zurückbefördert habe, auf das

[11] Sigmund Freud: *Jenseits des Lustprinzips*; hier zit. nach: Walter Benjamin: *Über einige Motive bei Baudelaire*. In: Ders.: *Gesammelte Schriften* Bd. I-2. Frankfurt am Main 1991, S. 613f.

[12] Benjamin: *Über einige Motive bei Baudelaire*, S.614

[13] Ebd., S.615

[14] Freud; zit. nach Benjamin: *Über einige Motive bei Baudelaire*, S.612f

[15] Benjamin: *Über einige Motive bei Baudelaire*, S.609

> beschränkt gewesen, was ein Gedächtnis ihm in Bereitschaft gehalten habe, das dem Appell der Aufmerksamkeit gefügig sei. Das sei die mémoire volontaire, die willkürliche Erinnerung, und von ihr gilt, dass die Informationen, welche sie über das Verflossene erteilt, nichts von ihm aufbehalten.[16]

Demgegenüber steht die mémoire involontaire als epiphanisches, ereignishaftes Aufblitzen der Vergangenheit, über das zu verfügen dem Subjekt nicht obliegt. Proust: „So steht es um unsere Vergangenheit. Umsonst, dass wir sie willentlich zu beschwören suchen; alle Bemühungen unserer Intelligenz sind dazu nichts nutze."[17] Im Gegenteil: „Bestandteil der mémoire involontaire kann nur werden, was nicht ausdrücklich und mit Bewusstsein ist ‚erlebt' worden, was dem Subjekt nicht als ‚Erlebnis' widerfahren ist."[18]

Nun wäre jede weitere Bemühung um Erinnerung – auch in dem speziellen Fall der Architektur eines neuen *World Trade Center* – sinnlos, wenn dieser Befund einfach stehen bliebe. Doch Benjamin modifiziert Proust in einem entscheidenden Punkt. Den Privatcharakter der mémoire involontaire begreift er als historisches, der Figur des Bürgers beigesellltes Phänomen: Sie „gehört zum Inventar der vielfältig isolierten Privatperson."[19] Die mémoire involontaire kennzeichnet also eine historische Situation, die keine Verbindung zwischen privaten und öffentlichen Erfahrungen mehr zulässt. Wo hingegen, so Benjamin,

> Erfahrung im strikten Sinn obwaltet, treten im Gedächtnis gewisse Inhalte der individuellen Vergangenheit mit solchen der kollektiven in Konjunktion. Die Kulte mit ihrem Zeremonial, ihren Festen, deren bei Proust wohl nirgends gedacht sein dürfte, führten die Verschmelzung zwischen diesen beiden Materien des Gedächtnisses immer von neuem durch. Sie provozierten das Eingedenken zu bestimmten Zeiten und blieben Handhaben desselben auf Lebenszeit. Willkürliches und unwillkürliches Eingedenken verlieren so ihre gegenseitige Ausschließlichkeit."[20]

Bei aller gebotenen Vorsicht wäre bezogen auf den 11. September also zu fragen, ob und wie es möglich sein könnte, ein öffentliches Zeremonial (das kann auch ein Bauwerk sein) zu finden, das die Balance hielte zwischen privatem und öffentlichem Eingedenken. Voraussetzung wäre eine Haltung, die das Ereignis des Erinnerns nicht um jeden Preis herbeizwingen wollte, sich aber immerhin auf seine Möglichkeit einrichtete – ein Gedanke, der sich mit der jüdischen Religion in Verbindung bringen ließe. Freilich dürfte dies durch die ewige Wiederholung der Bilder des einstürzenden *World Trade Center* inzwischen unendlich erschwert sein, eine mediale Dauerrepräsentation, die den Vorgang so stark ins Bewusstsein verlagert haben dürfte, dass die Erinnerung

---

[16] Ebd., S.610

[17] Marcel Proust: *Auf der Suche nach der verlorenen Zeit*, hier zit. nach Benjamin: Über einige Motive bei Baudelaire, S.610

[18] Benjamin: *Über einige Motive bei Baudelaire*, S.613

[19] Ebd., S.611

[20] Ebd., S.611

an ihn immer unwahrscheinlicher geworden ist. Machte Benjamin doch bereits die Zeitung mit ihrem Zwang zur schnellen Information mitverantwortlich für den Verfall der Erfahrung in der Moderne:

> Hätte es die Presse darauf abgesehen, dass der Leser sich ihre Informationen als einen Teil seiner Erfahrungen zu eigen macht, so würde sie ihren Zweck nicht erreichen. Aber ihre Absicht ist die umgekehrte und wird erreicht. Sie besteht darin, die Ereignisse gegen den Bereich abzudichten, in dem sie die Erfahrung des Lesers betreffen könnten. Die Grundsätze journalistischer Information (Neuigkeit, Kürze, Verständlichkeit und vor allem Zusammenhanglosigkeit der einzelnen Nachrichten untereinander) tragen zu diesem Erfolge genauso bei wie der Umbruch und wie die Sprachgebarung.[21]

Man könnte davon ausgehen, dass die mediale Explosion der folgenden sechzig Jahre diesen Vorgang unendlich verschärft hat. Indes sind hier Zweifel angebracht und ist auf ein Gedicht von Bertolt Brecht hinzuweisen, das sich im *Anhang zum Lesebuch für Städtebewohner* findet und das Indiz dafür sein könnte, dass die Indifferenz der Presse in den zwanziger Jahren vielleicht ebenso stark war und wahrgenommen wurde wie heute. Als zielte es auf die unmittelbaren Medienreaktionen nach dem 11. September ab, die von ca. 30 000 Toten sprachen, wo es am Ende 3000 waren, heißt es in Brechts Gedicht geradezu prophetisch:

> Was soll ein Hurrikan schon ausrichten?
> Miami und ganz Florida zusammengenommen
> Und dazu zwei Hurrikane berücksichtigt
> Dann heißt es zuerst: 50 000 Tote, und dann
> Am nächsten Tag stellt es sich heraus:
> 3700.[22]

III

Das bisher Gesagte soll nun mit einer Figur verbunden werden, die zwischen Vergangenheit, Gegenwart und Zukunft angesiedelt und schon deswegen für eine Theorie des Erinnerns wesentlich ist: dem Gespenst. Ihm hat Jacques Derrida eine Studie gewidmet, die sich mit dem großen Gespenstertheoretiker Marx befasst: *Marx' Gespenster*. Doch nicht nur mit dem Gespenst beschäftigt sich Derrida, sondern auch mit den Mitteln, die es vertreiben sollen, dem Exorzismus. Was also ist ein Gespenst? Zunächst offensichtlich ein Grenzgänger zwischen Zeit und Materie, aus der Vergangenheit oder der Zukunft stammend, aber doch im Jetzt da, körperlos und doch

---

[21] Ebd., S.610f

[22] Bertolt Brecht, *Anhang zum Lesebuch für Städtebewohner*, Große kommentierte Berliner und Frankfurter Ausgabe, Gedichte 1, Bd. 11, S.169

mit einem Körper beleibt. Wohin es genau gehört, ist kaum entscheidbar, das Gespenst selbst bildet eine Zone der Ununterscheidbarkeit zwischen Möglichkeit und Präsenz, Potenz und Akt. Es erscheint überall dort, wo die Zeiten sich ineinander verweben, wo Ungleichzeitigkeiten auftreten. Das ist ein erster Hinweis auf die Nützlichkeit dieser Figur, wenn es darum gehen soll, das Ende der Geschichte mit ihrem offensichtlichen Überleben zusammenzudenken. Das Gespenst unterläuft schließlich die vermeintlich klare Unterscheidung zwischen Leben und Tod, Sein und Nicht-Sein, es ist die permanente Bewegung zwischen beiden Oppositionen. Als solches ist es auch der Ort gewordene Nicht-Ort, die Utopie also.

Nun war das europäische, identifizierende und auf Präsenz ausgerichtete Denken immer eines, das den Gespenstern nicht gerade freundlich gegenüberstand. Egal, ob es sich um das Gespenst des Kommunismus handelt, gegen das die Mächte des alten Europa sich zu verbünden bis heute nicht müde geworden sind, oder aber um den nach Marx gespenstischen, entfremdeten Status der Ware und der Menschen im Kapitalismus, die im Kommunismus zur vollen Präsenz gefüllt werden sollten. Immer ging es darum, das Gespenst entweder zu vernichten oder zur Materialität zu führen. „Sein oder Nicht-Sein – das ist hier die Frage“ – so lautet der brutalste Schlachtruf des Exorzismus, den der Geisterseher Hamlet wider besseres Wissen in die Welt gebracht hat. „Leben oder Tod“ wiederholten europäische Aufklärung und Commune und übergingen dabei, dass das Leben ohne den Tod gar nicht gedacht werden kann. Die Folgen dieses Exorzismus sind nicht zu übersehen. Auf der einen Seite herrscht der betäubende Konsens des reinen Gegenwartsdiskurses, wie Derrida ihn bei Fukuyama und anderen Apologeten einer neuen Weltordnung als neoliberale Rhetorik entlarvt. Im Verbund mit dem ökonomischen Pragmatismus behauptet er immerzu die schon erfolgte Ankunft in der liberalen Demokratie, steht den offensichtlichen weltweiten politischen Desastern machtlos gegenüber oder verschweigt sie gar. Auf der anderen Seite ist die exorzistische Seite des Marx'schen Denkens dafür verantwortlich zu machen, dass in den sozialistischen Staaten Trauer, Eingedenken, Erotik und Spuk keinen Platz bekommen konnten, dass dort der Mensch nur vom Bedürfnis, nicht vom Begehren her erfasst wurde: Eine Fotografie aus der späten DDR zeigt das Schaufenster eines Modegeschäftes, in dem neben spärlich grauer sozialistischer (und denkbar unerotischer) Ankleideware ein Marx-Plakat mit den Zeilen „Sein Werk ist Gegenwart und Zukunft“ klebt. Ausgespart ist die Vergangenheit. Zu schnell hat auch Marx die Gespenster vertreiben wollen anstatt einen anderen Umgang mit ihnen zu proklamieren. Eine „Gastfreundlichkeit gegenüber den Geistern“ ist darum der Vorschlag Derridas, den er in seiner Marx-Beschwörung entwickelt. Eine Haltung ist auch dies, die sich einrichtet auf die Ankunft dessen, was vielleicht nie kommen wird, das wenn es da ist, zugleich abwesend bleibt. Hier trifft sich Derrida mit dem messianisch inspirierten Denken Benjamins, auf das er auch explizit zurückgreift:

> In diesem Maß wird die Wirklichkeit des demokratischen Versprechens wie die des kommunistischen Versprechens immer diese absolut unbestimmte messianische Hoffnung in ihrem Herzen tragen und tragen müssen, den eschatologischen Bezug auf die Zu-kunft eines Ereignisses und einer Singularität, einer nicht antizipierbaren Andersheit. Erwartung ohne Erwartungshorizont, Erwartung dessen, was man noch nicht oder nicht mehr erwartet, vorbehaltlose Gastfreundschaft und Willkommensgruß, die der absoluten Überraschung des Ankommenden im vorhinein gewährt werden, ohne das Verlangen einer Gegenleistung oder einer Verpflichtung gemäß den Hausverträgen irgendeiner Empfangsmacht (Familie, Staat, Nation, Territorium, Boden oder Blut, Sprache, Kultur im allgemeinen, selbst Menschheit), gerechte Öffnung, die auf jedes Recht auf Eigentum verzichtet, auf jedes Recht im allgemeinen, messianische Öffnung für das, was kommt, das heißt für das Ereignis, das man nicht als solches erwarten und also auch nicht im voraus erkennen kann, für das Ereignis als das Fremde selbst, für jemanden (ihn oder sie), für den man im Eingedenken der Hoffnung immer einen Platz freihalten muss und das ist der Ort der Spektralität oder der Gespenstigkeit selbst.[23]

Es ist jetzt nicht schwer, die Figur des Gespenstes mit der Theorie des Eingedenkens bei Benjamin zu verbinden. Bezeichnet das Gespenst jenen Ort zwischen der harten Materialität, der Gegenwart des Bewusstseins und der leeren Potenz, der Indifferenz und Willkür der mémoire involontaire, so ist sein Erscheinen die eigentliche Erfahrung, die Epiphanie, die aber über ihren Privatcharakter hinausgeht. Und noch mehr: Die Versuche, das Eingedenken entweder am Bewusstsein festzumachen (durch Denkmäler, permanente mediale Reproduktion etc.) oder aber es dem Zufall zu überlassen und so seines öffentlichen Charakters zu berauben (etwa durch einfaches Überbauen traumatischer Orte) – beide wären sie Akte des vorschnellen Exorzismus. Im Falle des neuen *World Trade Center* wäre also eine Architektur vonnöten, die die Gespenster des Ortes zum Kommen und Verweilen einlädt, sie aber weder herbeizuzwingen noch zu bannen sucht.

IV

Ich möchte mich hier kurz auf einige Ausführungen des Architekten Daniel Libeskind beziehen, wenngleich man, soviel sei vorausgeschickt, mit seinem Entwurf für das neue *World Trade Center* alles andere als einverstanden sein muss. Doch einer der zentralen Begriffe Libeskinds, der „void", scheint mir hier nützlich. Ein „void" ist nicht einfach eine Leere, ein Leerraum, sondern der Leerraum, den eine traumatische Einschreibung hinterlassen hat. Es ist „ein Ort des Nicht-Seins, wo Spuren der Zusammenhänge kaum zu finden sind, obwohl alles aufgezeichnet und dokumentiert wurde."[24] Beim Besuch eines ehemaligen Konzentrationslagers etwa wird man die seltsame Beobachtung machen, dass man an diesem Ort zumeist gar nichts sieht

---

[23] Derrida: *Marx' Gespenster*, S.110

[24] Daniel Libeskind: *trauma / void*. In: Elisabeth Bronfen und Birgit R. Erdle (Hg.): *Trauma. Zwischen Psychoanalyse und kulturellem Deutungsmuster*. Köln 1999, S.4

außer einer großen leeren Fläche, die zwar nicht mehr bebaut werden kann, die aber auch keine besonderen Kennzeichen trägt. Offensichtlich handelt es sich bei der Leere des Ortes um zwei verschiedene, doch ineinandergreifende Leeren, um die traumatische Leere, die einen die Abwesenheit selbst körperlich spüren lässt, und zweitens um eine einfache, in der nichts mehr ist, was an die Toten des Ortes erinnern könnte. Wie also kann man eine Abwesenheit sichtbar machen, ohne sie durch zuviel Materie wieder aufzuheben? Aus diesem Grund arbeitet Libeskind in seinen Bauten gerne mit leeren Räumen und Lücken: „Die Notwendigkeit, innerhalb der Architektur eine Antwort auf die Frage der Leere (void) zu geben, liegt nahe, da in der Architektur auch ein Leerraum (void) ein Raum ist."[25]

Strukturell ergibt sich in New York dasselbe Problem. Auch hier gibt es einerseits die traumatische Leere des Ortes, die der Schriftsteller Thomas Meinecke so beschrieben hat, dass man „in den Tagen nach dem Anschlag Löcher gesehen hat, wo vorher die Türme waren."[26] Andererseits ist aber die leere Fläche des ‚Ground Zero' ein Ort, der nichts mehr über seine Vergangenheit aussagt.

An dieser Stelle öffnen sich brisante politische Fragen, die den staatlichen Umgang mit den Toten betreffen. Zunächst das Beispiel Berlin. Auch für die Neugestaltung des Alexanderplatzes hatte Libeskind einen Entwurf vorgelegt, der aber aus politischen Gründen abgelehnt wurde. Libeskind: „Natürlich versuchten die Stadt Berlin und die Politiker unter Druck durchzusetzen, dass dieser Platz als etwas völlig Normales anzusehen sei – ein Ort wie jeder andere, der in irgendeiner Stadt der Welt bebaut werden soll. Aber mir war klar, dass die Leere durch das Bauen von Gebäuden und das Füllen dieser Leere nicht einfach verschwinden würde. Im Gegenteil: Tatsächlich könnte das Gefühl der Leere durch das Zubauen der Orte noch wachsen."[27] Ähnliches im ehemaligen SS-Wohngebiet Oranienburg, rund um das Konzentrationslager Sachsenhausen. Unter dem Freud paraphrasierenden Motto: „Wo Lager war, soll Stadt sein"[28] wurde hier 1993 ein Wettbewerb ausgeschrieben, dessen Bedingung die Aufspaltung in die Hervorhebung des ehemaligen Lagers und die Normalisierung des umgebenden Geländes war. So hieß es im Ausschreibungstext:

> Das heutige Gelände ist, einschließlich der vierzig Jahre DDR-Nutzung, nach wie vor intensiv durch den SS-Charakter geprägt. Das liegt als Bann auf der gesamten Fläche – man kann sich gewiss daran gewöhnen, aber wie die Gewöhnung an Umweltbelas-

---

[25] Ebd., S.4

[26] In einer Diskussion innerhalb der Vorlesungsreihe *Gott gegen Geld. Zur Zukunft des Politischen*, die nach dem 11. September 2001 im Schauspielhaus Bochum von der Theaterwissenschaftlerin Ulrike Haß ins Leben gerufen wurde.

[27] Libeskind: *trauma / void*, S.6f

[28] Ausschreibungstext; zitiert nach: Birgit Erdle: *Die Verführung der Parallelen. Zu Übertragungsverhältnissen zwischen Ereignis, Ort und Zitat.* In: Elisabeth Bronfen und Birgit R. Erdle (Hg.): *Trauma. Zwischen Psychoanalyse und kulturellem Deutungsmuster.* Köln 1999, S.37

> tungen oder soziale Missstände beschädigt der Zustand unmerklich diejenigen, die es aufgegeben haben, den Zustand in seiner Bedrückung zu empfinden. Wenn hier normal gelebt werden soll – was denn so, in Steinwurfentfernung vom Lagerdreieck, Normalität heißen soll – dann muss der SS-Charakter mit allen Mitteln zertrümmert werden.[29]

In Berlin wird von staatlicher Seite offensichtlich die Glättung der Brüche und damit das Vergessen der Toten betrieben. Dabei gibt es eine Doppelstrategie. Einerseits lässt man die historisch wichtigen Stellen, an denen sich ein Eingedenken ereignen könnte, verschwinden und normalisiert sie – vertreibt also die Gespenster unter dem Diktat liberaler Ökonomie, das zugleich das Diktat der Indifferenz ist. Andererseits delegiert man das Erinnern an bestimmte Orte, die überhöht werden und an denen das Geschehene ins Bewusstsein gehoben wird – dort zwingt man die Gespenster in eine angebliche volle Präsenz, behauptet ihre permanente Anwesenheit, ihre immer schon erfolgte Ankunft, was nur die andere Seite des Exorzismus ist. Dies sind Orte, die das Ereignis des Erinnerns zu kalkulieren und kontrollieren suchen und es so unmöglich machen. Gleichzeitig sind es diese Orte, an denen eine „demokratische Politik" sich immer wieder versichern kann, die Vergangenheit überwunden zu haben und unter dem Hinweis auf die Toten des Faschismus neue Kriege zu legitimieren vermag – Außenminister Joschka Fischer begründete den Kosovo-Krieg als Krieg gegen Auschwitz. Auf diese Weise werden die Toten staatlich instrumentalisiert und repräsentiert – das Antigone-Problem. Der Glaube, die Toten repräsentieren zu dürfen, nicht mit ihnen, sondern für sie sprechen zu können, muss unweigerlich in die Katastrophe führen. Und von hier ist es leicht, den Bogen nach New York zu schlagen.

„Lasst uns eine bessere Zukunft, ein besseres Leben für alle aufbauen, so wie die Menschen es gewollt hätten, die wir verloren haben." So lautet ein Satz aus der Gedenkrede des New Yorker Bürgermeisters Bloomberg, die dieser exakt ein halbes Jahr nach den Anschlägen hielt. Die Toten – unterschiedslos im übrigen, denn auch die Attentäter liegen unter den Trümmern des *World Trade Center* – werden nachträglich zu staatlich definierten Opfern, auf die Gemeinschaft und der damit verbundene Rausch sich gründen können. In diesem Zusammenhang begreift man erst die teilweise monströsen Aussagen nach dem 11. September auch in Deutschland, so etwa die Behauptung der „BamS", bei dem Attentat handele es sich um den „größten Massenmord seit Hitler". Sind die Toten aber erst einmal staatliche und mystifizierte Tote, ermöglicht dies auch die Behauptung des Ausnahmezustands, in dem ein Souverän als Allbeobachtersubjekt über Freund und Feind, Leben und Tod entscheiden soll. Dieser Ausnahmezustand ist inzwischen zur Regel geworden, das zeigen etwa der seitdem permanente „Krieg gegen den Terror" oder die menschenrechtsfreie Lagerzone in Guantanamo Bay. Über George Bush hingegen heißt es:

---

[29] Ebd., S.37

Menschenrechtler klagen, die Regierung weite ihre Kompetenzen auf Kosten der Justiz aus und verletzte Bürgerrechte. (...) Regierungsvertreter kontern, in Kriegszeiten müsse der Präsident entscheiden, wer der Feind sei. Er allein könne Bürger zu feindlichen Kämpfern erklären. Diese dürften so lange ohne Kontakt zu Anwälten oder Angehörigen festgehalten werden, bis wiederum der Präsident befinde, die Feindseligkeiten zwischen Amerika und den Betroffenen seien beendet."[30]

V

Bevor erste Entwürfe für eine Neubebauung von ,Ground Zero' fertiggestellt waren, gab es schon einen Versuch, den leeren Platz zu füllen. Am 8. März 2002 meldete die FAZ: „Zwei gigantische Säulen aus Licht sollen die Botschaft verkünden: New York lässt sich nicht unterkriegen. Ein halbes Jahr nach dem 11. September 2001 werden sie als leuchtende Abbilder der Zwillingstürme des *World Trade Center*s von Montagabend an die Skyline der größten Stadt Nordamerikas überragen."[31] Über die für dreißig Tage installierten 2km hohen Lichtsäulen verriet Bürgermeister Mike Bloomberg laut FAZ, sie stünden „für die heilsamen Kräfte der Kunst, und sie dienen als Symbole des Lebensgeistes und des Mutes Amerikas sowie der Unverwüstlichkeit von New York City." Der Mitschöpfer Richard Nash Gould hingegen erklärte: „Wo die Dunkelheit herrschte, da strahlt nun das Licht."[32]

Es ist leicht, die spezielle Symbolik des Lichts zu untersuchen, die hier eine mehrfache ist: einerseits das Licht der Aufklärung und der angegriffenen „zivilisierten Welt", andererseits das Licht des christlichen Gottes und des „Kreuzzuges", der für ihn geführt werden soll. Darüber hinaus deuten die Säulen die Himmelfahrt der Türme und ihrer Toten an. Diese Verkitschung der Opfer ist natürlich wieder politisch zu instrumentalisieren. Ein solcher Analyseansatz scheint allerdings nicht sonderlich fruchtbar. Erstens ist es möglich, die Stimmung des Erhabenen, die eine solche Lichtinstallation hervorzurufen sucht, mit den verschiedensten symbolischen Bedeutungen aufzuladen. Zweitens aber ist die politische Intention in diesem konkreten Fall ohne Zweifel so trivial, dass sie diskursiv nicht einholbar ist. Fruchtbarer mag also die Frage sein, ob und warum die Installation in ihrer Trivialität dennoch funktioniert. Man könnte nun auf ähnlich geartete Fälle politisch genutzter Überwältigungsästhetik verweisen, etwa die Massenaktionen der Nazis und die Filme Leni Riefenstahls – wobei die New Yorker Lichtinstallation eher wie deren groteske Überhöhung wirkt. Daran anschließend könnte man eine Art Pop-Heroismus der USA konstatieren, der sich nicht zum Heroismus etwa des Dritten Reiches zu entwickeln bereit ist und Gefahren für Leib und Leben doch lieber den Maschinen überlässt (oder irgendwelchen zweifelhaften politischen Verbündeten, die unglücklicherweise

[30] In einem Artikel von Stefan Ulrich mit dem Titel *Gefangen im rechtsfreien Raum* in der Süddeutschen Zeitung vom 03.12.2002.

[31] Thomas Burmeister: *Lichtsäulen sollen an das World Trade Center erinnern – und „heilen"*, Frankfurter Allgemeine Zeitung vom 8. März 2002

[32] beide Zitate ebd.

wenig später zumeist ihrerseits bekämpft werden müssen). Indes scheint mir auch dieser Ansatz zu kurz gegriffen. Darum soll nun mit dem bislang geschaffenen begrifflichen Instrumentarium versucht werden, die Funktion der Lichttürme zu beschreiben.

Interessant scheint der Vergleich mit einem anderen Gebäude, das Richard Sennett in seiner Studie *Fleisch und Stein* untersucht hat: dem Pantheon. Dabei geht es zunächst einmal um die frühchristliche Gleichsetzung Gottes mit dem Licht. Einer der ersten großen christlichen Intellektuellen, Origines, erklärt im 2. Jh. nach Christus: „Der Schöpfer aller Dinge...ist Licht.“[33] Sennett dazu:

> Suchten Christen den Prozess des Werdens zu erklären, so beriefen sie sich auf die Erfahrung des Lichts. Sie beschrieben die Bekehrung als einen Prozess der Erleuchtung; im jüdisch-christlichen Verständnis bedeutet Logos die Verbindung zwischen Wort und Gott – Wörter, auf die Licht gefallen ist... Licht ist überall. Theologisch bedeutet dies, dass der immaterielle Gott überall ist, unsichtbar, jedoch niemals abwesend. Der Werdensprozess war für Origines wie für die Heiligen Matthäus und Augustinus der Prozess der Umwandlung der eigenen körperlichen Begierden, so dass man diese unsichtbare Kraft, die die Welt erfüllte, wahrnehmen konnte. Es bedeutete, aus dem Körper hinaus ins Licht zu treten.[34]

Nun ergab sich freilich für das nomadische, noch nicht staatlich organisierte Frühchristentum ein großes Problem. „Gerade weil das Licht überall ist, bedurfte es zu seiner Erfahrung eines Gebäudes, eines Hauses, eines besonderen Ortes“,[35] also etwas, das das Nomadentum unmöglich machen musste. Der christliche Ort, an dem das Licht erfahren werden konnte, wurde wenig später der ursprünglich heidnische Pantheon-Tempel in Rom, ein unter Kaiser Hadrian erbautes Gebäude. Dieser Vorgang markiert die Verstaatlichung der ursprünglich antistaatlichen christlichen Bewegung.

Dass gerade das Pantheon zum Ort religiöser Erfahrung, unabhängig von der Religion, werden konnte, liegt an folgender architektonischer Besonderheit: „Im Pantheon verleiht die Kuppel dem Licht Gestalt. Scheint die Sonne direkt über der Kuppel, dann bündelt der offene Oculus die Strahlen zu einer festumrissenen Lichtsäule.“[36] Und die Erfahrung des Erhabenen, die dabei zu machen ist, wirkte offenbar so stark, dass noch Anfang des 19. Jh. ein atheistischer Dichter wie Shelley seinen Eindruck des Pantheons so schildert: „Den Blick nach oben gerichtet, kommt es dir vor, als sähest du den unermesslichen Himmelsdom, die Idee von Größe ist geschluckt und verloren“.[37] Offenbar handelt es sich bei diesem Gebäude um einen

---

[33] Hier zit. nach: Richard Sennett: *Fleisch und Stein. Der Körper und die Stadt in der westlichen Zivilisation.* Berlin 1997, S.168

[34] Sennett: *Fleisch und Stein*, S.168f

[35] Ebd., S.169

[36] Ebd., S.169

[37] hier zit. nach: Sennett, *Fleisch und Stein*, S.170

frühen architektonischen Versuch, das Ereignis zu kontrollieren und künstlich herzustellen. Da die Möglichkeiten jedoch beschränkt waren – schließlich war das Erscheinen der Gespenster hier vom Wetter abhängig – gab es eine weitere architektonische Besonderheit: „Gibt es an wolkigen Tagen keine direkte Sonneneinstrahlung, dann ist das durch den Oculus dringende Licht diffus, und die Kuppel scheint von Licht durchdrungen."[38] So ist gewährleistet, dass auch an schlechteren Tagen irgendeine Erscheinung zu beobachten ist. Das Pantheon ist ein frühes Beispiel für den Versuch, die Gespenster in steter Präsenz zu halten und sie so zu Machtzwecken gefügig zu machen. Schließlich sollte es „jenen, die schwach und verletzbar waren, helfen, zum Licht zu finden."[39]

Nun ist die Ähnlichkeit des Lichtspiels im römischen Pantheon mit dem in New York verblüffend. Doch gibt es einige fundamentale Unterschiede und Besonderheiten des *Tribute in Light*. Erstens sind die technischen Möglichkeiten perfektioniert, so dass man heute die Gespenster auf Knopfdruck herbeizaubert. Dass man sie dabei eigentlich exorziert, dürfte kaum auffallen. Zweitens: Die beiden Lichtsäulen sind nicht einfach simulierte Wiedergänger des zerstörten *World Trade Center*. Sie sind in ihrer Monumentalität fünfmal so große Rachegeister, die sich trefflich gegen den Feind, wer immer das sein mag, ins Feld führen lassen. Drittens: Anders als beim Pantheon, das ein feststehendes Gebäude ist, sind die beiden Lichtsäulen transportabel und nicht mehr an ein Territorium gebunden. So muss heute nicht mehr der Nomade sich verstaatlichen, sondern der Staat selbst kann nomadisch werden, was der imperialistischen Politik der USA entspricht. Tatsächlich kam kurz nach der Installation der Lichtsäulen der nicht realisierte, geradezu groteske Vorschlag auf, *Tribute in Light* auch in anderen Städten rund um die Erde aufzubauen.

VI

Es war Daniel Libeskind, der schließlich den Wettbewerb zur Neugestaltung des *World Trade Center* gewann. Sein Entwurf soll eine Mischung aus Gedenken und Optimismus sein und so die verschiedenen Interessengruppen berücksichtigen, die sich im Zusammenhang der Neubebauung zu Wort gemeldet haben. Mit ironischem Unterton, aber doch voller Lob beschreibt etwa die „Welt" am 20. Juli 2003 den Entwurf Libeskinds: „Zum einen zeigt er ein Höchstmaß an Pietät: Die „Fußabdrücke" der alten Twin Towers bleiben unbebaut, die rauen Wände der leeren Betonwanne, in der sie einst ruhten, werden zum Denkmal: „Sie haben die Attacke überlebt und stehen, so eloquent wie die Verfassung selbst, für die Beständigkeit der Demokratie und die Werte des individuellen Lebens." Trotzdem wird Libeskinds *World Trade Center* circa eine Million Quadratmeter Büroflächen bieten (mehr als gefordert und zu Mr. Silversteins großer Freude), der Hauptturm allerdings beherbergt symbolfreudig die *Gardens of the World*: Verschiedene Vegetationen werden übereinander

[38] Ebd., S.169
[39] Ebd., S.170

geschichtet, ähnlich wie der niederländische Pavillon bei der Expo in Hannover, den das Architekturbüro MVRDV entwarf: Es soll ein Tundra-Geschoss, eine Sahara-Etage et cetera geben, und im 110. Stock schließlich, Trauer macht hungrig, ein Restaurant mit großartiger Aussicht. Die Gebäudemassen werden so arrangiert, dass auf die öffentlichen Plätze „Park der Helden" und „Keil des Lichts" am 11. September zwischen 8.46 Uhr und 10.28 Uhr (also die Zeitspanne zwischen dem ersten Flugzeugeinschlag bis zum Einsturz des zweiten Turmes) kein Schatten fällt. Der Entwurf von Libeskind gibt dem angekratzten New Yorker Ego alles, was es braucht – ein neues wirtschaftliches Zentrum für Lower Manhattan und Superlative, sowohl was die absolute Höhe des Gebäudes als auch seine Symbolik betrifft.

Es gehe ihm nicht darum, das mit 520 Metern höchste Gebäude der Welt zu bauen, ein solcher Rekord werde ohnehin nicht halten, betont der Architekt – womit er wohl Recht hat, denn schon plant ein australisches Unternehmen einen 560 Meter hohen Wolkenkratzer in Dubai. Aber es sei eine Wettbewerbsvorgabe gewesen, einen die Skyline prägenden Entwurf zu präsentieren. Und er habe den höchsten Turm seines Ensembles genau 1776 Fuß hoch bemessen. Was diese Analogie zum Jahr der amerikanischen Unabhängigkeitserklärung bedeutet, kann auch Libeskind nicht genau erklären: „Unabhängigkeit ist ein wichtiges Konzept für Amerika und für alle freiheitsliebenden Menschen."

Es fällt nach dem bisher Gesagten nicht schwer, auch in Libeskinds Plan jenen Exorzismus zu erkennen, der die Gespenster unter dem Fetisch der vollen Präsenz zu vertreiben sucht und das Dogma der reinen Gegenwart affirmiert. Anders als bei *Tribute in Light* scheint der Exorzismus diesmal allerdings alteuropäisch veredelt. Der Entwurf Libeskinds ist mit so viel Symbolik beschwert, dass es diesmal durchaus zu lohnen scheint, einzelne Ideologeme zu analysieren. Grundsätzlich gilt auch hier, dass die Opfer des 11. September wieder in einen staatlichen Kontext gebracht werden, der mit ihnen als Individuen nichts zu tun hat. Wo etwa ist die Verbindung dieser Toten zum Datum der Unabhängigkeitserklärung? Haben sie dafür ihr Leben gelassen? Außerdem müsste gerade Libeskind, der früher oft Derrida zitiert hat, wissen, dass man mit der symbolischen Bedeutung von Zahlen alles machen kann. Beispielsweise könnte man den 11. September rückbeziehen auf den 11. September 1973, an dem die USA in Chile Pinochet an die Macht putschten. Das Attentat wäre dann ein Hinweis auf die Außenpolitik der USA. Man könnte aber auch das Datum invertieren und es zum 9. 11. machen. Dann hätte das Datum geschichtsphilosophische Bedeutung: Die Phase vermeintlichen Posthistoires dauerte vom 9. November 1989 bis zum 11. September 2001. Oder aber man könnte die mittlere 1 des Datums von der nachfolgenden 9 subtrahieren, dann ergäbe sich die Zahl 18, die bekanntlich Chiffre für AH, Adolf Hitler also ist. Die Attentate wären dann faschistisch motiviert. Man mag über solche Analogieschlüsse lachen, doch nach ihrer Struktur des Ähnlichkeitsdenkens funktionieren nicht nur Verschwörungstheorien, sondern auch Wissenschaft.

Doch nun zu Libeskinds neuem *World Trade Center*. Ins Auge fällt wieder das Spiel mit Licht und Schatten – es scheint unvermeidlich zu sein, wenn es darum geht, Gedenken zu simulieren. Diesmal ist der Zeitpunkt des vermeintlichen Ereignisses sogar auf die Minute berechnet. Pünktlich um 8:46 am 11. September erscheinen die Pseudo-Gespenster, um dann um 10:28 wieder zu verschwinden. Damit besetzen sie genau die Zeitspanne, in der tatsächliches Gedenken sich vielleicht wirklich ereignen könnte; ein einfacher, aber wirksamer Taschenspielertrick. Derrida: „Der Gipfel der Eskamotage besteht [...] darin, verschwinden zu machen, indem man ‚Erscheinungen' produziert, was justament nur dem Anschein nach einen Widerspruch darstellt, da man verschwinden macht, indem man Halluzinationen provoziert oder Visionen gibt."[40]

Hinter den *Gardens of the World* hingegen, die den Anspruch erheben, die ganze Welt zu repräsentieren, verbirgt sich nur allzu offensichtlich das Ideologem der Menschheit. Die Attentäter des 11. September werden dadurch zu „Feinden der Menschheit", zu der sie aber doch sicher auch zu zählen wären. Über diesen Punkt hat schon 1932 Carl Schmitt geschrieben:

> Die Menschheit als solche kann keinen Krieg führen, denn sie hat keinen Feind, wenigstens nicht auf diesem Planeten. Der Begriff der Menschheit schließt den Begriff des Feindes aus, weil auch der Feind nicht aufhört, Mensch zu sein und darin keine spezifische Unterscheidung liegt. Dass Kriege im Namen der Menschheit geführt werden, ist keine Widerlegung dieser einfachen Wahrheit, sondern hat nur einen besonders intensiven politischen Sinn. Wenn ein Staat im Namen der Menschheit seinen politischen Feind bekämpft, so ist das kein Krieg der Menschheit, sondern ein Krieg, für den ein bestimmter Staat gegenüber seinem Kriegsgegner einen universalen Begriff zu okkupieren sucht, um sich (auf Kosten des Gegners) damit zu identifizieren, ähnlich wie man Frieden, Gerechtigkeit, Fortschritt, Zivilisation missbrauchen kann, um sie für sich zu vindizieren und dem Feinde abzusprechen. Menschheit ist ein besonders brauchbares ideologisches Instrument imperialistischer Expansionen und in ihrer ethisch-humanitären Form ein spezifisches Vehikel des ökonomischen Imperialismus."[41]

Und Schmitt beschreibt weiterhin in Worten, die einem beliebigen Leitartikel nach dem 11. September entnommen sein könnten:

> Es war [...] irrig zu glauben, eine mit Hilfe ökonomischer Überlegenheit errungene politische Position sei [...] „essentiell unkriegerisch". Essentiell unkriegerisch, und zwar aus der Essenz der liberalen Ideologie heraus, ist nur die Terminologie. Ein öko-

---

[40] Derrida: *Marx' Gespenster*, S.202

[41] Carl Schmitt: *Der Begriff des Politischen. Text von 1932 mit einem Vorwort und drei Corollarien.* Berlin 1963, S.54f. Was passiert, wenn der „Feind" verschwindet, an dessen Gestalt sich ein Kriegsrecht knüpfen lässt, da der Begriff der „Anerkennung" wesentlich zu ihm gehört, haben 2004 die Gewaltexzesse in Abu Ghraib gezeigt. Die blutigen Fleischbündel, vor denen grinsende US-Soldaten posieren, gehören in der Tat nicht mehr zu einer „Menschheit". Sie sind auch ein Ergebnis der Dauerpropaganda, die nicht erst nach dem 11. September einen Großteil der US-Medien bestimmen.

> nomisch fundierter Imperialismus wird natürlich einen Zustand der Erde herbeizuführen suchen, in welchem er seine Machtmittel, wie Kreditsperre, Rohstoffsperre, Zerstörung der fremden Währung usw., ungehindert anwenden kann und mit ihnen auskommt. [...] Für die Anwendung solcher Mittel bildet sich allerdings ein neues, essentiell pazifistisches Vokabularium heraus, das den Krieg nicht mehr kennt, sondern nur noch Exekutionen, Sanktionen, Strafexpeditionen, Pazifizierungen, Schutz der Verträge, internationale Polizei, Maßnahmen zur Sicherung des Friedens. Der Gegner heißt nicht mehr Feind, aber dafür wird er als Friedensbrecher und Friedensstörer hors-la-loi und hors l'humanite gesetzt, und ein zur Wahrung oder Erweiterung ökonomischer Machtpositionen geführter Krieg muß mit einem Aufgebot von Propaganda zum „Kreuzzug" und zum „letzten Krieg der Menschheit" gemacht werden.[42]

Die Höhe des geplanten Turmes mit ihren 1776 Fuß hingegen verweist auf das Jahr der Unabhängigkeitserklärung, des eigentlichen Gründungsaktes der USA also. Wenn Libeskind den Sinn dieses Symbols auch angeblich nicht genau deuten kann, so spricht er in dem oben zitierten Artikel doch ein zweites Mal die amerikanische Verfassung an: Die leeren Wände der Betonwanne des alten *World Trade Center* haben den Anschlag überlebt und stehen, „so eloquent wie die Verfassung selbst, für die Beständigkeit der Demokratie und die Werte des individuellen Lebens." Was hat es nun mit dem Insistieren auf dem Gründungsmythos der USA auf sich? Worauf verweist die symbolische Wiederholung der Gründung, wie sie das *World Trade Center* Libeskinds vorzunehmen scheint, das nur zufällig zum momentan höchsten Gebäude der Welt werden soll? Auch hier mag eine Figur weiterhelfen, die Walter Benjamin beschrieben hat, diesmal in seinem Essay *Zur Kritik der Gewalt*. Ich meine die literarische Figur des „großen Verbrechers", wie sie zum erstenmal wohl in der zweiten Hälfte des 19. Jahrhunderts auftaucht, etwa in der Gestalt des „Professor Moriarty".[43]

Was den großen Verbrecher groß macht, ist die Tatsache, dass er, anders als ein gewöhnlicher Verbrecher, der einzelne Gesetze brechen mag, das geltende Recht in seiner Gesamtheit angreift. Dies ist ein unmittelbarer Angriff auf die Setzung und den Setzungsakt eben dieses Rechts. Nun ist jede Rechtsetzung kontingent ist, d.h. sie kann auch immer anders gesetzt werden. Soll das Recht aber Recht sein, muss es eben diese Kontingenz der Setzung immer wieder verbergen, muss dasjenige verbergen, was es ausschließt – freilich um den Preis, dass das Ausgeschlossene und die Kontingenz es immer wieder aufs Neue bedrohen. Das bedeutet, dass das Recht eben jene rechtssetzende Gewalt der Gründung verbieten muss, der es sich selbst verdankt. Der große Verbrecher ist immer einer, der gegen ein geltendes Recht ein neues, und sei es das der Anarchie, zu setzen droht. Er trifft mitten in den blinden Fleck jeder Rechtsetzung und muss darum von der rechtserhaltenden Gewalt mit unerbittlicher Härte bekämpft werden. Das revolutionäre Potenzial, das dem großen Verbrecher so innewohnt, kann ihm auf der anderen Seite sogar heimliche Sympathie

---

[42] Ebd., S.77

[43] Auf diese Figur hat ebenfalls Müller-Schöll in seinem oben zitierten Essay hingewiesen.

und Bewunderung einbringen. Benjamin: „Das kann nicht um seiner Tat, sondern nur um der Gewalt willen, von der sie zeugt, möglich sein. In diesem Fall tritt also wirklich die Gewalt, welche das heutige Recht in allen Bezirken des Handelns dem einzelnen zu nehmen sucht, bedrohlich auf und erregt noch im Unterliegen die Sympathie der Menge gegen das Recht."[44]

Die Reden vom „Angriff auf die zivilisierte Welt" auf der einen Seite, auf der anderen die bisweilen nur mühsam verborgene Freude an den Anschlägen („Sowas kommt von so was" betitelte die Hamburger PDS ein Flugblatt) zeigen, dass der 11. September genau ein solcher Angriff eines großen Verbrechers gewesen ist. Und in diesem Sinne ist auch der Entwurf Libeskinds zu interpretieren: Als trotzige Wiederholung der eigenen Setzung und als Verdeckung des eigenen blinden Flecks. Die politische Intention, die sich daraus ergibt, ist natürlich katastrophal.

Die Figur des großen Verbrechers weist noch einen anderen wichtigen Aspekt auf. Zur gleichen Zeit entstanden wie ihr Gegenspieler, der Detektiv, trägt sie unweigerlich den positivistischen Machbarkeitsglauben des späten 19. Jahrhundert in sich. Wenn der Detektiv ein Wissenschaftler ist, der mittels des Kausalitätsprinzips Wirkungen auf Ursachen zurückzuführen weiß und so den Plan dechiffriert, der die Ordnung der Dinge durcheinandergebracht hat, so ist der große Verbrecher eben derjenige, der den großen Plan entworfen hat, mit dem sich diese Ordnung stören lässt. Mit der großen Modernekrise der zwanziger Jahre entstanden immer mehr solcher Verbrecherfiguren wie z.B. Dr. Mabuse, während der Detektiv jetzt nicht selten im Wahnsinn endete oder aber selbst zum übermenschlichen Superhelden mutieren musste. Immer fantastischer wurden die Verbrecherfiguren, die z.B. die Weltwirtschaftskrise auslösten. Dieselbe Figur taucht dann politisch wieder in der Propaganda der Nazis auf, in *Jud Süß* bewirkt der Jude Oppenheimer eine Wirtschaftskrise etwa dadurch, dass er die Zölle unter seine Kontrolle bringt. Hier offenbart sich ein bürgerlicher Subjektglaube, der auf der Kehrseite Hitler, der deutschen Supermann-Version, seine übermenschliche Position erst zugestehen konnte. Wenn inzwischen die Berichterstattung bei immer perfekteren technischen Möglichkeiten immer mythischer und personalisierender geworden ist – Bush hier, Bin Laden oder Saddam Hussein dort – dann erweist sich darin die Rückkehr eben jenes fatalen Machbarkeits- und Subjektglaubens.

Es bleibt festzuhalten, dass alle hier bislang besprochenen Versuche, den 11. September zu erinnern, Versuche sind, ihn zu politischen Zwecken zu instrumentalisieren und vor allem das Ereignis unter Kontrolle zu bringen. Dazu gehören übrigens auch jene Gedenkminuten, die nach den Attentaten international organisiert wurden. Wenn Benjamin in *Zur Kritik der Gewalt* den proletarischen Generalstreik als Beispiel für göttliche Gewalt heranzieht, für das Ereignis par excellence also, dann taucht eben dieser hier in einer staatlich pervertierten Form wieder auf.

---

[44] Walter Benjamin: *Zur Kritik der Gewalt.* In: *Gesammelte Schriften* Bd. II, S.183

VII

Abschließend soll aus den abgelehnten architektonischen Entwürfen für die Neuerbauung des *World Trade Center* derjenige des Architekten Carlos Brillembourg vorgestellt werden, weil dieser mir einer der wenigen zu sein scheint, die nicht darauf aus waren, die Toten des 11. September noch einmal umzubringen. Brillembourg wollte tatsächlich das *World Trade Center* wieder so aufbauen, wie es vorher ausgesehen hat, allerdings mit einem fundamentalen Unterschied. Von jedem Betrachterstandpunkt aus sieht man einen der beiden Türme wie vorher, den anderen aber im Inneren ausgehöhlt. Immer sieht man so ein riesenhaftes Loch. So überlagern sich hier das Bild des alten *World Trade Center* mit der leeren Fläche nach dem Attentat. Hier hätten vielleicht wirklich Phantomschmerzen spürbar werden können, wenngleich nicht müssen. Hier, an den Rändern zwischen Materie und Nicht-Materie wäre vielleicht wirklich ein Ort gewesen, der die Gespenster zum Kommen eingeladen hätte – ob diese dann freilich wirklich erschienen wären, mag dahingestellt bleiben. Brillembourgs Entwurf markiert treffsicher den Bruch, in dem sich Geschichte ereignet hat und lässt die Abwesenheit körperlich spürbar werden. Und damit ist er auch ein produktiver Gegenentwurf zu den Zwillingstürmen als Manifest ewiger Reproduzierbarkeit: Geschichte bedeutet Veränderung in der Wiederholung.

Stattdessen soll nun ein Plan ausgeführt werden, der ganz im Dienst einer Politik steht, deren Gesten gegenüber dem Rest der Welt und dem europäischen Verbündeten Brecht ebenfalls in einem Gedicht aus dem Umkreis des *Lesebuch für Städtebewohner* präzise umschrieben hat. In Brechts Gedicht heißt es:

> Wo mein Tank durchfährt
> Da ist eine Straße
> Was meine Kanone sagt
> Das ist meine Ansicht
> Von allen aber
> Verschone ich nur meinen Bruder
> Indem ich ihn lediglich aufs Maul schlage.[45]

VIII

Während der Fertigstellung dieses Aufsatzes hat sich die Lage in New York noch einmal geändert. Inzwischen kann auch Daniel Libeskind seinen Entwurf für das *World Trade Center* nicht mehr so ausführen wie ursprünglich geplant. Die SZ meldete dazu am 17. Juli 2003:

---

[45] Bertolt Brecht: *Gedichte 3*, Große kommentierte Berliner und Frankfurter Ausgabe, Bd. 13, S. 367.

> Daniel Libeskind, der Sieger des New Yorker „Ground-Zero"-Wettbewerbs, wird schleichend entmachtet. Was von seinem ausgelobten Entwurf an Stelle des World Trade Centers tatsächlich noch gebaut wird und wer es bauen darf, ist ungewiss. [...] Libeskinds Masterplan – spiralförmig angeordnete Hochhäuser rund um einen öffentlichen Platz – wird vermutlich bis zur Unkenntlichkeit verändert. Denn nicht Libeskind, sondern David Childs vom amerikanischen Architekturkonzern SOM wird beauftragt, den 540 Meter hohen „Freedom Tower" zu entwerfen. [...] Hinter der Entscheidung steht der ungelöste Konflikt zwischen der Port Authority auf der einen und dem Immobilientycoon Larry Silverstein, dem die Nutzungsrechte für das Gelände gehören, auf der anderen Seite. Während sich die Port Authority dem Libeskind-Entwurf und der öffentlichen Meinung verpflichtet fühlt, ist Silverstein vor allem daran interessiert, seinen derzeit nur virtuellen Besitz möglichst bald wieder real – und profitabel – zu machen. Er wird es auch sein, der mit den Milliarden, die ihm demnächst von den Versicherungen überwiesen werden, den Bau der neuen Hochhäuser finanziert. Silverstein drängt deshalb darauf, mit einem zusätzlichen Wolkenkratzer die Bebauungsdichte zu erhöhen. Den Freedom Tower wünscht er sich weniger schlank: Weitläufige, unverstellte Geschosse lassen sich am besten vermieten.[46]

So bleibt als Fazit nur die Feststellung, dass hier der ökonomische Pragmatismus, dessen Brutalität bislang noch immer in die Katastrophe geführt hat, einmal mehr über seinen feindlichen Bruder, den alteuropäischen Idealismus, gesiegt hat, dessen Folgen freilich ebenso unweigerlich katastrophal sind.

---

[46] Jörg Häntzschel: *Im Grunde Null*; Süddeutsche Zeitung vom 17.07.2003

Sebastian Scholz

„Wonders of an Unseen World“: Blickregime, pornografische Repräsentationsräume und die Undarstellbarkeit weiblicher Lust

> Mit anderen Worten, was hier stattfindet, ist die Desintegration der phantasmatischen Stütze unserer Beziehung zur Realität.[1]
>
> Hinter der Leinwand: das Nichts.[2]

Eine gängige Definition des Begriffs ‚Trauma' beschreibt dieses als

> Ereignis im Leben des Subjekts, das definiert wird durch seine Intensität, die Unfähigkeit des Subjekts, adäquat darauf zu antworten, die Erschütterung und die dauerhaften pathogenen Wirkungen, die es in der psychischen Organisation hervorruft. Ökonomisch ausgedrückt, ist das Trauma gekennzeichnet durch ein Anfluten von Reizen, die im Vergleich mit der Toleranz des Subjekts und seiner Fähigkeit, diese Reize psychisch zu bemeistern und zu bearbeiten, exzessiv sind[3].

Bezieht die zitierte Definition sich auf die Kategorie des individuellen psychischen Traumas und wurde diese in jüngerer Zeit angesichts historischer Erfahrungen erweitert um eine kollektive Ebene, so soll im Folgenden der Versuch unternommen werden, eine dritte Dimension des Traumatischen in den Blick zu nehmen, die man als ‚strukturelle Traumatisierung' bezeichnen könnte. Dieses ist nicht an individuelle Ereignismomente gebunden noch an kollektiv gemachte traumatische Erfahrungen, sondern verweist auf die Erschütterung einer grundlegenden und fragilen Struktur – der symbolischen Ordnung und der bildlichen Repräsentation (Emblem, Bild, Spiegel) als eine ihrer Modalitäten.

So wie „das Wort vom Dekor des Unsagbaren umgeben ist“ und „die Welt, soll sie bewohnbar sein, mit Worten inszeniert werden muß“[4] verhält es sich mit dem Bild als materieller Manifestation des Sichtbaren: Es ist umgeben vom bedrohlichen und doch konstitutiven Dekor des Undarstellbaren. In derselben Weise wie Unsichtbarkeit Sichtbarkeit und Undarstellbarkeit Darstellung hervorbringen, bedrohen sie diese unaufhörlich, stellen sie in Frage, unterminieren sie und lassen sie sie prekär werden.

---

[1] Slavoj Žižek: *Die Pest der Phantasmen. Die Effizienz des Phantasmatischen in den neuen Medien.* Wien 1999, S.171

[2] Pierre Legendre: *Die Fabrikation des abendländischen Menschen.* Zwei Essays. Wien 1999, S.30

[3] Jean Laplanche/Jean-Bertrand Pontalis: *Das Vokabular der Psychoanalyse.* Frankfurt a.M. [15]1999, S.513

[4] Legendre: *Fabrikation des abendländischen Menschen,* S.18

Das pornografische Bild inkorporiert die energetische Ökonomie des Traumas und emaniert diese mit einer obszönen Repräsentationsräumen eigenen und singulären Ökonomie der Mittel, der die Visibilisierung der traumatisch wirksamen Kräfte gelingt und zugleich konstitutiv misslingt und die damit die visuelle Materialisierung des traumatischen Affekts in einer Weise präsentiert, die den Blick/das Sehen selbst in psycho-somatischer Hinsicht intensiv – traumatisch – werden lässt.

Es behauptet sich die Ubiquität der klaffenden ‚Wunde' (gr. τραύμα), die das Ein- und Ausströmen, den Übergang vom Realen zum Symbolischen zulässt und gleichzeitig die anhaltende ‚Durchlöcherung' des Netzes des Symbolischen, die Aushöhlung und ‚Durchbohrung' (etymologisch zugleich Ursprung des Begriffs der Wunde / des Traumas, von gr. τιτρωσχω = durchbohren) des symbolischen Repräsentationsraumes vorantreibt. Ursprünglich medizinisch verstanden als „Verletzung mit Gewebedurchtrennung"[5] soll das Trauma im Folgenden vor allem betrachtet werden als Potenzialität einer Durchtrennung oder sukzessiven Perforation des fragilen Gewebes der symbolischen Repräsentationsordnung, welche über die Vermittlungsinstanz des Imaginären das Ich vor dem Einbruch des Realen, der überwältigenden Präsenz des „großen Anderen" zu bewahren hat.[6] Es handelt sich dabei, dies sei vorausgeschickt, um eine jener Traumatisierungen, die „nicht in jedem Fall die Gewebedurchtrennung am Integument"[7] beinhaltet, sondern als diskretes Unterlaufen des Sichtbarkeitsprimats das Erscheinen einer gelingenden symbolischen Repräsentation verunmöglicht, wo diese von essentieller Bedeutung ist:

> Alles ist gebunden an die symbolische Ordnung, seit Menschen auf der Erde sind und seit sie sprechen [und *abbilden / abgebildet werden*; S. Sch.]. Und was sich übermittelt und sich zu konstituieren trachtet, ist eine immense Botschaft, in der das gesamte Reale nach und nach umgesetzt, neu erschaffen, umgearbeitet wird. Die Symbolisierung des Realen strebt danach, dem Universum äquivalent zu sein, und die Subjekte sind dabei nur Relais, Träger. Was wir darin vornehmen, ist ein Schnitt auf dem Niveau einer dieser Kopplungen.[8]

Das symbolische Element als Vermittlungsfunktion ist notwendig, da sich, Lacan zufolge, dem Menschen auf der imaginären Ebene Objekte immer nur in verschwindenden Beziehungen darstellen: „Diese Verwirrtheit, diese Zerstückeltheit, diese fundamentale Zwiegespaltenheit [...], die alle Möglichkeiten der Verschiebung, das heißt des Irrtums, eröffnen, charakterisieren das Triebleben/la vie instinctuelle des

---

[5] Laplanche/Pontalis: *Vokabular*, S.514

[6] Bezeichnenderweise beschreibt Slavoj Žižek in seinen Lacan-Auslegungen das Reale selbst als „die harte, *traumatische* Realität, die der Symbolisierung widersteht"; vgl. Žižek: *Die Pest der Phantasmen*, S.156 und passim [Hervorhebung S. Sch.].

[7] Laplanche/Pontalis: *Vokabular*, S. 514

[8] Jacques Lacan: *Das Seminar. Buch II (1954-55): Das Ich in der Theorie Freuds und in der Technik der Psychoanalyse.* Weinheim/Berlin 1991, S.408

Menschen"[9]. An dieser Stelle jedoch, an der Schwelle zur Psychopathologie, kommt die symbolische Relation ins Spiel: „Die Macht, die Objekte zu benennen, strukturiert die Wahrnehmung selbst. Das percipi des Menschen vermag sich nur innerhalb einer Zone der Benennung zu halten. Durch die Benennung lässt der Mensch die Objekte in einer gewissen Konsistenz bestehen."[10] Wenn es sich bei dem vom Menschen wahrgenommenen Objekt um ein Bild des Menschen handelt, verstärkt dies nur die „Beziehung der Kluft, der entfremdeten Spannung"[11] und erfordert in umso dringlicherer Weise die Einschaltung „der Möglichkeit der Ordnung der Präsenz und Absenz [...], das heißt der symbolischen Ordnung".[12] Wenn Subjektivität dabei immer in Zusammenhang steht mit einem Feld des Sichtbaren, mit einem Moment des Gespiegeltwerdens, einer Unterwerfung unter das Blickregime (*gaze*), wir also „im Schauspiel der Welt angeschaute Wesen sind",[13] so ist dies, wie Kaja Silverman zeigt, zwar grundsätzlich überzeitlich zu verstehen. Epochenspezifisch, also zeit- und kontextgebunden, ist jedoch die dabei in Anschlag gebrachte „Darstellungslogik, die unseren Blick auf die Objekte bestimmt und die Gestalt, die wir selbst annehmen, sowie der Wert, den ein inzwischen komplexer organisiertes visuelles Feld diesen Darstellungen beimißt."[14] Aufgrund des konstitutiven Risses und der radikalen Äußerlichkeit des menschlichen Ek-sistierens benötigen Menschen Bilder, die sich als „Leinwand" zwischen Mensch und Welt stellen und „sie ihm vorstellbar machen sollen".[15] Die „Leinwand" oder der „Bildschirm" als kulturelles Bildrepertoire ist verantwortlich dafür, dass wir Bilder oder Objekte „meistens durch einen imaginären Sucher hindurch wahrnehmen, der das Sichtbare für uns organisiert"[16] und die Wahrnehmung strukturiert. Dieser opake Bildschirm ist eine kulturelle Instanz, keine natürliche oder anthropologisch-konstante. Diese trägt als kulturell erzeugtes Bildrepertoire dazu bei, dass „sich Subjekte nicht nur konstituieren, sondern auch unterscheiden lassen".[17] Blick (look) und Blickregime (gaze) lassen sich insofern unterscheiden, als sich das Blickregime nicht auf ein bestimmtes Augenpaar reduzieren lässt, sondern „in der Tat Gegenwart des anderen als solchen"[18] ist. Es ist auf diese Weise ein konstitutiv Äußerliches und, in Folge der Transformationen gültiger Darstellungslogiken, histo-

[9] Ebd., S.213

[10] Ebd.

[11] Ebd., S.409

[12] Ebd.

[13] Jacques Lacan: *Das Seminar. Bd. XI: Die vier Grundbegriffe der Psychoanalyse.* Olten/Freiburg im Breisgau 1978, S.81

[14] Kaja Silverman: *Dem Blickregime begegnen.* In: Christian Kravagna (Hg.): *Privileg Blick. Kritik der visuellen Kultur.* Berlin 1997, S.42

[15] Vilém Flusser: *Für eine Philosophie der Fotografie.* Göttingen ^{6}1992, S.9

[16] Silverman: *Blickregime*, S.42

[17] Ebd., S.62. Vgl. hierzu ausführlich sowie zum Aspekt der Kamera als dem primären Bildschirm: Kaja Silverman: *The Threshold of the Visible World.* New York 1996.

[18] Lacan: *Die vier Grundbegriffe der Psychoanalyse*, S.91

risch veränderlich. Das Moment der fotografischen Mortifikation, die instantane Objektivierung im Augenblick der fotografischen Erfassung des Menschen,[19] seine Verwandlung in ein Abbild „richtet sich [...] nicht an uns selbst, wie in der Wiederspiegelung, sondern an eine Instanz des Sichtbaren, die völlig außerhalb unseres Blicks liegt".[20] Ein wirklich vorhandener oder bloß imaginärer Rahmen (*frame*) – ob wirklich oder imaginär bedeutet keinen Unterschied für sein Funktionieren – trennt dabei alle Repräsentationen vom nicht-repräsentierbaren Realen. Innerhalb dieser Rahmung wird das Objekt oder der Körper in Szene gesetzt und auf diesen Rahmen bleibt die *mise en scène* immer bezogen: „Der in eine Repräsentation verwandelte Körper wird im Raum platziert und dieser Raum dadurch in einen ‚Ort' verwandelt".[21] Ein in der Abgrenzungsbewegung des *framing* derart auf das Reale bezogener Ort ist *per se* bedroht vom Scheitern der Rahmung und dem daraus resultierenden Einbruch des Realen. Die Verwandlung des Raums in einen Ort, das perpetuierende Werden eines (jeweils anderen) *topos*, das notwendig ist für die Aufrechterhaltung des schützenden Schirms der symbolischen Ordnung (der in diesem Moment zugleich ein Aspekt der Ortung zukommt), ist ein stets prekärer Prozess, in dem die Elemente der ‚Leinwand' als Bildrepertoire und Darstellungslogik zum Tragen kommen. Da diese kulturell und historisch veränderlich sind, erscheint die Repräsentation als Vorgang der (Ver-)Ortung wesentlich als ein vor dem Hintergrund des Politischen sich vollziehender Komplex, mithin als Frage der Macht. (Symbolische) Repräsentationsräume, auch die vom Feld des Sichtbaren in der Pornografie hervorgebrachten, haben folglich immer Teil am Spiel der Kräfteverhältnisse, als welches Foucault „Macht" bezeichnet.

An den Stilen der pornografischen Inszenierungen, an den Techniken der Sichtbarmachung lässt sich daher der „Verlauf der Visualisierungstechniken im 19. Jh. vom *Loch* (maximale Sichtbarkeit) zum *Phallus* (Befriedigung)"[22] studieren, wobei dieser Weg, als einer des Ausschlusses des Weiblichen, ein Phänomen des visuellen Mangels ist, das ins Spiel kommt, um die Grenzen des Repräsentationssystems nicht zu gefährden. Denn grundlegend für dessen Funktionieren ist nicht allein „die Frage nach der [*visuellen*; Anm. S. Sch.] Zugänglichkeit des repräsentierten Körpers, sondern auch die Sorge um die *Unzugänglichkeit* des visuellen und medialen Raumes".[23]

---

[19] Dieser Aspekt der Mortifikation des Lebendigen insbesondere im indexikalischen Abbild des Fotos bildet nicht ohne Grund auch den Ausgangspunkt, den Roland Barthes für seine Bemerkungen zum Medium Fotografie wählt; vgl. Roland Barthes: *Die helle Kammer. Bemerkung zur Photographie.* Frankfurt a.M. 1989.

[20] Silverman: *Blickregime*, S.43

[21] Ebd., S.48

[22] Linda Hentschel: *Pornotopische Techniken des Betrachtens. Raumwahrnehmung und Geschlechterordnung in visuellen Apparaten der Moderne.* Marburg 2001, S.108; Hervorhebung i.O.

[23] Ebd.; Hervorhebung i.O.

Die Optimierung der Maschinen der Sichtbarmachung und das proliferierende Prinzip maximaler Sichtbarkeit als Medium einer spezifischen ‚Lust an der Lust zu wissen' verwickeln das sehende Subjekt in das unauflösliche Dilemma der Undarstellbarkeit, das seine Wirkungsmacht insbesondere dann entfaltet, wenn, wie meist in pornografischen Repräsentationsräumen, ein Wissen um die weibliche Lust zur Disposition steht. So bleibt als strukturelle Konstante im Zuge der Vermehrung und Ausdifferenzierung der Verfahren der Sichtbarmachung *mutatis mutandis* die eine bestehen: der radikale Ausschluss der Frau und ihrer Lüste aus den pornografischen Bild(archiv)räumen, die gerade im Moment ihrer hypertrofen Exponierung sich manifestiert. Raum und Ort korrespondieren insofern mit dem Blickregime, als sie an der Repräsentationsleistung innerhalb der symbolischen Ordnung beteiligt sind und damit gleichermaßen tangiert von der in diesen Prozessen virulenten Frage der Macht.

Es ergibt sich aus diesen Prämissen nicht zuletzt die Notwendigkeit einer präzisen Re-Lektüre der Arbeiten Foucaults zum Verhältnis von Macht und Wissen, die nicht allein dazu angetan ist, den Fragen, die pornografische Repräsentationen als Teil der symbolischen Ordnung – gerade aufgrund sich wandelnder Darstellungstechniken – aufwerfen, andere Möglichkeiten der Beantwortung hinzuzufügen. Die neuerliche Lektüre hätte überdies das Potenzial, in stärkerer Weise als bisher erfolgt die Foucaultsche Diskursanalyse als nicht primär am Sprachlichen orientiertes Verfahren neu zu entdecken, sondern auch als das eines „Sehenden" (voyant), als den Deleuze Foucault wiederholt beschreibt.[24] Im Prozess des Nachdenkens über Pornografie enthüllte sich so auch die visuelle Seite im Denken Foucaults, es würde kenntlich als das eines „kritischen Historiker[s] der Ereignisse des Sehens, dessen, was wir in einer bestimmten Zeit und an einem bestimmten Ort sehen können".[25]

Sexualität und deren Darstellung im Modus der Pornografie funktionieren heute wie seit langem als Diskursmaschinen. Seit zumindest drei Jahrhunderten, so stellt es Michel Foucault heraus, zündet um den Sex herum „eine diskursive Explosion".[26] Ein beliebiger Blick in die Medien genügt, um diese Einschätzung zu bekräftigen. Der Porno hat längst das Milieu der (seit der Einführung von Video rasant verschwindenden) Bahnhofskinos verlassen und ist im Alltag angekommen. Angesichts von frei empfangbarem Hardcore-TV-Programm (einstweilen zahlenden Kunden vorbehalten), Sex- und Lifestylemagazine/n mit Ratgebercharakter, SadoMaso-Chic in der Haute Couture (etwa in den Kollektionen Jean-Paul Gaultiers), der Berichterstattung über Filmpreisverleihungen der Branche (z.B. des *Hot D'or* in Cannes) oder einer großen Werkschau des Sexfilm-Regisseurs Hervé-Pierre Gustave in der noblen

[24] Gilles Deleuze: *Foucault.* Frankfurt a.M. 1987, S.72

[25] John Rajchman: *Foucaults Kunst des Sehens.* In: Tom Holert (Hg.): *Imagineering. Visuelle Kultur und Politik der Sichtbarkeit.* Köln 2000, S.41

[26] Michel Foucault: *Sexualität und Wahrheit 1: Der Wille zum Wissen.* Frankfurt a.M. 1983, S.27

französischen *Cinémathèque*[27] und zahlreichen anderen Phänomenen einer vermeintlichen Sexualisierung und Pornografisierung der Gesellschaft, aber auch der Kunst,[28] dröhnt es kulturpessimistisch aus den Feuilletons: „Die sexuelle Gleitkultur ist in den Massenmedien längst zur Leitkultur geworden" .[29] Es drohe die Errichtung einer „Pornodiktatur", die bürgerliche Gesellschaft werde sukzessive transformiert in eine mediale „Pornokratie" .[30] Neben dem Menetekel dieser mannigfaltigen Gefährdungen hält sich jedoch die Diagnose eines umfassenden gesellschaftlichen sexuellen ‚Burn Outs', eines Leerlaufs des Obszönen, wenn etwa gleichzeitig konstatiert werden kann: „Das Obszöne tritt in das Zeitalter seines wahren Skandals ein – [...] Es erregt nicht mehr".[31]

‚Das Sexuelle' wird ganz offenkundig in der heutigen Mediengesellschaft für ubiquitär befunden. Ob Printmedien, Fernsehen, Internet, Kunstmarkt oder Werbung – es gibt kaum eine Möglichkeit, so hat es den Anschein, einem allgegenwärtigen Komplex aus Sex, Obszönität und expliziter Pornografie zu entkommen. Es häufen sich die feuilletonistischen Anklagen und Apologien angesichts derart „obszöner Zustände", und die zitierten Beiträge geben in sehr signifikanter Weise die Positionen wieder, die das publizistische Tagesgeschehen prägen.[32] Haben wir es bei der Rede von der „Pornokratie" mit einer Phobie, einer jener medial generierten und akzelerierten, diskursiv verfassten „hysterischen Epidemien" im Sinne Elaine Showalters zu tun, wie sie anhand der Phänomene der „Entführung durch Außerirdische", des „Golfkriegssyndroms" oder der Angst vor „Satanistischem Ritualmissbrauch"[33] in den Medien zirkulieren und dem Rezipienten so vorgeblich aufgeprägt oder eingeschrieben werden?

---

[27] Wobei dieser unwidersprochen verkünden darf, sein Werk sei „die Vollendung der Nouvelle Vague"; zitiert nach: Alex Rühle: *Wo sind sie nur, die schönen alten Hintern? Gleitkultur als Leitkultur: Frankreich fürchtet die Diktatur der Pornokratie*, In: *Süddeutsche Zeitung* vom 01.08.2002, S.11

[28] Und dies in all ihren Spielarten – nach dem Einzug in die Museen und Galerien, hat auch der „seriöse" Film Elemente des Hardcore-Pornos adaptiert, „echter Sex" trägt zur Narration bei, etwa, um nur einige zu nennen, in Leos Carax' *Pola X* (1999), Cathérine Breillats *Romance* (1999), Patrice Chéreaus *Intimacy* (2001) oder wird zum narrativen Kristallisationspunkt wie in Virginie Despentes' *Baise-Moi* (2000) oder Michal Winterbottoms *9 Songs* (2004), der sogar die serielle Nummernstruktur des Pornos übernimmt.

[29] Vgl. Rühle: *Gleitkultur als Leitkultur.* (*SZ* vom 01.08.2002, S.11).

[30] Ebd.

[31] Roger Willemsen: *Der reine Blößenwahn - ...und diese Biene, die ich meine, die heißt Maya – Die Hamburger Ausstellung ‚Nackt' auf der verzweifelten Suche nach der eigenen Erregbarkeit.* In: *Süddeutsche Zeitung* vom 01.02.2002, S.15.

[32] Es ist kaum überraschend und doch von schöner Ironie, wenn einzelne Publikationen der ‚Pornokratie' populistisch den Krieg erklären und das Titelblatt der Ausgabe genau jene Beispiele obszöner Zurschaustellung trägt, gegen deren massenhafte Verbreitung im Text vorgegangen wird.

[33] Elaine Showalter: *Hystorien. Hysterische Epidemien im Zeitalter der Medien.* Berlin 1997, S.255-71, S.232-54 und S.184-94

Die Diskurse sind so alt wie die Pornografie selbst und ihre zyklische Wiederkehr belegt, dass im pornografischen Bild offenbar zu jeder Zeit Zündstoff liegt. Es gälte jedoch zu zeigen, dass dieser Zündstoff nicht allein von überkommenen moralischen Affekten entflammt und zur Explosion gebracht wird, sondern in der Abbildung des Obszönen wie in der obszönen Abbildung Mechanismen zwar enthalten, aber zugleich naturalisiert und damit zum Verschwinden gebracht ist, die für die Konstitution, Repräsentation und Selbstbeschreibung einer Gesellschaft, eines Subjekts sowie des Verhältnisses, in dem sich beide gegeneinander positionieren, von grundlegender Bedeutung sind. Der (öffentlich verfemte) Bereich des Pornografischen trägt zum Funktionieren dieser Verhältnisbestimmung bei, indem er über Blick/Blickregime und die von der Sichtbarkeit konstruierten Räume/Orte Konfigurationen der Produktion und Verschleierung von Macht, der Subjektivierung und Individuation sowohl abzubilden als auch zu erzeugen vermag.

Es fällt auf, dass, wenn vom Sexuellen die Rede ist, von realen sexuellen Handlungen, meist das Pornografische als *Medium* des Obszönen adressiert wird. Die Vermischung der Begriffe und die unreflektierte Affirmation zeugt vom defizitären Grad der Differenzierung und von der unhinterfragten Applikation dieser als scheinbar zweifelsfrei gegebenen diskursiven Entitäten. Bereits die Frage der Terminologie zerstreut jede Hoffnung auf Transparenz dieser diskursstrategischen Operatoren und Funktionen, bedenkt man, dass Pornografie zumeist als Medium des Obszönen apostrophiert wird und doch simultan dazu mit Obszönität identifiziert wird. Pornografie *vermittelt* als Medium die Botschaft ‚Obszönität' und *ist* zugleich wesentlich obszön. Pornografie vermittelt so in einer tautologischen Schleife nichts anderes als immer wieder nur sich selbst. Marshall McLuhans These vom Medium, das die Botschaft ist, bewahrheitet sich hier auf unheilvolle, weil jedwede Erkenntnis jenseits des Ideologischen verunmöglichende Weise. Es gilt also zunächst, einige Grenzziehungen vorzunehmen, um eben jene neuralgischen Begriffe der Debatte klarer zu konturieren: In welchem Verhältnis stehen Sexualität, Obszönität und Pornografie?

Ginge man (ein bewusst grob gerastertes Wahrnehmungs- und Beschreibungsmuster anlegend) von vier üblicherweise benennbaren Ebenen des ‚Komplexes Sexualität' aus, so wären dies: a) die Existenz einer primären Sexualität als körperliche Interaktion realer Aktanten, weiterhin b) die als sekundär zu bezeichnende Form der ‚visuell strukturierten Sexualität', der Schaulust als Devianzform der primären, die eine Relation von nicht unmittelbar körperlich beteiligtem, voyeuristischen Beobachter als Drittem der realen Interaktion bezeichnet, c) eine sich nicht auf reale, sondern auf mediale Vorgänge richtende Anordnung des begehrenden Blicks, also das Verhältnis des Pornokonsumenten zu seinem medialen Objekt, die beide möglicherweise eine autoerotische Reaktion (die Masturbation) hervorrufen sowie d) diskursive Apostrofierungen („Die Sexualität ist..., erzeugt..., funktioniert..., bewirkt...", „bedroht...", „befreit..." usw.) und Adressierungen der Sexualität, die im Feld der theoretischen Analyse ebenso prozessieren wie im Feld des populären medialen und Alltagsdiskurses. Die beiden letztgenannten Formen der Apostrophierung sind dabei offenkundig in sich strukturiert von der bei Foucault beschriebenen neuen Lust, der „Lust an der Analyse“ bzw. „am wahren Diskurs über die Lust“,[34] wobei „Analyse“ im Fall der Betrachtung pornografischer Bilder durchaus wörtlich „Zerlegung“ bedeutet, etwa die Zerlegung des Körpers in Einzelsegmente (Penis, Vagina, Brüste, Mund etc.) durch den Blick (der Kamera), also dessen Verwandlung „in eine Vielzahl von desubjektivierten Partialobjekten“.[35]

Schon die bloße Aufteilung in derart streng geschiedene Bereiche und Modi kann jedoch nur misslingen, denn, behandelt man Foucaults These vom Leben „in einer Gesellschaft des sprechenden Sexes“[36] affirmativ, so wären als erstes solcherlei Hierarchisierungen zu verabschieden – mit der Folge, dass die vertikale Ordnung der Lüste aufgegeben werden muss zugunsten einer horizontalen Streuung, eines Gefüges. Zwar adressieren Psychoanalyse, Film- oder Medientheorie, Philosophie, Sexualwissenschaft, Gender Studies sowie vor allem populäre Diskurse, etwa in ihrer heutigen Form der Sex-Ratgeber und -Kolumnen, voneinander geschiedene Phänomene des Sexuellen. Doch verkennen sie dabei – und dieses Verkennen ist nicht selten *conditio sine qua non* für ihr Funktionieren als Diskurs – dass gerade diese künstliche Trennung es ist, die als Enunziationen einer ‚Wissens-Macht‘ Sexualität allererst hervorbringt, dass diese Aufspaltung konstitutiv wirkt für die „Einpflanzung der Perversionen“[37] und die Diskurse damit selbst Schnittstellen sind im Beziehungsfeld von Lust, Macht und Wissen, dass sie als Strategien und diskursive Praktiken partizipieren an der Genese, Konsolidierung und Fortschreibung eines komplexen Sexualitätsdispositivs. Diesem gehört zweifelsohne das pornografische Bild zu – insbesondere wenn man dessen Bedeutung für die pikturale Repräsentation, für das Netz des Symbolischen, aufgespannt zwischen Auge, Blick und Bild bedenkt, welcher die „Einpflanzung der Perversionen“ durch die verschiedenen Disziplinen zuarbeitet:

> Die Einpflanzung von Perversionen ist ein Instrument-Effekt: durch die Isolierung, Intensivierung und Verfestigung der peripheren Sexualitäten verästeln und vermehren sich die Beziehungen der Macht zum Sex und zur Lust, durchmessen den Körper und durchdringen das Verhalten. Und mit dem Vordringen der Mächte fixieren sich die verstreuten Sexualitäten und heften sich an ein Alter, einen Ort, einen Geschmack, einen Typ von Praktiken. Fortpflanzung der Sexualitäten durch Ausdehnung der Macht; Steigerung der Macht, der jede dieser regionalen Sexualitäten eine Angriffsfläche liefert: seit dem 19. Jahrhundert wird diese Verkettung von unabsehbaren ökonomischen Profiten gesichert, die dank der Vermittlung von Medizin, Psychiatrie, Prostitution und *Pornografie* sich gleichzeitig aus der analytischen Vermehrung der Lust und einer Steigerung der sie kontrollierenden Macht ableiten lassen. Lust und Macht heben sich nicht auf, noch wenden sie sich gegeneinander, sondern übergreifen einander, verfolgen und

[34] Foucault: *Der Wille zum Wissen*, S.91
[35] Žižek: *Die Pest der Phantasmen*, S.165
[36] Michel Foucault: *Dispositive der Macht*. Berlin 1978, S.99
[37] Foucault: *Der Wille zum Wissen*, S.64 und passim

treiben sich an. Sie verketten sich vermöge komplexer und positiver Mechanismen von Aufreizung und Anreizung.[38]

Es wäre einfach zu zeigen, wie nah sich ablehnende und apologetische Positionen in ihrer vermeintlich vollkommen antagonistischen Haltung innerhalb der Auseinandersetzung eigentlich sind, da beide auf eine Wissensordnung rekurrieren, welche eine diskursive Praktik hervorbringen konnte, die mit Michel Foucault als ‚Repressionshypothese' bezeichnet werden kann und in deren Zentrum ein von Macht und Wille zum Wissen konstituiertes ‚Sexualitätsdispositiv' steht, um das herum sich sämtliche Diskurse anordnen (lassen), mit der Folge, dass zutage tritt, inwiefern diese Diskurse selbst zur Konstitution des Dispositivs beitragen.

Die beschriebenen Beobachtungen führen unmittelbar in ein kaum überschaubares Netz der Diskursproduktion um den Status der Pornografie und der Obszönität (bzw. kommen aus dessen Zentrum), das sich bei der ersten Annäherung eher als wucherndes Diskursgestrüpp bzw. als Netz mit vielen sich auflösenden Maschen und losen Enden präsentiert. Die Pornografie ist nach wie vor geeignet, als Diskursgenerator zu fungieren, wobei die Verfasstheit der erzeugten Diskurse von größter Heterogenität und methodologischer Disparität ist. Das ‚Phänomen Pornografie' erscheint als ein hybrides und von unzähligen Diskursivierungsstrategien konstituiertes Phänomen und bestätigt die Diagnose Foucaults, um den Sex habe spätestens im 19. Jh. eine diskursive Explosion gezündet, dahin gehend, dass Knall und entropische Kraft dieser Explosion noch immer wirksam sind.

Von einem ‚Phänomen Pornografie' zu sprechen, impliziert bereits eine gewisse protheische Qualität des Gegenstandes, die Fähigkeit, sich dem diskursiven, theoretisierenden und damit fixierenden Zugriff zu entziehen bzw. qua Transformation in immer neuen diskursiven Gestalten wieder zu entstehen.[39] Es scheint jedoch evident, dass die Pornografie, so nackt und unverhüllt sie sich auf den ersten Blick buchstäblich darzubieten scheint, eben nicht selbstenthüllend ist oder gar die nackte Wahrheit des Sexes mit all seinen Implikationen und Einschreibungen von Hierarchie und Macht, Lust und Begehren, Subjekt- und Objektbeziehung verrät.

Das Wesen (so davon überhaupt zu sprechen ist) der ‚Hurenschreiberei' (von gr. *pórnē* ‚Hure' und *graphéin* ‚schreiben'), ist kein ontologisch gegebenes, kein vorfabriziertes, es konstituiert sich über die Gleichzeitigkeit oder Nachträglichkeit der angeschlossenen externen und erst dadurch zum innersten Prinzip werdenden Diskurse. Die Diskursstrategien erzeugen jenseits des unleugbaren materiellen Vorhandenseins pornografischer Texturen (im Bild, Foto, Text, Film, Video usw.) den Status der Pornografie im Sinne einer gesellschaftlichen, politischen, sprachlichen, psychologi-

---

[38] Foucault: *Der Wille zum Wissen*, S.64f; [Hervorhebung S. Sch.]

[39] Etymologisch gestützt durch die Ableitung des Begriffs vom griechischen Terminus *phainómenon*, der in seiner ursprünglichen vor-platonischen Wortbedeutung als ‚Lufterscheinung' genau diese Hybridität versinnbildlicht.

schen, ökonomischen ‚Funktion', eines relationalen Werts (im neutralen, nichtmoralischen, sondern mathematischen Sinne), ohne den die gesellschaftliche Gleichung nicht ohne Rest aufzulösen ist.

Die diskursiv zugeschriebenen Funktionsmerkmale bilden so qua Affirmation und Inkorporation den Deutungs- und Handlungsrahmen pornografischer Akte (auf der Produktions- wie auf der Rezeptionsseite), bis dieser wiederum durch historische Transformationsprozesse in der Diskursordnung verschoben bzw. überschritten wird. Die strategische Aufpfropfung einer diskursiv formierten Praktik delegiert den sprachlich oder bildlich dargestellten Sex an Disziplinen und institutionalisierte Diskurs-Produktions-Maschinerien. Das Netz eines diskursiven *(phal-)logos* und seiner vom Willen zum Wissen produzierten Strategien erstickt das (vermeintlich) unkontrollierte Wuchern der Sexualität im Keim und schreibt die Sexualität dem Kräftefeld der Macht ein, indem es ihm ein verbales oder (ebenso beredtes) visuelles Geständnis auf der Ebene der Körper, Räume und Bilder abpresst: „Wir leben in einer Gesellschaft des sprechenden Sexes."[40] Unter Macht wäre dabei nach Foucault zunächst zu verstehen

> die Vielfältigkeit von Kräfteverhältnissen, die ein Gebiet bevölkern und organisieren; das Spiel, das in unaufhörlichen Kämpfen und Auseinandersetzungen die Kraftverhältnisse verwandelt, verstärkt, verkehrt; die Stützen, die diese Kraftverhältnisse aneinander finden, indem sie sich zu Systemen verketten – oder die Verschiebungen und Widersprüche, die sie gegeneinander isolieren; und schließlich die Strategien, in denen sie zur Wirkung gelangen und deren große Linien und institutionelle Kristallisierungen sich in den Staatsapparaten, in der Gesetzgebung und in den gesellschaftlichen Hegemonien verkörpern.[41]

Der Machtbegriff Foucaults fußt, anders als die zu beobachtenden Diskurse zur Pornografie, nicht auf der Präsupposition einer Ideologie, die aus Gründen der Machterhaltung oder -expansion zu Handlungen der Repression motiviert. Ideologie und Intentionalität der Herrschaft treten zurück zugunsten einer genealogischen Geschichtsschreibung der Praktiken, die nicht transhistorischen Ideen folgen, sondern jeweils historisch wirksam werden in Relation zu ihren Objekten und der Produktivität der Macht. Letztere zeigt sich darin, dass sie allgemein integrierende Auswirkungen hat und folglich die soziale Wirklichkeit allererst erschafft.

Ebenso produziert die Macht als Disziplinarmacht, die sich dem Körper, der nun nicht mehr bloß Leib sein kann, widmet (und ihn gelehrig und zum Bürger und Rechtssubjekt werden lässt), nicht nur den sozialen Raum als gesellschaftliches Abstraktum, sondern zugleich jede Form von Individualität: „Die Disziplin ‚verfertigt' Individuen: sie ist die spezifische Technik einer Macht, welche die Individuen sowohl als Objekte wie als Instrumente behandelt und einsetzt".[42] Das Individuum

[40] Foucault: *Dispositive der Macht*, S.99
[41] Foucault: *Der Wille zum Wissen*, S.113f
[42] Michel Foucault: *Überwachen und Strafen. Die Geburt des Gefängnisses.* Frankfurt a.M. 1976, S.220

wird durch die Disziplinarmacht und die in ihr wirksame Norm als „Prinzip des Vergleichs“[43] konstituiert und zugleich strategisiert: „Die Disziplinen zielen auf den Körper – mit der Funktion, sie abzurichten; die Norm ist ein Maß […], das, was vergleichbar macht, und das, was individualisiert“.[44] In analoger Weise wird die soziale Wirklichkeit der Sexualität produziert und strategisiert durch Praktiken, die, etwa in Gestalt einer Pädagogisierung des kindlichen Sexes, der Hysterisierung des weiblichen Körpers, der Psychiatrisierung der perversen Lust und Sozialisierung des Fortpflanzungsverhaltens, „um den Sex spezifische Wissens- und Machtdispositive entfalten“.[45]

Macht ist damit charakterisiert als Vielheit von Kräfteverhältnissen, die zu einem historischen Zeitpunkt im Netz der Beziehungen zwischen Praktiken und Diskursen anwesend sind. Die monolithische Einheit der Macht löst sich auf zugunsten einer streng relationalen: „Die Macht gehört zur Ordnung der Beziehung“.[46] Miteinander verkettete bewegliche Strategien des Diskurses, Technologien und Praktiken dynamisieren die Macht, generieren ihre „Beständigkeit, Wiederholung, Trägheit und Selbsterzeugung“; Macht als Verhältnis von Kräfteverhältnissen „ist nicht eine Institution, ist nicht eine Struktur, ist nicht eine Mächtigkeit einiger Mächtiger. Die Macht ist der Name, den man einer komplexen strategischen Situation in einer Gesellschaft gibt“.[47]

Macht ist allen Verhältnissen in diesem Spiel der Kräfte immanent, ökonomischen Prozessen, Erkenntnisrelationen, sexuellen Beziehungen, sie ist demnach nicht etwas Äußeres, und zugleich wird deutlich, dass es kein Äußeres der Macht gibt. Widerstand gegen die Macht ist selbst produziert durch die Macht, die Macht macht auch Widerstände als „die andere Seite, das nicht wegzudenkende Gegenüber“ und diese können umgekehrt „nur im strategischen Feld der Machtbeziehungen existieren“.[48] Widerstand ist mithin keine Substanz, die der Macht gegenüber steht oder voraus geht, er ist vielmehr „ko-extensiv und absolut gleichzeitig“.[49] Um überhaupt wirksam zu sein, kann er nicht bloßes Spiegelbild der Macht sein, als welches er von den Anhängern der Repressionshypothese behauptet wird, sondern muss „sein wie die Macht: genauso erfinderisch, genauso beweglich, genauso produktiv wie sie“.[50]

Der Macht, beschrieben ausgehend von der Positivität ihres Funktionierens, kommt nicht die Repression als ihr genuines Proprium zu, obschon sie in Teilen durchaus

[43] François Ewald: *Eine Macht ohne Draußen.* In: Ders./Bernhard Waldenfels (Hg.): *Spiele der Wahrheit. Michel Foucaults Denken.* Frankfurt a.M. 1991, S.168

[44] Ebd., S.171

[45] Foucault: *Der Wille zum Wissen*, S.125

[46] François Ewald: *Foucault – ein vagabundierendes Denken.* In: Foucault: *Dispositive der Macht*, S.12

[47] Foucault: *Der Wille zum Wissen*, S.114

[48] Ebd., S.117

[49] Foucault: *Dispositive der Macht*, S.195

[50] Ebd.

repressiv wirksam werden kann, sondern die Produktion von Wissen und Ordnungen des Wissens (Epistemen), mithin die Genese von Macht-Wissen-*Dispositiven*.

Das Dispositiv, in seiner ursprünglich juristischen, medizinischen und militärischen Definition „materielle Vorkehrung zur Ermöglichung der Durchführung einer strategischen Operation“,[51] wird bei Foucault weiter gefasst als

> entschieden heterogenes Ensemble, das Diskurse, Institutionen, architekturale Einrichtungen, reglementierende Entscheidungen, Gesetze, administrative Maßnahmen, wissenschaftliche Aussagen, philosophische, moralische oder philanthropische Lehrsätze, kurz: Gesagtes ebenso wie Ungesagtes umfasst. [...] Das Dispositiv selbst ist das Netz, das zwischen diesen Elementen geknüpft werden kann.[52]

Es ist somit zugleich Prozess einer funktionellen Überdeterminierung, die immer wieder readjustierend auf auftauchende heterogene Elemente reagiert, und einer stetigen „strategischen Wiederauffüllung“,[53] im Zuge derer ungewollte Effekte durch Maßnahmen der strategischen Nutzbarmachung ins Positive gekehrt werden. Das Dispositiv ist folglich „ein Durcheinander, ein multilineares Ensemble. Es ist zusammengesetzt aus Linien verschiedener Natur“,[54] so dass die in ihm wirksamen Kräfte, die in ihm und durch es formulierbaren Aussagen und schließlich „die in Position befindlichen Subjekte [...] wie Vektoren oder Tensoren“,[55] dynamisch und variabel sind. Wissen, Macht und Subjektivität haben folglich nicht „Konturen, die ein für allemal gegeben sind, sondern bestehen aus Ketten von Variablen, die sich voneinander ablösen“.[56] Die so gefassten Dispositive sind Apparaturen, die den Diskurs strategisch hervorbringen, sie bestimmen die Technologien einer Aussage- und Wissensordnung, „es sind Maschinen, um sprechen [und *sehen*; Anm. S. Sch.] zu machen oder sprechen [und *sehen*; Anm. S. Sch.] zu lassen“.[57] Das Dispositiv als plurale Strategie von Kräfteverhältnissen zur Konstitution und Konsolidierung von Ordnungen des Wissens und zugleich hervorgegangen aus diesen „ist also immer in ein Spiel der Macht eingeschrieben, immer aber auch an eine Begrenzung oder besser gesagt: an Grenzen des Wissens gebunden, die daraus hervorgehen, es gleichwohl aber auch bedingen“.[58]

Das Sexualitätsdispositiv mit seinen zum Teil widersprüchlichen, oppositionellen Elementen von Disziplinierungs-, aber auch Anreizungs- und Produktivmacht (im ökonomischen wie außerökonomischen Sinne) integriert allseitig Diskurse und wird von ihnen durchkreuzt. Das wesentliche Element des Sexualitätsdispositivs ist dabei

---

[51] Vgl. Foucault: *Der Wille zum Wissen*, S.35
[52] Foucault: *Dispositive der Macht*, S.119f
[53] Ebd., S.121
[54] Gilles Deleuze: *Was ist ein Dispositiv?* In: Ewald/Waldenfels (Hg.): *Spiele der Wahrheit*, S.153
[55] Ebd.
[56] Ebd.
[57] Ebd., S.154
[58] Foucault: *Dispositive der Macht*, S.123

ein zweiwertiges, sowohl quantitatives wie qualitatives: Vermehrung *und* Intensivierung der Diskurse über den Sex. Auf der Ebene der Quantität ist vor allem ein „institutioneller Anreiz, über den Sex zu sprechen, und zwar immer mehr darüber zu sprechen; von ihm sprechen zu hören und ihn zum Sprechen zu bringen in ausführlicher Erörterung und endloser Detailanhäufung“[59] zu beobachten. Über die Ausweitung des Aussage-Modus' der Beichte (in religiöser Terminologie) oder des Geständnisses (in juristischer Diktion) „ist ein Imperativ errichtet worden, der fordert, nicht nur die gesetzwidrigen Handlungen zu beichten, sondern aus seinem Begehren, aus seinem gesamten Begehren einen Diskurs zu machen“.[60]

Selbstverständlich ist die Rede vom Sex weiterhin normiert und mehr oder weniger streng ritualisiert (in den institutionalisierten Formen dieser Rede, etwa in Medizin, Psychiatrie und Strafjustiz), doch die „Polizei des Sexes: das ist nicht das strikte Verbot, sondern die Notwendigkeit, den Sex durch nützliche und öffentliche Diskurse zu regeln“.[61] Der Sex wird qua Diskursivierung verwaltbar, ebenso der Körper, sein Begehren und seine Bedürfnisse. Sie werden so der symbolischen Ordnung eingeschrieben. Auch die Körper selbst werden zur Matrix, die Symptome ablesbar werden lässt und damit die Protokollierung (mithin: Versprachlichung) und Sanktionierung dieser ermöglichen. Formen dieser Semiotisierung des Körpers sind genau genommen bereits seit der Inquisition infolge des Lateran-Konzils 1215 zu verfolgen und beispielsweise in der *Peinlichen Gerichtsordnung Kaiser Karls. V.* von 1532 (Carolina) eindrücklich manifestiert. Als säkularisierte Form der christlichen Beichte hält auch die Strafjustiz dazu an, dem Körper die allergrößte Aufmerksamkeit zu schenken, bis hin zum unwillkürlich auf der Stirn sich bildenden Schweißtropfen, der durch den qualifizierten Zuhörer als Zeichen lesbar gemacht wird. In der Praxis des Verhörs und der damit einhergehenden Foltertechniken ist die Protokollierung und Dechiffrierung von Körper-Zeichen unverzichtbar. Wahrheit wird am Körper, an seinen Reaktionen auf gewaltsame Manipulationen, ablesbar. Ein exaktes Register der Körperzeichen lässt die Glaubwürdigkeit des Verhörten überprüfbar werden.[62]

Der neue Status der Sexualität als „Sache des erschöpfenden Sagens“ wird gesteuert von diskursiven Dispositiven, die sich realiter jedoch nicht in *einem* Diskurs über den Sex äußern, sondern in einer diskursiven Vielheit, als „Produkte einer Serie von Apparaten, die innerhalb verschiedener Institutionen funktionieren“.[63] Der derartig inaugurierte polymorphe Anreiz zum Diskurs zeitigt paradoxerweise zugleich rationalisierende und mystifizierende Effekte: „Die modernen Gesellschaften zeich-

---

[59] Foucault: *Der Wille zum Wissen*, S.28
[60] Ebd., S.31
[61] Ebd., S.37
[62] Vgl. Friedrich-Christian Schröder (Hg.): *Die Peinliche Gerichtsordnung Kaiser Karls V. und des Heiligen Römischen Reichs von 1532 (Carolina)*. Stuttgart 2000
[63] Foucault: *Der Wille zum Wissen*, S.46

nen sich nicht dadurch aus, dass sie den Sex ins Dunkel verbannen, sondern dass sie unablässig von ihm sprechen und ihn als *das* Geheimnis geltend machen".[64]

Medizin, Psychiatrie und Justiz verwalten das Triebleben und die Lüste, doch nicht um den Preis einer Ausschließung der zwangsläufig immer zahlreicher werdenden partiellen sexuellen Disparitäten, sondern vielmehr mit dem Gewinn der „Spezifizierung und regionale[n] Verdichtung einer jeden".[65] Wenn man die disparaten und devianten Sexualitäten vervielfacht und streut, „so geht es darum, das Wirkliche mit ihnen zu durchsäen und sie dem Individuum einzukörpern".[66]

Die Inkorporation von Perversionen als Effekt eines Dispositivs verbürgt „durch die Isolierung, Intensivierung und Verfestigung der peripheren Sexualitäten" eine Vermehrung und Ausdifferenzierung der „Beziehungen der Macht zum Sex und zur Lust".[67] Seit dem Mittelalter beherrscht eine Prozedur der Wahrheitskonstitution die abendländischen Diskurse und Praktiken – das Ritual des Geständnisses: „Man gesteht – oder man wird zum Geständnis gezwungen"[68] oder angereizt.

Hierbei richtet sich zugleich eine ‚neue Lust' im gesellschaftlichen Feld ein, eine Lust an der analytischen Enthüllung der Wahrheit der Lust – „die spezifische Lust am wahren Diskurs über die Lust".[69] Die Wahrheit des Sexes wurde so zur Wahrheit des auf diese Weise konstituierten und strategisierten abendländisch-christlichen Subjekts: „Um zu wissen, wer Du bist, mußt Du wissen, was mit Deinem Sex los ist".[70] So ist bezüglich der Frage der (vermeintlich unterdrückten und zum Schweigen gebrachten) Sexualität im Kontext der bürgerlich-kapitalistischen Gesellschaft zu konstatieren, dass nicht das große Schweigen den Sex umhüllt: „Sie hat im Gegenteil einen ganzen Apparat in Gang gebracht, um wahre Diskurse über ihn zu produzieren. Sie hat nicht nur viel von ihm gesprochen und jeden gezwungen, von ihm zu sprechen, sondern ist angetreten, seine geregelte Wahrheit zu formulieren".[71] Sowohl durch äußeren Zwang als auch diktiert von einem inkorporierten, daher nicht mehr als Macht-Effekt wahrgenommenen Imperativ produziert der abendländische Mensch unablässig archivierbare Geständnisse, die seine Wahrheit darstellen: „Das Geständnis war und ist bis heute die allgemeine Matrix, die die Produktion des wahren Diskurses über den Sex beherrscht [...] Ein großes Archiv der Lüste hat sich so angesammelt".[72]

Dieses Archiv der Lüste ist allerdings nicht allein sprachlich konfiguriert. Man wird Foucaults Macht-Wissen und dem diesem inhärenten Sexualitätsdispositiv nicht ge-

---

[64] Ebd., S.49; Hervorhebung i.O.
[65] Ebd., S.59
[66] Ebd.
[67] Ebd., S.64f
[68] Ebd., S.76
[69] Ebd., S.91
[70] Foucault: *Dispositive der Macht*, S.176
[71] Foucault: *Der Wille zum Wissen*, S.88f
[72] Ebd., S.81f

recht, wenn man die visuellen Geständnisse der Lust negiert. Sagbarkeit und Sichtbarkeit stehen bei der Konstitution von Wissen in einem unauflöslichen Verhältnis. Im Archiv der Lüste ist auch die Schaulust und als eines ihrer Medien das pornografische Bild inventarisiert.

Dem ‚Bildarchiv der Lüste' kommt innerhalb des Sexualitätsdispositivs eine Schlüsselrolle zu, und das nicht nur heute, in einer historischen Phase, die, oberflächlich verkürzend, als Zeitalter der „Visuellen Kultur" apostrophiert wird und ganz selbstverständlich ihre Textarchive um Multimedia-Archive erweitert, in denen die Stimulation von Lust bzw. Enthüllung des Sex, sprich die pikturale Wahrheit des Sex durch die Abbildung und Inszenierung im pornografischen Foto oder Film gespeichert ist. Mit dem modisch gewordenen Paradigma der Visualität korreliert in nicht-analoger Weise ein Paradigma der Visibilität bei Foucault, eine „Kunst des Sehens",[73] die bislang viel zu wenig als integraler Bestandteil seiner Arbeiten zur Macht gewürdigt wurde.

Gilles Deleuze ist einer der ersten, der diesen Aspekt explizit hervorhebt, wenn er in seiner Monografie zu Foucault, diesen als „großen Sehenden" (*voyant*) bezeichnet und konstatiert, dass das Sehen einen konstanten und zentralen Teil, nicht nur seiner historischen Darstellungen, sondern auch seines Denkens ausmacht. Sowohl in *Überwachen und Strafen* als auch in der *Geburt der Klinik*[74] werden dem Leser nicht nur Bilder dessen vorgelegt, „wie etwas aussah, sondern auch davon, wie es sichtbar gemacht wurde, wie es zu sehen gegeben wurde, wie es dem Wissen oder der Macht gezeigt"[75] oder von diesen gezeigt wurde. So ergibt sich eine Geschichte dessen, was gesehen wurde *und* „dessen, was gesehen werden konnte, was ersichtlich oder sichtbar war"[76] – „[e]ine Visualisierung, ein Schema, durch das die Dinge zu sehen gegeben sind, gehört zur ‚Positivität' von Wissen und Macht einer Zeit und eines Ortes".[77] Aufgrund der begrifflichen Organisation dieses Visualisierungsschemas liegen Norm und Zwang allem, was wir sehen können, diskret zugrunde: „Das, was das Visuelle intelligibel macht, ist selbst ungesehen. Es ist ein über verschiedene Orte verstreuter, namenloser Körper von Praktiken".[78] Deleuze kann deshalb formulieren, dass die Sichtbarkeiten (*visibilités*) weder Akte eines sehenden Subjekts sind, noch die Daten eines visuellen Sinnes.

Der Begriff der Evidenz, den Foucault im Sinne eines zu einem spezifischen historischen Zeitpunkt als gesichert Geltenden oder fraglos Akzeptierten gebraucht, führt selbst etymologisch auf das lateinische ‚videre' (sehen) zurück. Evidenz bei Foucault ist zunächst nichts anderes als die Akzeptabilität einer Praktik innerhalb der Macht-

[73] Rajchman: *Foucaults Kunst des Sehens*, S.40-63
[74] Michel Foucault: *Die Geburt der Klinik. Eine Archäologie des ärztlichen Blicks*. München 1973
[75] Rajchman: *Foucaults Kunst des Sehens*, S.41
[76] Ebd., S.43
[77] Ebd., S.42
[78] Ebd., S.43

strategien, die das Evidente über Sichtbarmachung des Sichtbaren konfiguriert oder allererst konstituiert. Gemeinsam bilden Sichtbares und Sagbares, mithin Dinge und Wörter, Sehen und Sprechen, Inhalt und Ausdruck, Sichtbares und Lesbares Formationen, also historisch veränderbare „Schichten" (*strates*), in denen sich die Felder überlagern, durchdringen und untrennbar voneinander koexistieren: „Beide Formen setzen sich wechselseitig voraus. Und dennoch gibt es keine gemeinsame Form, keine Konformität, ganz zu schweigen von einer Korrespondenz."[79] So definiert Foucault zum Beispiel den Panoptismus einerseits konkret als „optische oder Lichtanordnung, die das Gefängnis charakterisiert" und andererseits zugleich abstrakt als „eine Maschine, die nicht nur ganz allgemein auf sichtbare Materie Anwendung findet [...] sondern auch ganz allgemein alle aussagbaren Funktionen durchzieht".[80] Die sich aus der Beschreibung dieser Verknüpfung ergebende Dimension ist jene des Diagrammatischen. Dabei bildet das Diagramm nicht nur ein audio-visuelles Archiv, sondern ist „die Karte, die Kartographie, koextensiv zur Gesamtheit des sozialen Feldes".[81] Es ist eine abstrakte Maschine, eine „beinahe stumme und blinde Maschine, obgleich sie es ja ist, die zum Sehen und zum Sprechen bringt".[82] Die Tatsache, dass das Diagramm Karte ist, bedeutet nicht, dass es in abbildender Weise lediglich Dinge in sich aufnimmt und abbildet, vielmehr „produziert [es] einen neuen Typus von Realität, ein neues Modell von Wahrheit".[83]

Jede Aktualisierung des Möglichen kommt als Wirkung nur zustande, „weil die Kräfte- oder Machtverhältnisse nur virtuell, potentiell, instabil, flüchtig, molekular sind und nur Möglichkeiten definieren",[84] weil, wie Foucault auch in *Der Wille zum Wissen* an der Frage der „inneren Bedingungen der Differenzierung"[85] zeigt, was sich aktualisiert, dies nur kann „durch Verdoppelung oder Spaltung, indem es divergierende Formen schafft, auf die es sich verteilt"[86] und weil schließlich sich an diesen Punkten „*zwei Formen der Aktualisierung* [differenzieren], die Ausdrucksform und die Inhaltsform, diskursive und nicht-diskursive Form, die Form des Sichtbaren und die Form des Sagbaren".[87] So geht alles Wissen „von einem Sichtbaren zu einem Sagbaren und umgekehrt; und dennoch gibt es keine gemeinsame totalisierende Form noch gar eine Konformität oder eindeutige Entsprechung".[88]

---

[79] Deleuze: *Foucault*, S.50
[80] Ebd., S.51
[81] Ebd., S.52
[82] Ebd.
[83] Ebd., S.54
[84] Ebd., S.56
[85] Foucault: *Der Wille zum Wissen*, S.116f
[86] Deleuze: *Foucault*, S.57
[87] Ebd.; Hervorhebung i. O.
[88] Ebd., S.59

Jedes Dispositiv, auch das Macht-Wissen-Dispositiv ist somit ein nicht in seine Bestandteile aufzulösender „Brei aus Sichtbarem und Sagbarem",[89] wobei beide in Form der Disjunktion aufeinander bezogen sind. Diese Disjunktion ist der (Nicht-) Ort, an dem das Diagramm eindringt, „um sich in den beiden notwendig auseinanderstrebenden, differenzierten und nicht aufeinander zurückführbaren Richtungen zu verkörpern".[90] Wenn Wissen also konstitutiv darin besteht, das Sichtbare mit dem Sagbaren zu verknüpfen, so ist Macht die hierbei vorausgesetzte Ursache. Umgekehrt gilt jedoch gleichermaßen, dass „die Macht das Wissen als die Verzweigung, die Differenzierung [voraussetzt], ohne die sie nicht zur Tat würde".[91] Es besteht daher also, um es mit einer Formulierung Foucaults zu sagen, „keine Machtbeziehung, ohne dass sich ein entsprechendes Wissensfeld konstituiert, und kein Wissen, das nicht gleichzeitig Machtbeziehungen voraussetzt und konstituiert".[92]

Deleuze bringt den wesentlich distributiven Aspekt der Konzeption Foucaults auf den Punkt, wenn er bemerkt, dass „jede Schicht, jede historische Formation eine spezifische Verteilung des Sichtbaren und des Sagbaren auf sich selbst [impliziert]".[93] Diese Verteilung variiert jedoch von einer Formation zur anderen, weil die Sichtbarkeiten ihren Modus und die Aussagen ihre Ordnung ändern. So geht eine ‚Epoche' bzw. eine „historische Formation" oder „epistemische Ordnung" niemals „den Aussagen voraus, die sie ausdrücken, noch den Sichtbarkeiten, die sie erfüllen".[94] Wissen, wie Foucault es verstanden wissen will, besteht demnach in einer praktischen Einrichtung, einem Dispositiv von Aussagen und Sichtbarkeiten, die irreduzibel aufeinander und beide von den Kräfteverhältnisse der Macht geformt sind, wobei sie auf diese auch formend zurückwirken.

Art des Sagens und Weise des Sehens, Diskurse und Sichtbarkeiten, Aussagen und Evidenzen – jede historische Schicht besteht zwingend „aus einer Kombination beider, und von einer Schicht zur anderen findet eine Variation der beiden und ihrer Verbindungen statt".[95] Notwendig ist folglich die jeweilige Bestimmung des Sichtbaren *und* des Sagbaren in jeder epistemischen Ordnung, „die die Verhaltensweisen und die Mentalitäten, die Ideen überschreitet, da sie sie ermöglicht".[96] Bei aller (scheinbaren) Heautonomie der Aussagen im Werk Foucaults besitzt das Sichtbare seine eigenen Gesetzmäßigkeiten. Übersieht man diese Theorie der Sichtbarkeit, so wird man dem Denken Foucaults nicht gerecht, mehr noch: „Wenn man die Theorie der Sichtbarkeiten vergisst, dann verstümmelt man die Vorstellung, die Foucault sich

[89] Ebd., S.58
[90] Ebd.
[91] Ebd., S.58f
[92] Foucault: *Überwachen und Strafen*, S.39
[93] Deleuze: *Foucault*, S.70
[94] Ebd.
[95] Ebd., S.71
[96] Ebd.

von der Geschichte macht, aber man verstümmelt auch sein Denken, die Vorstellung, die er sich vom Denken macht."[97]

Die wissenskonstitutiven Praktiken – diskursive Praktiken der Aussagen und nichtdiskursive Praktiken der Sichtbarkeiten – existieren immer abhängig von einer spezifischen Konfiguration beider Elemente und die Aufgabe einer Epistemologie besteht darin, „aus den Wörtern und aus der Sprache die jeder Schicht oder Formation entsprechenden Aussagen herauszuziehen, aber auch den Dingen und dem Sehen die Sichtbarkeiten, die jeder Schicht eigentümlichen ‚Evidenzen' zu entnehmen".[98] Diese Extraktion ist notwendig, da die Aussagen nicht verborgen, aber auch nicht unmittelbar lesbar sind. Es gilt, zu den formationsspezifischen Bedingungen der Aussagen vorzudringen, denn „jede Epoche sagt, was sie als Funktion ihrer Aussagebedingungen überhaupt sagen kann".[99] Bedingung einer Aussage ist hierbei nicht das Aussagesubjekt, der Autor oder Sprecher – beide sind selbst nur Variablen oder Funktionen im Feld des Sagbaren – sondern einzig das „Sein der Sprache", zu verstehen ohne jede Überhöhung, als bloßes „Es gibt Sprache". Das Sein der Sprache oder Sprache-Sein ist als Bedingung selbst historisch und variiert mit jeder historischen Formation. Es ist unablösbar von diesem oder jenem Modus, von dieser oder jener Ordnung und als solches transformierbar.

Analog hierzu verhält es sich mit den Bedingungen der Sichtbarkeit. Auch hier ist das sehende Subjekt nicht Bedingung, sondern entsprechend bloß eine abgeleitete Funktion der Sichtbarkeit. Wie die Aussagen verbunden sind mit jeweiligen Ordnungen, so sind die Sichtbarkeiten untrennbar verbunden mit Maschinen, unabhängig davon, ob es sich um optische Maschinen handelt oder nicht. Das panoptische Gefängnis etwa funktioniert wie das ‚Bildarchiv der Lüste' als Maschine, das heißt als Verkettung von Funktionen, die etwas sehen lässt, etwas ans Licht bringt, Evidenzen erzeugt. Entsprechend kann man folgern, dass „jede historische Formation all das sieht und sichtbar macht, was sie gemäß ihren Bedingungen der Sichtbarkeit zu sehen vermag".[100]

Entscheidend ist bei aller Analogie von Sagbarem und Sichtbarem, bei aller Durchdringung und gegenseitigen Beeinflussung, dass die grundlegende Differenz und Irreduzibilität von Sichtbarem und Sagbarem gewahrt bleibt, die Analogien nicht zur Isomorphie oder Homologie beider Felder führen. Obgleich sich Elemente beider Felder durchdringen und obgleich es ein wechselseitiges Voraussetzungsverhältnis zwischen beiden gibt, existiert für Foucault keine direkte Verbindung beider Bereiche, kommt es nicht zu deren Konjunktion. Die Beziehung besteht jedoch in umso stärkerem Maße über eine disjunktive Nicht-Beziehung. Die aus beiden Teilen gemeinsam gebildete historische Formation wird immer von einem zentralen und un-

[97] Ebd., S.72
[98] Ebd., S.76
[99] Ebd., S.77
[100] Ebd., S.85

überbrückbaren Riss durchzogen. Man muss zwingend an diesem scheinbaren Paradox festhalten: Sichtbarkeit und Sagbarkeit sind vollkommen heterogen und setzen sich doch wechselseitig voraus.

Wissen erscheint vor diesem Hintergrund auch als eine „Technologie des Sichtbaren", die den Gegebenheiten entsprechend modifiziert werden muss. In *Überwachen und Strafen* etwa wird in Analogie zu Francis Bacons Philosophie des Experiments, die vorführt, inwiefern Teleskope, Mikroskope und Prismen den Platz des Sehens in der Physik veränderten – demonstriert, wie die Technologien der Überwachung und Untersuchung, jenes „Mikroskop des Verhaltens", nicht nur abnorme oder kriminelle Persönlichkeiten oder Persönlichkeitsmuster sichtbar werden ließen, sondern wie der Platz des Visuellen im Raum des Macht-Wissens sich verschob. Voraussetzung und zugleich Resultat der Herausbildung visibler Evidenzen ist stets eine Prozedur der Verräumlichung: Es entstehen Räume konstruierter Sichtbarkeit. Diese wirken ein auf verräumlicht konzeptualisierte und in spezifischen Räumen sich konstituierende Subjekte. In Bezug auf die Lust und ihre Verbindung zur Sichtbarkeit hält Foucault in Der *Wille zum Wissen* fest, dass die Lust zu dem gehört, was wir als unsere „Sexualität" auffassen, dass wir von ihr fasziniert sind, dass wir sie dartun oder ausstellen wollen:

> Wir haben eine neue Lust erfunden: die Lust an der Wahrheit der Lust, die Lust sie zu wissen, sie auszukleiden, sie zu enthüllen, sich von ihrem Anblick faszinieren zu lassen, sie zu sagen, andere mit ihr zu fangen und zu fesseln, sie im Verborgenen mitzuteilen, sie listig aufzuspüren; die spezifische Lust am wahren Diskurs über die Lust".[101]

Dabei ist bei Foucault nicht von „dem Visuellen" als Essenz zu sprechen, also als etwas, das durch eine Phänomenologie der Wahrnehmung oder einer reinen Theorie des Blicks beschrieben werden könnte: „Vielmehr präsentiert uns die Geschichte viele verschiedene Arten visueller Intelligibilität, Weisen des Sehens und Sichtbarmachens, deren Einheit weder in der Natur des Auges, sei sie empirisch oder transzendental, noch in einer ‚imaginären Ordnung' zu finden ist".[102] Doch wird über das Visuelle (auch wenn es nur im Plural der singulären Visualitäten erscheint) und seine Evidenzerzeugung in Bild und Blickregime eine symbolische Ordnung mitkonstituiert und zusammengehalten. Dies vor allem bezüglich der sich unter dem Blickregime konstituierenden Repräsentationsräume, die im Zusammenspiel von Blickregime, Rahmung, Symbolisierung und ihrem nicht ausschaltbaren Bezug auf das undarstellbare Reale zu Orten des pornoskopischen Blicks, zu Pornotopien werden. Wenn es möglich erscheint, „auf dem Feld des Sehens eine visuelle Deflorationslust und in dem westlichen Repräsentationssystem ein Sexualitätsmodell ausfindig zu machen",[103] dann stehen die Verfahren und Logiken der Darstellung immer

[101] Foucault: *Der Wille zum Wissen*, S.91
[102] Rajchman: *Kunst des Sehens*, S.50
[103] Hentschel: *Pornotopische Techniken*, S.21

schon mit diesen Orten in einem engen Zusammenhang. So wird es möglich, bereits die Erfindung der Zentralperspektive in der Neuzeit als „visuellen Raumpenetrationsapparat" beschreibbar zu machen, [104] der entgegen seiner rationalwissenschaftlichen Bedeutung[105] zunächst einmal imaginäre Repräsentation ins Spiel bringt: „Obgleich also das optische Modell der Zentralperspektive als Beweis und symbolische Form für die reale Existenz eines rationalen Geistes gelten sollte, so repräsentierte und konstruierte es doch zuallererst ein imaginäres Vorstellungsbild von Vernunft".[106]

Das zentralperspektivische Sehen selbst ist eine somit „vom Begehren nach Vollkommenheit gelenkt [...] und seine Erkenntnisse [basieren] daher immer schon auf Verkennungen der eigenen Unvollständigkeit",[107] denn, wie Lacan einmal bemerkt: „Das Begehren hat einen radikal zerrissenen Charakter. Das Bild selbst des Menschen bringt hier eine immer imaginäre, immer problematische Vermittlung ein, die also niemals völlig vollendet wird."[108]

Das im Wortsinne penetrante Begehren, das sich im System der Zentralperspektive niederschlägt, öffnet das Feld für einen Prozess fortschreitender Sichtbarmachung und stößt wie dieser an seine Grenzen bei der Darstellung am neuralgischen Punkt des weiblichen Geschlechts, denn „ob als geschlossen repräsentiert oder nicht, markiert das weibliche Geschlecht die Grenze des visuellen Wissens".[109] Die Pornotopie offenbart ästhetisch eine enge Verwandtschaft mit der Zentralperspektive, auch sie inhäriert „sich verengende Fluchten, die sich alle in einem Mittelpunkt versammeln".[110] Die Zentralperspektive arbeitet mithin an jenem Ort weiter, „an der die pornografische Lust an der *visuellen* Penetration an ihre Grenzen stößt",[111] und auch ihre technischen Weiterentwicklungen und blicklogischen Transformationen operieren – unter jeweils veränderten Voraussetzungen – auf der Grundlage eines topographischen Oszillierens zwischen Körperöffnungen und Raumöffnungen. Der phallozentristische pornografische Blick zeigt darüber hinaus in aller Deutlichkeit, wie stark die Skopisierung des Begehrens voran geschritten ist, gerade indem dieses die weibliche Lust als den ‚Ort des Anderen' umspielt und konstitutiv verfehlt:

> Diesen unsichtbaren Ort, den Ort des Anderen als weiblich zu imaginieren, entspricht dem Versuch, das skopische Regime mit einer sexualisierten Struktur aufrecht zu erhalten. Sowohl die hohe Kunst des Verschließens als auch die vulgäre des Öffnens von

---

[104] Ebd., S.21ff

[105] Zur politischen und sozialen Bedeutung der Entdeckung der Zentralperspektive vgl. ausführlich: Leonhard Schmeiser: *Die Entdeckung der Zentralperspektive und die Entstehung der neuzeitlichen Wissenschaft.* München 2002 sowie Samuel Y. Edgerton: *Die Entdeckung der Perspektive.* München 2002

[106] Hentschel: *Pornotopische Techniken*, S.24

[107] Ebd.

[108] Lacan: *Das Ich in der Theorie Freuds*, S.213

[109] Hentschel: *Pornotopische Techniken*, S.69

[110] Ebd., S.72

[111] Ebd.; Hervorhebung i.O.

> Körperumrissen beschwören diesen Ort, wollen sein Geheimnis und seine Wahrheit wissen und stoßen doch immer nur auf seinen Mangel an Darstellbarkeit. Der Wille zur maximalen Sichtbarkeit ist ein Verneinungseffekt jenes unsichtbaren Ortes.[112]

Die Umwandlung von etwas Unsichtbarem in etwas Sichtbares beinhaltet immer fetischistische Struktur, die vom Mangel der Begrenztheit des Repräsentationssystems ablenken soll. An der Frage der Sichtbarkeiten und der Blickordnung entscheidet sich folglich auch die Frage des Verhältnisses von Pornografie und Obszönität. Dieses Verhältnis ist in Wahrheit eines der Repräsentation. Die behauptete Tautologie von Pornografie und Obszönität kann nur bedingt aufrecht erhalten werden, insofern nämlich, als der Porno in ein umfassenderes Feld obszöner Aussagemodi eingebettet erscheint, nachdem eine Wissensordnung ihren Blick vollkommen auf Obszönität gestellt hat, wie Jean Baudrillard für die Gegenwart reklamiert.[113]

Trennt man Pornografie und Obszönität aus heuristischen Gründen voneinander, d.h. entkoppelt man die diskursiven Blöcke und betrachtet allein den Diskurs der Obszönität, so wird zunächst einmal deutlich, dass es zwei Modi der Obszönität gibt bzw. dass zwei einander entgegen gesetzte Formen der Obszönität existieren, die man als ‚opake' und ‚transparente' Obszönität bezeichnen könnte. Die opake Obszönität bekleidet hierbei die Rolle der wünschenswerten, legitimen und anerkannten Obszönität, die transparente die der banalen und abzulehnenden. Baudrillard macht dies deutlich, wenn er versucht, beide historisch von einander zu separieren, und zu dem Schluss kommt, die opake Obszönität sei die des „sozial oder sexuell Verdrängten, der gefährliche Charakter dessen, was weder repräsentiert noch repräsentierbar ist".[114] Sie stand einst in unauflöslicher Verbindung zum Geheimnis und konnte deshalb als „Hölle der Repräsentation"[115] – analog etwa zur *‚Collection d'enfer'* der *Bibliothèque Nationale*, in der die streng gehütete, indizierte pornografische Literatur aufbewahrt wurde – subversiv wirken.

> Ganz anders stellt es sich für uns heute dar: Heute beruht umgekehrt die Obszönität auf der *Überrepräsentation*. Unsere Obszönität, unsere radikale Obszönität beruht nicht mehr auf dem Versteckten und Verdrängten, sondern auf der Transparenz des Sozialen (und des Sexuellen) als Sinn, als Referenz, als Evidenz.[116]

Das „*forcing* der Repräsentation"[117] als basale definitorische Zuschreibung des Obszönen funktioniert auf allen Ebenen, und obszön wird Repräsentation immer dann, „wenn Gleiches sich mit Gleichem vereint. Es gibt nichts Obszöneres als diese

[112] Ebd., S.69

[113] Jean Baudrillard: *Die Szene und das Obszöne.* In: Dietmar Kamper/Christoph Wulf (Hg.): *Das Schwinden der Sinne.* Frankfurt a.M. 1984, S.279-97. Vgl. auch: Jean Baudrillard: *De la Seduction.* Paris 1979.

[114] Baudrillard: *Die Szene und das Obszöne*, S.281

[115] Ebd., S.282

[116] Ebd., S. 281; [Hervorhebung S. Sch.]

[117] Ebd., S.282

Überdosis des Selben, als diese absolute Evidenz des Selben in der Verdoppelung".[118] Die Obszönität hält also immer dann Einzug, „wenn es kein Schauspiel, keine Szene, kein Theater, kein Theater, keine Illusion mehr [gibt], wenn alles dem kalten und unerbittlichen Licht der Information ausgesetzt ist":[119] Der Sex im Porno ist demnach ebenso obszön wie alle anderen beobachtbaren Äußerungen und medialen Erscheinungen der aktualen gesellschaftlichen Sphäre, die Gleiches mit Gleichem verbinden:

> Auch hier liegt die Obszönität wieder in der Vereinigung des Selben mit dem Selben; nicht die Kopulation von Körpern ist obszön, sondern die Kuppelung des Sexes mit dem Sex, die geistige Redundanz des Sexes durch den Sex, die absolute Evidenz und erzwungene Überrepräsentation von Wahrheit, die zum kalten Taumel der Pornografie führt".[120]

Entscheidend ist hier, dass die Obszönität eben nicht wesenhaft sexuell ist und die Pornografie dementsprechend nicht alleiniges Medium der Obszönität ist, jedoch in ihrer Hypertrophie des Sichtbaren paradigmatisch für unsere Epoche zu werden scheint, denn, so Baudrillards Befürchtung, auf diese obszöne, weil Selbes akkumulierende Weise läuft alles Reale Gefahr, in die Porno-Hyperrealität abzugleiten:

> Obszön ist alles, was unaufhörlich gefilmt wird, gefiltert, aufgearbeitet und korrigiert unter dem Weitwinkel des Erlebten, des Sozialen, der Moral, der Pädagogik oder einfach der Medien. Beispielsweise die Leute, die man ihre Geschichte im Fernsehen erzählen lässt – arme Alte, denen man ihre Geschichte raubt[121].

Der distanzlose Blick auf das „Sichtbare-Allzusichtbare",[122] die absolute Nähe und gleichzeitige Neutralität der Großaufnahme von kopulierenden Geschlechtsteilen im Pornofilm (*meat-shot*) wird zum Paradigma der sozialen (visuell dominierten) Verhältnisse schlechthin – „totale Promiskuität des Blicks mit dem Erblickten – Prostitution des Blicks".[123] Die oberflächliche und referenzlose Überbelichtung einer Hyperrealität ohne Illusion macht das Obszöne zur „Spielregel einer Welt ohne Schein noch Tiefe – einer Welt der Transparenz"[124] mit – scheinbar – radikalen Folgen: „Der Todesporno aus den Studios Südamerikas ist also nicht bloß ein neues Kinogenre – in ihm steckt die gesamte hyperreale Gewalt unseres Alltags".[125] Vor dem Hintergrund dieser Entwicklung bleibt Baudrillard, so hat es den Anschein, einzig die Wendung ins Moralische und hin zu einem utopischen Projekt der Rekonstitution des Illusionären qua Verführung:

---

[118] Ebd., S.287
[119] Jean Baudrillard: *Das Andere selbst.* Wien 1987, S.18
[120] Baudrillard: *Die Szene und das Obszöne*, S.290
[121] Ebd., S.294
[122] Baudrillard: *Das Andere selbst*, S.19 und passim
[123] Baudrillard: *Die Szene und das Obszöne*, S.295
[124] Ebd., S.297
[125] Ebd., S.294

> Gegen das Wahre des Wahren, gegen das, was wahrer als das Wahre ist (und sofort, und nicht nur beim Sex, pornografisch wird), gegen die Obszönität der Evidenz, gegen diese ekelhafte Promiskuität mit sich selbst, die sich Ähnlichkeit nennt, muss man die Illusion wiederbeleben, die Illusion wiederfinden, jene unmoralische und boshafte Kraft, das Selbe dem Selben zu entreißen und die man Verführung nennt. Verführung gegen Terror: das ist der Einsatz, das steht auf dem Spiel, und sonst nichts[126].

Gefordert wird die Wiedergewinnung des Obszönen alter, nämlich opaker Prägung, versehen nur mit einem neuen Namen, dem Namen einer anderen und zugleich sehr alten Strategie – der Verführung.[127] Pornografie ist demnach nicht in erster Bedeutung Medium des Obszönen oder das Obszöne selbst, sondern visueller Verfahrensgestus einer Gesellschaft, breit angelegte und hoch wirksame Adjustierung eines Blickes, der unerbittlich ist und nicht mehr die Konfiguration einer ‚Szene' betrachtet, die immer ein Geheimnis bewahrt und rituelle, verführerische Kraft entfaltet, sondern Tautologien perpetuiert, die jedwede Form der Referenz auf ein ‚Anderes' tilgen. Der pornografische Blick strahlt aus vom genuinen Feld eines „Sex, der in seine sexuelle Potenz erhoben wird"[128] auf alle anderen (sozialen wie politischen, ökonomischen wie alltäglichen) Konstellationen und provoziert über die Evokation der Tautologie und des Komparativs des Wahren die obszöne „Eskalation der Wahrheit", die ihrerseits zum „kalten Rausch der Pornografie führt".[129]

Der Moralist und Romantiker Baudrillard blendet jedoch in symptomatischer Weise jenen zentralen Aspekt der Pornografie aus, den diese immer weniger zu decouvrieren vermag – ihm entgeht jener neuralgische blinde Fleck der pornoskopischen Sichtbarmachung, den das Genre der Pornografie seit ihren Anfangstagen, spätestens jedoch seit der kommerziellen und ästhetischen Hochzeit in den 70er Jahren umkreist, die retrospektiv zugleich als eine Phase intensiver Selbstbefragung und paradigmatischer Neuorientierung kenntlich zu machen ist. Die gesamte Pornografiegeschichte umkreist in Narration und Kadrierung ihr Scheitern: Es ist dies der blinde Fleck der weiblichen Lust und ihrer Undarstellbarkeit, der Sichtbarkeitsentzug unter den Vorzeichen maximaler Sichtbarkeit, den der Pornofilm, weil er ihn nicht einfach ausblenden kann, offensiv thematisiert und damit sein implizites, verhohlenes Scheitern gerade im Versuch, dieses einzuholen, explizit macht.

Beispielhaft für die Bestrebung der Sichtbarmachung und des Wahrsprechens ist im Porno der Kulminationspunkt des *money shot,* also des exponiert ins Bild gesetzten männlichen Orgasmus, die externe Ejakulation als sichtbarer Beweis männlicher Ekstase und – eben aufgrund der Sichtbarkeit dieses Beweises – als Apotheose des Pornofilms, der aber zugleich auch immer einen solipsistischen Rückzug vom

---

[126] Ebd., S.288
[127] Vgl. hierzu sehr viel ausführlicher: Baudrillard: *De la Seduction*, a.a.O.
[128] Jean Baudrillard: *Die fatalen Strategien*. München 1991, S.65
[129] Ebd.

anderen[130] im Moment der Ekstase darstellt. Der Moment des *money shot* ist aber zugleich lesbar als visueller und damit in der Logik der maximalen Sichtbarkeit außerordentlich evidenter Bestandteil des visuellen Archivs der Lüste. Er konstruiert sichtbar ein Machtgefüge auf der Ebene der Bildlichkeit. Denn das Ejakulat wirkt im Sinne einer auf die Körperoberfläche der Frau aufgetragenen Signatur als Auf- oder Inschrift der Lustfähigkeit und der wahrhaften Ekstase, deren visuellen Beweis die Frau schuldig bleiben muss: Die Gabe des Ejakulats bezieht daraus auch einen ökonomischen Wert, denn sie könnte damit als ultimative (weil nicht von der Frau rücktauschbare) Gabe und somit als Ende des *Potlatsch*, welches, nach Marcel Mauss, immer Demütigung des nicht zum Rücktausch Befähigten bedeutet, gelesen werden.[131]

Dem *money shot* oder *cumshot* eignet die Qualität eines Kristallisationspunktes der Diskurse – er lässt sich gleichsam, topologisch gesprochen, am Schnittpunkt verschiedenster Diskursachsen lokalisieren, denen sich der weibliche Orgasmus gerade hartnäckig zu entziehen scheint, wie ein Blick auf die angeschlossenen Diskurse ebenso wie auf die Bebilderung weiblicher Lust im Porno offenkundig werden lässt. Der männliche Orgasmus ist jenseits seiner kathartischen Funktion im Porno – die sich anhand der hoch kodifizierten, dem Fetisch nicht allzu fernen Form seines Einsatzes und seiner Inszenierung innerhalb der seriellen pornografischen Nummernnarration zeigen lässt – Schnittpunkt zahlreicher benennbarer Diskursachsen: Psychoanalyse, Filmanalyse, Medientheorie, Rezeptionsforschung, Gender Studies und Ökonomie treffen sich im Diskurs zum *money shot*, überlagern einander, verschalten den einen mit dem anderen Diskurs und lassen so ein diskursives Gefüge entstehen, das den visuellen und vor allem *visiblen* männlichen Lustbeweis zum Paradigma des Pornografischen erhebt. Es ist also möglich, von diesem Ort aus, vom Ort der sich im *money shot* kreuzenden Diskurse, den Zusammenhang von Sichtbarkeit, Repräsentation und Undarstellbarkeit zu demonstrieren, um die Aporien einer Wissensordnung zu konturieren, die sich dem Paradigma der Sichtbarkeit verschrieben hat und dieses im Exzess des Sichtbaren im Moment der im Porno dargestellten Ekstase des Mannes in den Status der Apotheose erhebt, während im selben Moment die lediglich prätendierenden, unbeweisbaren Behelfsformen in der visuellen Darstellung weiblicher Lust Risse in die Repräsentationsformation reißen und den Willen zum Wissen der Wahrheit des Sex ins Leere laufen lassen. Der visuelle Beweis der Ekstase, der strikt unidirektional verläuft, kann somit auf der Ebene der Darstellung auch als Beleg für Lacans berühmte These zur Unmöglichkeit eines sexuellen Verhältnisses aufgefasst

[130] Vgl. Linda Williams: *Hard Core. Macht, Lust und die Traditionen des pornografischen Films.* Basel/Frankfurt a.M. 1995 und dies.: *Die visuelle und körperliche Lust der Pornografie in bewegten Bildern.* In: Jörg Huber/Alois Martin Müller (Hg.): *Die Wiederkehr des Anderen.* Basel/Frankfurt a.M. 1996, S.103-28.

[131] Vgl. Marcel Mauss: *Die Gabe. Form und Funktion des Austauschs in archaischen Gesellschaften.* Frankfurt a.M. ^{4}1999

werden, denn: „Der Sexualakt ist in seiner ekstatischen Dimension [...] genaugenommen *undarstellbar*".[132]

Diesseits der zahlreichen kritischen Einwände an Linda Williams' Lesart bzw. ihrem ‚Gebrauch' des von Foucault bereit gestellten Theoriemodells arbeitet diese einen zentralen Aspekt des Pornos in großer Deutlichkeit heraus – nämlich das neuralgische Problem der Darstellbarkeit der Lust im Bild als Generator der pornografischen Narrationsmuster und Visualisierungsspektren: „Eine Konstante in der Geschichte der Sexualität [und ihrer pornografischen Darstellung; Anm. S. Sch.], das möchte ich hier einfach festhalten, ist jedoch das Unvermögen, die Lüste der Frau außerhalb der vorherrschenden männlichen Ökonomie vorzustellen".[133]

Es wäre hier anzufügen: Eine Konstante in der Geschichte der Pornografie ist das Unvermögen, die Lust der Frau innerhalb der vorherrschenden Sichtbarkeitsökonomien *dar*zustellen und gleichsam evident zu machen. Wenn die Pornografie dem visuellen Beweis dient, also der Sichtbarmachung der Wahrheit des Sex und dies vor dem Hintergrund eines hegemonialen Paradigmas der absoluten Visibilität, wird deutlich, in welche Agonie es die Pornografie stürzt, vor der Unmöglichkeit, „visuelles Wissen weiblicher Lust her- und darzustellen",[134] kapitulieren zu müssen. Williams' Verständnis der Pornografie als „neue Kraft der Regulierung und Stimulierung der Sexualität"[135] im Modus eines „Drang[s] zum Geständnis bis dahin unsichtbarer ‚Wahrheiten' über den Körper und die Lüste in einer ungekannten ‚visuellen Obsession'",[136] deren initiales Moment die Erfindung der „kinematographischen 'Maschinen des Sichtbaren' [*machines of the visible* i.O.] im späten 19. Jahrhundert"[137] ist, erklärt die Verzweiflung, die spätestens seit den 1970er-Jahren die Pornoproduktion angesichts der physiologischen Unsichtbarkeit (und demnach filmischen Undarstellbarkeit) weiblicher Lust oder Ekstase ergreift und die im kompensatorischen Umkehrschluss zu einer vollkommenen Fixierung des pornografischen Blicks auf die männliche Ekstase im Orgasmus, zum „Vertrauen in die sichtbare Ejakulation (‚*money shot*') als Beweis der Lust"[138] führt.

Der Hinweis aus Stephen Ziplows Handbuch für Pornofilmemacher, „es sollten mindestens zehn solcher Einstellungen [des *money shots*; S. Sch.] geplant werden",[139] wird, das macht bereits ein kursorischer Überblick zeitgenössischer Pornotitel deutlich, von diesen beherzigt, das Plansoll in den meisten Fällen sogar übererfüllt. Einen nicht unbeträchtlichen Anteil des Angebots machen unterdessen sogar jene Kompila-

---

132 Žižek: *Die Pest der Phantasmen*, S.158
133 Williams: *Hard Core*, S.26
134 Ebd., S.8
135 Ebd., S.31
136 Ebd.
137 Ebd.; Anmerkung im Original.
138 Ebd.
139 Zitiert nach Williams: *Hard Core*, S.135

tionsvideos aus, die völlig auf Rahmungen der Nummern durch Handlung verzichten und einzig aus einem Zusammenschnitt finaler *cumshots* bestehen (und kommerziell offenbar bestehen können). Neben der quantitativen Akkumulation der genitalen Beweiskraft in Zusammenschnitten dieser Art existiert die ästhetische Überhöhung in so genannten Qualitätspornos, also teuren Produktionen mit Stars und einer Ausstattung, die an ‚normale Kinofilme' erinnert. Der finale *money shot*, ausgehend von einem besonders prachtvollen Exemplar männlicher Genitalität wird hier in Zeitlupe und mehrfacher Wiederholung zur filmischen *und* sexuellen Apotheose – was ja nach Baudrillard dasselbe wäre.

Ist der weibliche Höhepunkt in seiner filmischen Darstellung auf prätendierende Behelfsmodi angewiesen – das exzessiv betriebene Seufzen, Stöhnen, Schreien, grotesk verzerrte Physiognomien und die unablässig wiederholte Beteuerung „Ja, ja, ich komme!" im Sprechakt, das in aktuelleren Produktionen gemäßigter erscheint und sich mehr auf visualisierbare physiologische Effekte der Vorlust kapriziert, diese aber verbal stützt mit Aussagen der Darsteller zum an den Schleimhäuten ablesbaren Grad der Erregung – so kann demgegenüber der männliche Orgasmus durch externe Ejakulationen als Beweis der Lust sichtbar gemacht werden. Bezeichnend für die beschriebene Agonie angesichts der Undarstellbarkeit der unwiderlegbar authentischen Wahrheit des weiblichen Orgasmus ist, dass man bei der Darstellung und Versicherung weiblicher Ekstase nicht müde wird, neue Formen von pornografischen Ermittlungsverfahren zur Erbringung des Lustbeweises zu entwickeln, die jene oben angeführten vortäuschenden Als-Ob-Verfahren supplementieren, denn selbst möglicherweise wirklich empfundene Lust ließe sich schließlich visuell nicht von den Täuschungen unterscheiden.

Die Behauptung eines gesteigerten Wahrheitsgehalts durch ein Operieren in Bezug auf physiologische Vorgänge, hat infolge veränderter technischer Aufnahmeverfahren nicht nur zu einer Konjunktur der Darstellung weiblicher Ejakulationen geführt[140], die nun endlich angetan sein sollen, aus der Invisibilitäts-Agonie herauszuführen und das Obszöne der weiblichen Lust ‚on scene' zu bringen. Die technische Entwicklung hat es überdies vollbracht, nicht länger indirekt, über das Medium des Speculums, Einblick in die dem Blick verborgenen Zonen weiblicher Lust nehmen zu müssen. Endoskopische Kameras im Miniformat, wie sie etwa in der gynäkologischen Diagnostik Verwendung finden, eröffnen nun dem Blick den Zugang ins Innere der Frau.[141] Sie verlagern den pornotopischen Raum nach innen und stellen so vermeint-

[140] Mit der Folge, dass die Fähigkeit zum *money shot* nun auch tatsächlich den betreffenden Frauen als „squirters" entsprechende Honorare einbringt und eine neue Form des Startums in der Pornobranche aufkommen lässt.

[141] Auch dies ein der Medizin entlehntes Verfahren der Bild-Gebung zum Beweis fundamentaler geschlechtlicher Unterschiede, das nahtlos anschließt an eine lange Geschichte von wissenschaftlich hervorgebrachten Geschlechterbildern, wobei „Geschlecht" in diesem Fall tatsächlich beides, Sex

lich visuelle Bahnungen zur weiblichen Lust her und bedeuten zugleich eine andere Form der skopischen Penetration, die es dem Blick erlaubt, in direkterer Weise mit seinem Objekt zu interagieren. Musste der Betrachter klassischerweise, damit Vorlieb nehmen, die Körperöffnungen der Frau mit dem Blick zu penetrieren und im Augenblick des Eindringens eines männliches Geschlechtsorgan in die Vagina, zu beobachten, wie dieses damit seinem Blick – zumindest temporär – entzogen und die Körperöffnung gegenüber dem Blick verschlossen wird (im *meat-shot,* also der *close-up*-Aufnahme kopulierender Geschlechtsteile), blieb er also zwangsläufig ‚außen vor', so besteht nun ganz buchstäblich die Möglichkeit, die Frau mit dem Blick zu penetrieren, um der Wahrheit ebenso buchstäblich ‚auf den Grund zu gehen'. Es handelt sich beim Einsatz dieser Mikrokameras um die potenzierte Form dessen, was Baudrillard als prägend für heutige Interaktionskonfigurationen beschreibt. Kündigten die Betreiber jener kinematographischen Hinterzimmer des frühen 20. Jahrhunderts, in denen erste Herrenfilme gezeigt wurden, die bloße Zurschaustellung der weiblichen Genitalien als „Wonders of an Unseen World" an, so wandert die Sphäre der ‚nie gesehenen Welten' gemäß der Ausweitung des Sichtbarkeitsraumes nun ins Körperinnere und verkauft Kontraktionen der Schleimhäute und der Cervix der Gebärmutter als visible Wahrheit des weiblichen Orgasmus. Die technische Neuheit dieser Form des ‚very close-up' führt in ein Feld des Hyper-Obszönen, das allerdings demnach so obszön ist, dass es als solches nicht mehr erkannt wird, zumal wenn die Beweisführung nicht allein dem verfemten Porno obliegt, sondern ihren Ursprung in der seriösen Welt wissenschaftlicher Verhaltenforschung hat. Zwar brachte das publik Werden eines derartigen Experiments zur Ermittlung der Natur des weiblichen Orgasmus während des Beischlafs die Bildzeitung 1994 in – wiederum moralisch motivierte – Wallung,[142] doch die Zuschauer von *Stern TV*, die Günther Jauch vor die Wahl stellte, darüber abzustimmen, ob sie diese Bilder heute sehen wollen, waren zu 97% dafür.[143]

Dieser „Orgasmus von innen", wie der *Stern TV*-Beitrag ihn kommentierte, bleibt für die Frage der (Un-)Darstellbarkeit der weiblichen Lust insofern symptomatisch, als er inszenatorisch letztlich bloß erneut den Ausschluss der weiblichen Lust aus der symbolischen Ordnung eindrücklich dokumentiert. Die Behauptung der Autorschaft des Mannes, dessen Penis die Kamera führt, verunmöglicht das danach Gesehene: Sperma, das sich frontal auf die Kamera zu bewegt und mit Cervix-Kontraktionen gegengeschnitten wird. Der Kommentar, welcher einen männlichen und einen weib-

---

und Gender, einschließt. Vgl.: Ludmilla Jordanova: *Sexual Visions. Images of Gender in Science and Medicine between the Eighteenth and Twentieth Century.* Madison, Wisconsin 1989.

[142] *Geschmackloser geht's nicht! Orgasmus von innen gefilmt!* [...] „Bild meint: Ein Höhepunkt des Schwachsinns!"; Bild-Zeitung vom 22.06.1994, zitiert nach: Claudia Reiche: *Vom Ursprung des Lebens im Bild – Der weibliche Orgasmus, das Visible Human Project und die Versprechungen der Genomtechnik.* In: Ulrike Bergermann/Claudia Breger/Tanja Nusser (Hg.): *Techniken der Reproduktion. Medien – Leben – Diskurse.* Königstein/Taunus 2002, S.18

[143] Ebd.

lichen Orgasmus anspricht, wird konterkariert durch die Bildmontage, die „unmittelbar nach dem weiblichen Orgasmus mikroskopische Bilder von Spermien“ zeigt, so dass sich einerseits der Eindruck einstellt, der männliche Samen habe wiederum in seiner Funktion als Beweis einstehen müssen, diesmal dafür, dass „der Orgasmus der Frau eindeutig durch den Mann ausgelöst wurde“.[144] Zugleich wird damit die medizinische Relevanz des Vorgangs für das Entstehen neuen Lebens betont, dessen Sichtbarkeit ebenso wie die der weiblichen Lust eine Unmöglichkeit der Darstellung und damit der Symbolisierung bedeutet:

> Das Motiv dieser Darstellung war es also keineswegs, des weiblichen Lusterlebens, sondern des ‚Ursprungs des Lebens' im Bild habhaft zu werden. Diese Suche führt zwar ins Körperinnere, in die ‚Frau', jedoch ‚Weiblichkeit' – konkret ‚weiblicher Orgasmus' – werden zum Gefäß für den ‚Ursprung des Lebens' unter konsequenter Verleugnung der hier beteiligten Frau[145].

Der Wegfall der biologischen Komponente im Pornofilm, bei dem zumeist allein die Kamera (ohne den Penis als Träger) als Verlängerung und Ausdehnung des Blicks in die Frau eindringt, schafft da keine Abhilfe. Das Invasivwerden des skopischen Regimes hat allein eine Rekonfiguration des Feldes des Sichtbaren und der ‚Leinwand' der möglichen Repräsentationen zur Folge, nicht aber den Einschluss der Frau in die symbolische Ordnung. Die Invasion der Kamera, die Penetrationsbewegung, die bereits mit der Zentralperspektive ihren Ausgangspunkt gefunden hatte, ist im Gegenteil vielmehr ein weiterer Beleg für die Bedrohung, die das Undarstellbare für Repräsentationszusammenhänge (und damit für die symbolische Ordnung) *eo ipso* darstellt. Das Scheitern der Sichtbarmachung wird unter den Vorzeichen eines forcierten Visibilitätsprimats erfahrbar als Traumatisierung des Blicks, dessen Objekt durch die paradoxale Bewegung der Verinnerlichung und der simultanen Veräußerung durch die Versachlichung *als* Bild weiter zerstückelt und verunmöglicht wird und so das sukzessive Einsickern des Realen durch den Schirm des Symbolischen eher befördert als verhindert. Die Bilder zur Dingfestmachung der Lust der Frau geraten in der verzweifelten Bemühung, diese den Anforderungen des Feldes des Sichtbaren anzuverwandeln, in die Nähe jener Bilder, die Lacan in seiner Deutung des „Traums von Irmas Injektion“ beschreibt:

> Es gibt da also die beängstigende Erscheinung eines Bildes, das resümiert, was wir die Enthüllung des Realen nennen können in dem, was sich an ihm am wenigsten durchdringen lässt, des Realen ohne jede mögliche Vermittlung, des letzten Realen, des wesentlichen Objekts, das kein Objekt mehr ist, sondern jenes Etwas, angesichts dessen alle Worte aufhören und sämtliche Kategorien scheitern, das Angstobjekt par excellence.[146]

[144] Ebd., S.21
[145] Ebd.
[146] Lacan: *Das Ich in der Theorie Freuds*, S.210

Printed by
CPI books GmbH, Leck

FSC
www.fsc.org
MIX
Papier | Fördert
gute Waldnutzung
FSC® C083411

Kolibri 360 GmbH
Ferdinand-Jühlke-Straße 7
99095 Erfurt, Deutschland
produktsicherheit@kolibri360.de